시사상식

최신시사상식
235집

Contents

Must Have News 4

시사 Infographics 6

시사 클로즈업 10
– 韓·美, 상호관세 15% 타결

2025년 6~8월 주요 시사

정치시사 20

경제시사 36

사회시사 46

문화시사 56

스포츠시사 64

과학시사 72

시시비비(是是非非) 78

하반기 달라지는 것들 80

시사용어 86

시사인물 136

상식 요모조모

뉴스 속 와글와글 ········· 202

Books & Movies ········· 204

상식 파파라치 ········· 206

특집 ········· 208
– 특별검사제도란 무엇인가

TEST ZONE

최신 기출문제(부산일보) ········· 146

실전테스트 100 ········· 154

한국사능력테스트 ········· 178

국어능력테스트 ········· 188

최신시사상식 235집

초판인쇄: 2025. 8. 25. **초판발행**: 2025. 9. 1. **등록일자**: 2015. 4. 29. **등록번호**: 제2019-000137호 **발행인**: 박 용 **편저자**: 시사상식편집부
교재주문: (02)6466-7202 **주소**: 06654 서울시 서초구 효령로 283 서경빌딩 **표지 디자인**: 정재완 **발행처**: (주)박문각출판
이메일: team3@pmg.co.kr **홈페이지**: www.pmg.co.kr

이 책의 무단 전재 또는 복제 행위는 저작권법 제136조에 의거, 5년 이하의 징역 또는 5000만 원 이하의 벌금에 처하거나 이를 병과할 수 있습니다.

정가 11,000원   ISBN 979-11-7519-164-8

사진 출처: 연합뉴스, 국가유산청, 위키피디아(Ujishadow, CC BY-SA 4.0)

Must Have News

시사상식

"한국산 제품에 대한 상호관세율을 25%에서 15%로 낮추는 한미 관세협상이 7월 30일 타결됐다. 이 협상에는 우리나라가 미국에 3500억 달러(약 487조 원)를 투자하는 조건도 명시됐다."

韓美 관세협상,
상호관세 15% 타결

한국산 제품에 대한 상호관세율을 25%에서 15%로 낮추는 한미 관세협상이 7월 30일 타결됐다. 이는 일본·유럽연합(EU)의 상호관세율(15%)과 같은 것으로, 이 협상에는 우리나라가 미국에 3500억 달러(약 487조 원)를 투자하는 조건도 명시됐다. 이번 관세협상에 따라 2012년부터 발효된 한미 FTA는 사실상 유명무실해지게 됐다는 평가가 나온다. 한편, 전 세계를 대상으로 한 미국의 상호관세는 8월 7일 본격 시행됐다. 이에 그간 국제통상의 기준으로 여겨진 세계무역기구(WTO) 체제는 큰 변화를 맞게 될 것이라는 전망이 나온다.

트럼프-푸틴 정상회담,
러우전쟁 종전 쟁점은 돈바스 영토

도널드 트럼프 미국 대통령과 블라디미르 푸틴 러시아 대통령이 8월 15일 미국 알래스카에서 6년여 만에 정상회담을 가졌으나, 기대했던 우크라이나 전쟁 휴전에 대한 합의 발표 없이 회담을 마무리했다. 다만 푸틴 대통령은 이번 회담에서 돈바스 지역, 특히 아직 러시아가 완전히 장악하지 못한 전략적 요충지가 있는 도네츠크를 우크라이나로부터 전부 넘겨받는 것을 종전의 핵심 조건으로 제시한 것으로 알려져, 돈바스가 쟁점으로 부상하게 됐다.

특검, 김건희 씨 구속
전 대통령 부부 첫 동시 수감

서울중앙지법 정재욱 영장전담 부장판사가 8월 12일 자본시장법 및 정치자금법 위반, 특정범죄 가중처벌법상 알선수재 혐의로 청구된 윤석열 전 대통령의 부인 김건희 씨의 구속영장을 발부했다. 이에 민중기 특검팀은 지난 7월 2일 수사를 개시한 지 42일 만에 김 씨의 신병을 확보하게 됐다. 특히 김 씨에 앞서 윤 전 대통령이 지난 7월 10일 내란 특검팀에 구속된 바 있어, 헌정 사상 첫 전직 대통령 부부의 동시 구속이 이뤄지게 됐다.

트럼프, 「지니어스법」에 서명
스테이블 코인 제도권 진입

도널드 트럼프 미국 대통령이 스테이블 코인의 활성화를 위한 규제 틀을 마련한 「지니어스법(GENIUS Act)」에 7월 18일 공식 서명했다. 지니어스법은 가상자산의 일종인 스테이블 코인의 ▷발행 조건 및 절차 ▷준비자산 요건 ▷공시 의무 등을 규정한 것으로, 사실상 스테이블 코인을 제도권으로 편입시키는 것을 핵심으로 한다. 스테이블 코인은 법정화폐 혹은 실물자산을 기준으로 가격이 연동되는 가상자산을 뜻한다.

31.8조 원 규모 2차 추경안 통과 민생회복 소비쿠폰 지급

31조 8000억 원 규모의 추가경정 예산안이 7월 4일 국회 본회의에서 통과됐다. 이는 이재명 정부의 첫 추경안이자 올해 두 번째 추경안으로, 기존 정부안 30조 5000억 원에서 1조 3000억 원이 증액된 규모다. 이번 추경의 핵심은 내수 활성화를 위한 민생회복 소비쿠폰으로, 이는 7월과 9월 2차례에 걸쳐 국민 1인당 15만~55만 원이 지급된다. 쿠폰은 11월 30일까지 약 4개월간 사용할 수 있으며, 기간 내 사용하지 않은 잔액은 국가와 지자체로 환수된다.

내년 최저임금 시간당 1만 320원 올해 대비 2.9% 인상

고용노동부가 2026년도 적용 최저임금을 최저임금위원회가 정한 시간당 1만 320원으로 확정·고시했다고 8월 5일 밝혔다. 이는 올해(1만 30원)보다 290원(2.9%) 오른 금액으로, 월 환산 급여는 215만 6880원(주 40시간, 주휴시간 포함한 월 209시간 기준)이다. 노동부가 이날 확정·고시한 최저임금은 업종 구분 없이 모든 사업장에 동일하게 적용되며, 내년 1월 1일부터 효력이 발생한다.

사직 전공의 복귀 논의 마무리 1년 6개월 의정갈등 사실상 종료

정부가 8월 7일 사직 전공의 복귀 논의를 마무리 지으면서 1년 6개월에 걸친 의정갈등이 사실상 마무리됐다. 정부는 사직 전공의들이 기존 병원에 같은 과목·연차로 복귀할 수 있도록 자리를 보전해 주기로 했다. 이로써 의대 정원 2000명 증원으로 시작된 의정갈등이 봉합되기는 했으나, 정부가 전공의 등이 요구한 특혜성 조치를 사실상 모두 수용한 데 대한 논란은 계속될 것으로 보인다.

반구천의 암각화, 세계유산 등재 한국의 17번째 세계유산

유네스코 세계유산위원회가 7월 12일 프랑스 파리에서 열린 제47차 회의에서 한반도 선사 문화의 정점으로 평가받는 「반구천의 암각화」를 세계유산으로 등재했다. 이는 국보 「울주 대곡리 반구대 암각화」와 「울주 천전리 명문과 암각화」를 포함하는 유산이다. 이로써 「반구천의 암각화」는 우리나라의 17번째 세계유산이자 국내 세계유산 중 가장 오래된 유산이 됐다. 아울러 이번 회의에서는 북한이 신청한 「금강산」도 세계유산으로 등재됐다.

손흥민, LA FC 공식 입단 MLS 역대 최고 이적료

미국프로축구(MLS) 로스앤젤레스 FC(LA FC)가 8월 7일 손흥민(33)의 입단을 공식 발표했다. 이로써 잉글랜드 프리미어리그(EPL) 토트넘 홋스퍼에서 10년간 활약했던 손흥민은 토트넘에서의 등번호 7번을 유지한 채 LA FC에 합류, 프로 데뷔 후 처음으로 유럽 이외의 팀에서 뛰게 됐다. LA FC는 손흥민을 2027년까지 샐러리캡을 적용받지 않는 「지정선수(Designated Player)」로 등록했는데, 손흥민의 이적료는 MLS 역대 최고 규모인 최대 2650만 달러(약 367억 원)로 알려졌다.

고리 1호기, 영구정지 8년 만에 해체 결정

원자력안전위원회가 6월 26일 전체회의를 열고 부산 기장군 장안읍에 있는 국내 최초의 상업용 원자력발전소 「고리 1호기」의 해체를 최종 승인했다. 이는 2017년 고리 1호기의 가동이 영구정지된 지 8년 만으로, 국내에서 원전 해체가 진행되는 것은 이번이 처음이다. 이번 해체 승인에 따라 한국수력원자원은 2037년 해체 완료를 목표로 본격적인 해체 작업에 착수하게 된다.

Infographics

강수량 추이 | 기온 추이 | 국민기초생활보장 수급 현황 | 현역병 입영 현황 |
IPU 여성 국회의원 비율 및 각국의 순위 | 행정부 국가공무원 신규임용 현황 | 농가소득 현황

❶ 강수량 추이

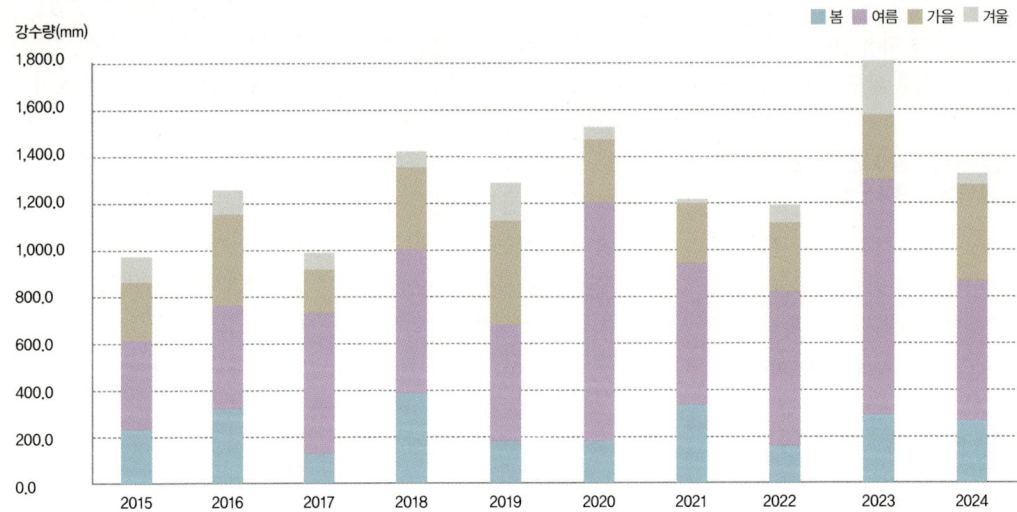

출처: 기상청 기상연보

지표분석

최근 10년(2015~2024년) 동안 2023년 강수량이 1,746mm로 가장 많았고, 2017년이 982.4mm로 가장 적었다. 2024년 전국 평균 연강수량은 1,416.4mm로 평년(1991~2020년) 대비 106.0%였다. 2024년 계절별 전국 평균 강수량은 봄 266.7mm, 여름 604.3mm, 가을 415.7mm, 겨울 39.6mm였다. 월 강수량은 7월이 385.3mm로 가장 많았고, 12월이 6.5mm로 가장 적었다.

❷ 기온 추이

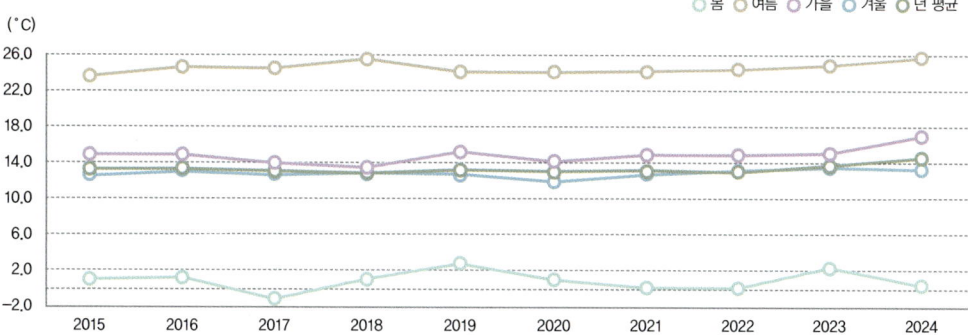

출처: 기상청 기상연보

▲ 지표분석

2024년 전국 평균기온은 14.5℃로 전년보다 0.8℃가 높았다. 2024년 계절별 전국 평균기온은 봄 13.2℃, 여름 25.6℃, 가을 16.8℃, 겨울 0.4℃로 나타났다. 특히 여름 기온은 2020년 이후 조금씩 상승하다가 지난해 25.6℃로 2023년 24.7℃에 비해 0.9℃가 올랐다.
- 기온: 대기의 온도를 가리키는 기온은 국제적으로는 지면으로부터 1.25~2.0m의 높이에서 측정하는 것을 기준으로 하고 있으나, 우리나라에서는 1.5m 높이를 기준으로 한다.

❸ 국민기초생활보장 수급 현황

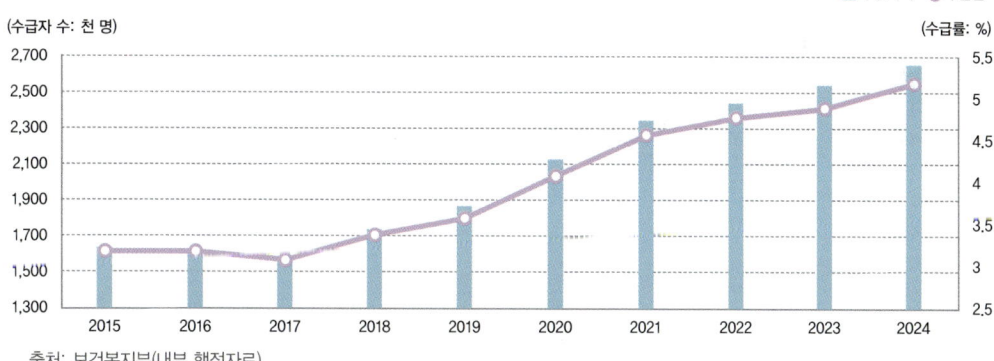

출처: 보건복지부(내부 행정자료)

▲ 지표분석

2015년 7월 맞춤형 급여로의 개편으로 인해 국민기초생활보장 수급자는 잠시 안정화 추세를 보였다. 그러다 2017년 말부터 부양의무자 기준 폐지 등 제도 개선으로 인해 수급자 수가 지속적으로 늘고 있다. 2024년 기초생활보장 수급자 수는 2,673천 명으로 전년 2,555천 명보다 11만 8000명 늘었다.

❹ 현역병 입영 현황

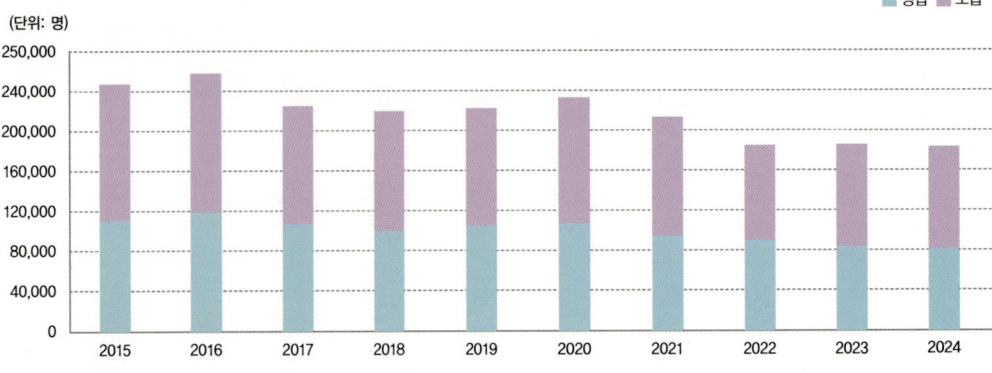

출처: 병무청 통계연보

📊 지표분석

2024년 현역병 입영자 중 징집은 8만 3,393명이고, 모집은 10만 2,473명으로 전체는 18만 5,866명이다. 저출산으로 인한 인구 감소에 따라 현역병 입영자는 매년 줄어들고 있는 추세다. 병무청 자료에 따르면 지난해(12월 31일) 기준 현역 입영 대상자는 32만 8508명으로, 2016년 45만 5551명 대비 12만 7043명이 줄었다. 이는 무려 9년간 10개 사단급의 현역 입영 대상자가 줄어든 것이다. 2025년 기준 국군 1개 사단의 평균 병력은 약 1만 명~1만 2,000명이다.

❺ IPU 여성 국회의원 비율 및 각국의 순위

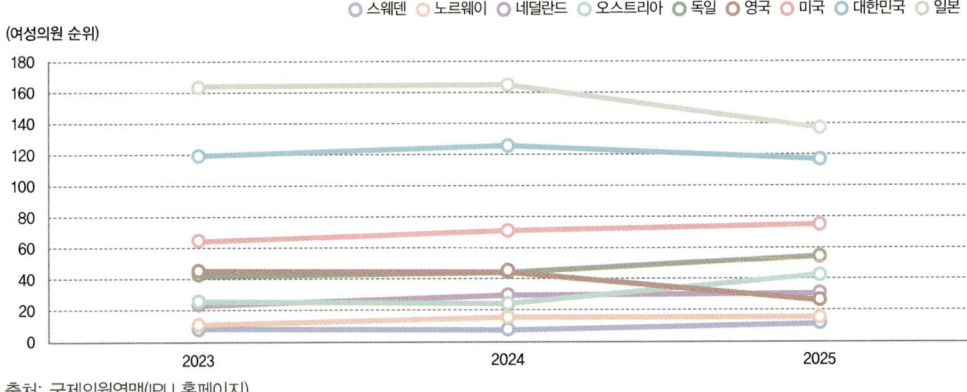

출처: 국제의원연맹(IPU 홈페이지)

📊 지표분석

각국 여성의 정치참여 정도를 의회에서 여성이 차지하는 비율로 표시한 것으로, 2024년 1월 기준 우리나라 여성 국회의원 비율은 19.2%로 126위를 차지했다. 우리나라는 총의원수 300명 중 여성의원 비율이 20%로 일본(16%)보다는 높고 미국(29%)보다는 낮다.

❻ 행정부 국가공무원 신규임용 현황

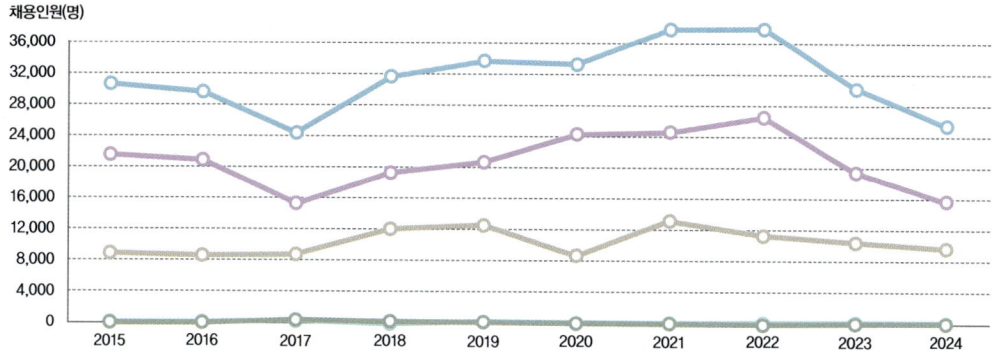

출처: 인사혁신처, 「행정부 국가공무원 인사통계」

📊 지표분석

최근 10년간(2015~2024년) 2017년이 2만 4,474명으로 최저 신규임용 인원을 기록했고, 2021년과 2022년이 3만 7,742명과 3만 7,784명으로 가장 신규임용이 많았다. 2024년의 신규임용 인원은 2만 5,482명으로 하락했다. 다만, 향후 치안, 교육, 사회복지 등 대국민서비스 분야의 인력이 확충될 것으로 보여 신규임용 규모도 확대될 것으로 보인다.

❼ 농가소득 현황

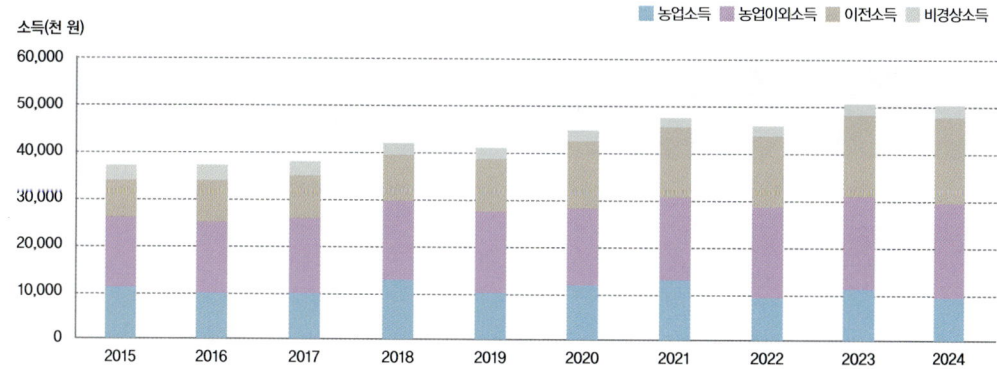

출처: 통계청, 「농가경제조사」(매년 5월)

📊 지표분석

2024년 농가의 평균소득은 5만 597천 원으로 전년 대비 0.5% 감소했고, 평균가계지출은 3만 9,317천 원으로 전년 대비 3.6% 증가했다. 2024년 말 기준 농가의 평균자산은 61만 6,185천 원으로 전년 대비 1.3% 증가했고, 평균부채는 4만 5,016천 원으로 전년 대비 8.3% 증가했다.
한편, 2024년 어가의 평균소득은 6만 3,652천 원으로 전년 대비 16.2% 증가했다.

시사 클로즈 UP

韓·美, 상호관세 15% 타결
협상 내용과 향후 쟁점은?

▲ 한국과 미국의 관세협상이 타결된 7월 31일 경기도 평택항에 세워져 있는 수입차 뒤로 컨테이너가 쌓여 있다. (출처: 연합뉴스)

한국산 제품에 대한 상호관세율을 25%에서 15%로 낮추는 한미 관세협상이 7월 30일 타결됐다. 이 협상에는 우리나라가 미국에 3500억 달러(약 487조 원)를 투자하는 조건도 명시됐다. 특히 이번 한미의 협상 타결에 앞서 일본과 유럽연합(EU)이 15%의 관세율에 합의하면서, 한국 관세율에 대한 주목도가 높아짐과 함께 상호관세 부과 예정일인 8월 1일 이전에 협상이 타결될 수 있을지에 대한 우려도 제기된 바 있다. 그러나 한국의 상호관세율이 일본·EU와 같은 15%로 합의되면서 이번 협상에 대해서는 양호한 성과를 거뒀다는 평가가 나온다.

한편, 이번 관세협상에 따라 지난 2012년부터 발효된 한미 자유무역협정(FTA)은 사실상 유명무실해지게 됐다. 한미 FTA는 한국과 미국 간 상품 및 서비스 무역의 관세 철폐 협정으로, 2019년부터는 개정안이 발효된 바 있다. 여기에 트럼프 대통령이 각국을 상대로 부과한 상호관세가 8월 7일 0시 1분(미 동부시간 기준)을 기해 본격 시행됨에 따라 그간 국제통상의 기준으로 여겨진 세계무역기구(WTO) 체제는 큰 변화를 맞게 될 것으로 보인다.

한국 상호관세 15%로 타결, 미국에 3500억 달러 투자 조건

우리나라가 7월 30일 미국과의 관세협상에서 미국에 3500억 달러(약 487조 원)를 투자하는 등의 조건으로 한국에 대한 상호관세를 기존 25%에서 15%로 낮추기로 하는 합의를 체결했다. 앞서 도널드 트럼프 미국 대통령은 한국이 미국과 합의하지 않으면 8월 1일부터 25%의 상호관세를 부과하겠다고 밝혀 왔으며, 이에 한국 정부는 상호관세 및 자동차·철강 등 품목별 관세를 낮추기 위해 미국과의 협상을 진행해 왔다.

상호관세(Reciprocal Tariff)·보편관세(Universal Tariff)

상호관세는 교역 상대국이 미국산 수입품에 대해 부과하는 관세·비관세 무역장벽에 상응해 미국의 수입관세를 높이는 조치를 말한다. 이는 전 세계를 대상으로 하는 기본관세 10%와 미국의 무역적자가 큰 「최악 국가(Worst Offenders)」를 대상으로 하는 개별관세로 구성돼 있다. 보편관세는 트럼프 대통령이 지난해 대선 기간 중 제안한 관세 정책 중 하나로, 특정 국가나 상품이 아닌 모든 무역국가와 상품에 동일한 관세율을 적용하는 것이다.

품목별 관세

미국이 자동차·철강 등 특정 품목에 부과하는 관세로, 해당 품목에는 상호관세가 붙지 않는다. 이는 특정 품목이 국가 안보를 위협한다고 판단될 경우 수입을 제한할 수 있도록 한 「무역확장법 232조」를 근거로 한 것이다. 무역확장법 232조는 대통령이 직권으로 특정 수입품이 미국 안보를 침해하는지 조사한 뒤 고강도의 무역제재 조치를 할 수 있도록 규정하고 있다. 이는 1962년 제정됐는데, 1995년 세계무역기구(WTO)가 발족한 뒤 사실상 사문화됐다가 2017년 4월 도널드 트럼프 1기 행정부 때 부활한 바 있다.

상호관세율 15%와 3500억 달러 대미투자

트럼프 대통령이 7월 30일 한국에 대한 상호관세를 25%에서 15%로 낮추는 내용의 무역협정을 타결했으며, 2주 내 이재명 대통령과 정상회담을 갖기로 했다고 밝혔다. 이어 한국은 미국이 소유·통제하는 투자 프로젝트에 3500억 달러(약 487조 원)를 제공하며, 트럼프 대통령 임기 내에 1000억 달러(약 139조 원) 규모의 액화천연가스(LNG) 등 미국산 에너지 제품을 구매하기로 합의했다고 덧붙였다.

대통령실도 7월 31일 한미 관세협상에서 상호관세뿐만 아니라 한국산 자동차에 대한 미국의 관세도 15%로 낮추는 데 합의했다고 밝혔다. 또 3500억 달러 규모의 대미 투자 가운데 1500억 달러는 조선 분야에, 2000억 달러는 반도체와 원전·이차전지·바이오 등에 배정된다고 설명했다. 특히 1500억 달러 규모의 한미 조선협력펀드는 선박건조, MRO(유지보수·수리·운영), 조선 기자재 등 조선업 생태계 전반을 포괄하는 것으로 전해졌다. 여기에 대통령실은 식량 안보와 농업의 민감성을 고려해 국내 쌀과 소고기 시장은 추가 개방하지 않는 것으로 합의했다고 강조했다. 또 미국이 반도체와 의약품 등 향후 부과될 추가 품목별 관세에 대해서도 한국에 상대국 대비 가장 유리한 관세율을 적용하는 「최혜국 대우」를 인정하기로 했다고 밝혔다.

최혜국 대우(MFN·Most Favored Nation treatment)

국제통상에 있어서 한 국가가 부여한 제3국의 권리와 이익을 상대국에서도 인정하는 것이다. 이는 물품의 수입·수출을 비롯한 통상에서의 혜택과 관련해 한 국가에 어느 체약국이 부여한 최상의 우대조치를 다른 체약국에도 부여해야 하는 원칙이다.

한미 관세협상 주요 내용

관세 감축	• 상호관세율 25% → 15%로 인하 • 자동차 관세율 25% → 15%로 인하 • 반도체 및 의약품 관세는 「최혜국 대우」 인정
대미투자펀드	3500억 달러(약 487조 원) 규모 – 조선협력펀드: 약 1500억 달러(선박 건조와 MRO 등) – 산업협력펀드: 약 2000억 달러(반도체, 원전, 2차전지, 바이오 등)
에너지 수입	액화천연가스(LNG 등) 약 4년간 1000억 달러 규모 구매
교역시장 개방	• 미국산 자동차, 트럭 등에 시장 개방 • 쌀과 소고기는 추가 개방하지 않음

韓, 협상 과정에서 MASGA 제안

우리 정부는 이번 미국과의 관세협상 과정에서 승부수로 「마스가(MASGA·Make American Shipbuilding Great Again)」 프로젝트를 제안했는데, 이것이 협상 타결에 결정적 역할을 한 것으로 전해졌다. 구윤철 부총리 겸 기획재정부 장관은 7월 31일 열린 기자회견에서 이번 한미 관세협상에서 가장 큰 기여를 한 부분은 「마스가 프로젝트」라며, 트럼프 대통령도 한국 조선업 능력을 높이 평가했다고 밝혔다.

마스가는 트럼프 대통령의 핵심 구호인 「마가(MAGA, 다시 미국을 위대하게)」에 조선업을 뜻하는 Shipbuilding을 포함한 것으로, 「미국 조선업을 다시 위대하게」라는 뜻을 담은 수십 조 원 규모의 조선업 협력 프로젝트다. 이는 한국이 ▷미국 조선사에 투자하고 ▷미국 내에 신규 조선소를 설립하며 ▷조선 인력을 양성하고 ▷정책금융기관을 통해 금융지원을 제공하는 등 한미 간 조선업 협력을 핵심으로 한다. 조선업 재건은 트럼프 행정부의 주요 목표 중 하나로, 미국 측은 그간 한국 조선업체의 미국 현지 투자를 비롯해 기술 이전, 인력 양성 지원 등을 요구해 왔다.

韓 vs 日 vs EU 협상 비교

트럼프 행정부가 한국에 부과하기로 한 상호관세 15%는 앞서 미국이 일본·유럽연합(EU)과 합의한 상호관세율과 같다. 트럼프 행정부는 지난 7월 22일 일본의 상호관세율을 25%에서 15%로 낮추기로 합의한 데 이어, 27일에는 EU의 상호관세율을 30%에서 15%로 인하하는 협상을 타결한 바 있다. 여기에 일본은 5500억 달러(764조 원), EU는 6000억 달러(833조 3000억 원)의 대미 투자를 약속했다. 또 일본은 알래스카에서 액화천연가스(LNG) 합작 사업을 미국과 함께 진행하기로 했고, EU는 7500억 달러(약 1034조 1750억 원) 상당의 미국산 에너지를 구매하기로 합의했다.

> **액화천연가스(LNG·Liquefied Natural Gas)**
> 천연가스를 −162°C의 상태에서 약 600배로 압축해 액화시킨 상태의 가스로, 정제 과정을 거쳐 순수 메탄(메테인)의 성분이 매우 높고 수분 함량이 없는 청정연료이다. 하지만 운반비가 비싸 산지와의 거리에 따라 경제성이 결정된다. LNG는 기화할 때의 냉열에너지를 전력으로 회수할 수 있고, 식품의 냉동 등에도 이용되고 있다.

상호관세 발효에 따른 세계무역질서 격변, 우리 산업에의 영향은?

트럼프 대통령이 7월 31일 지금까지 한국 등 주요 교역국과 진행한 관세협상 결과를 반영해 기존에 발표한 국가별 상호관세율을 조정한 행정명령에 서명했다. 이 행정명령에는 68개국과 유럽연합(EU) 등 총 69개 경제 주체에 대한 상호관세율이 명시됐으며, 조정된 관세율을 8월 7일 0시 1분부터 적용한다는 내용이 담겼다.

우리 정부는 이번 한미 관세협상에서 상호관세율을 25%에서 15%로 낮추기로 합의하고, 농축산물 개방도 막는 등 비교적 양호한 성과를 거

미국−한국, 일본, EU의 무역협상 비교

구분	한국	일본	EU
상호관세율 인하	25% → 15%	25% → 15%	30% → 15%
자동차관세율 인하	25% → 15%	25% → 15%	25% → 15%
농산물	쌀·소고기 추가 개방 없음	쌀 및 일부 농산물 개방 확대, 미니멈 액세스 제도 유지	일부 농산물 무관세, 구체적 내용 협상 중
에너지 제품	1000억 달러 규모 LNG 등 구매	알래스카 LNG 합작	7500억 달러 규모 에너지 구매
대미 투자 규모	3500억 달러	5500억 달러	6000억 달러

됐다는 평가다. 다만 관세 인상에 따른 경제 여파와 안보 사안은 향후 해결해야 할 과제로 남았으며, 산업별로는 이번 협상 결과에 따른 명암이 뚜렷하게 갈렸다. 우선 자동차의 경우 한미 자유무역협정(FTA)에 따라 무관세 혜택을 받던 것과 달리 15%의 품목관세를 일본·EU와 동일하게 적용받게 되면서 상대적인 가격 경쟁력이 사라졌다. 그리고 철강과 알루미늄 등에 부과되는 관세(50%)는 이번 협상에서 제외돼 기존 고율 관세가 그대로 적용됐으며, 이에 향후 수출에 미칠 영향이 우려되고 있다.

전 세계 상호관세, 8월 7일 발효

도널드 트럼프 미국 대통령이 각국을 대상으로 부과한 상호관세가 8월 7일 0시 1분(미 동부시간 기준, 한국시간 7일 오후 1시)을 기해 본격 시행됐다. 미국은 자국과의 무역에서 적자를 보고 있는 국가에는 10%를, 흑자를 보는 국가에는 15% 이상의 상호관세율을 부과했다. 이에 따르면 한국과 일본, 유럽연합(EU)은 15%의 관세율을 적용받으며, 베트남(20%)·인도네시아(19%)·필리핀(19%)도 미국과 합의한 관세율로 조정됐다. 반면 인도는 트럼프 대통령이 부과하겠다고 경고한 25%가 그대로 적용됐

▲ 트럼프 대통령이 지난 4월 2일 미국의 주요 무역 상대국에 기본관세 이상의 상호관세를 부과하는 방안을 발표하고 있다.

트럼프 행정부 관세 부과 주요 일지

3. 12.	철강·알루미늄 25% 관세 발효
4. 2.	트럼프, 모든 국가에 10% 기본관세 및 57개국 상호관세율 발표(한국은 25%)
3.	자동차에 25% 관세 발효
5.	모든 국가에 10% 기본관세 발효
9.	트럼프, 중국 제외 국가의 상호관세 부과 90일간 유예 발표
5. 3.	자동차부품 25% 관세 발효
9.	美, 영국과 무역합의 발표
12.	미·중, 고위급 무역회담 뒤 각각 관세 115%p 인하 발표(대중 관세 145%→30%, 대미 관세 125%→10%)
7. 7.	트럼프, 상호관세 유예 종료일 하루 앞두고 한국 등 14개국에 상호관세율 부과 서한 발송
30.	한미, 상호관세 15%의 관세협상 체결

으며, 브라질은 기존 상호관세 10%에 트럼프 대통령의 별도 행정명령을 통한 40% 추가관세로 총 50%를 적용받게 됐다. 다만 중국·캐나다·멕시코의 경우 별도 행정명령을 통해 관세를 부과받고 있어 이번 상호관세 시행 대상에는 포함되지 않았다.

주요 국가 적용 상호관세율

상호관세율	국가
50%	브라질(적용 시기 미정)
41%	시리아
40%	라오스, 미얀마
39%	스위스
35%	캐나다(8월 1일 오후 1시 1분부터 적용)
30%	남아프리카공화국, 리비아 등
25%	인도, 카자흐스탄 등
20%	대만, 베트남 등
19%	말레이시아, 인도네시아, 태국 등
15%	대한민국, 뉴질랜드, 베네수엘라, 유럽연합(EU), 이스라엘, 일본, 튀르키예 등
10%	영국
유예국	중국(30%), 멕시코(25%)

美, WTO 체제 종식 선언 미국의 무역정책을 총괄하는 제이미슨 그리어 미국무역대표(USTR)가 8월 7일 뉴욕타임스(NYT) 기고를 통해「미국의 새로운 무역협정은 새로운 글로벌 무역질서의 서막」이라며 세계무역기구(WTO) 체제의 종식을 선언했다. 그는 해당 기고에서「우리는 이제 트럼프 라운드를 목도하고 있다」고 밝혔는데, 트럼프 라운드는 트럼프 대통령이 지난 4월 2일 상호관세를 발표한 이후 세계 각국과 진행한 무역협상을 과거 다자주의 무역협상들에 빗대 붙인 명칭이다. 이는 미국 중심의 보호무역주의로 재편된 새로운 세계 무역질서로, 그리어 대표는 지난 30년간 세계무역 질서를 주도해온 WTO 체제 대신 미국 중심의 새로운 무역질서를 트럼프 대통령 주도로 만들 것을 선언했다. 아울러 그는 트럼프 대통령이 만든 새로운 경제 질서를「턴베리 체제」(※ 시사용어 참조)라고 명명했는데, 턴베리는 지난 7월 27일 트럼프 대통령과 우르줄라 폰데어라이엔 EU 집행위원장이 무역 합의를 체결한 스코틀랜드의 장소(리조트)이다.

> **세계무역기구(WTO·World Trade Organization)**
> 관세 및 무역에 관한 일반협정인 가트(GATT) 체제를 대신해 국제 무역질서를 바로 세우고 우루과이라운드(UR) 협정의 이행을 감시하는 국제기구로, 본부는 스위스 제네바에 있다. 무역 자유화를 통한 전 세계적인 경제 발전을 목적으로 하며, 1995년 1월 1일 정식으로 출범했다.

우루과이 라운드 vs 트럼프 라운드

우루과이 라운드	• 1993년 타결 • 선진국과 개도국 간 상품, 서비스, 지식재산권 등 개방 합의 • 기존 GATT 체제에서 WTO 체제로 전환
트럼프 라운드	• 미국의 각국에 대한 관세장벽 확대 • 미국에 반대하는 국가에 고율의 관세 부과 • 기존 WTO 및 FTA 체제 무력화

상호관세 발효, 우리 산업에의 영향은? 8월 7일부터 상호관세가 발효되면서 우리나라에 부과된 15%의 상호관세에 따른 산업계의 반응은 엇갈리고 있다.

조선 조선업은 이번 협상에서 우리 정부의 핵심 카드로 부상하면서 향후 입지가 더욱 공고해질 것이라는 전망이 높다. 유엔무역개발회의(UNCTAD)에 따르면 한국은 지난해 전 세계 선박의 28%를 건조하는 등 중국(51%)에 이어 전 세계 2위의 조선 강국이다. 이번 한미 관세협상에서 우리 정부가 제안한 MASGA 프로젝트에 따라 총 1500억 달러(약 209조 원) 규모의 한미 조선업 협력펀드가 조성되는데, 이를 통해 중장기적인 수주 확대가 이뤄질 가능성이 높다는 전망이다.

자동차 자동차(부품 포함)는 지난해 기준 전체 대미 수출액의 3분의 1 남짓을 차지하는 최대 수출 품목 중 하나다. 트럼프 정부 출범 전 한국산 자동차는 한미 자유무역협정(FTA)에 따라 무관세 대상이었지만, 이번 협상을 통해 15%의 품목별 관세가 적용됐다. 여기에 일본과 EU 역시 동일한 수준의 관세(15%)를 부담하게 되면서 우리의 가격 경쟁력이 약화됐다는 평가다. 이에 국내 자동차업계는 관세 부담을 줄이기 위해 미국 현지 생산 확대에 나선다는 방침인데, 현대자동차그룹은 지난 3월 총 210억 달러 규모의 대미 투자계획을 발표한 바 있다.

철강·알루미늄 철강과 알루미늄 산업은 이번 관세협정에서 가장 큰 타격을 입은 분야로 평가되는데, 이는 기존 50%의 고율 관세가 그대로 유지된 데 따른 것이다. 그나마 현대제철이 현대차그룹의 대규모 대미 투자계획 일환으로 미국 루이지애나주에 일관제철소를 짓는 프로젝트를 추진하고 있지만, 이는 2029년 이후에나 가동될 것으로 예상돼 단기적 피해는 불가피하다는 평가다.

반도체·의약품 추후 품목관세 부과가 예고된 반도체·의약품의 경우 최혜국 대우가 적용될 것으로 관측돼, 경쟁국과 견줘 불리하지 않은 조건으로 경쟁력을 유지할 것이라는 전망이 나온다. 특히 이번 협정에 포함된 2000억 달러 규모의 전략산업 투자펀드에 반도체 산업이 포함돼 있어, 관련 업계에 긍정적 영향이 미칠 것으로 보인다. 한편, 지난해 반도체 산업의 대미 수출액은 106억 8000만 달러(약 15조 원)로 전체 수출 품목 중 3위를 차지한 바 있다.

식품 미국이 라면, 김치 등 K-푸드의 최대 수출 시장이라는 점에서 이번 15%의 관세는 불리하다는 지적이다. 이는 관세가 부과되면 현지 소비자 가격 인상이 불가피하기 때문이다. 이에 식품 업계는 유통구조 개선, 현지 생산 확대 등의 다각적인 대응 방안을 검토 중인 것으로 알려졌다.

8월 25일 예정된 한미정상회담, 「안보 이슈」 쟁점 전망

한미 관세협상 타결로 통상 문제가 한 고비를 넘긴 가운데, 이제는 안보 이슈가 쟁점으로 부상하게 됐다. 앞서 우리 정부는 상호관세 협상에서 안보·통상 패키지 딜을 추진했으나 미국이 이에 응하지 않아 통상 분야 합의만 이뤄졌기 때문이다. 이에 8월 25일 열리게 될 한미정상회담에서는 주한미군의 역할 조정, 국방비 증액 및 방위비분담금 인상, 전시작전통제권 환수 등의 안보문제가 쟁점이 될 것으로 전망된다.

> 강유정 대통령실 대변인은 8월 12일 이재명 대통령이 트럼프 미국 대통령의 초청으로 25일 한미정상회담 개최를 위해 24일부터 26일까지 미국을 방문할 예정이라고 밝혔다. 이는 이재명 대통령의 첫 한미정상회담으로, 대통령 취임 후 82일 만이다.

주한미군의 전략적 유연성 미국은 그간 중국 견제와 한미동맹 역할 확대를 요구하며 「한미동맹 현대화」를 지속적으로 요구해 왔다. 동맹 현대화는 한미 양국이 달라진 지정학적 환경과 복합적 안보 위협에 맞

한미 관세협상에 따른 산업별 기상도

산업	전망	기상도
조선	한미 조선업 협력으로, 중장기적 수주 확대 기대	맑음 ☀
자동차	일본·EU와 동일 관세로 가격 경쟁력 약화	약간 흐림 ☁
철강·알루미늄	기존 50% 고율 관세 그대로 적용	흐림 ☁
반도체·의약품	최혜국 대우 적용 전망	비교적 맑음 🌤
식품	현지 소비자 가격 인상 전망	흐림 ☁
농축산	쌀·소고기 추가 개방 없음	비교적 맑음 🌤

게 동맹을 조정하는 작업으로, ▷한국군의 역할 확대 ▷한국의 국방비 증액 ▷전시작전통제권 전환 등 다양한 쟁점을 포괄한다. 이 가운데 주한미군 관련 협상도 매우 민감한 쟁점으로 꼽히는데, 미국은 현행 주한미군의 역할 범위를 한반도(대북 억제)를 넘어 남중국해 등 인도태평양 일대에서 발생하는 분쟁 투입 등으로 확대할 것을 요구하고 있다. 즉, 대북 억제를 주목적으로 삼아온 주한미군의 활동 반경을 대중국 억제 등을 위해 확장할 수 있도록 한다는 것이다.

주한미군 지위협정(SOFA·Status of Forces Agreement)

주한미군의 지위를 규정한 협정이다. 일반적으로 국제법상 외국군대는 주둔하는 나라의 법률질서에 따라야 하지만, 주둔하는 나라에서 수행하는 특수한 임무의 효율적 수행을 위해 쌍방 법률의 범위 내에서 일정한 편의와 배려를 제공하게 된다. 이 경우 해당 국가와 외국군대 간에 행정협정을 체결해 이를 보장하는데, 이에 따라 SOFA가 체결된 것이다.

국방비 및 방위비분담금 증액

미국 측은 다른 동맹국과 마찬가지로 우리 측에도 국내총생산(GDP)의 5% 수준으로 국방비를 상향할 것을 요구하는 것으로 전해졌다. 국방부에 따르면 올해 한국의 국방예산은 61조 2469억 원으로, GDP 비중은 약 2.3%다. 만약 국방비 지출을 GDP 대비 5%로 늘리게 되면 국방예산은 약 132조 원이 된다. 특히 트럼프 대통령이 조 바이든 전임 행정부 시기 타결된 12차 방위비분담 특별협정(SMA)의 재개정에 대해 한국의 기여가 적다는 인식을 종종 드러내 온 만큼 협상 대상이 될 가능성이 높다는 분석이다. 실제로 트럼프 대통령은 집권 1기 때인 2019년 주한미군의 방위비분담금을 기존보다 약 5배 인상할 것을 요구했는데, 지난해 대선 기간에는 한국의 방위비분담금이 10배가 돼야 한다며 공세 수위를 더욱 높인 바 있다.

한편, 한국과 미국은 1991년 제1차 협정을 시작으로 2021년까지 총 11차례의 SMA를 맺었다. 이 방위비분담금은 주한미군 감축으로 8.9% 삭감된 2005년 제6차 협정을 제외하고는 매번 2.5~25.7%까지 증액돼 왔다.

한미 방위비분담 특별협정(SMA·Special Measures Agreement)

한미 양국이 1991년부터 주한미군 주둔 비용에 관한 방위비분담을 위해 체결하고 있는 특별협정이다. 주한미군 지위협정(SOFA) 제5조 제1항이 시설·구역을 제외한 미군 경비는 미국 측이 부담하도록 규정하고 있지만, SMA는 여기에 예외를 둬 미군이 주둔하는 국가가 경비를 분담하도록 했다. 분담금은 주한미군에서 근무하는 한국인 근로자의 인건비, 군사건설 및 연합방위 증강사업, 군수지원비 등의 명목으로 지원된다.

전시작전통제권 전환

전시작전통제권(전작권) 전환도 한미정상회담의 주요 의제로 다뤄질 가능성이 높다. 전작권은 한반도 유사시 군의 작전을 통제할 수 있는 권리로, 현재 한국의 전작권은 한미연합사령관(주한미군사령관)이 갖고 있다. 전작권은 노무현 정부 때인 2006년 11월 한미가 2012년 4월에 전환하기로 합의했지만 이명박 정부 때 전환 시기가 2015년 12월로 연기됐고, 박근혜 정부 때는 전환 시기를 정하지 않고 조건이 충족되면 전환하기로 합의한 바 있다. 이후 문재인 정부 때인 2017년 6월에는 조건에 기반한 전작권 전환이 조속히 이뤄지도록 협력하기로 하고, 이후 매년 한미 안보협의회(SCM) 등을 통해 협의를 이어가고 있다. 전작권 전환을 위해 충족해야 하는 조건은 ▷연합방위 주도를 위해 필요한 군사적 능력 ▷동맹의 포괄적인 북한 핵·미사일 위협 대응능력 ▷안정적인 전작권 전환에 부합하는 한반도 및 역내 안보환경 등이다. 한미 양국은 이 3가지 조건에 기초해 한국의 작전 능력을 평가, 이를 3단계에 나눠 검증하기로 합의한 바 있다. 검증 3단계는 ▷최초작전운용능력(IOC) 검증 ▷완전운용능력(FOC) 검증 ▷완전임무수행능력(FMC)으로 구분되며, 전구급 한미연합훈련을 통해 조건 충족 여부를 확인하게 된다. 현재는 2단계 검증 단계가 진행 중인데, 1단계에서 2단계를 통과하기까지 약 3년의 시간이 소요됐다.

정부, 한미 원자력협정 개정 추진

한미정상회담을 앞두고 사용후핵연료 재처리와 우라늄 농축을 위한 한미 원자력협정 개정 추진 움직임도 일고 있는 것으로 알려졌다. 사용후핵연료 재처리는 핵발전소에서 사용하고 난 우라늄 핵연료에서 핵분열을 일으키는 우라늄-235와 플루토늄-239를 회수해 재활용하는 것인데, 군사적으로 매우 민감한 기술이어서 일부 선진국에서만 독점하고 있다. 현재 한미 원자력협정은 2015년 6월 개정된 것으로, 해당 개정안을 통해 우리나라는 사용후핵연료 연구와 우라늄 농축에 대한 제한적인 권리를 확보한 바 있다. 하지만 이는 한국의 사용후핵연료 재처리를 사실상 금지한 데다, 저농축 우라늄 생산도 미국과 합의해야만 가능하도록 제약하고 있다. 현재 국내 원전에서 배출되는 사용후핵연료는 대부분 임시 저장시설에 보관 중인데, 이는 2030년부터 포화 상태에 이를 것으로 전망된다.

한미 관세협상 세부 내용 확정은?

앞서 7월 30일 타결된 한미 관세협상의 세부 내용을 확정하는 것도 이번 한미정상회담의 중요 과제다. 대표적으로 3500억 달러의 투자처와 투자 방식 등 합의의 구체적 내용을 두고 양국 간 추가 논의가 이뤄져야 한다. 또 관세협상 타결 이후 쌀과 소고기의 추가 개방 여부를 두고 한미 간 설명에서 미묘한 입장차가 확인된 만큼 이 문제도 주목받을 것으로 보인다. 아울러 반도체, 자동차, 배터리, 철강 등 주요 수출품목에서 관세 부담이 커진 만큼 제도적 지원이나 수출 전략에 대한 논의도 이뤄질 가능성이 있다. 이 밖에 구글 고정밀지도 반출 허용 여부 문제도 미국 측이 제기할 가능성이 있는 잠재적 쟁점으로 꼽힌다. 미국 정부는 그간 한국의 고정밀지도 데이터 해외 반출 제한 조치를 「디지털 무역장벽」으로 간주하며 지속적으로 완화를 요구해 왔다.

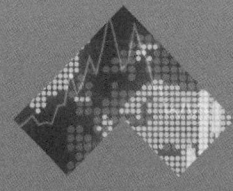

최신 주요 시사

최신 주요 시사

6월 / 7월 / 8월

정치시사 / 경제시사 / 사회시시 / 문화시사
스포츠시사 / 과학시사 / 시시비비(是是非非)
2025년 하반기 달라지는 것들 / 시사용어 / 시사인물

정치시사 | Politics

2025. 6.~8.

트럼프, 엡스타인 유착 의혹 확산
트럼프-머독 송사에「마가(MAGA)」분열 전망

미국 일간 《월스트리트저널(WSJ)》이 7월 17일 도널드 트럼프 미국 대통령과 미성년자 성착취범 제프리 엡스타인(1953~2019) 간 유착 의혹을 폭로하면서 미국 전역에 거센 논란이 일고 있다. WSJ는 이날 트럼프가 지난 2023년 엡스타인의 50번째 생일을 축하하며 외설적인 그림을 그려 넣은 편지를 보냈다는 내용을 보도했다. 해당 보도 이후 트럼프 대통령은 WSJ와 루퍼트 머독 뉴스코퍼레이션 명예회장 등을 상대로 100억 달러(약 14조 원) 규모의 손해배상 청구소송을 제기했다. 이에 트럼프 대통령과 보수 언론 간에 이어져 왔던 밀월 관계가 악화되는 것은 물론, 엡스타인 파일의 공개를 지속적으로 요구해 왔던 트럼프 대통령의 지지 세력인「마가(MAGA·미국을 다시 위대하게)」진영의 균열까지 일어날 수 있다는 전망이 제기된다.

> **마가(MAGA)** 도널드 트럼프 대통령이 2016년 대선에서 내걸었던 구호인「다시 미국을 위대하게(Make America Great Again)」의 알파벳 앞 글자를 딴 용어로, 트럼프를 지지하는 강경파 공화당 의원이나 극렬 지지층을 일컫는 말이다.

엡스타인 의혹이란 헤지펀드 매니저 출신의 억만장자 제프리 엡스타인은 수십 명의 미성년자를 상대로 성범죄를 저지른 혐의로 구속기소됐다가 2019년 정식 재판 전 구치소에서 스스로 목숨을 끊었다. 그런데 엡스타인의 사망 이후 그가 생전에 작성한 정관계 유력 인사들이 포함된 성 접대 리스트(엡스타인 파일)가 있다거나 이를 덮기 위해 타살됐다는 음모론 등이 지속적으로 제기됐다. 특히 이러한 의혹은 트럼프 강성 지지층을 중심으로 지지를 얻었고, 트럼프 대통령은 2024년 대선 과정에서 관련 문건 공개를 약속하며 지지층을 결집시키기도 했다. 트럼프는 당시 엡스타인이「딥스테이트(Deep State·권위주의 국가에서 암약하는 민주주의 제도 밖의 숨은 권력 집단)」에 의해 살해됐다고 주장하면서, 대통령에 당선되면 엡스타인 관련 자료의 전면 공개를 약속했다.

트럼프-엡스타인 의혹, MAGA 분열에 영향? 팸 본디 법무장관은 지난 2월 폭스뉴스와의 인터뷰에서「엡스타인 파일이 지금 내 책상 위에 있다」고 밝혀 파일 공개를 기다리는 이들의 기대를 고조시켰다. 그러다 지난 6월 5일 트럼프 대통령과 감세정책 등을 둘러싼 갈등으로 갈라선 일론 머스크 테슬라 CEO가 엡스타인 성추문 사건에 트럼프 대통령이 연루돼 있다는 글을 자신의 X에 올리면서 해당 논란에 불을 지폈다. 하지만 법무부는 7월 7일「엡스타인 리스트가 존재한다는 증거가 없다」는 발표를 내놓으며 기존의 발언을 뒤집었고, 이는 트럼프 지지층들의 거센 반발을 일으키며 진상 규명을 요구하는 목소리를 더욱 높였다. 이러한 상황에서 트럼프의 엡스타인 관련 의혹이 7월 17일 WSJ의 보도로 전해지면서 논란이 더욱 증폭된 것이다. 특히 해당 보도를 앞두고 트럼프 대통령과 캐럴라인 레빗 백악관 대변인 등이 머독과 WSJ 편집국장에 여러 차례 전화를 걸어 기사를 내지 말라고 압박했으나 WSJ가 이를 거부한 사실도 알려졌다.

> **큐어넌(QAnon)** 2017년 10월 극우 온라인사이트인 포챈(4chan)에서 처음 탄생한 것으로 알려진 극우 음모론 단체다. 이들은 미국 민주당 등 정계 및 경제계에 포진해 있는 엘리트 집단들이 비밀리에 아동 성착취 등을 저지르고 있으며, 이를 해결할 유일한 인물이 도널드 트럼프라는 주장을 내세우면서 트럼프의 핵심 세력이 됐다. 큐어넌은 주로 온라인에서 활동했으나, 조 바이든이 당선된 2020년 미 대선 이후부터는 부정선거 음모론을 주장하며 의사당 폭동사태를 주동하는 등 오프라인에서의 활동을 본격화한 바 있다.

트럼프-보수언론, 향후 관계는? 트럼프와 엡스타인 간 의혹을 폭로한 루퍼트 머독 WSJ 회장은 친(親)트럼프 매체로 꼽히는 「폭스뉴스」 등을 소유한 미디어 재벌이다. 트럼프 대통령은 집권 2기를 시작하면서 폭스뉴스 앵커이던 피트 헤그세스를 국방부 장관에 임명하는 등 폭스뉴스 관련 인사를 대거 요직에 발탁한 바 있다. 따라서 이번 WSJ 보도에 대한 트럼프 대통령의 거액 소송 제기에 따라 트럼프 행정부와 폭스뉴스의 긴밀한 관계가 끝날 수 있다는 전망이 나온다.

美, 원정출산에 제동
연방대법원, 28개 주의 「출생시민권」 폐지

미 연방대법원이 6월 27일 출생시민권을 금지하는 도널드 트럼프 대통령의 행정명령을 주 차원에서 막은 22개 주를 제외한 나머지 28개 주는 별개 소송이 없는 한 30일 후부터 해당 명령을 따라야 한다는 판결을 내렸다. 이에 미국 시민권을 취득하기 위해 우리나라를 비롯한 각국에서 행해진 원정출산 움직임에 제동이 걸릴 것으로 전망된다.

> **출생시민권(出生市民權, Birthright Citizenship)** 미국 수정헌법 14조에 따라 부모의 국적에 상관없이 미국 영토에서 태어난 아이에게 자동적으로 시민권을 부여하는 제도를 말한다. 수정헌법 14조는 「미국에서 태어나거나 귀화한 자 및 그 사법권에 속하게 된 사람 모두가 미국 시민이며 거주하는 주의 시민이다」라고 규정하고 있다.

28개 주의 출생시민권 폐지, 왜? 트럼프 대통령은 집권 1기 때부터 출생시민권 제도가 미국으로의 불법 이민자 유입을 촉발시키고 있다며 폐지를 공언해 왔다. 그리고 재집권 첫날인 지난 1월 20일 미국에 불법으로 체류하거나 영주권이 없는 외국인 부모에게서 태어난 자녀에 대한 출생시민권을 금지하는 행정명령을 발동했다. 이에 민주당 소속 주지사가 이끄는 22개 주와 워싱턴DC는 즉각 위헌 소송을 제기했고, 이후 일부 하급심 연방법원에서 대통령 행정명령의 전국적 효력 중단 가처분 결정을 내린 바 있다. 그러자 트럼프 행정부는 하급심 법원의 결정으로 연방정부의 정책이 전국적으로 제한되는 것은 과도하다는 취지로 연방대법원에 심리를 요청했고, 대법원이 이를 받아들인 것이다. 이에 따라 소송을 제기하지 않은 28개 주에서는 30일간의 유예기간을 거쳐 7월 말부터 출생시민권 금지 제도 시행에 들어갔다.

향후 전망 출생시민권을 둘러싼 혼란은 당분간 불가피할 전망인데, 이는 출생시민권 적용 여부가 어느 주에서 태어났는지에 따라 달라지기 때문이다. 또 대법원이 출생시민권 금지 자체가 위헌인지에 대해서는 판단을 내리지 않았다는 점도 향후 변수로 작용할 것으로 보인다.

트럼프, 시리아 제재 21년 만에 해제
아사드 일가 및 IS 관련자 제재는 유지

도널드 트럼프 미국 대통령이 6월 30일 시리아에 가했던 각종 제재(시리아산 수출품의 미국 수입 금지, 시리아에 대한 대외 원조 제한 등)를 해제하는 행정명령에 서명했다. 이는 지난 2004년 당시 조지 W 부시 미 행정부가 시리아에 금융거래 제한 등의 각종 제재를 부과한 지 21년 만이다. 이번 조치의 효력은 7월 1일부터 발생했는데, 다만 미국은 아사드 전 정권 때의 관료나 합성마약 캡타곤 제조·유통에 연루된 사람, 이슬람 극단주의 무장단체 「이슬람국가(IS)」 등에 대한 제재는 유지했다.

시리아에 대한 제재 해제, 왜? 트럼프 대통령은 시리아 제재 해제 배경으로 지난해 12월 바샤르 알아사드 독재정권이 무너진 뒤 아흐메드 알샤라 대통령이 이끄는 새로운 정부의 긍정적 조치를 포함해 시리아가 6개월간 발전적으로 변화했다는 점을 들었다. 트럼프 대통령은 지난 5월 14일 중동 순방 당시 사우디아라비아 리야드에서 알샤라 시리아 과도정부 임시 대통령과 깜짝 회담을 가진 뒤, 2011년 시리아 내전 발발 이후 본격화한 시리아 경제제재를 전격 해제하기로 약속한 바 있다. 이후 5월 23일 미국 재무부와 국무부는 시리아에 「일반허가(GL·General License) 25」를 발급하고 「시저 시리아 민간인 보호법(Caesar Act)」에 따른 제재를 180일간 유예하는 등의 제재 해제 조처를 발표했었다.

이슬람국가(IS·Islamic State) 2003년 국제 테러조직 알카에다의 이라크 하부조직으로 출발한 급진 이슬람 수니파 무장단체이다. 본래 명칭은 「이라크-레반트 이슬람국가(ISIL, ISIS)」였으나, 2014년 6월 29일 IS로 개명했다. IS는 2014년 6월부터 이라크와 시리아를 중심으로 세력을 확장했으며, 이후 중동은 물론 유럽에서까지 테러를 자행하며 전 세계에 공포를 안겼다. 그러나 2017년 7월과 10월에 걸쳐 각각 이라크 모술과 수도인 시리아 락까를 잃었고, 2019년 3월에는 시리아민주군(SDF)에 의해 마지막 근거지였던 바구즈까지 상실하면서 와해됐다.

시리아 내전 2011년 3월 독재자 바샤르 알아사드 대통령의 퇴출을 요구하는 반정부 시위에서 시작돼 수니파-시아파 간 종파 갈등, 주변 아랍국 및 서방 등 국제사회의 개입, 미국과 러시아의 국제 대리전 등으로 확산된 내전이다. 시리아 내전은 이와 같은 복잡한 상황으로 13년 9개월째 이어지다가 2024년 12월 8일 반군의 승리 선언으로 종식됐으며, 이에 53년간 이어졌던 알아사드 일가의 철권통치도 끝난 바 있다.

트럼프, 유네스코 탈퇴 결정
바이든 재가입 2년 만에 뒤집기

도널드 트럼프 미국 대통령이 7월 22일 유네스코(UNESCO·유엔교육과학문화기구)의 반이스라엘·친중국 성향, 다양성 정책 등을 문제 삼아 탈퇴를 결정했다. 이는 전임 조 바이든 행정부였던 2023년 6월 유네스코에 재가입한 지 2년 만으로, 이번 탈퇴 결정은 규정상 내년 12월 말에 발효된다.
한편, 미국의 국제기구 탈퇴는 유네스코 외에도 계속될 것으로 전망되는데, 트럼프 행정부는 올해 초 파리기후변화협약과 세계보건기구(WHO)에서 탈퇴하는 내용의 행정명령에 서명한 바 있다. 여기에 유엔 팔레스타인 난민구호기구에 대한 자금 지원도 중단한 상태다.

미국의 유네스코 탈퇴 이력 유네스코는 2차 세계대전 이후 교육·과학·문화 분야의 국제 협력을 통해 평화를 증진하기 위해 설립된 기구로, 프랑스 파리에 본부를 두고 있다. 미국은 로널드 레이건 대통령 시절인 1983년에도 정치화와 예산 낭비를 지적하며 유네스코에서 탈퇴했다가 조지 W 부시 행정부 때인 2002년 10월 재가입했다. 그러다 트럼프 1기 행정부였던 2017년 10월 반이스라엘 성향을 이유로 유네스코를 다시 탈퇴했으나, 조 바이든 행정부 때인 2023년 6월 재가입 결정을 내렸다. 하지만 트럼프 대통령은 두 번째 임기를 시작한 지 얼마 되지 않은 지난 2월 미국의 유네스코 회원 등에 대한 90일간의 검토를 지시한 데 이어 결국 탈퇴를 결정한 것이다.

아르메니아-아제르바이잔, 트럼프 대통령 중재로 평화선언 서명

구소련 출신의 오랜 앙숙인 아제르바이잔과 아르메니아가 도널드 트럼프 미국 대통령의 중재로 8월 8일 평화선언에 서명했다. 일함 알리예프 아제르바이잔 대통령과 니콜 파시냔 아르메니아 총리는 이날 미국 워싱턴 백악관에서 분쟁의 평화적 해결과 관계 정상화를 위한 공동선언에 서명했다. 선언에는 또 아르메니아 남부를 통과해 아제르바이잔 본토와 나히체반 자치공화국을 연결하는 회랑에 대해 미국이 독점 개발권을 갖는 내용도 포함됐는데, 이 길에는 「국제 평화와 번영을 위한 트럼프 길(TRIPP)」이라는 이름이 붙을 예정이다. 현재는 아제르바이잔 본토에서 나히체반 공화국으로 향할 경우 아르메니아를 지나지 못해 이란을 경유해 돌아가야 한다.

아르메니아-아제르바이잔 분쟁 기독교 국가인 아르메니아와 이슬람 국가인 아제르바이잔은 나고르노 카라바흐 지역의 영유권 등을 두고 30년 넘게 대립해 왔다. 두 나라는 1920년대 소비에트연방에 흡수됐는데, 당시 소련은 분할통치의 일환으로 아르메니아인이 약 95%를 차지하는 나고르노 카라바흐를 아제르바이잔 지방정부가 통치하도록 했다. 이후 1988년 나고르노 카라바흐주의 아르메니아인들이 독립을 선언하면서 두 나라의 전쟁이 시작됐다. 그러다 1994년 러시아와 독립국가연합(CIS·옛 소련권 국가 모임)의 중재로 휴전이 합의되면서 나고르노 카라바흐는 아르메니아가 실효지배하게 되었다. 하지만 2020년 양국의 두 번째 전쟁이 6주간 벌어졌고, 이 전쟁으로 아제르바이잔이 해당 지역 대부분을 장악하게 되었다. 이후 러시아가 다시 중재에 나서 나고르노 카라바흐를 아제르바이잔 영토로 공식 인정하되, 아르메니아인이 그대로 거주하도록 했다. 그리고 평화유지군 약 2000명을 국경 지대에 배치해 휴전이 체결됐으나, 해당 지역을 둘러싼 양국의 갈등은 계속돼 왔다.

프랑스, G7 첫 팔레스타인 국가 인정 선언 영국·캐나다도 동참

에마뉘엘 마크롱 프랑스 대통령이 7월 24일 주요 7개국(G7) 정상으로는 처음으로 팔레스타인을 독립국가로 인정한다고 선언했다. 이는 오는 9월 유엔총회에서 발표되는데, 영국과 캐나다도 뒤따를 전망이다. 프랑스의 이번 선언은 G7 가운데 팔레스타인 독립을 공개적으로 지지한 첫 사례라는 점에서 그 의미가 크다. 아울러 프랑스가 유럽연합(EU)의 유일한 핵보유국이자 유엔 안전보장이사회 상임이사국이라는 점에서 다른 나라에도 영향을 미칠 것이라는 전망이다. 한편, 이와 같은 서방국가들의 잇따른 팔레스타인 국가 인정은 장기화된 가자지구 봉쇄로 인한 심각한 기아사태 등 인도주의적 위기가 자리하고 있다.

팔레스타인(Palestine) 서아시아의 팔레스타인 자치정부 구역인 5,655km²의 요르단강 서안지구(West Bank)와 남서단 지중해 연안에 위치한 362km²의 가자지구(Gaza Strip)를 가리킨다. 현재 가자지구는 팔레스타인 무장정파 하마스가 통치하고 있고, 서안지구는 팔레스타인 자치정부(PA)의 파타당이 통치하고 있다. 이스라엘과 팔레스타인 간 분쟁은 유대인들이 시오니즘 운동에 따라 이 지역으로 이주, 1948년 이스라엘을 건국하고 2000년간 살고 있던 팔레스타인 사람들을 내쫓으면서 시작돼 현재까지도 계속되고 있다.

영국·캐나다도 팔레스타인 국가 인정 예고 키어 스타머 영국 총리가 7월 29일 팔레스타인을 독립국가로 인정할 것이라고 공식 발표했다. 스타머 총리는 이날 이스라엘이 가자지구의 끔찍한 상황을 끝낼 실질적 조치를 하고, 휴전을 달성해「두 국가 해법」을 위한 장기적 평화 프로세스를 약속하지 않는다면 9월 유엔총회에서 팔레스타인을 국가로 인정하겠다고 밝혔다. 특히 이번 결정은 1917년 밸푸어 선언으로 현재 가자지구 분쟁의 씨앗을 만든 영국의 새로운 행보라는 점에서 주목된다.

또 마크 카니 캐나다 총리도 7월 30일, 9월 유엔총회에서 팔레스타인을 공식 인정할 계획이라고 발표했다. 카니 총리는 다음 해 팔레스타인 자치정부(PA)가 선거를 실시하고 팔레스타인 무장정파 하마스가 참여하지 않는 것을 전제로 팔레스타인을 인정할 것이라고 덧붙였다.

두 국가 해법(Two-state solution) 이스라엘·팔레스타인 분쟁을 해결하기 위한 방안 중 하나로, 1967년 제3차 중동전쟁 이전의 국경선을 기준으로 각각 이스라엘과 팔레스타인 국가를 건설하여 두 국가가 더 이상 분쟁을 일으키지 않도록 하자는 것이다. 이는 1974년 유엔(UN) 결의안을 통해 기본적인 틀이 제시됐고 이후 1993년과 1995년 두 차례에 걸쳐 체결된 오슬로 협정에서 확립됐다. 이에 따라 이스라엘은 1967년 제3차 중동전쟁을 통해 획득한 가자지구와 요르단강 서안지구를 팔레스타인에 반환했고, 1996년 이 지역에 팔레스타인 자치정부가 수립됐다. 이후 국제사회는 두 국가 해법을 근거로 하여, 이스라엘이 팔레스타인 자치령 내에 유대인 정착촌을 건설하는 것을 반대하고 있다.

밸푸어 선언(Balfour Declaration) 제1차 세계대전 중인 1917년 11월 2일 영국 외무장관이었던 아서 밸푸어가 유대인들이 팔레스타인에 민족국가를 수립하는 것을 지지한 선언이다. 이는 유대인의 여론을 연합국 측으로 돌려 전쟁을 성공적으로 수행하기 위한 의도로 이뤄진 것이었다. 그러나 영국은 밸푸어 선언과 동시에 아랍 측에는 팔레스타인을 내주겠다는「맥마흔 선언」을 함으로써 양측 전쟁의 불씨를 만들었다.

팔레스타인을 국가로 인정하는 나라들은? 팔레스타인은 유엔 정회원 국가가 아닌데, 2012년 유엔 총회에서「옵서버 단체(entity)」에서「옵서버 국가(state)」로 승격해 현재까지 이 지위를 유지하고 있다. 현재 193개국 유엔 회원국 중 팔레스타인을 국가로 인정하고 있는 나라는 147개국(바티칸 교황청 포함)이다. 유엔 정회원 지위를 얻기 위해서는 유엔 안전보장이사회(안보리) 결의를 거쳐야 하지만, 안보리 상임이사국인 미국이 2011년과 지난해 4월 거부권을 행사하면서 팔레스타인의 정회원 승격이 부결된 바 있다. 다만 팔레스타인을 독립국으로 인정하지 않는 나라들도 일반적으로「두 국가 해법」은 지지하고 있다.

日 여당, 참의원 선거도 과반 실패
이시바 총리 사퇴론 부상

일본 여당이 7월 20일 치러진 참의원(상원) 선거에서 목표로 내건 과반 의석수 유지에 실패했다. 총 125명을 선출한 이번 선거에서 집권 자민당은 39석, 연립여당 공명당은 8석으로 총 47석을 얻으며, 목표였던 50석 이상에 미치지 못했다. 이로써 자민당과 공명당은 지난해 10월 중의원 선거에 이어 이번 참의원 선거에서도 과반에 미치지 못하면서 양원 모두에서 여소야대(여당 122석, 야당 126

석) 구도가 형성됐다. 무엇보다 자민당 중심 정권이 중의원에 이어 참의원에서도 과반을 잃은 것은 1955년 자민당 창당 이후 처음으로, 자민당은 이번 선거를 계기로 2012년 정권 탈환 이후 이어온 독주를 사실상 끝내게 됐다.

> **참의원(參議院)** 일본의 양원제 국회에서 중의원(衆議院)과 함께 국회를 구성하는 의원을 말한다. 참의원의 의석수는 248석으로, 임기는 6년이고, 3년마다 절반을 다시 뽑는다. 법안 심의는 참의원과 중의원 양원에서 별도로 이뤄지며, 양측 의견이 다를 경우 양원 협의회를 열어 타협점을 모색한다. 양원의 의견이 일치하지 않을 때에는 중의원 출석의원의 2/3 이상이 의결하면 의안이 채택될 수 있다는 점에서 중의원이 실직적 권한을 갖는다. 다만 중의원의 임기는 4년이지만 총리가 언제든지 중의원을 해산할 수 있기 때문에 더 짧아질 수 있다.

선거 결과 일본 참의원 선거는 전체 의원 248명 중 절반인 124명을 3년마다 교체하는 방식으로 치러진다. 이번 선거에서는 도쿄도 지역구 결원 1명을 포함해 지역구 75명, 비례대표 50명 등 총 125명을 선출했다. 그 결과 ▷자민당 39석 ▷공명당 8석 ▷입헌민주당 22석 ▷국민민주당 17석 ▷참정당 14석 ▷일본유신회 7석 등으로 나타났다. 특히 제1야당인 입헌민주당에서 분리된 보수 성향의 제3야당 국민민주당은 기존 4석에서 17석까지 늘렸고, 외국인 토지 구매 제한과 외국인 참정권 불인정 등 외국인 배척을 전면에 내세운 참정당은 기존 1석에서 14석으로 약진했다.

참정당의 약진, 「로스 제네」가 주요인? 이번 참의원 선거에서 주목되는 것은 극우 성향 참정당의 약진으로, 이와 같은 결과에는 「로스트 제네레이션(잃어버린 세대)」이 있다는 분석이 제기된다. 로스 제네를 구성하는 4050세대는 1990년대 초 일본의 버블경제가 끝난 뒤 최악의 취업난이 닥친 1993~2005년에 사회생활을 시작한 세대이다. 이에 이들 세대는 사회적 취약 세대로 잘 알려져 있는데, 대표적으로 히키코모리(은둔형 외톨이)로 인한 사회적 문제도 이들 세대에서 시작됐다. 현재 로스 제네는 일본 전체 인구의 6분의 1에 육박하는 1700만~2000만 명 규모로 추산된다. 참정당은 이번 선거에서 외국인 규제 외에도 사회보험 부담액 완화와 재정 확대정책을 주요 공약으로 내세웠는데, 이러한 정책들이 노후 보장 등에 큰 불안감을 갖고 있는 로스 제네의 주목을 얻었다는 것이다.

이시바 총리 최대 위기, 사퇴 여론은 엇갈려 이번 참의원 선거 참패로 자민당 총재인 이시바 시게루 총리는 지난해 10월 취임 이후 최대 위기를 맞게 됐다. 일본에서는 여당이 참의원 선거에서 참패한 직후 총리가 퇴진한 사례가 종종 있었는데, 1998년 당시 하시모토 류타로 총리는 선거 이튿날 퇴진 의사를 표명했고, 2007년 아베 신조 총리도 여당이 대패하자 선거 두 달 뒤 물러난 바 있다. 다만 이시바 총리의 퇴진에 대한 여론은 엇갈리고 있는데, 특히 자민당 외부에서는 이시바 총리가 사퇴하면 자민당이 더욱 우경화할 수 있다는 우려를 내놓으며 퇴진에 반대하는 목소리가 높다. 이와 같은 퇴진 반대 주장은 차기 총리 후보로 부상 중인 극우 성향의 다카이치 사나에 전 경제안전보장상 때문이라는 분석이다. 다카이치는 제2차 세계대전 A급 전범을 합사한 야스쿠니 신사를 매년 두 차례 직접 참배하는 것으로 알려진 인물로, 만약 다카이치가 총리가 될 경우 우익 참정당의 약진과 함께 자민당마저 극우로 치닫게 될 수 있다는 우려가 나온다.

> 💡 이시바 시게루 일본 총리가 패전 80년을 맞아 8월 15일 열린 「전국 전몰자 추도식」 식사(式辭)에서 13년 만에 「반성」을 언급했다. 과거 일본 총리들은 패전일에 이웃나라가 겪은 피해를 언급하고 반성의 뜻을 표명했으나, 2012년 12월 아베 신조 총리 재집권 이후 이러한 관행이 끊긴 바 있다. 다만 이시바 총리의 이번 언급은 일본 총리들이 2012년까지 「반성」을 언급하면서 함께 쓴 「침략」이나 「가해」라는 표현은 빠진 것이어서, 식민지로 지배한 이웃나라에 대한 반성으로 평가하기는 어려워 보인다는 지적이다.

영국·프랑스,
러시아 위협 맞서 「핵전력 조율」 사상 첫 합의

영국을 국빈방문 중인 에마뉘엘 마크롱 프랑스 대통령과 키어 스타머 영국 총리가 7월 9일 양국의 핵전력 사용 조율에 합의했다. 두 나라의 이번 합의는 러시아의 유럽 안보 위협이 지속되고, 도널드 트럼프 미국 대통령이 유럽 안보에서 발을 빼려는 듯한 행보가 이어지는 상황에서 이뤄진 것이라는 점에서 그 의미가 있다. 실제로 지난 6월 열린 나토 정상회의에서 트럼프 대통령은 집단방위 원칙을 명기한 「나토조약 5조」를 준수하겠다는 확약을 하지 않은 바 있다. 여기에 양국은 핵전력에 대한 공동 조율 외에도 2010년 양국이 합의한 「랭커스터 하우스」 방위 협정의 업그레이드 버전인 「랭커스터 하우스 2.0 선언」에도 서명했다. 양국은 이를 통해 차세대 장거리 순항미사일과 공대공 미사일 등을 공동 개발한다는 방침이다.

> **집단방위(Collective Defense)** 2개 이상의 국가가 상호방위조약을 통해 하나의 군사동맹을 구성하고, 어느 한 회원국이 공격받으면 전체 회원국에 대한 공격으로 간주하고 공동으로 대응하는 체제를 말한다. 이는 국제법상 합법적 무력 사용의 근거로 인정되는 것으로, 유엔헌장 제51조는 「유엔 회원국이 무력 공격을 받으면 개별적·집단적 자위권을 행사할 권리가 있다」는 내용을 명시하고 있다. 이러한 집단방위는 적대국이 한 나라를 공격할 시 다수국의 대응을 감수해야 한다는 점에서 공격을 단념시키는 효과(억지)가 있으며, 회원국의 군사력 결집으로 방어력을 강화할 수 있다는 특징이 있다. 집단방위의 대표적 사례로는 북대서양조약기구(NATO)를 들 수 있는데, 나토헌장 5조에는 「한 회원국에 대한 무력 공격을 전체에 대한 공격으로 간주한다」는 집단방위 규정이 명시돼 있다.

태국-캄보디아,
교전 나흘 만에 휴전 합의

최근 국경 문제로 무력충돌을 빚은 태국과 캄보디아가 교전 시작 나흘 만인 7월 28일 정상회담을 열고 전격 휴전에 합의했다. 품탐 웨차야차이 태국 총리 권한대행과 훈 마넷 캄보디아 총리는 이날 말레이시아 푸트라자야에서 안와르 이브라힘 말레이시아 총리 중재로 만나 휴전에 합의했다. 양국 정상은 공동성명을 통해 즉각적이고 조건 없는 휴전에 합의하고 7월 29일 0시부터 휴전에 돌입하기로 했다고 밝혔다. 다만 두 나라가 일단 휴전에 합의하기는 했으나 오랜 역사적 갈등, 훈 센 전 캄보디아 총리와 탁신 친나왓 전 태국 총리로 대표되는 유력 정치 가문 간의 갈등 문제도 있어 향후 재발 가능성이 적지 않다는 전망이다.

태국-캄보디아의 무력충돌, 이유는? 817km에 걸쳐 국경이 맞닿아 있는 태국과 캄보디아는 11세기 무렵 지어진 프레아 비헤아르 사원과 모안 톰 사원 등 국경 지역의 유적을 놓고 오랜 기간 분쟁을 벌여 왔다. 프레아 비헤아르 사원은 11~13세기 인도차이나 반도를 지배한 크메르 왕조의 대표적인 건축물로, 이 사원은 118년 전에는 태국 영토 내에 있었다. 하지만 1907년 당시 캄보디아를 식민지배하던 프랑스가 국경 획정 지도를 만들 때 측량 오류로 이 사원을 캄보디아 영토로 편입시키면서 갈등이 시작됐다. 태국 정부는 캄보디아가 프랑스로부터 독립한 1953년 이후 사원의 반환을 촉구했으나 캄보디아는 이를 거절했고, 이에 양국의 갈등은 본격화됐다. 여기에 1962년 국제사법재판소(ICJ)가 캄보디아의 손을 들어준 데 이어 2008년 이 사원이 유네스코 세계문화유산으로 등재되면서 양국 갈등은 더욱 심화됐다. 그러다 지난 5월 말 태국 북동부 우본라차타니주 남위안의 국경

지대에서 소규모 교전으로 캄보디아 군인 1명이 숨지는 일이 발생하면서 갈등이 격화됐다. 이후 7월 24일부터 전투기까지 동원한 무력충돌이 빚어지면서 양국 민간인과 군인 등 35명(태국 22명, 캄보디아 13명)이 숨지고 140명 이상의 부상자가 발생했으며, 26만 명가량이 피란 생활을 했다.

탁신과 훈 센, 양국 정치 가문도 영향? 일각에서는 양국의 이번 충돌이 탁신 친나왓 전 태국 총리와 훈 센 캄보디아 상원의장 간 개인적 관계도 원인이 됐다는 분석을 제기한다. 현재 태국 총리인 패통탄 친나왓은 탁신 친나왓 전 총리의 딸이며, 캄보디아 총리인 훈 마넷은 훈 센 전 총리의 아들이다. 탁신과 훈 센은 1992년 의형제를 맺으며 30년간 끈끈한 관계를 이어 왔으나, 최근 들어 틀어진 상태다. 여기에 6월 15일 훈 센 의장이 패통탄 총리와의 통화 내용을 유출해 패통탄을 위기에 빠뜨리면서, 갈등은 정점으로 치달았다. 태국 헌법재판소는 패통탄 총리가 훈 센과의 통화에서 태국군을 모욕해 헌법 윤리를 위반했다는 해임심판 청원을 받아들여 패통탄의 직무를 정지시킨 상태다.

태국·캄보디아, 4일에 걸친 분쟁 일지

7월 23일	• 국경 분쟁지역 지뢰 폭발로 태국군 5명 부상 • 태국, 캄보디아 대사 추방 및 자국 대사 귀국 조치
24일	국경 분쟁 지역에서 교전 발생
25일	태국, 계엄령 선포
26일	• 양측 교전지역 확대 • 트럼프, 양국에 관세로 휴전 압박
28일	양국 정상, 말레이시아에서 휴전 합의

미·중도 휴전협상에 관여 이번 휴전 협상은 두 교전 당사국인 태국과 캄보디아, 아세안(ASEAN)뿐 아니라 글로벌 패권을 다투는 미국과 중국까지 관여한 5자 구도로 진행됐다. 중국의 경우 7월 24일 양국의 첫 교전이 시작되며 사상자가 발생하자 양측 휴전을 위한 중재 의사를 밝혔다. 그러자 도널드 트럼프 미국 대통령도 캄보디아·태국 총리와 연쇄 통화에 나선 사실을 자신의 소셜미디어에 공개하고, 자신의 휴전 중재를 받아들이지 않으면 현재 진행 중인 이들 국가와의 무역협상을 중단하겠다며 압박했다. 트럼프 정부는 8월 1일부터 태국과 캄보디아에 각각 36%의 상호관세를 부과하겠다고 통보한 바 있다.

이처럼 미국과 중국이 이번 휴전협정에 적극 개입한 데에는 동남아시아에서의 두 나라 간 경쟁 구도가 영향을 미쳤다는 분석이다. 캄보디아의 경우 동남아에서 중국의 최대 우방으로 경제·군사적으로 긴밀히 협력하고 있는 반면, 태국은 미군의 대표적인 동남아 지역 군사훈련인 「코브라 골드」를 함께 진행하고 있는 미국의 핵심 안보 파트너이기 때문이다.

트럼프-푸틴, 6년 만에 정상회담
러우전쟁 휴전 쟁점은 돈바스 영토와 안전 보장

도널드 트럼프 미국 대통령과 블라디미르 푸틴 러시아 대통령이 8월 15일 미국 알래스카에서 6년여 만에 정상회담을 가졌으나, 당초 기대됐던 우크라이나 전쟁 휴전에 대한 합의 발표 없이 마무리했다. 이번 회담에서 양 정상은 휴전이나 전쟁 종료를 위한 구체적 방안에 대한 합의 대신 조만간 다시 만날 것을 약속하는 것으로 끝냈다.

한편, 이번 양국 정상의 회담은 올 1월 시작된 트럼프 집권 2기 첫 미러 정상회담이자, 트럼프 1기 행정부 시절인 2019년 6월 일본 오사카에서 열린 주요 20개국(G20) 정상회담 이후 6년 만에 이뤄진 것이었다. 이번 회담에서는 3년 6개월가량 이어진 우크라이나 전쟁의 종전 여부가 쟁점이 됐으나, 전쟁 당사국인 우크라이나와 우크라이나에 대한 군사지원을 지속해온 유럽의 참여가 배제된 채 이뤄졌다는 점에서 근본 해법 마련에 대해서는 개최 전부터 한계가 지적된 바 있다.

💡 이번 정상회담은 전쟁 당사자인 우크라이나를 배제한 채 열렸는데, 미국 싱크탱크 애틀랜틱카운슬은 「이번 회담은 2차 세계대전 당시 미국·소련·영국이 동유럽·한반도의 운명을 정한 1945년 얄타회담의 냄새를 풍긴다」는 평가를 내놓기도 했다. 얄타회담은 1945년 소련 흑해 연안의 얄타에서 미국·영국·소련의 수뇌들이 모여 독일의 2차 세계대전 패전 관리와 한반도를 포함한 해방국의 처리를 논의한 회담을 말한다.

회담 개최지 알래스카는? 미국과 러시아가 지난 8월 7일 양국 정상의 회담 개최 합의를 밝혔을 때 장소를 어디로 정할지가 초미의 관심사가 됐다. 이는 푸틴 대통령이 2023년 전쟁범죄 혐의로 국제형사재판소(ICC) 체포영장이 발부된 상태라 로마규정(ICC 설립 조약)에 참여한 125개국에 대한 방문이 어렵기 때문이다. 이후 양국은 알래스카를 회담 장소로 낙점했는데, 알래스카는 1867년 미국에 매각하기 전까지 제정 러시아의 일부였던 곳이다. 19세기 내내 대영제국과의 패권 경쟁으로 재정난에 시달린 제정 러시아는 1868년 720만 달러에 알래스카를 미국에 판매한 바 있다.

쟁점은 돈바스 영토 양보와 안전 보장 이번 미러 정상회담에서는 ▷휴전 없는 평화협정 체결 ▷우크라이나의 돈바스 지역 양보 ▷미국의 우크라이나 안전 보장 등에 대한 논의가 전개됐다. 하지만 러시아-우크라이나 전쟁의 휴전 또는 종전에 있어 쟁점이 되는 영토 재획정과 대(對)우크라이나 안전 보장 등에서 접점을 찾지 못해 구체적 합의가 이뤄지지 못한 것으로 분석되고 있다. 러시아는 현재 크림반도와 도네츠크·루한스크·자포리자·헤르손 등 우크라이나 영토의 약 20%를 점령하고 있는데, 푸틴 대통령은 이들 지역의 러시아 영토 편입을 인정해야 휴전에 동의하겠다는 입장을 고수해 왔다. 반면 우크라이나와 유럽은 휴전에 앞서 영토 문제를 논의하는 것 자체를 강하게 반대하고 있는데, 특히 우크라이나는 자국의 참여 없이는 어떠한 결정도 내려져서는 안 된다는 입장이다.

특히 푸틴 대통령은 이번 알래스카 회담에서 돈바스 지역, 특히 아직 러시아가 완전히 장악하지 못한 전략적 요충지가 있는 도네츠크를 우크라이나로부터 전부 넘겨받는 것을 종전의 핵심 조건으로 제시한 것으로 전해졌다. 반대급부는 러시아의 우크라이나 재침공을 방지할 안전 보장으로, 이번 알래스카 회담에 배석했던 트럼프 대통령 특사 스티브 위트코프는 8월 17일 미국 CNN과의 인터뷰에서 미국이 나토 조약 5조와 유사한 보호를 우크라이나에 제공할 수 있다는 데 푸틴 대통령이 동의했다고 밝혔다. 나토 헌장 제5조는 회원국 가운데 한 나라가 공격받으면 이를 전체 동맹에 대한 공격으로 간주하고 공동 대응한다는 집단방위 조항으로, 우크라이나와 유럽은 러시아와의 휴전 조건으로 강력한 안전 보장을 요구해 왔다.

돈바스(Donbass) 우크라이나 최동부 루간스크주와 도네츠크주 일대를 가리키는 지명으로, 러시아계 인구의 비중(약 39%)이 높은 곳이다. 2014년 2월 러시아의 크림반도 강제 병합 이후 돈바스 지역에서는 러시아의 후원을 받는 분리주의 세력이 독립을 선포하며 내전이 발발했다. 또한 돈바스 지역은 2022년 2월 말 우크라이나 전쟁 발발 이후 가장 격렬한 교전이 벌어진 곳인데, 현재 러시아가 돈바스 지역의 약 88%를 점령하고 있다. 러시아 입장에서 돈바스는 2014년 강제 병합한 크림반도로 가기 위한 회랑이며, 우크라이나에게는 이 지역이 대표적 철도 허브로 꼽힌다는 점에서 양국 모두에게 중요한 요충지 역할을 하고 있다.

요새 벨트(Fortress Belt) 러시아와 우크라이나의 종전 협상에서 핵심 쟁점으로 부상한 곳으로, 돈바스 지역의 슬로우얀스크·크라마토르스크·드루즈키우카·콘스탄티니우카 등의 4개 도시와 인근 지역을 말한다. 50km에 이르는 이 지역은 참호·벙커·지뢰·철조망 등을 갖춘 군사 요충지로, 러시아의 돈바스 장악과 서진 위협을 막는 역할을 하고 있다. 이 지역의 요새화는 2014년 우크라이나 정부군이 러시아의 지원을 받는 돈바스의 친러시아 분리주의 세력에게 이들 4개 도시를 탈환하면서 시작됐다. 러시아는 현재 돈바스 지역의 대부분을 점령했으나, 요새 벨트의 중심인 돈바스 서부 지역은 아직 우크라이나가 지키고 있다.

李 대통령, 조국·정경심·윤미향·최강욱 등
광복절 특별사면 시행

정부가 8·15 광복절을 앞두고 조국 전 조국혁신당 대표를 포함한 83만 6687명에 대해 8월 15일자로 특별사면을 단행한다고 11일 밝혔다. 이번 사면·복권 대상은 ▷일반형사범 1920명 ▷정치인 및 주요 공직자 27명 ▷경제인 16명 ▷노조원·노점상·농민 184명 등이다.

> **사면(赦免)** 대통령의 고유권한으로, 국가 형벌권 자체의 전부 또는 일부를 소멸시키거나 형 선고를 받지 않은 자의 공소권을 없애는 것을 말한다. 이는 특정 죄에 대해 실시하는 「일반사면」과 특정한 사람에 대해 행하는 「특별사면」으로 나뉜다. 특별사면은 형의 선고를 받은 특정 범죄인에 대해 형을 사면하는 것이기 때문에 형 선고를 받기 전의 범죄인에 대해서는 할 수 없다. 특별사면은 국무회의 의결을 거쳐 대통령이 명령하도록 돼 있으며, 국회의 동의는 필요하지 않다. 특별사면의 방법으로는 「잔형(殘刑)집행면제」와 「형선고 실효」가 있는데, ▷잔형집행면제는 가석방되거나 복역 중인 피고인의 남은 형기에 대한 집행을 면제해 주는 조치이며 ▷형선고 실효는 형선고 자체의 효력을 없애는 것으로 일반적으로 집행유예로 석방됐으나 유예기간이 경과되지 않은 사람에게 내려진다.

8·15 특별사면 주요 내용 이번 사면 대상에는 문재인·윤석열 정권에서 검찰의 수사를 받아 형이 확정됐던 조국 전 대표를 비롯해 조 전 대표의 아내인 정경심 전 동양대 교수와 최강욱·윤미향 전 의원 등 여권 인사들이 대거 포함됐다. 이 가운데 조 전 대표는 자녀 입시비리와 청와대 감찰 무마 등의 혐의로 징역 2년형을 선고받고 지난해 12월부터 복역을 해왔다. 또 조희연 전 교육감, 민주당 윤건영 의원, 백원우 전 민정비서관, 김은경 전 환경부 장관 등의 여권 인사들도 사면 대상이 됐다. 야권에서는 홍문종·정찬민·심학봉 전 의원 등이 사면 대상에 올랐으며, 경제인 중에서는 최신원 전 SK네트웍스 회장이 사면 대상에 포함됐다. 또 박근혜정부 국정농단 사태와 관련해 뇌물공여 등의 혐의를 받은 삼성전자 전직 경영진(최지성 전 삼성전자 부회장, 장충기·박상진 전 삼성전자 사장 등)들도 사면 대상자에 올랐다.

내란 특검, 尹 전 대통령 구속기소
국무위원 심의 방해 및 체포 저지 지시 등

12·3 내란 사건을 수사하는 조은석 특별검사팀이 7월 19일 윤석열 전 대통령을 직권남용 권리행사 방해 혐의 등으로 구속기소했다. 이는 특검팀이 지난 6월 18일 본격적으로 수사를 개시한 지 31일 만으로, 윤 전 대통령이 재판에 넘겨진 것은 이번이 세 번째다. 윤 전 대통령은 지난 1월 검찰 비상계엄 특별수사본부에 의해 내란 우두머리 혐의로 기소된 데 이어, 파면된 후인 5월에는 직권남용 권리행사 방해 혐의로 기소된 바 있다.

尹 기소 혐의는? 특검팀은 윤 전 대통령에 대해 ▷국무위원 심의권 침해 ▷계엄선포문 사후 작성 ▷계엄 관련 허위 공보 ▷비화폰 기록 삭제 지시 ▷체포영장 집행 저지 등의 혐의를 적용해 기소했다. 외환 혐의의 경우 수사가 진행 중이어서 공소장에서 제외됐다. 구체적으로는 ▷지난해 비상계엄 선포 전 국무회의 소집 과정에서 국무위원들의 헌법상 권한인 계엄 심의·의결권을 침해한 혐의 ▷허위 계엄 선포문을 만들고 문건을 파쇄해 폐기한 혐의 ▷계엄 관련 허위 사실이 담긴 정부 입장을 외신에 전파한 혐의 ▷군 사령관 등의 비화폰 통신 기록을 삭제한 혐의 ▷경호처에 공수처의 체포영장 집행을 막도록 한 혐의 등이다.

이와 같은 특검팀의 구속기간 연장 없는 조기 기소는 윤 전 대통령이 수사에 비협조적인 태도로 일관해왔다는 점에서 추가 조사 시도가 실효성이 없다고 본 데 따른 것으로 알려졌다. 실제로 특검팀은 윤 전 대통령을 지난 7월 10일 구속한 뒤 대면조사를 위해 강제구인까지 시도했지만 불발됐으며, 윤 전 대통령 측은 마지막 불복 카드인 구속적부심사까지 청구한 바 있다.

尹 구속기소에 이르기까지

특검, 尹 전 대통령 재구속(6. 18.) 특검팀은 6월 18일 윤석열 전 대통령에 대한 수사를 시작했으며, 같은 달 28일과 7월 5일 두 차례 윤 전 대통령을 소환해 조사했다. 그리고 7월 5일 2차 소환 조사를 마치고 추가 소환 일정을 통보하지 않은 채 6일 윤 전 대통령에 대한 구속영장을 신청했다. 특검이 영장청구서에 적시한 혐의는 국무위원 심의 방해 관련 직권남용, 체포영장 집행 방해 등 특수공무집행방해·범인도피교사 등이다. 그리고 서울중앙지법은 7월 10일 오전 2시 7분께 증거인멸의 우려가 있다며 내란 특검팀이 청구한 윤 전 대통령의 구속영장을 발부했고, 이에 윤 전 대통령은 경기도 의왕시 서울구치소에 바로 수용됐다. 이는 내란 우두머리 혐의로 체포됐다가 법원의 구속취소 결정으로 지난 3월 8일 석방된 지 124일 만의 재수감이었다.

💡 내란 특검은 앞서 6월 24일 윤 전 대통령에 대해 특수공무집행방해 및 직권남용 등 2가지 혐의를 적용해 체포영장을 청구했으나, 법원에서 기각된 바 있다. 특검은 체포영장 기각 이후 2차례 윤 전 대통령을 소환조사하면서 국무회의 관련 혐의도 66쪽 분량의 구속영장에 포함시킨 것으로 전해졌다.

특검, 尹에 「일반이적죄」 적용 특검팀은 7월 14일에는 국방부와 드론작전사령부(드론사) 등 24곳에 대한 전방위 압수수색을 진행하면서 윤 전 대통령의 외환 혐의에 대한 수사를 본격화했다. 특검팀은 이 압수수색을 통해 윤 전 대통령 등이 계엄 선포를 정당화하기 위해 북한의 도발 등 군사적 긴장감을 조성하려 했다는 의혹을 살펴본다는 계획으로, 압수수색영장에는 윤 전 대통령을 비롯해 김용현 전 국방부 장관과 김용대 드론작전사령관에 외환죄 중 일반이적죄와 직권남용 혐의가 적시됐다. 여기서 일반이적죄는 외환죄 중 하나로, 대한민국의 군사상 이익을 해하거나 적국에 군사상 이익을 공여하는 행위에 대해 성립되는 범죄를 말한다.

형법상 외환죄 종류 및 처벌

구분	내용	처벌
형법 제92조 외환유치죄	외환을 유치해 국가에 해를 끼치는 행위	사형 또는 무기징역
형법 제93조 여적죄	적국에 정보를 제공하거나 협력해 국가의 안전을 위협하는 범죄	사형 또는 무기징역
형법 제94조 모병이적죄	적국을 위해 군인을 모집하거나 지원하는 행위	사형 또는 무기징역
형법 제95조 시설제공이적죄	적국에 군사적 시설을 제공하는 행위	사형 또는 무기징역
형법 제96조 시설파괴이적죄	적국을 위해 군용시설 등을 파괴하는 행위	사형 또는 무기징역
형법 제97조 물건제공이적죄	적국에 군사적 물자를 제공하는 행위	무기 또는 5년 이상의 징역
형법 제98조 간첩죄	적국을 위해 정보를 수집하거나 전달하는 행위	사형, 무기 또는 7년 이상의 징역
형법 제99조 일반이적죄	대한민국의 군사상 이익을 해하거나 적국에 군사상 이익을 공여하는 행위	무기 또는 3년 이상의 징역

💡 **尹 비상계엄 손해배상 인정 판결** 서울중앙지법 민사2단독 이성복 부장판사가 7월 25일 윤석열 전 대통령의 12·3 비상계엄 사태로 정신적 피해를 본 시민들에게 손해를 배상해야 한다는 판결을 내렸다. 법원은 이날 시민 104명이 윤 전 대통령을 상대로 1인당 10만 원을 배상하라며 제기한 손해배상 청구소송에서 원고 승소로 판결했다. 이는 법원이 비상계엄으로 인한 시민들의 피해와 손해배상 청구권을 인정한 첫 판결이다.

채 상병 특검, 박정훈 대령 항명죄 항소 취하
박 대령 무죄 확정으로 직무 복귀

해병대 채 상병 순직사건 및 외압 의혹을 수사 중인 채 상병 특검팀(특별검사 이명현)이 7월 9일 항명 혐의로 재판받는 박정훈 전 해병대 수사단장(대령)에 대한 항소 취하를 결정했다고 밝혔다. 이로써 박 대령 재판의 항소절차는 종료됐고, 박 대령에 무죄를 선고한 중앙지역 군사법원의 1심 판결이 확정됐다. 채 상병 특검법상 특검은 이미 재판이 진행 중인 관련 사건의 공소 취소 여부를 결정할 수 있는데, 특검은 지난 7월 2일 정식으로 사건을 이첩받아 공소 유지를 담당해왔다.

박정훈 대령은 누구? 박 대령은 지난 2023년 7월 채 상병 순직사건의 초동조사를 지휘한 인물로, 그는 당시 임성근 전 해병대 1사단장 등 8명을 업무상 과실치사 혐의자로 특정한 조사 보고서를 작성했다. 그러나 군 수뇌부가 해당 보고서의 경찰 이첩 보류 지시를 내리자, 그는 이를 수사외압으로 판단하고 경찰 이첩을 강행했다가 항명 혐의로 기소됐다. 박 대령은 지난 1월 열린 1심에서 무죄를 선고받았으나, 검찰이 이에 항소하면서 서울고법에서 항소심 재판을 받고 있었다.

한편, 특검의 항소 취하 결정에 따라 박 대령은 해병대 수사단장에 복직한 데 이어 8월 1일에는 군사경찰병과장으로 임명됐다. 이는 2023년 8월 2일 해병대 수사단장과 군사경찰병과장 직무대리 보직에서 모두 해임된 지 약 2년 만이다.

> **채 상병 특검법** 2023년 집중호우가 발생한 경북 예천군 내성천 일대에서 실종자 수색 중 숨진 채 상병 사건을 두고 윤 전 대통령 등 용산 대통령실과 국방부의 수사 외압 의혹을 규명하는 내용이 담긴 특검법이다. 해당 특검법은 ▷윤석열 전 대통령과 대통령실 등의 은폐·무마·회유 시도 ▷임성근 전 해병대 1사단장 구명 로비 의혹 ▷이종섭 전 국방부 장관의 주호주 대사 임명·출국·귀국·사임 과정의 불법 행위 의혹 ▷수사 과정에서 인지된 관련 사건 등을 수사 대상으로 규정하고 있다.

특검, 김건희 씨 구속
사상 첫 전직 대통령 부부 동시 수감

서울중앙지법 정재욱 영장전담 부장판사가 8월 12일 자본시장법 및 정치자금법 위반, 특정범죄 가중처벌법상 알선수재 혐의 등으로 청구된 윤석열 전 대통령의 부인 김건희 씨의 구속영장을 발부했다. 이번 구속은 이재명 대통령이 지난 6월 12일 민중기 특별검사를 지명한 지 두 달 만이자, 지난 7월 2일 김건희 특검팀이 정식으로 수사를 개시한 지 41일 만이다. 전직 영부인 중 범죄 혐의로 구속된 것은 김 씨가 처음으로, 특히 김 씨에 앞서 윤 전 대통령이 지난 7월 10일 내란 특검에 구속된 바 있어 헌정 사상 첫 전직 대통령 부부의 동시 구속이 이뤄지게 됐다.

김 씨의 주요 혐의는? 김건희 씨는 2009~2012년 발생한 도이치모터스 주가조작 사건에 돈을 대는 전주(錢主)로 가담한 혐의(자본시장법 위반)를 받는다. 또 2022년 재·보궐선거와 지난해 국회의원 선거 등에서 국민의힘 공천에 개입한 혐의(정치자금

김건희 특검 주요 수사 일지

6. 13.	이재명 대통령, 김건희 특검에 민중기 특검 지명
7. 3.	1호 수사 주가조작 의혹 삼부토건 등 13곳 압수수색
8. 6.	김건희 첫 소환 조사
7.	김건희 구속영장 청구
12.	• 김건희 구속 전 피의자 심문(영장실질심사)
	• 서울중앙지법, 김건희 구속영장 발부

법 위반)도 받고 있으며, 2022년 4~8월 건진법사 전성배 씨를 통해 통일교의 이권 청탁을 받았다는 의혹도 받고 있다. 이번 김 씨의 구속에 따라 특검팀은 양평고속도로 노선변경 특혜 의혹, 양평 공흥지구 개발특혜 의혹, 여러 기업에서 184억 원의 투자금을 끌어모은 집사 게이트 의혹 등 다른 수사에 속도를 낼 것으로 전망된다.

김상환 헌재소장 임명동의안 국회 통과
헌재, 3달 만에 9인 체제

국회가 7월 23일 김상환 헌법재판소장 후보자에 대한 임명동의안을 통과시키면서 헌법재판소가 3달 만에 7인 체제를 벗어나 9인 체제가 됐다. 앞서 전날인 7월 22일에는 대통령 지명 몫인 오영준 헌법재판관 후보자에 대한 청문보고서가 여야 합의로 채택된 바 있다. 이에 헌재는 지난 4월 문형배·이미선 재판관 퇴임으로 3개월 넘게 이어온 7인 체제를 끝내고 정상화됐다.
한편, 김 헌재소장은 이강국 전 헌법재판소장(2007년 1월~2013년 1월) 이후 12년 만에 대법관을 역임한 헌재소장으로 이름을 올리게 된다. 동시에 이 전 소장 이후 12년 만에 처음으로 6년간 헌재소장 임기를 수행할 전망이다. 그간 박한철, 이진성, 유남석, 이종석 전 소장들은 재판관 임기 도중 소장에 임명돼 임기 종료와 함께 소장직을 마친 바 있다.

> **헌법재판소(憲法裁判所)** 법령의 합헌성을 심판하기 위해 설치된 헌법재판기관으로, ▷위헌법률 심사 ▷탄핵 ▷정당의 해산 ▷헌법소원 ▷국가기관 사이의 권한쟁의에 관한 심판 등을 관장한다. 헌법재판소는 법관의 자격을 가진 9명의 재판관으로 구성된다. 이 중 3명은 국회에서 선출하는 사람을, 다른 3명은 대법원장이 지명하는 사람을 대통령이 임명하며, 나머지 3명은 대통령의 권한으로 지명한다. 헌법재판소장은 재판관 중에서 대통령이 임명하는데, 국회 인사청문회와 국회의 동의를 얻어야 한다. 헌법재판소장과 헌법재판소 재판관의 임기는 모두 6년이다.

법무부, 형제복지원·선감학원
국가배상소송 일괄 취하

법무부가 8월 5일 형제복지원과 선감학원에 강제 수용되었던 피해자들이 국가를 상대로 제기한 국가배상소송에 대해 국가가 제기한 상소를 일괄 취하하기로 했다고 밝혔다. 또 향후 선고되는 1심 재판에 대해서도 추가적 사실관계 확정이 필요한 사건 등 예외적인 경우 외에는 상소를 포기하기로 했다. 그동안 형제복지원·선감학원 피해자들이 제기한 국가배상소송에서 잇달아 피해자들이 승소했음에도 법무부가 기계적인 상소를 해오면서 이에 대한 비판이 있어 왔다.

형제복지원·선감학원 사건은 무엇? 형제복지원 사건은 부산의 형제복지원이 1975~87년까지 부랑인을 선도한다는 명목으로 장애인, 고아 등을 불법감금하고 강제노역시키며 각종 학대를 가한 대표적인 인권 유린사건이다. 당시 이곳에서 사망한 사람만 657명에 달하는데, 현재 피해자 652명이 제기한 국가배상소송 111건이 각 법원에서 진행 중이다. 그리고 선감학원 사건은 1950년대 경기도 안산에 설립된 선감학원에 4700여 명의 아이들이 강제수용돼 29명이 사망하고 다수의 실종자가 발생한 사건을 말한다. 이 사건은 피해자 377명이 제기한 국가배상소송 42건이 법원에서 진행 중에 있다.

이재명 정부 국정과제 1호는 「개헌」
국정기획위, 국정운영 5개년 계획 발표

대통령 직속 국정기획위원회가 8월 13일 이재명 정부가 5년간 추진할 국정과제인 「국정운영 5개년 계획(안)」을 발표했다. 조기 대선에 따라 대통령직인수위원회 없이 출범한 지 70일 만에 공개된 이번 계획에는 ▷개헌 ▷권력기관 개혁 ▷인공지능(AI)·바이오산업 육성 ▷남북관계의 화해·협력 국면 전환 등 123대 국정과제가 명시됐다. 특히 12대 중점 전략과제에는 ▷코스피 5000 시대 도약 ▷AI 3대 강국 ▷기본사회 실현 ▷5대 문화강국 ▷인구위기 대응 등이 선정됐다.

국정운영 5개년 계획 주요 내용

정치 및 혁신경제 개헌을 사실상의 1호 국정과제로 명시하고, 검찰·경찰·감사원 등 권력기관 개혁을 전면에 배치했다. 또 공영방송 지배구조 개선 및 과거사 진상규명·희생자 유족 명예 회복 등도 정치·행정 분야 국정과제로 명시됐다. 경제 분야에서는 국가 핵심산업(AI, 바이오헬스, 재생에너지 등)에 대한 규제 제로화와 원스트라이크 아웃제 도입 등으로 자본시장 불공정 거래를 엄단한다는 내용이 포함됐다.

균형성장과 기본사회 균형성장 분야에서는 5극 3특 중심의 혁신·일자리 거점 조성, 국세–지방세 비율 7:3까지 개선, 지역교육 혁신과 인구감소지역 맞춤형 지원 등이 명시됐다. 그리고 기본사회에서는 생명안전기본법 제정 등 국민안전에 대한 국가의 책임을 강화하고, 실효적 산재 예방으로 사고사망 비율을 경제협력개발기구(OECD) 평균 수준으로 감축한다는 내용이 실렸다.

> **5극 3특** 이재명 대통령이 국정 핵심 의제로 강조하고 있는 것으로, 수도권 집중 현상과 지방소멸 위기에 대응하기 위한 방안으로 제시된 것이다. 이는 현재 수도권 1극 체제에서 벗어나 전국을 ▷수도권 ▷충청권(세종·대전) ▷동남권(부산·울산·경남) ▷대경권(대구·경북) ▷호남권(광주·전남)의 5극과 ▷강원 ▷전북 ▷제주의 3개 특별자치도로 재편해 균형 발전을 추진하겠다는 전략이다.

외교안보 북핵·미사일 위협에 대응하는 3축 방어체계를 고도화하고, 남북관계를 화해·협력 국면으로 전환해 한반도 리스크를 낮추며, G7+ 수준의 경제외교 역량을 강화해 글로벌 공급망 안정에 기여한다는 내용이 명시됐다.

이재명 정부의 주요 국정과제는?

분야	주요 국정과제
정치	• 개헌 추진 • 검찰, 경찰, 감사원 등 권력기관의 집중된 권한 개혁 • 군의 정치적 개입 방지 • 공영방송의 지배구조 개선 • 독립유공자와 유족에 대한 예우 강화
혁신경제	• AI고속도로, 독자 AI 생태계 구축 • 세계 1위 AI정부 구현과 과학기술 5대 강국 실현 • AI, 바이오헬스, 반도체, 이차전지 분야 육성 및 혁신 • 원스트라이크 아웃제 도입 등으로 자본시장 불공정 거래 엄단
균형성장	• 5극 3특 중심의 혁신, 일자리 거점 조성 • 국세–지방세 비율 개선 등 지방재정 확충을 통한 실질적 자치분권 확립 • 공적주택 공급 확대 등 수요맞춤형 주거 지원 • 농어업을 국가전략사업으로 육성

기본사회	• 생명안전기본법 제정 등 국민안전에 대한 국가 책임 강화 • 실효적 산재 예방으로 사고사망 비율을 OECD 평균 수준으로 감축 • 지역사회 통합돌봄체계 구축 • 지역, 필수, 공공의료 강화 • K-컬처 300조 원, 방한관광 3000만 시대 달성
외교안보	• 북핵·미사일·사이버 등 위협에 대비한 정예 군사력 건설 • 남북관계를 화해·협력으로 전환 • 국익 중심 실용외교 기조 아래 한미동맹 고도화 • G7+ 외교강국 실현

양곡관리법·농안법 개정안, 국회 본회의 통과
농업 4법 모두 국회 통과

과잉 생산된 쌀을 매입하는 내용의 「양곡관리법」 개정안과 농수산물 시장가격이 기준가격 미만으로 하락할 경우 차액을 지원하는 「농수산물 유통 및 가격안정에 관한 법률(농안법)」 개정안이 8월 4일 국회 본회의를 통과했다. 두 법안 모두 전임 윤석열 정부에서 두 차례 재의요구권(거부권) 행사로 폐기됐던 법안들이다. 그러나 이번에 해당 법안들이 국회를 통과하면서 앞서 지난 7월 국회를 통과한 농어업재해대책법·보험법 개정안과 함께 이재명 정부가 추진하는 「농업 4법」 모두가 국회 문턱을 넘게 됐다.

양곡관리법·농안법 개정안 양곡관리법 개정안은 농림축산식품부 장관이 매년 전체 양곡수급계획을 수립하고 양곡수급관리위원회에서 이를 심의하도록 하는 내용이 포함돼 있다. 또 일정 기준 이상 미곡 가격이 하락하거나 초과 생산량이 발생하면 양곡수급관리위원회의 심의를 통해 결정된 수급안정대책에 따라 미곡을 매입하도록 하는 등 사후적 수급관리를 강화했다.
농안법 개정안은 주요 농수산물의 시장가격이 시행령이 정한 기준 아래로 내려가면 정부가 생산비 등을 고려해 차액 전부나 일부를 보전하는 조항(농수산가격안정제)이 명시됐다. 이때 기준가격은 당해연도 평가가격 및 시장 평균가격, 그해 생산비 등 수급 상황을 고려해 정하도록 했다.

KBS 지배구조 개편 방송법 개정안,
與 주도로 국회 본회의 통과

공영방송인 한국방송(KBS)의 지배구조를 개선하는 방송법 개정안이 8월 5일 더불어민주당 주도로 국회 본회의를 통과했다. 방송법은 이날 국민의힘의 필리버스터(무제한 토론을 통한 합법적인 의사진행 방해)가 24시간 12분 만에 종료된 직후 곧바로 표결에 부쳐져 재석 180명 중 찬성 178명, 반대 2명으로 가결됐다. 이로써 전임 윤석열 정부의 재의요구권(거부권) 행사로 폐기됐던 방송3법(방송법·방송문화진흥회법·한국교육방송공사법 개정안) 가운데 방송법이 첫 번째로 본회의 문턱을 넘게 됐다. 특히 해당 법률 통과로 정치권이 인사를 통해 방송에 영향을 미치고 있다는 그간의 비판을 어느 정도 해소할 수 있을 것이라는 전망이 제기된다.

방송법 개정안 요지 방송법 개정안은 KBS의 지배구조와 공영방송·보도전문채널·종합편성채널 등의 운영 방법 등을 규정한 법이다. 특히 핵심은 KBS의 이사 수를 현행 11명에서 15명으로 증원하고, 국회가 갖고 있던 이사 추천 권한을 ▷국회(6명, 여4·야2) ▷시청자위원회(2명) ▷임직원(3명) ▷방송미디어 학회(2명) ▷변호사 단체(2명)로 다양화하는 것이다. 그리고 사장 임명 방식의 경우 지상파(KBS·MBC·EBS)와 보도전문채널(YTN·연합뉴스TV)은 반드시 사장후보국민추천위원회(사추위)를 거쳐 뽑아야 한다.

국회가 8월 21일 MBC 대주주 방송문화진흥회(방문진)의 지배구조를 개편하는 방송문화진흥회법(방문진법) 개정안을 통과시키면서 방송 3법 중 2개 법안이 통과됐다. 방문진법은 MBC 대주주인 방문진 이사를 9명에서 13명으로 늘리고, 국회 교섭단체와 관련 기관의 추천으로 구성하도록 하는 내용을 핵심으로 한다.

中 단체관광객, 9월 29일부터 한시 무비자
내년 6월까지 시행

정부가 8월 6일 김민석 국무총리 주재로 「관광 활성화 미니정책TF 회의」를 열어 오는 9월 29일부터 내년 6월 30일까지 중국 단체관광객 대상 무비자 입국을 허용하기로 결정했다고 밝혔다. 앞서 중국은 지난해 11월부터 한국 국민의 무비자 입국을 허용한 바 있다. 이후 우리 정부도 이에 대응해 중국인 단체관광객 대상 무비자 정책을 시행하기로 정하고 관계 부처 간 협의를 진행해 왔다.

정부는 이와 함께 국제회의에 참가하는 외국인의 입국 편의 제고를 위해 우대심사대(패스트트랙) 혜택 대상을 기존 500명 이상에서 300명 이상으로 완화할 방침이다. 또 의료관광 우수 유치기관 지정 기준에 외국인 환자 유치실적도 추가해 관련 혜택을 제공한다는 계획이다.

12·12 때 반란군에 맞섰던 김오랑 중령,
전사 46년 만에 국가배상 판결

서울중앙지법 민사911단독 유창훈 부장판사가 8월 12일 1979년 12·12 군사반란 당시 신군부의 총에 맞아 전사한 故 김오랑 중령의 유족이 국가를 상대로 제기한 손해배상소송에서 원고 일부 승소 판결을 내렸다. 재판부는 이날 김 중령의 형제들 중 유일하게 생존해 있는 누나 김 씨에 대한 5769만여 원의 배상금을 포함해 유족 10명에게 국가가 약 3억 원을 배상하라고 판결했다. 이번 판결은 김 중령이 사망한 지 46년 만으로, 김 중령은 영화 〈서울의 봄〉에서 배우 정해인이 연기한 오진호 소령 역할의 실존인물로 알려지면서 화제가 된 바 있다.

김오랑 중령은 누구? 故 김오랑 중령은 12·12 군사반란 당시 정병주 육군특수전사령관의 비서실장이었는데, 군사반란에 가담한 제3공수여단이 특전사령부를 습격하자 정 사령관을 지키기 위해 교전을 벌이다 현장에서 사망했다. 당시 김 중령은 일반적인 직무 수행이나 훈련 중 사망한 것을 뜻하는 「순직」으로 처리됐다. 그러나 2022년 군 사망사고 진상규명위원회는 김 중령이 반란군이 총기를 난사하며 정 사령관을 체포하려는 것을 저지하는 과정에서 피살된 사실을 확인했고, 이에 고인의 죽음은 순직에서 「전사」로 변경된 바 있다.

12·12 군사반란 1979년 12월 12일 당시 보안사령관이었던 전두환, 제9사단장이었던 노태우 등 하나회를 중심으로 한 신군부 세력이 일으킨 군사반란을 말한다. 신군부 세력은 이 사건으로 군 내부의 주도권을 장악한 후 1980년 5·17사건을 일으켜 제5공화국의 권력을 찬탈했다.

경제시사

Economy

2025. 6.~ 8.

트럼프, 지니어스법에 서명
스테이블 코인 제도권 진입

도널드 트럼프 미국 대통령이 「스테이블 코인」의 활성화를 위한 규제 틀을 마련한 지니어스법(GENIUS Act)에 7월 18일 공식 서명했다. 미국 의회는 7월 14일부터 한 주를 크립토 위크(Crypto Week, 가상자산 주간)로 정하고 지니어스법과 함께 가상자산 3법으로 불린 클래러티 법안(가상자산 구조화 법안), 중앙은행 디지털화폐(CBDC) 감시 국가방지 법안을 하원에서 통과시킨 바 있다. 6월 상원을 통과한 지니어스법은 7월 17일 하원에서 통과된 뒤 트럼프 대통령의 서명을 거쳐 시행됐고, 나머지 두 개 법은 상원으로 넘어갔다.

지니어스법은 무엇? 가상자산의 일종인 스테이블 코인의 ▷발행 조건 및 절차 ▷준비자산 요건 ▷공시 의무 등을 규정한 법안이다. 이는 스테이블 코인 활성화를 위한 규제 틀을 마련한 것으로, 사실상 제도권으로 스테이블 코인을 편입시키는 내용을 골자로 한다. 여기서 「GENIUS」는 「Guiding and Establishing National Innovation for U.S. Stablecoins」의 약자다. 지니어스법에 따르면 연방정부의 승인을 받은 기관이나 기업만 스테이블 코인을 발행할 수 있다. 그리고 발행한 모든 코인에 대해서는 1:1의 비율로 현금이나 국채 등 안전하고 유동성 높은 자산을 준비자산으로 보유해야 하며, 이 준비자산은 매달 공시해야 한다. 또 비은행 기관이 스테이블 코인을 발행하기 위해서는 연방 또는 주정부 규제기관의 승인을 받도록 하는 내용도 포함돼 있다.

한편, 트럼프 행정부에 따르면 스테이블 코인의 경우 통상 미 국채를 담보로 활용하는 경우가 많아 스테이블 코인의 사용이 증가하면 미 국채 등 달러 수요가 늘어나 달러 지배력을 공고히 할 수 있다. 또 미 국채 수요가 증가하면 미 정부가 부담해야 하는 장기 금리를 낮출 수 있다.

스테이블 코인(Stable Coin) 비변동성 가상자산을 뜻하는 말로, 법정화폐 혹은 실물 자산을 기준으로 가격이 연동되는 가상자산을 뜻한다. 가상자산의 경우 특유의 가격 변동성 때문에 통화로 사용되기에는 안정성이 떨어진다는 특징이 있다. 반면 스테이블 코인은 이러한 가격 변동성을 줄이고, 법정화폐와 마찬가지로 가치의 척도가 되는 동시에 가치의 저장 기능을 가지고 있다. 최근에는 단순한 가치 저장 수단을 넘어 실생활에서 결제 수단으로 활용되면서 성장세를 이어가고 있다. 대표적인 스테이블 코인으로는 테더(USDT), 서클(USDC) 등이 꼽히며 이들은 미국 국채를 담보로 비축하고 미국 달러와 1:1(1코인 1달러)로 연동해 발행, 유통된다. 현재 발행, 유통된 스테이블 코인의 대부분이 미 달러와 연동돼 있다. 한편, 국내에서도 이재명 정부의 출범으로 원화 기반의 스테이블 코인 도입이 논의 중이다.

구분	스테이블 코인	CBDC
발행 주체	민간(기업)	정부(중앙은행)
신용 기반	담보(준비자산)	국가 신용
거래 방식	블록체인	국가 주도(계좌)
가치 연동	법정화폐, 자산에 연동	법정화폐와 동일
가격 변동성	낮음	없음

미국, 철강·알루미늄 50% 관세 대상에 407개 파생상품 추가

산업통상자원부는 미국 상무부가 8월 15일 무역확장법 232조 관세가 적용되는 철강·알루미늄 파생상품 대상 세번 407개를 추가로 발표했다고 18일 밝혔다. 이번에 추가된 제품은 기계류 및 부품, 자동차부품, 전자기기 및 부품 등으로 8월 18일 0시 1분(미국 동부 표준시) 이후 미국 내에서 수입 통관되거나 보세창고에서 반출한 통관 물량부터 적용된다.

철강·알루미늄 파생상품 확대 미국은 지난 3월 철강·알루미늄 제품에 25% 품목관세 부과를 시작했으며, 6월 4일부터 해당 관세율을 50%로 높인 바 있다. 여기다 이번에 철강·알루미늄 관세율 50% 적용 파생상품 범위를 확대하면서 가전제품을 비롯해 승강기, 자동차 엔진 부품, 풍력 터빈과 부품 및 구성품, 화장품 용기 등이 관세 범위에 포함됐다. 이에 따라 해당 제품의 철강·알루미늄 함량분에 대해서는 50%의 관세가 적용되고, 이 함량을 제외한 부분에 대해서는 국가별 상호관세율(한국은 15%)이 적용된다.

한편, 산업통상자원부는 미 상무부가 파생상품 추가 지침에 의거해 9월에도 자국 업계의 요청을 받아 철강·알루미늄 파생상품을 지속 확대해 나갈 것으로 예상됨에 따라 우리 기업의 피해를 최소화하기 위해 현재 운영 중인 중소·중견기업 수입규제 대응 지원사업을 대폭 확대할 방침이다.

> **무역확장법 232조** 대통령이 직권으로 특정 수입품이 미국 안보를 침해하는지 조사하고 수입량 제한, 고율 관세 부과 등을 취하는 초강력 무역 제재 조치를 규정하고 있는 법이다. 1962년 마련됐으며 이 규정에 따라 1979년, 1982년 각각 이란과 리비아에 원유 수입금지 조치가 단행된 바 있다. 1995년 세계무역기구(WTO)가 발족한 후 사실상 사문화됐다가 2017년 4월 도널드 트럼프 미 대통령의 행정명령으로 부활했다.

트럼프, 미중 관세 유예 90일 재연장 행정명령에 서명

도널드 트럼프 미국 대통령이 중국과 합의한 90일간의 관세 휴전 마지막 날인 8월 11일, 이를 90일 더 연장하는 내용의 행정명령에 서명했다. 이로써 양국 간의 관세 유예는 11월 10일 0시 1분(미국 동부 시각 기준)까지 연장된다.

관세전쟁 발발부터 휴전까지 지난 4월 상대국에 100% 이상의 관세율을 부과하겠다며 대립했던 미국과 중국은 5월 10~11일 스위스 제네바에서 1차 고위급 무역 회담을 열어 서로 간의 관세를 115%p씩 인하하고 이를 90일간 유지하는 데 합의했다. 이어 6월에는 9~10일 영국 런던에서 2차 회담을 열고 미국의 대중 수출 제한 완화와 중국 학생 미국 유학 허용, 중국의 대미 희토류 수출 통제 해제 등에 합의한 바 있다. 3차 무역 회담은 스웨덴 스톡홀름에서 7월 28~29일 이뤄졌으며 양측은 이틀간의 협상 끝에 고율 관세 유예를 90일 더 연장하는 방안에 잠정 합의했다. 그러나 트럼프 대통령은 최종 결정을 미뤄왔고, 결국 90일 관세 휴전 마지막 날인 8월 11일 행정명령에 서명하면서 합의 효력이 발생했다. 이어 중국은 8월 12일 미국 기업 12곳에 대한 이중 용도 품목(군·민간 겸용 물품) 수출 통제 조치를 90일간 유예·중단하며 미국 기업 17곳을 「신뢰할 수 없는 기업 리스트」에 포함해 수출입 및 신규 투자 등을 금지한 제재도 중단한다고 밝혔다.

31.8조 원 규모 2차 추경안 통과
최대 55만 원 민생회복 소비쿠폰 지급

31조 8000억 원 규모의 추가경정예산안이 7월 4일 국회 본회의에서 통과됐다. 이는 이재명 정부의 첫 추경안이자 올해 두 번째 추경안으로, 기존 정부안 30조 5000억 원에서 1조 3000억 원이 증액됐다. 이번 추경의 핵심은 내수활성화를 위한 민생회복 소비쿠폰으로, 7월과 9월 2차례에 걸쳐 국민 1인당 15만~55만 원이 지급된다.

추경 확정 주요 내용 정부안은 국회 심의 과정에서 민생회복 소비쿠폰 국비 보조율 상향 및 비수도권과 인구감소지역 지원금 인상 등 총 2조 4000억 원이 증액되고 여건 변화 및 집행 상황 재점검 등으로 1조 1000억 원이 감액됐다. 이번 추경으로 총지출은 703조 3000억 원으로 전년 대비 7.1% 증가하며, 관리재정수지 적자는 GDP 대비 3.3%에서 4.2%로 확대된다. 국가채무는 GDP 대비 48.4%에서 49.1%로 소폭 상승할 전망이다.

추가경정예산 확정 (단위: 원)

구분	정부안	확정안
경기진작	15조 2000억	17조 3000억
민생안전	5조	5조 3000억
세입경정	10조 3000억	10조 3000억
국회감액	–	-1조 1000억
합계	30조 5000억	31조 8000억

자료: 기획재정부

민생회복 소비쿠폰 지급 이번 추경의 핵심은 내수 활성화를 위한 민생회복 소비쿠폰 지급이다. 7월 21일 시작된 1차 지급 대상은 전 국민이며 지원 금액은 1인당 15만 원을 기본으로 한다. 차상위계층과 한부모가족은 1인당 30만 원, 기초생활수급자는 1인당 40만 원이 지급됐다. 이와 별개로 서울, 경기, 인천을 제외한 비수도권 지역 주민에게는 3만 원, 농·어촌 인구감소지역(84개 시·군) 주민에게는 5만 원을 추가 지급했다. 민생회복 소비쿠폰은 주소지 관할 지방자치단체 내에서 사용할 수 있으며 대형마트, 기업형 슈퍼마켓, 백화점 및 면세점, 온라인 쇼핑몰·배달앱(가맹점 자체 단말기 사용해 대면 결제하는 경우는 사용 가능), 유흥·사행업종, 환금성 업종은 사용이 불가능하다. 민생회복 소비쿠폰은 11월 30일까지 약 4개월간 사용할 수 있으며, 기간 내 사용하지 않은 잔액은 국가와 지방자치단체로 환수될 예정이다. 2차 지급은 건강보험료를 활용한 소득 선별 과정을 거쳐 국민의 90%를 대상으로 9월 22일부터 1인당 10만 원을 추가 지급한다.

상법 개정안 국회 통과
이사 충실의무 대상 확대·3%룰 강화 등

상법 개정안이 7월 3일 국회 본회의에서 재석 의원 272명 중 찬성 220명, 반대 29명, 기권 23명으로 가결됐다. 이번 상법 개정안에는 이사 충실의무 대상 확대, 3%룰 강화 등이 포함됐으며 쟁점이 됐던 집중투표제(※ 시사용어 참조), 감사위원 분리 선출 확대에 대한 내용은 제외됐다.
한편, 이번 상법 개정안은 지난 3월 더불어민주당에 의해 국회를 통과했지만 한덕수 당시 대통령 권한대행의 재의요구권(거부권) 행사로 폐기됐다가 재입법된 바 있다. 상법 개정안이 국회 본회의를 통과하면서 이재명 대통령은 7월 15일 열린 국무회의에서 상법 개정을 공포했다.

개정안 요지 이번 상법 개정안은 유가증권시장의 활성화 및 소액주주의 권익을 보호하기 위한 제도적 기반 마련이 핵심이다. ▷이사의 충실의무 대상에 주주 추가 ▷일정 규모 이상 자산을 보유한 상장사에 전자주주총회 도입 ▷감사위원회위원 선임 및 해임에 최대주주에 대한 의결권 행사 제한 관련 3%룰 정비 ▷상장회사 사외이사를 독립이사로 변경 등의 내용을 골자로 한다.

이번 상법 개정에 대해서는 자본시장을 활성화하고 공정한 시장 여건을 조성하며 주가 상승의 동력이 될 것이라는 평가와 기업의 경영권을 침해할 수 있다는 우려가 엇갈리고 있다.

개정안 주요 내용 및 시행 시기

주요 내용	시행 시기
이사 충실의무 대상에 주주 추가, 총주주의 이익 보호 및 전체 주주의 이익 공평 대우 규정	공포 후 즉시
현장병행형 전자주주총회 도입, 일정 규모 이상 자산총액의 상장회사에 개최 의무화	2027년 1월
대규모 상장회사의 감사위원회위원 선임·해임 시 최대주주의 경우 의결권 행사 제한 관련 3%룰 적용에 있어 항상 특수관계인 등을 합산해 판단	공포 후 1년 뒤
상장회사 사외이사 명칭을 독립이사로 변경, 의무선임 비율을 1/4에서 1/3로 확대	

자료: 국회

이사의 충실의무에 주주 추가 이사의 충실의무는 「이사는 법령과 정관의 규정에 따라 회사를 위하여 그 직무를 충실하게 수행해야 한다」는 것으로, 상법 제382조의3에 규정돼 있다. 이번 상법 개정안에서는 해당 규정에서 「회사를 위하여」를 「회사 및 주주를 위하여」로 바꾸고, 「이사는 총주주의 이익을 보호하고 전체 주주의 이익을 공평하게 대우해야 한다」는 조항을 신설했다. 이는 소액주주의 권익 보장을 위한 것으로, 이사회가 중요한 경영상 결정을 할 때 회사뿐만 아니라 주주의 이익까지 고려해야 한다는 의미다.

3%룰 정비 지금까지 자산총액 2조 원 이상인 기업은 감사위원회를 의무적으로 설치해야 하며, 사내이사 감사위원 선출·해임 시에는 최대주주와 특수관계인의 의결권을 합쳐 3%까지만 인정하도록 제한하는 합산 3%룰을 적용하고, 사외이사인 감사위원에 대해서는 대주주와 특수관계인의 의결권을 각각 3%까지 허용해 왔다. 이번 개정안에서는 사외이사를 감사위원으로 선출·해임할 때도 최대주주와 특수관계인의 의결권을 합산해 3%까지만 인정하도록 제한했다. 이는 감사위원회의 독립성을 높이고 대주주의 영향력을 줄이기 위한 취지다.

전자주주총회 의무화 제542조의14를 신설해 자산총액 2조 원 이상인 상장사에 전자주주총회 도입을 의무화했다. 전자주주총회는 주주가 주총에 직접 출석하지 않고 PC나 스마트폰 등으로 특정 안건에 찬반을 클릭해 의결권을 행사하는 방식을 말한다.

이 밖에도 상장회사 사외이사 명칭을 독립이사로 변경하고, 의무선임 비율을 기존 1/4에서 1/3로 확대하는 내용도 포함됐다.

정부, 세제개편안 확정
법인세율 인상 등으로 5년간 세수 35.6조 원 확충

기획재정부가 7월 31일 열린 세제발전심의위원회에서 「2025년 세제개편안」을 확정·발표했다. 이는 이재명 정부의 첫 세법 개정안으로, 법인세 세율 1%포인트 인상, 주식 양도소득세 부과 대주주 기준 상향, 배당소득 분리과세 도입 등의 내용을 골자로 한다. 특히 정부는 이번 개편안으로 윤석열 전 정부의 감세 정책을 이전 수준으로 되돌려 5년 동안 35조 6000억 원의 세수를 확보한다는 방침이다. 이렇게 확보한 재원은 인공지능(AI) 등 초혁신 기술 투자 확대 등에 활용된다. 이 세제개편안은 입법예고, 차관회의와 국무회의 의결을 거쳐 연말 처리를 목표로 9월 국회에 제출될 예정이다.

법인세, 모든 과표구간에서 1%포인트씩 인상 세제개편안에는 법인세율 과세표준(과표) 전 구간에 대해 세율을 1%포인트씩 올리는 방안이 포함됐다. 과표 ▷3000억 원 초과 구간에 적용하는 법인세 최고세율을 현행 24%에서 25%로 인상하고 ▷2억 원 이하는 9%→10% ▷2억 원 초과~200억 원 이하는 19%→20% ▷200억 원 초과~3000억 원 이하는 21%→22%로 각각 인상한다는 방침이다. 이는 윤석열 정부가 2023년부터 과표구간별 법인세율을 일괄 1%포인트씩 인하한 것을 문재인 정부 수준으로 되돌린 것이다. 법인세 인상에 대해서는 조세구조 정상화를 위한 것으로 실효세율이 낮아 기업 경영에 미치는 영향 또한 작다는 입장과, 기업의 부담이 커져 투자 및 고용이 위축되는 현상으로 이어질 수 있다는 입장이 엇갈리고 있다.

과세표준 구간별 법인세율

과세표준	현행	개편안
2억 원 이하	9%	10%
2억 원 초과~200억 원 이하	19%	20%
200억 원 초과~3000억 원 이하	21%	22%
3000억 원 초과	24%	25%

증권거래세 인상 지난해 말 금융투자소득세(금투세) 도입이 최종 무산됨에 따라 증권거래세도 2023년 수준으로 되돌린다. 증권거래세는 주식이나 지분의 소유권이 유상 이전될 때 당해 주권이나 지분의 양도자에게 양도가액을 기준으로 부과하는 세금을 말한다. 개편안에 따르면 현재 유가증권시장 0%, 코스닥시장 0.15%인 거래세율을 각각 0.05%, 0.20%로 올린다. 문재인 정부는 당시 금융투자와 관련해 발생한 일정 금액이 넘는 양도소득에 대해 20~25%의 비율로 과세하는 제도인 금융투자소득세를 도입하고 증권거래세는 단계적으로 낮추는 방안을 추진했다. 그러나 윤석열 정부에서는 금투세 도입을 폐지하고 증권거래세를 인하한 바 있다.

주식 양도소득세 대상 확대 주식이나 출자지분 등에 대한 소유권을 다른 사람에게 넘길 때 생기는 양도차익에 대해 부과하는 세금인 주식 양도소득세 대상이 확대된다. 주식 양도소득세는 지분율이 코스피 1%, 코스닥 2% 이상이거나 종목별 보유 총액이 10억 원 이상인 대주주에게 부과하다가 2023년 윤석열 정부 당시 기준을 50억 원으로 상향한 바 있다. 개편안에서는 이를 다시 10억 원으로 되돌리는 방안이 포함됐다. 이를 두고 과세 대상이 확대되면 주주들이 세금을 면하기 위해 대량 매도에 나서 주가가 하락하고 결국 소액 투자자가 피해를 입을 수 있다는 우려가 나온다.

주식 양도세 기준 강화

구분(종목당)	코스피	코스닥	코넥스
지분율	1%	2%	4%
보유금액	현행 50억 원→개편안 10억 원		

자료: 기획재정부

배당소득 분리과세 도입 고배당 기업으로부터 받은 배당소득에 대해서 낮은 세율을 적용하는 배당소득 분리과세 제도를 도입한다. 고배당 기업은 현금 배당이 1년 전보다 줄어들지 않은 상장사 중 배당성향이 40% 이상인 기업이나 배당성향이 25% 이상이면서 직전 3년 평균 대비 5% 이상 배당이 늘어난 기업으로, 공모·사모펀드, 리츠, 투자목적회사(SPC) 등은 제외된다. 기존에는 6~45%의 소득세 기본 세율로 과세했는데 개편안에는 배당·이익 등 금융소득이 연 2000만 원 이하인 투자자는 기존대로 14% 과세하고 2000만 원 초과 3억 원 이하 투자자는 20%, 3억 원 초과 투자자는 35%로 분리 과세하는 방식이 포함됐다. 배당소득 분리과세에 대해서는 코리아 디스카운트를 해소하고 배당을 촉진하는 효과를 기대할 수 있는 반면 고배당 성향을 가진 소수의 기업 주주만을 대상으로 해 부자 감세라는 반발이 있다.

2025년 세제개편안 주요 추진과제

경제강국 도약 지원	미래전략산업 지원 강화	• 국가전략기술 및 신성장·원천기술 범위 확대 • 웹툰 콘텐츠 제작비용 세액공제 신설 • 통합고용세액공제 개편
	자본시장 활성화	• 고배당 기업 배당소득 분리과세 도입 및 투자상생협력촉진세제 개편 • 국제결제은행(BIS) 국내 투자소득 비과세 • 민간 벤처모펀드를 통한 벤처투자 세제지원 확대
	지역성장 지원	• 고향사랑기부금 세액공제 확대 • 산업위기 선제대응지역 소재 기업에 대한 세제지원 확대 • 지방이전 기업 세제지원 제도 개선
민생안정 위한 포용적 세제	취약계층 지원 강화	• 자녀 수에 따라 신용카드 등 소득공제 한도 확대 • 초등 저학년 자녀 예체능 학원비 세제 지원 • 월세 세액공제 적용 대상자 및 대상주택 확대 • 연금소득 원천징수세율 인하
	소상공인 중소기업 지원	• 지역사랑상품권 기업업무추진비 손금 확대 • 경영악화로 노란우산공제 해지 시 세부담 완화 • 상가임대료 인하 임대사업자에 대한 세액공제 적용기간 연장
	납세자 권익 보호	• 양도소득 이월과세 적용범위 합리화 • 관세 중복조사금지 대상 및 사전통지기간 합리화 • 고충민원 신청인도 국선대리인 지원 대상에 포함
세입기반 확충 및 조세제도 합리화	응능부담원칙 세부담 정상화	• 법인세율 환원 • 증권거래세율 환원 및 주식 양도소득세 대주주 기준 환원 • 금융·보험업 교육세 개편 • 자본준비금 감액배당 과세범위 합리화
	과세체계 합리화	• 조합법인 등에 대한 법인세 과세특례 합리화 • 국외전출세 과세대상 확대 • 글로벌최저한세 관련 내국추가세(DMTT) 도입
	조세탈루 방지	• 영리법인에 유증 시 상속세 납부의무자 확대 • 외국법인 연락사무소 현황자료 미제출 시 과태료 신설 • 가상자산 매각 위탁 근거 마련

이재명 정부, 첫 부동산 정책 발표
수도권 주담대 한도 6억으로 제한·갭투자 차단

금융위원회는 6월 27일 긴급 가계부채 점검회의를 열고 ▷가계대출 총량관리목표 50% 감축 ▷수도권·규제지역 추가 주택구입 목적 주택담보대출(주담대) 금지 ▷수도권·규제지역 주담대 한도 6억 원 제한 ▷수도권·규제지역 생애최초 LTV 80%→70% 강화 및 6개월 내 전입의무 등 수도권 중심의 「가계부채 관리 강화 방안」을 발표했다. 이번 「6·27 부동산 대책」은 이재명 정부의 첫 부동산 정책으로, 서울 집값이 과열 양상을 보이고 가계대출 증가 속도가 빨라진 데 따른 강력한 대출 규제를 담고 있다.

「6·27 부동산 대책」 주요 내용

금융권 가계대출 총량목표 감축 정책대출을 제외한 전 금융권 가계대출 총량 목표를 7월부터 당초 계획 대비 50% 수준으로 감축하며 정책대출(디딤돌대출, 버팀목, 보금자리론)은 연간 공급계획 대비 25%를 감축한다.

가계대출 관리조치 전 금융권 확대 은행이 자율적으로 시행 중인 가계대출 관리조치를 전 금융권으로 확대 시행한다. 6월 28일부터 수도권·규제지역(투기·투기과열지역, 조정대상지역으로 현재 강남구, 서초구, 송파구, 용산구) 내에서 2주택 이상을 보유한 사람이 추가로 주택을 구입하거나 1주택자가 기존 주택을 처분하지 않고 추가로 주택을 구입하는 경우 추가 주택구입 목적 주담대를 금지(LTV=0%)한다. 1주택자가 기존 주택을 6개월 이내에 처분하면(처분 조건부 1주택자) 무주택자와 동일하게 비규제지역 LTV 70%, 규제지역 LTV 50%가 각각 적용된다.

또한 실거주가 아닌 갭투자 목적의 주택 구입에 금융권 대출자금이 활용되지 못하도록 수도권·규제지역 내 소유권 이전 조건부 전세대출을 금지한다.

> **주택담보대출비율(LTV·Loan To Value ratio)** 은행들이 주택을 담보로 대출을 해줄 때 적용하는 담보가치 대비 최대 대출가능 한도를 말한다. 즉, 집을 담보로 은행에서 돈을 빌릴 때 집의 자산가치를 얼마로 보는가의 비율을 말하며, 보통 기준시가가 아닌 시가의 일정 비율로 정한다. 예를 들어 주택담보대출비율이 60%라면 시가 2억 원짜리 아파트의 경우 최대 1억 2000만 원까지만 대출해 주는 식이다.
>
> **갭투자(Gap 投資)** 시세차익을 목적으로 주택의 매매 가격과 전세금 간의 차액이 적은 집을 전세를 끼고 매입하는 투자 방식이다. 예를 들어 매매 가격이 5억 원인 주택의 전세금 시세가 4억 5000만 원이라면 전세를 끼고 5000만 원으로 집을 사는 방식이다. 전세 계약이 종료되면 전세금을 올리거나 매매 가격이 오른 만큼의 차익을 얻을 수 있어 저금리, 주택 경기 호황을 기반으로 크게 유행했다. 부동산 호황기에 집값이 상승하면 이익을 얻을 수 있지만 반대의 경우에는 깡통주택으로 전락해 집을 팔아도 세입자의 전세금을 돌려주지 못하거나 집 매매를 위한 대출금을 갚지 못할 수 있다.

주택구입 목적 주담대 여신한도 제한 수도권과 규제지역 주택구입 목적 주담대 최대한도를 6억 원으로 제한한다. 이는 고가주택을 구입하는 데 과도한 대출을 활용하는 것을 막기 위한 것으로, 집값이나 개인별 상환 능력과는 무관하게 대출액을 일괄 제한한 것은 이번이 처음이다.

LTV 등 규제 강화 수도권·규제지역 내 생애최초 주택구입 목적 주담대 LTV를 기존 80%에서 70%로 강화하고 전입 의무를 부과한다. 또 수도권·규제지역 주택을 구입하며 주담대를 받은 경우에는 6개월 내 전입 의무가 부과되며, 수도권·규제지역 내 전세대출 보증비율은 7월 21일부터 기존 90%에서 80%로 축소한다.

정부, 국유지·노후청사 활용해
청년·서민용 공공주택 3.5만 호 공급

기획재정부가 8월 12일 열린 국유재산정책심의위원회에서 도심 노후 공공청사 및 유휴용지를 활용해 청년과 서민을 위한 공공주택 3만 5000가구 이상을 공급하는 내용을 담은 「2026년도 국유재산종합계획」을 심의·의결했다. 이에 따라 2035년으로 예정된 청년 임대 등 공공주택 약 2만 호를 조기 공급하고, 수도권을 중심으로 신규 공공주택 1만 5000호 이상을 추가 공급할 방침이다.

국유재산종합계획 주요 내용 이 계획에 따르면 정부는 2025년 예정돼 있던 청년 임대 공공주택 약 2만 가구를 조기 공급하기로 했다. 여기에는 ▷대방 군 관사 복합개발 180가구(신혼부부·2027년 준공 예정) ▷용산 유수지 300가구(신혼부부·2031년 준공 예정) ▷종로복합청사 50가구(청년·2027년 준공 예정) ▷천안세관 50가구(청년·2030년 준공 예정) 등이 포함된다. 이에 더해 성수동 경찰기마대 부지, 광명세무서, 서울출입국관리사무소 등 30년 이상 된 도심 내 노후 공공청사와 역세권 유휴용지를 추가 발굴해 신규 공공주택을 최소 1만 5000가구 추가로 공급할 계획이다. 또한 개발 속도를 높이기 위해 다수 관리 주체 공동 개발 방식을 도입, 서로 다른 부처 기관이 관리하는 인접 국유재산을 묶어 하나의 사업으로 통합 개발할 수 있도록 했다. 이 밖에 위탁개발을 맡을 수 있는 기관 범위를 현행 한국자산관리공사(캠코)와 한국토지주택공사(LH)뿐 아니라 서울주택도시개발공사(SH), 경기주택도시공사(GH) 등 지방 공사도 참여할 수 있도록 확대하기로 했다.

5000만 원 이하 소액 연체, 연내 상환하면 연체이력 삭제

금융위원회는 코로나19, 고금리로 인한 경기침체 등으로 서민·소상공인이 불가피하게 채무 변제를 연체했어도 성실하게 전액 상환할 경우 연체이력정보의 공유와 활용을 제한하는 신용회복 지원조치를 9월 30일 시행한다고 밝혔다. 신용회복 지원 대상은 2020년 1월 1일부터 2025년 8월 31일까지 5000만 원 이하의 연체가 발생했으나 12월 31일까지 연체금액 전액을 상환한 개인 및 개인사업자다. 금융위에 따르면 2020년 1월 1일부터 2025년 6월 30일까지 소액 연체가 발생한 개인 및 개인사업자 약 324만 명 중 약 272만 명이 전액 상환을 완료해 신용회복 지원 대상에 해당하며, 나머지 52만 명도 연체 금액을 올해 말까지 전액 상환하면 신용회복 지원 대상에 포함된다.

한편, 연체이력정보가 삭제되면 신용평점이 오르기 때문에 금리가 낮은 신규 대출을 받을 수 있고 연체 기록으로 인한 낮은 신용점수로 정지된 신용카드 거래도 재개할 수 있다.

계약 원천무효 반사회적 초고금리 기준 연 60%로 규정

금융위원회가 계약 자체를 원천 무효화하는 반사회적 초고금리 기준을 연 60% 이상으로 규정하는 내용을 담은 「대부업 등의 등록 및 금융이용자 보호에 관한 법률(대부업법)」 시행령 일부 개정안을 6월 25일 재입법 예고했다. 이 개정안은 6월 27일까지 입법예고 기간을 거쳐 7월 22일부터 적용됐다. 이에 따라 대부업자가 60% 이상의 연 이자를 받으면 계약 자체가 무효화된다. 한편, 금융업체가 폭리를 취하지 못하도록 법으로 정한 법정 최고금리는 현행 연 20%다.

이재용 삼성전자 회장, 3심도 무죄 판결 부당합병 및 회계부정 무죄 확정

대법원 3부는 7월 17일 자본시장법상 부정거래 행위·시세조종, 업무상 배임 등의 혐의로 기소된 이재용 삼성전자 회장에 대해 전부 무죄를 선고한 원심 판결을 확정했다. 이는 이 회장이 재판에 넘겨진 지 4년 10개월 만의 판결이다.

의혹부터 무죄 판결까지 이재용 회장은 2015년 제일모직·삼성물산 합병 과정에서 최소 비용으로 경영권을 안정적으로 승계하고 지배력을 강화하기 위해 그룹 미래전략실이 추진한 각종 부정거래와 시세조종, 회계부정 등의 혐의로 2020년 9월 기소됐다. 이후 2024년 2월 1심 재판부는 삼성물산과 제일모직의 합병이 이 회장 승계와 지배력 강화가 유일한 목적이 아니고 공소사실 모두 범죄 증명이 없다며 이 회장에 대한 19개 혐의 모두에 무죄를 선고한 바 있다. 올 2월 2심 재판부는 삼성바이오로직스와 삼성바이오에피스의 회계 처리를 거짓으로 단정하기 힘들다며 추가 공소사실을 포함한 23개 혐의에 대해 모두 무죄를 선고했다. 이에 검찰은 상고했으나 대법원은 원심을 유지하며 무죄를 확정했다.

이재용 삼성 회장, 부당합병·회계부정 재판 관련 일지

2015. 9. 1.	삼성물산–제일모직 합병
12.	삼성바이오로직스, 자회사 삼성바이오에피스 회계처리 변경
2016. 11. 10.	삼성바이오로직스 유가증권시장 상장
2018. 11. 14.	증권선물위원회, 삼성바이오로직스 고의 분식회계 판단 주식거래 정지
20.	증권선물위, 삼성바이오로직스 분식회계 혐의로 검찰 고발
2019. 9. 23.	검찰, 국민연금 기금운용본부·삼성물산·KCC 압수수색
2020. 9.	검찰, 이재용 당시 삼성전자 부회장 부당합병 및 회계부정 혐의로 기소
2022. 10.	이재용, 삼성전자 회장 부임
2024. 2. 5.	1심, 무죄 선고
2025. 2. 3.	2심, 무죄 선고
7. 17.	대법원, 무죄 확정

엔비디아, 상장기업 중 처음
시총 4조 달러 돌파

미국 인공지능(AI) 반도체 회사인 엔비디아(NVIDIA)가 뉴욕증시에서 7월 9일 한때 시가총액 4조 달러(약 5520조 원)를 돌파한 지 하루 만인 10일, 전날보다 0.75% 오른 164.10달러에 거래를 마치면서 종가 기준으로도 4조 달러를 넘어섰다. 시가총액 4조 달러를 돌파한 것은 엔비디아가 전 세계 상장기업 중 처음이다. 엔비디아는 지난해 6월 3일 시총 3조 달러 선을 돌파한 이후 13개월 만에 4조 달러를 넘어섰다. 현재 시총이 3조 달러를 넘어선 기업은 엔비디아와 마이크로소프트, 애플 3곳뿐이다.

> **시가총액(時價總額)** 시가총액은 전 상장주식을 시가로 평가한 것으로 여기에는 ▷개별종목의 시가총액을 말하는 경우와 ▷주식시장 전체의 시가총액을 말하는 경우가 있다. 전자의 경우 그 종목의 「발행주식 수×주가」로, 그 회사의 규모를 평가할 때 사용된다. 후자는 증시에 상장돼 있는 모든 종목의 총주식을 시가로 평가한 금액으로, 전 상장종목별로 그날 종가에 상장주식 수를 곱한 후 합계해 산출한다. 이는 일정 시점에서 주식시장이 어느 정도 규모인지를 나타내기 때문에 주식시장 규모의 국제 비교에도 이용된다.

한국, MSCI 선진국지수 편입 무산
11년째 신흥국 시장 유지

미국 모건스탠리캐피털인터내셔널(MSCI)이 6월 24일 지수별 국가 분류를 조정하고 관찰대상국 등재 등을 발표했으나 한국을 언급하지 않으면서 한국 증시의 MSCI 선진국지수 편입이 무산됐다. 한국은 18개 평가 항목 중 외환시장 자유화, 투자자 등록 및 계정 설정, 청산결제, 투자상품 가용성 등 6개 항목에서 개선이 필요하다는 평가를 받았다.

한편, MSCI의 선진국 지수에 편입되기 위해서는 지수 편입 후보군인 관찰대상국에 1년 이상 올라야 하는데, 한국은 2014년 관찰대상국에서 제외된 이후 11년째 신흥국 시장에 머물러 있다.

MSCI지수는? MSCI가 작성·발표하는 세계적인 주가지수로, FTSE 지수와 함께 국제금융 펀드의 투자 기준이 되는 대표적인 지표다. 최초의 국제 벤치마크로, 특히 미국계 펀드의 95% 정도가 이 지수를 기준으로 삼고 있다. 크게 선진시장, 신흥시장, 프런티어 시장으로 나뉘는데 MSCI는 매년 6월 무렵 지수를 재분류하며, 신흥국지수에서 선진국지수로 넘어가기 위해서는 검토(관찰)대상국 명단에 올라야 한다. 관찰대상국 지정 및 편입 결정까지는 2년 정도가 소요된다. 한국은 1992년 신흥국지수에 편입된 후 2008년 처음 관찰대상국에 포함됐으나 매년 선진시장 등재에는 실패했으며, 2014년부터는 관찰대상국에서도 제외됐다.

MSCI 선진 23개국

아메리카	미국, 캐나다
유럽·중동·아프리카	스페인, 스웨덴, 스위스, 영국, 오스트리아, 벨기에, 덴마크, 핀란드, 프랑스, 독일, 아일랜드, 이탈리아, 노르웨이, 포르투갈, 네덜란드, 이스라엘
아시아·오세아니아	일본, 홍콩, 싱가포르, 호주, 뉴질랜드

55세 이상 경제활동인구 1000만 명 돌파

통계청이 8월 6일 발표한 「5월 경제활동인구조사 고령층 부가조사」 결과에 따르면 경제활동을 하는 55세 이상 인구가 처음으로 1000만 명을 돌파했다. 국내 고령층(55~79세) 인구는 1644만 7000명으로 지난해보다 46만 4000명 늘어났는데, 그중 경제활동인구는 지난해보다 32만 8000명 증가해 1001만 명으로 2005년 통계 작성 이래 처음 1000만 명을 넘어섰다. 업종으로는 보건·사회·복지 분야 취업자의 증가 폭이 가장 컸으며 제조업이 뒤를 이었다.

> **경제활동인구(經濟活動人口)** 만 15세 이상인 사람들 가운데 일할 능력이 있어 취업한 자와 구직활동을 하고 있는 실업자를 합친 것이다. 취업자는 조사 대상 주간 중 수입을 목적으로 1시간 이상 일한 임금근로자와 무급가족종사자, 일시휴직자 등의 비임금근로자로 나눌 수 있다. 그리고 실업자는 조사 대상 주간 중에 수입이 있는 일에 전혀 종사하지 못한 자로서, 적극적으로 구직활동을 하고 즉시 취업이 가능한 자를 말한다.

사회시사

2025. 6.~ 8.

내년 최저임금 시간당 1만 320원
올해 대비 2.9% 인상

고용노동부가 2026년도 적용 최저임금을 최저임금위원회가 정한 시간당 1만 320원으로 확정·고시했다고 8월 5일 밝혔다. 이는 올해(1만 30원)보다 290원(2.9%) 오른 금액으로, 월 환산 급여는 215만 6880원(주 40시간, 주휴시간 포함한 월 209시간 기준)이다. 이는 앞서 지난 7월 10일 최저임금위원회가 2008년 이후 17년 만에 노사 합의로 결정한 최저임금 안을 그대로 확정한 것이다. 노동부가 이날 확정·고시한 최저임금은 업종 구분 없이 모든 사업장에 동일하게 적용되며, 내년 1월 1일부터 효력이 발생한다.

> **최저임금제(最低賃金制)** 근로자에 대한 임금의 최저수준을 보장해 근로자의 생활안정과 노동력의 질적 향상을 꾀하기 위한 제도로, 1988년부터 시행됐다. 이후 2000년 11월 24일부터 근로자를 사용하는 모든 사업 또는 사업장에 적용되고 있다. 노동부장관은 다음 연도 최저임금을 최저임금위원회의 심의를 거쳐 매년 8월 5일까지 결정한 뒤 지체 없이 고시해야 하며, 고시된 최저임금은 다음 연도 1월 1일부터 12월 31일까지 효력이 발생한다. 최저임금의 결정기준은 근로자의 생계비, 유사근로자의 임금, 노동생산성 및 소득분배율을 고려해 업종별 또는 전 산업에 동일하게 정하고, 최저임금액은 시간·일·주 또는 월 단위로 결정하되 반드시 시간급을 명시해야 한다.

2020년 이후 최저임금 인상률

연도	시간급	일급 (일 8시간 기준)	월급(주 40시간, 월 209시간 기준)	전년 대비 인상률	시간급 전년 대비 인상액
2020년	8,590원	6만 8,720원	1,795,310원	2.9%	240원
2021년	8,720원	6만 9,760원	1,822,480원	1.5%	130원
2022년	9,160원	7만 3,280원	1,914,440원	5.05%	440원
2023년	9,620원	7만 6,960원	2,010,580원	5.0%	460원
2024년	9,860원	7만 8,880원	2,060,740원	2.5%	240원
2025년	10,030원	8만 240원	2,096,270원	1.7%	170원
2026년	10,320원	8만 2560원	2,156,880원	2.9 %	290원

내년 기준 중위소득 6.51% 인상
5년째 역대 최고

보건복지부가 7월 31일 제77차 중앙생활보장위원회를 열고 4인 가구 기준 중위소득을 올해 609만 7773원(월 소득 기준)에서 내년 649만 4738원으로 6.51% 인상하기로 했다. 기준 중위소득은

복지부 장관이 급여기준 등에 활용하기 위해 중앙생활보장위원회의 심의·의결을 거쳐 고시하는 국민 가구소득의 중간값이다. 4인 가구 기준 중위소득 증가율은 ▷2022년 5.02% ▷2023년 5.47% ▷2024년 6.09% ▷2025년 6.42%로 지속적으로 인상돼 왔다. 1인 가구의 중위소득은 올해 239만 2013원 대비 7.20% 인상된 256만 4238원으로 결정돼 4인 가구보다 더 높은 인상률이 적용됐다.

> **기준 중위소득(基準 中位所得)** 전 국민을 소득순으로 줄 세웠을 때 정중앙에 위치한 사람의 소득을 「중위소득」이라고 하는데, 정부가 이 중위소득에 여러 경제지표를 반영해 산출하는 수치다. 기준 중위소득은 국민기초생활보장제도를 비롯해 14개 부처 80개 복지사업의 기준이 되는 지표로, 매년 8월 1일까지 공표한다. 정부는 통계청의 가계금융복지조사로 산출한 「중위소득 증가율(기본증가율)」과 실제 중위소득과 격차를 줄이기 위한 「추가증가율」 등을 고려, 중앙생활보장위원회의 심의·의결을 통해 해마다 기준 중위소득을 정하고 있다.

급여별 선정기준은 어떻게? 급여별 선정기준은 각각 기준 중위소득의 ▷32%(생계) ▷40%(의료) ▷48%(주거) ▷50%(교육)로 올해와 동일하게 결정됐다. 특히 내년 기준 중위소득 인상으로 약 4만 명이 새롭게 생계급여를 수급할 수 있게 됐다. 생계급여는 4인 가구 기준 2025년 195만 1287원에서 2026년 207만 8316원으로, 1인 가구 기준 2025년 76만 5444원에서 2026년 82만 556원으로 인상된다.

고용노동부, 폭염 시 「2시간마다 20분 휴식」 의무화
7월 17일부터 시행

고용노동부가 33도 이상 폭염 속에서 근무하는 노동자에게 2시간마다 20분 이상의 휴식시간을 부여하는 내용 등이 담긴 「산업안전보건기준에 관한 규칙」 개정안을 7월 17일부터 시행한다고 15일 밝혔다. 이번 규칙 개정은 지난해 여름까지는 가이드라인 방식으로 운영해온 냉방·통풍장치 설치, 휴식 부여 등 사업주 보건조치 사항들을 규칙에 명문화한 것이다. 해당 규칙은 31도, 33도, 35도, 38도 이상 폭염작업 시의 사업주 보건조치 사항을 명시하고 있다.

「산업안전보건기준에 관한 규칙」 개정안 주요 내용

31도·33도 이상 시 체감온도 31도 이상인 작업장소에서 2시간 이상 작업할 경우 사업주는 실내·옥외 구분 없이 냉방·통풍장치 설치·가동, 작업시간대 조정 등 폭염 노출을 줄일 수 있는 조치와 주기적인 휴식 부여 중 어느 하나 이상의 조치를 해야 한다. 다만 이러한 조치에도 여전히 작업장소의 체감온도가 31도 이상인 경우에는 작업 특성에 맞게 주기적인 휴식을 부여해야 한다.
33도 이상이 되면 2시간마다 20분 이상의 휴식 부여가 의무화되는데, 현장 여건에 따라 1시간마다 10분 이상 휴식 부여 등 다양한 방식도 가능하다. 다만 작업 성질상 휴식을 부여하기 매우 곤란한 경우에는 체온 상승을 줄일 수 있는 개인용 냉방장치를 지급·가동하거나 냉각 의류 등 개인용 보냉장구를 지급·착용하게 한 경우 예외가 인정된다. 여기서 매우 곤란한 경우란 ▷재난안전관리기본법에 따른 재난 수습 및 예방 등 사람의 생명·안전 등과 직결되는 작업 ▷시설·설비의 장애·고장 등 돌발상황 발생으로 이를 수습하기 위해 긴급한 조치가 필요한 작업 ▷공항·항만 등에서 항공기 등 운항에 심각한 지장을 초래하는 작업 ▷콘크리트 타설 등 구조물 안전에 심각한 영향을 주는 작업 등이다.

35도·38도 이상 시 35도 이상으로 올라가면 추가조치가 권고되는데, 매시간 15분씩 휴식공간에서 휴식을 제공한다. 또 오후 2~5시 무더위 시간대에는 불가피한 경우를 제외하고 옥외작업을 중지해야 하며, 업무 담당자를 지정해 근로자의 건강상태도 확인해야 한다. 그리고 38도 이상에서는 무더위 시간대에 재난 및 안전관리 등에 필요한 긴급조치 작업 외 옥외작업이 중지된다. 열사병 등 온열질환 민감군도 옥외작업이 제한되며 업무 담당자를 지정해 건강상태를 확인해야 한다.

사직 전공의 복귀 논의 마무리
1년 6개월 의정 갈등 사실상 종료

정부가 8월 7일 사직 전공의(인턴·레지던트) 복귀 논의를 마무리 지으면서 1년 6개월에 걸친 의정 갈등이 사실상 마무리됐다. 보건복지부는 이날 대한전공의협의회(대전협) 등과 제3차 수련협의체를 열고 오는 8월 11일부터 원서 접수를 시작할 하반기 전공의 모집방안을 확정했다. 정부는 이번 모집에서 사직 전공의들이 기존 병원에 같은 과목·연차로 복귀할 수 있도록 자리를 보전해 주고, 입영 대기 상태인 미필 전공의가 복귀하면 수련 후 입영할 수 있게 최대한 조치해 주기로 했다.

이로써 전임 윤석열 정부의 의대 정원 2000명 증원으로 시작된 의정 갈등이 봉합되기는 했으나, 1년 6개월의 의료 공백사태에도 전공의와 의대생들이 요구한 특혜성 조치가 사실상 모두 수용됨에 따른 논란은 계속될 것으로 보인다. 특히 정부의 이번 조치를 두고 환자단체들은 「의료계는 법 위에 군림하는 집단임을 확인시켜 준 결정」이라며 거세게 반발했다.

> **일반의·전공의·전문의** 대학교 의예과에서 2년 동안 학문의 기초를 쌓는 단계(예과)를 거친 뒤 의학과(본과)에서 4년을 공부하는 총 6년 과정을 끝내면 의사 국가시험을 보게 된다. 이 의사 국가시험에 합격하면 「일반의」가 되는데, 일반의는 병원을 개원하고 환자를 치료할 수 있다. 의사면허 취득 후 개업하지 않고 인턴과 레지던트 과정을 거치는 의사를 「전공의」라고 하는데, 인턴은 전공 진료과목을 정하기 전에 수련병원에서 모든 과목의 치료 과정에 참여하는 수련기간으로 1년이 소요된다. 이 인턴 과정을 이수한 후 의료기관, 의과대학, 의학전문대학원 및 그 밖의 보건관계기관 등의 수련병원이나 수련기관에서 전문과목 중 1과목을 전공으로 선택해 3~4년 동안 수련하게 되는데, 이것이 「레지던트」이다. 이 수련 기간이 모두 끝나고 전문과목에 응시해 합격하면 「전문의」가 된다.

의정 갈등, 마무리에 이르기까지 지난해 2월 윤석열 정부가 의대 정원 2000명 증원을 발표하자 전공의들의 집단 사직서 제출과 근무 중단이 이어지면서 의료 파행이 본격화됐다. 이후 5월 24일 한국대학교육협의회(대교협)는 의대 증원을 반영한 「2025학년도 대입전형 시행계획 변경안」을 심의·확정했다. 이는 전국 대학 40곳 의대 정원을 종전 3058명에서 1509명 늘어난 4567명으로 확정한 것으로, 이로써 1998년 제주대 의대가 신설된 지 27년 만에 의대 증원이 이뤄지게 됐다. 그러자 대한의사협회(의협)는 6월 18일 전국 의사 총궐기대회를 열고 4년 만에 전면 휴진에 돌입했고, 이에 정부가 집단 휴진 대응을 위해 의사들을 상

의정 갈등 주요 일지

2024.	2. 6.	정부, 의대정원 2000명 증원(3058→5058명) 발표
	19.	전공의, 집단 사직서 제출
	20.	의대생, 집단 휴학계 제출
	5. 24.	2025학년도 모집인원 1509명(4567명) 증원 확정
	6. 18.	대한의사협회 주도 전면 휴진
	19.	대법원, 의대 증원 효력 집행정지 신청 최종 기각
2025.	1. 10.	정부, 전공의 수련 특례·입영 연기 발표
	4. 17.	정부, 2026학년도 모집인원 3058명(증원 전 수준) 확정
	7. 12.	대한의과대학·의학전문대학원 학생협회 수업 복귀 선언
	8. 7.	정부, 전공의 복귀 방안 확정

대로 업무개시명령을 발령하면서 양측의 갈등이 고조됐다. 하지만 이후에도 의정 갈등이 좀처럼 해결되지 못하면서 의료대란과 응급실 뺑뺑이 사례가 속출하는 등 문제의 심각성이 커져갔다. 그리고 정부는 지난해 하반기와 올해 상반기 여러 차례 수련·입영 특례를 적용하며 전공의들의 복귀를 유도했으나, 대부분의 전공의들은 현장에 돌아오지 않았다. 다만 지난해 2월 집단 휴학계를 제출한 뒤 수업 거부를 이어간 의대생들은 올 6월 조건 없는 복귀를 선언한 뒤, 정부의 복학 허용에 맞춰 학교로 복귀한 바 있다.

대법, 용인경전철에 「추진했던 시장이 배상」
주민소송 재상고심 원심 확정-12년 만에 승소

대법원 2부가 7월 16일 용인경전철 손해배상 청구를 위한 주민소송단이 제기한 손해배상 청구 주민소송 재상고심에서 이정문 전 용인시장과 한국교통연구원의 손해배상 책임을 인정한 원심 판단을 확정했다. 용인경전철 사업은 혈세 낭비 논란을 빚었던 대표적 사업으로, 이번 소송은 2005년 주민소송제 도입 이후 대규모 민자사업을 대상으로 한 첫 사례라는 점에서 많은 주목을 받았다. 아울러 대법원의 이번 판결로 세금을 낭비하는 민자사업을 주민소송 대상으로 삼아 배상 책임을 받아낸 최초의 사례로도 기록되게 됐다.

> **주민소송제(住民訴訟制)** 지방자치단체의 위법한 예산집행을 견제하고 지방자치단체 및 주민 공동의 이익을 보호하기 위하여 주민 또는 납세자에게 원고적격을 인정하는 공익소송 제도이다. 이는 「납세자 소송제도」라고도 하며, 우리나라에서는 2006년부터 시행됐다. 이에 따르면 지역주민은 지방자치단체의 위법한 재무회계 행위에 대해 자신의 개인적 권리·이익의 침해와 관계없이 그 위법한 행위의 시정을 법원에 청구할 수 있다.

용인경전철, 대법원 판결에 이르기까지 용인경전철은 용인 기흥구 구갈동과 처인구 포곡읍을 연결하는 1량짜리 경전철로, 노선 길이는 18.1km다. 용인경전철은 2010년 6월 완공됐지만, 용인시가 시행사인 캐나다 봄바디어사와 법정 다툼을 벌이면서 2013년 4월에야 개통됐다. 당시 용인시는 국제중재재판에서 패소하면서 이자를 포함해 8500억 여원을 물어주기도 했다. 여기에 하루 13만 9000명이 용인경전철을 이용할 것이라는 한국교통연구원의 교통 수요 예측 결과와는 달리, 열차의 하루 평균 이용객은 수요 예측의 17분의 1 수준인 9000여 명에 불과해 적자가 지속됐다. 이에 주민들은 2013년 10월 이정문 전 용인시장과 후임인 서정석·김학규 전 시장, 교통연구원과 소속 연구원 등을 상대로 1조 232억 원의 손해배상을 청구하는 주민소송을 제기했다. 이후 2017년 1·2심은 주민소송 요건에 맞지 않다거나 배상책임이 발생하지 않는다는 취지로 사실상 주민 패소를 판결했으나, 2020년 7월 대법원이 이를 뒤집으며 파기환송하면서 소송은 새 국면을 맞았다.

용인경전철 주민소송 일지

2001.	용인시, 한국교통연구원에 용인경전철 수요 분석 의뢰 (연구원, 일평균 이용객 13만 9000명 예측)
2010. 6.	용인경전철 완공
2013. 4.	운행 개시(일평균 이용객 9000명으로 적자 누적)
10.	용인 주민, 전 용인시장 등 상대로 1조 232억 원의 손해배상 청구 주민소송 제기
2017.	1·2심, 「주민소송 요건 맞지 않는다」 패소
2020. 7.	대법원, 「주민소송 가능」 파기환송
2024. 2.	서울고법, 전 용인시장 1명·한국교통연구원·연구원에 214억 원 배상 판결
2025. 7. 16.	대법원, 전 용인시장·한국교통연구원 배상 책임 인정

그리고 지난해 2월 열린 파기환송심은 한국교통연구원 및 소속 연구원 3명이 총 214억 7000만 원을 용인시에 지급해야 한다는 판결을 내렸다. 그리고 이날 대법원 역시 주민소송 타당성을 인정한 기존 판단을 유지했는데, 다만 원심 판단 중 연구원 개인에 대한 배상 책임 부분은 인정하지 않았다.

노란봉투법,
국회 환경노동위원회 전체회의 통과

윤석열 전 대통령이 거부권을 행사했던 노란봉투법이 7월 28일 국회 환경노동위원회 전체회의를 통과했다. 개정안은 근로계약 당사자가 아니더라도 근로조건을 실질적으로 지배·결정할 수 있는 경우 사용자로 규정해 하도급 노동자와 원청의 직접 교섭을 가능하도록 하는 내용이 명시됐다. 또 합법적 노동쟁의 범위를 「근로조건의 결정에 관한 사항」에서 「근로조건에 영향을 미치는 사업 경영상의 결정」으로 확대하는 내용도 담겼다. 그리고 쟁의행위로 인해 손해가 발생할 경우 귀책 사유와 기여도에 따라 개별적으로 배상 의무자의 책임 범위를 정하도록 해, 사용자의 제3자에 대한 손해배상 청구를 제한했다. 아울러 사용자의 불법행위에 맞선 쟁의로 발생한 손해에 대해서는 근로자 등의 배상책임을 면제하는 조항도 담겼다.

노란봉투법은 무엇? 노사 관계에서 사용자와 쟁의행위의 범위를 넓히고 파업 노동자 등에 대한 손해배상 청구를 제한하는 내용 등을 담은 「노동조합 및 노동관계조정법 2·3조 개정안」을 말한다. 즉, 노조법에 규정된 사용자의 범위를 확대해 하도급 등 간접고용 노동자와 배달기사 등 특수형태근로종사자에 대한 사용자(원청)의 법적 책임을 강화하고, 노동쟁의 행위의 범위를 확대해 사용자에 의한 과도한 손해배상 청구를 제한하는 것이다. 노란봉투법이라는 명칭은 2014년 법원이 쌍용차 파업 참여 노동자들에게 47억 원의 손해를 배상하라는 판결을 내리자, 한 시민이 언론사에 4만 7000원이 담긴 노란봉투를 보내온 데서 유래된 것이다. 이후 이 사연이 알려지면서 4만 7000원을 넣은 봉투를 보내오는 독자들이 늘기 시작해 아름다운재단이 모금을 맡게 됐고, 모금 111일 만에 총 4만 7000여 명의 시민들이 참여해 최종 목표액 14억 7000만 원이 달성된 바 있다.

AI교과서, 교과서 아닌 교육자료로 분류
초·중등교육법 개정안 국회 통과

국회가 8월 4일 열린 본회의에서 인공지능(AI) 디지털교과서를 교육자료로 분류한 초·중등교육법 개정안을 통과시켰다. 이 법안은 더불어민주당 주도로 지난해 말 본회의에서 의결됐으나, 당시 최상목 대통령 권한대행 부총리 겸 기획재정부 장관이 재의요구권(거부권)을 행사하면서 폐기된 바 있다. 개정안은 교과서의 정의를 법률에 직접 명시하는 한편, 교과서의 범위를 도서 및 전자책으로 제한했다. 그리고 AI교과서와 같은 「지능정보 기술을 활용한 학습지원 소프트웨어」는 교과서가 아닌 교육자료로 규정했다.

AI 교과서는 무엇? 인공지능(AI) 기술을 포함한 지능정보화 기술을 활용해 학생 개개인의 수준에 맞는 맞춤형 교육을 제공하기 위해 도입된 전임 윤석열 정부의 대표적인 교육 정책이다. 이는 올해 1학기부터 초등학교 3·4학년(영어·수학), 중학교 1학년, 고등학교 1학년(영어·수학·정보) 학생들을 대상으로 시행되고 있다. 하지만 교육 현장에서는 초기에 무리하게 도입을 추진했다며 반발이 일었고, 이에 교육부는 지난 3월 개학을 앞두고 모든 학교에의 의무 도입이 아닌 1년간 자율 도입 방침으로 선회한 바 있다. 이에 지난 3월 기준 전국 1만 1932개 초·중·고등학교 가운데 AI 교과서를 1종 이상 채택한 학교는 32%에 그친 상태다.

통계청, 「2024년 인구주택총조사」 발표
고령인구, 사상 첫 1000만 명 돌파

통계청이 7월 29일 발표한 「2024년 인구주택총조사 결과(등록센서스 방식)」에 따르면 65세 이상 고령인구가 처음으로 1000만 명을 넘어섰다. 또 외국인 인구는 사상 최초로 200만 명을 넘어섰지만 내국인은 계속 줄면서 총인구는 1년 전보다 0.1% 늘어나는 데 그쳤다.
한편, 이번 조사는 지난해 11월 1일 0시 기준 주민등록부·외국인등록부·건축물대장 등 다양한 행정자료를 활용해 이뤄진 것이다.

> **인구주택총조사(人口住宅總調査)** 일정한 주기로 전국의 인구와 거처를 동시(특정 조사시점을 기준) 개별적으로 각각 조사하는 총조사로, 국가의 인구와 주택의 규모 및 그 특성을 파악하여 나라살림 설계에 활용하는 국가기본 통계조사이다. 일제 치하인 1925년 국세조사라는 이름으로 처음 시작됐으며 1970년 이후 5년마다 정기적으로 실시하고 있다. 이는 국민 전체를 대상으로 행정자료를 활용한 등록센서스 방식의 전수조사와, 국민 20%를 대상으로 하는 표본조사(인터넷·전화 또는 심층 방문 조사)로 나뉜다.

「2024년 인구주택총조사」 주요 내용

인구 지난해 11월 1일 기준 65세 이상 고령인구는 전년보다 51만 3000명(5.3%) 증가한 1012만 2000명으로, 전체 인구 중 19.5%를 차지했다. 반면 0~14세 유소년인구는 542만 1000명(10.5%)으로 전년 대비 19만 9000명(3.5%) 줄었다.

- 노령화지수(유소년인구 100명당 고령인구): 186.7명. 1년 전보다 15.7명 증가
- 생산가능인구(15~64세): 3626만 3000명. 전년보다 28만 3000명(0.8%) 감소
- 중위연령: 46.2세. 전년보다 0.6세 증가

지난해 11월 기준 상주 외국인은 204만 3000명으로 전년 대비 10만 8000명(5.6%) 증가했는데, 외국인 인구가 200만 명을 넘은 것은 이번이 처음이다. 외국인 국적은 중국(한국계)이 53만 8000명(26.3%)으로 가장 많고, 베트남(28만 5000명·14.0%)과 중국(22만 3000명·10.9%)이 뒤를 이었다. 내국인은 4976만 3000명으로 7만 7000명(0.2%) 줄었지만, 총인구는 5180만 6000명으로 전년보다 0.1%(3만 1000명) 늘었다. 이 밖에 권역별 인구를 보면 수도권 인구가 2630만 8000명으로 전체 인구의 50.8%를 차지, 수도권 집중도가 심화되고 있는 것으로 나타났다.

65세 이상 인구 변화(단위: 만 명)

연도	인구
2020년	828.8
2021년	870.7
2022년	914.6
2023년	960.9
2024년	1012.2

주택 지난해 기준 총주택 수는 1987만 3000호로 1년 전보다 32만 6000호(1.7%) 늘었다. 그러나 서울의 주택 증가율은 0.5%에 그쳐 사상 최저를 기록했다. 국내 총가구는 전년보다 26만 9000가구(1.2%) 증가한 2299만 7000가구를 기록했다.

- 일반 가구: 2229만 4000가구로 전체 가구의 96.9% 차지
- 1인 가구: 전년보다 21만 6000가구(2.8%) 늘어난 804만 5000가구(36.1%)로, 처음으로 800만 선을 넘어섬
- 평균 가구원 수: 1인 가구 증가로, 평균 가구원 수는 전년보다 0.03명 감소한 2.19명

2025 인구주택총조사는 총 55개 항목 조사 통계청이 2025년 인구주택총조사의 표본조사 항목을 전 주기와 동일하게 총 55개로 확정했다고 7월 3일 밝혔다. 이번 조사에서는 특히 결혼에 대한 인식, 가구 형성의 다양화, 고령화, 다문화 등 빠르게 변화하는 사회 현상을 측정하기 위한 신규 항목이 개발됐다. 이번에 추가될 항목으로는 ▷가족돌봄 시간 ▷결혼 계획·의향 ▷다문화 가구 및 외국인 대상의 가구 내 사용언어 ▷한국어 실력 ▷임대주체(공공·민간 여부) ▷종교 ▷자전거 보유 등 7개 항목이다. 이번 조사는 500만 가구 내외를 표본으로 하며, 표본 선정 시 10월 중순께 우편으로 안내받게 된다. 그리고 조사는 오는 10월 22일부터 인터넷과 전화조사로 시작된다.

인구조사 항목 변화는 어떻게?

1925년	성명, 성별, 배우자관계
1949년	광복 당일 거주지, 군사경험
1955년	불구 상태, 남한 전입 시기
1970년	전화기, 냉장고 등 가전 보유 여부
1980년	주거지 종류에 아파트, 연립주택 신규 포함
1995년	빈집 조사 시작
2000년	정보통신기기 보유 현황(인터넷, 컴퓨터 등)
2015년	자녀 출산 시기, 경력 단절
2020년	1인 가구 사유, 혼자 산 기간

통계청, 「2024년 생활시간 조사」 발표
수면·일·식사시간은 ↓ 유튜브 시청시간은 ↑

통계청이 7월 28일 발표한 「2024년 생활시간 조사」 결과에 따르면 최근 5년간 한국인의 수면·일·식사시간은 줄어든 반면, 유튜브와 같은 동영상 시청시간은 급증한 것으로 확인됐다. 5년 단위로 공표하는 생활시간 조사는 국민의 삶의 질을 측정하기 위해 하루 24시간의 활용 실태를 파악하는 조사인데, 특히 1999년 조사 시작 이래 수면 시간이 줄어든 것은 이번이 처음이다.

「2024년 생활시간 조사」 주요 내용 지난해 우리 국민이 수면과 식사 등을 위해 쓴 「필수 시간」은 일평균 11시간 32분으로 나타났다. 일·학습 등을 하는 의무시간에는 7시간 20분을, 개인이 자유롭게 쓸 수 있는 여가시간에는 5시간 8분을 사용했다.

- 수면 시간: 8시간 4분으로, 5년 전인 2019년(8시간 12분)보다 8분 감소. 이는 조사 이래 첫 감소
- 일하는 시간: 3시간 7분으로, 5년 전보다 6분 감소
- 학습 시간: 49분으로, 5년 전보다 5분 감소
- 미디어 이용에 쓴 시간: 2시간 43분으로, 5년 전보다 17분 증가
- 전 연령층에서 미디어 이용 시간이 여가시간에서 차지하는 비중이 가장 큼(30대 이상은 여가시간의 50% 이상 차지)
- 건강·위생·외모 관리 등 기타 개인유지 시간은 1시간 34분으로, 5년 전보다 7분 증가

전 국민(10세 이상) 시간 사용 증감 상황은?(2019년 대비 증감)

분야	시간 사용 증감
수면	-8분
일	-6분
학습	-5분
가사노동과 이동	-4분
미디어 이용	+17분
기타 개인유지	+7분
스포츠 및 레포츠	+5분

한국 전형 「4인 가족」 300만 선 첫 붕괴
저출생 심화 등이 원인

8월 6일 행정안전부 주민등록 인구통계에 따르면 6월 말 국내 4인 가구는 299만 9680가구로, 처음으로 300만 가구 아래로 떨어졌다. 이는 2016년 3월 400만 선이 무너진 이후 9년 3개월 만으로, 4인 가구의 전체 가구수(2423만 8510가구) 대비 비중도 약 12%로 떨어졌다.

반면 부모와 자녀 1명 등으로 이뤄진 3인 가구수는 2017년 2월에 4인 가구수를 처음으로 넘어선 데 이어 올 6월에는 406만 가구를 넘었다. 여기에 딩크(DINK·자녀 없는 맞벌이 부부)족을 포함한 2인 가구도 6월 말 기준으로 607만 가구를 기록했으며, 1인 가구수는 지난해 3월 기준으로 이미 1000만 가구를 넘어선 상태다. 이러한 가구 규모 축소는 아이 낳는 가구가 갈수록 감소하는 등 저출생 문제가 심화되고 있기 때문으로 분석된다.

4인 가구 세대수 추이

연도	세대 수
2016년	400만 7747세대
2019년	363만 4837세대
2021년	336만 9721세대
2023년	314만 8835세대
2025년 6월	299만 9680세대

韓 임상의사수, OECD 최하위권
1인당 외래진료는 OECD 최다

보건복지부가 7월 30일 발표한 「경제협력개발기구(OECD) 보건통계 2025」에 따르면 우리나라 임상의사 수(한의사 포함)는 인구 1000명당 2.7명으로 OECD 국가(평균 3.9명) 중 두 번째로 적었다. 또 임상 간호인력 수도 1000명당 9.5명으로 OECD 평균(9.7명)에 미치지 못했다. 반면 국민 1인당 외래진료 횟수는 연간 18.0회로 OECD 국가 중 가장 많았는데, 이는 회원국 평균(6.5회)보다 약 2.8배 높은 수준이다.

이 밖에 우리나라 국민의 기대수명은 83.5년으로 OECD 평균인 81.1년을 웃돌며 상위권에 속했다. 또 질병의 예방과 적절한 치료로 막을 수 있는 사망률을 의미하는 회피가능사망률은 인구 10만 명당 151.0명으로 OECD 평균(228.6명)보다 크게 낮았다. 그러나 자살사망률은 인구 10만 명당 23.2명으로, OECD 평균(10.7명)을 크게 웃돌며 회원국 중 가장 높은 것으로 나타났다.

가구당 현물 복지소득 연간 924만 원
소득의 13% 차지

통계청이 8월 18일 발표한 「사회적 현물이전을 반영한 소득통계 작성 결과」에 따르면, 2023년 사회적 현물이전 소득은 가구 평균 924만 원으로 전년(923만 원)보다 0.1% 증가했다. 사회적 현물이전은 국가나 민간 비영리단체가 제공하는 무상교육, 보육, 의료서비스, 바우처 등을 뜻한다. 따라서 해당 결과는 의료비·교육비 등 가구가 직접 지불해야 할 사회적 서비스와 상품을 정부가 대신 924만 원가량 지원했다는 의미가 된다.

주요 내용 사회적 현물이전 소득의 전체 가구 소득(7185만 원) 대비 비중은 12.9% 수준으로, 전년도(13.6%)에 비해 0.7%포인트(p) 줄었다. 분야별로 보면 의료비가 472만 원으로 전체의 51.1%

를 차지해 통계 작성 이래 처음으로 절반을 넘어섰다. 이어 교육(392만 원, 42.4%), 보육(35만 원, 3.8%), 기타 바우처(25만 원) 순이었다. 소득 분위별로는 상위 20%인 소득 5분위 가구의 사회적 현물이전 소득이 1233만 원으로 가장 많았고, 소득 하위 20%(1분위)는 723만 원으로 나타났다. 다만 하위 20% 가구의 연간 수혜액은 소득의 48%에 달한 반면, 상위 20%의 소득 대비 비중은 7.4%에 그쳤다. 가구주 연령대별로는 40대가 1469만 원으로 가장 많았고, 가구소득 대비 현물이전 비중 역시 40대가 16.2%로 가장 높았다.

한편, 사회적 현물이전을 반영한 균등화 처분가능소득 기준 지니계수는 0.279로, 반영 전(0.323)보다 0.044 낮아졌다. 지니계수는 불평등도를 나타내는 지표 중 하나로, 수치가 낮을수록 분배가 평등하게 이뤄지고 있다는 의미다.

ICJ, 「기후보호 조치 안 하면 국제법 위반」
기후위기에 관한 첫 판단

유엔의 최고 사법기관인 국제사법재판소(ICJ)가 7월 23일 기후변화협약 당사국이 의무를 이행하지 않을 경우 국제법 위반에 해당할 수 있다는 판결을 내렸다. 또한 기후위기로 피해를 입은 국가가 다른 국가에 손해배상을 청구할 수 있다는 권고적 의견도 냈는데, 다만 국가 간 배상은 「불법 행위와 피해 사이에 충분히 직접적이고 명확한 인과관계가 입증되는 경우」로 한정된다고 설명했다. ICJ가 기후위기에 관한 판단을 내놓은 것은 이번이 처음으로, ICJ의 권고적 의견(Advisory Opinion)은 판결과 달리 법적 구속력은 없다. 그러나 각국 정부 정책과 법원 판결, 국제법 해석에 기준으로 작용할 수 있다.

한편, 국제사회는 지난 30여 년 동안 인간이 배출한 온실가스에 따른 지구온난화에 대응하기 위해 ▷유엔기후변화협약(UNFCCC, 1992) ▷교토의정서(1997) ▷파리기후변화협약(2015) 등을 채택해 왔다.

> **국제사법재판소(ICJ·International Court of Justice)** 국가 간의 분쟁을 법적으로 해결하는 유엔의 주요 사법기관으로, 제2차 세계대전 후 상설 국제사법재판소를 계승한 것이다. 1946년 네덜란드 헤이그에서 발족한 ICJ는 주로 국가들 간의 분쟁을 취급하기 위한 기구로, 개인의 형사책임에 관한 사항에 대해서는 관할권이 없다. 따라서 오직 국가만이 법원에 제소되는 사안의 당사자가 될 수 있다. 재판관은 유엔총회 및 안전보장이사회에서 선출된, 모두 국적이 다른 15인의 재판관으로 구성된다. ICJ에서 내려지는 판결은 강제적 관할권이 없으므로 한쪽 당사자의 청구만으로는 재판의 의무가 생기지 않는다. 그러나 판결은 구속력을 가지며, 판결을 이행하지 않는 국가에 대해서는 유엔 안전보장이사회가 적절한 조치를 취하게 된다.

국립공원공단, 멸종위기 붉은여우 30마리
소백산 일대에 방사

환경부 산하 국립공원공단이 멸종위기 야생생물 1급인 붉은여우 30마리를 소백산 일원에 방사한다고 8월 6일 밝혔다. 붉은여우는 1970년대까지 우리나라 전역에서 볼 수 있었는데, 이후 쥐잡이 운동으로 인한 2차 독극물 중독으로 개체 수가 급감했다. 그러다 2004년 강원도 양구에서 여우가 죽은 채 발견되면서 개체군 생존 가능성이 제기됐고, 이에 2012년부터 「토종여우 복원사업」이 시작된 바 있다. 환경부와 공단은 2027년까지 소백산 권역에서 활동하는 여우를 100마리 이상, 3대 이상

번식, 5개 소개체군으로 형성하는 것을 목표로 하고 있다.
한편, 여우는 야생에서의 최대 수명이 9년으로 알려져 있으나 찻길 사고(로드킬), 불법 엽구, 농약, 질병 등의 위협으로 6년 이상 생존하는 경우는 매우 드문 것으로 알려져 있다. 현재 소백산 권역에서 활동하는 여우는 70여 마리로 추정되는데, 전국적으로 분산한 개체까지 포함하면 110여 마리에 달하는 것으로 알려진다.

국제 플라스틱 협약,
부산 이어 제네바 회의서도 합의 결렬

유엔환경계획(UNEP)이 스위스 제네바에서 8월 5일부터 열린 플라스틱 오염 대응 국제협약(플라스틱 협약) 성안을 위한 「제5차 정부간협상위원회 속개 회의(INC-5.2)」가 11일간의 협상 끝에 합의 없이 15일 폐회했다고 밝혔다. 이번 회의는 2022년 3월 유엔환경총회(UNEA)에서 국제사회가 플라스틱 오염을 종식하는 법적 구속력 있는 협약을 지난해까지 마련하기로 합의한 데 따른 마지막 협상의 연장선이었다. 앞서 지난해 11월 마지막으로 예정됐던 부산에서의 회의(INC-5.1)에서 결론을 내리지 못함에 따라 이번 회의가 열렸는데, 또다시 결론 도출에 실패한 것이다.
한편, 플라스틱은 자연 분해까지 최대 500년이 걸려 환경오염의 주범이란 지적을 받고 있는데, 연간 4억 t 이상 생산되지만 재활용 비율은 9%에 불과할 정도로 대부분이 매립·소각되거나 불법적으로 투기된다.

협상 결렬의 쟁점은? 이번 회의에서의 핵심 쟁점은 「플라스틱 생산 감축」에 대한 규제 여부였다. 유럽연합(EU) 등 약 100개국은 화석연료에서 추출한 플라스틱 원료인 「1차 플라스틱 폴리머」를 비롯한 플라스틱 생산 규제를 지지한 반면, 사우디아라비아와 러시아 등 주요 산유국과 미국은 이를 반대했다. 특히 행정부가 바뀐 미국이 플라스틱 생산 규제에 강하게 반대하는 쪽으로 입장을 바꾼 것이 협상 결렬의 결정타가 된 것으로 전해졌다. 또 플라스틱 제조에 사용되는 독성 화학물질 문제를 두고서도 단계적으로 퇴출하고 규제할 방안을 포함해야 한다는 입장과, 자율적으로 규제하자는 입장이 엇갈렸다. 아울러 조약 이행을 위한 재정의 조달 문제를 두고서도 각국의 입장이 갈리면서 결국 합의에 실패했다.

문화시사

2025. 6.~ 8.

김혜순, 시집 《죽음의 자서전》으로
아시아 최초 독일 국제문학상 수상

독일 세계 문화의 집(HKW)은 7월 17일 「2025 국제문학상(Internationaler Literaturpreis)」 수상자로 시집 《죽음의 자서전》을 쓴 김혜순 시인(70)과 시집 번역가 박술(39)·울리아나 볼프(46)를 선정했다고 밝혔다. 아시아 작가가 국제문학상 수상자로 선정된 것은 김혜순이 처음이며, 시 작품이 수상의 영예를 안은 것도 상이 제정된 이후 처음이다.

《죽음의 자서전》은? 김혜순이 2015년 지하철역에서 쓰러진 일과 메르스 사태, 세월호 참사 등 사회적 죽음에서 영감을 얻어 집필한 시집으로, 불교의 49재에 기반을 두고 쓴 마흔아홉 편의 연작 시가 묶여 있다. 2016년 국내에서 출간된 후 올 2월 독일어권에 소개됐으며, 이 시집으로 김혜순은 2025 국제문학상 최종 후보 6인에 올라 심사위원 만장일치로 수상자로 선정됐다. 세계 문화의 집 심사위원단은 김혜순의 시집 《죽음의 자서전(Autobiographie des Todes)》에 대해 「모든 인간의 연약하고 신비롭고 독특한 내면세계뿐 아니라 언어 너머의 초월적인, 역설적으로 이해할 수 없는 영역(사후 세계)에 대한 이해를 가능하게 한다」고 평가했다.

한편, 《죽음의 자서전》 영역본은 2019년 캐나다 그리핀 시 문학상(국제 부문)을 수상했다. 김혜순은 2022년 영국 왕립문학협회(RSL) 국제 작가로 선정됐으며, 《죽음의 자서전》과 함께 김혜순의 「죽음 3부작」으로 불리는 《날개 환상통》(2019) 영역본은 2024년 전미도서비평가협회상을 받은 바 있다.

> **국제문학상(Internationaler Literaturpreis)** 독일 총리실 산하 연방 공공기관인 세계 문화의 집(HKW·Haus der Kulturen der Welt)이 주최하는 상으로, 독일어로 처음 번역된 현대문학 작품의 작가와 번역가를 대상으로 2009년부터 수여해 왔다. 소설 작품을 대상으로 수상하다 2023년 시 부문이 포함됐다. 작가와 번역가가 함께 상을 받고 상금은 작가 2만 유로, 번역가에게 1만 5000유로가 주어진다. 올해로 17회를 맞았으며 역대 수상자로는 이스라엘의 아모스 오즈(2015), 세네갈의 모하메드 음부가르 사르(2023) 등이 있다.

반구천의 암각화, 세계유산 등재
한국의 17번째 세계유산

유네스코 세계유산위원회가 7월 12일 프랑스 파리에서 열린 제47차 회의에서 반구천의 암각화를 세계유산으로 등재했다. 이로써 반구천의 암각화는 우리나라의 17번째 세계유산이 됐다. 이는 반구천의 암각화가 세계유산 잠정 목록에 이름을 올린 후 15년 6개월 만의 성과다. 한편, 이번 회의에서는 북한이 신청한 금강산도 세계유산으로 최종 등재됐다.

반구천의 암각화는? 국보 「울주 대곡리 반구대 암각화」와 「울주 천전리 명문과 암각화」를 포함하는 유산이다. 1971년 발견된 반구대 암각화는 국내 최고(最古)의 선사시대 바위그림으로 높이 4m, 너비 10m 규모에 고래와 물개, 바다거북 등 바다 동물과 호랑이, 멧돼지, 소 같은 육지 동물을 비롯해 작살, 그물 등 각종 도구를 든 사람이 빼곡히 새겨져 있다. 2023년 반구천암각화세계유산추진단이 펴낸 자료집에 따르면 총 312점의 그림이 확인됐다. 신석기 시대 말부터 청동기 시대에 걸쳐 새겨진 것으로 추정되는 이 암각화를 통해 당시의 생활 풍습과 기원의식 등을 알 수 있으며 특히 작살로 고래를 사냥하는 사람, 작살에 찔린 고래 등 고래잡이를 묘사한 일련의 그림이 그려져 있어 학계의 주목을 받고 있다. 반구대 암각화에서 약 2km 떨어진 곳에 위치한 천전리 암각화는 1970년 발견됐는데, 높이 약 2.7m, 너비 9.8m의 바위에 신석기 시대 기하학적 무늬(동심원, 겹마름모)부터 신라시대의 글, 그림까지 620여 점이 새겨져 있다.

세계유산위원회는 반구천의 암각화(Petroglyphs along the Bangucheon Stream)에 대해 ▷사실적 그림과 독특한 구도는 한반도에 살았던 사람들의 예술성을 보여주고 ▷다양한 고래와 고래잡이의 주요 단계를 선사인들의 창의성으로 풀어낸 걸작이며 ▷선사시대부터 약 6000년에 걸쳐 지속된 암각화의 전통을 증명하는 독보적인 증거이면서 ▷한반도 동남부 연안 지역 사람들의 문화 발전을 집약해 보여준다고 평가했다.

▲ 반구대 암각화(출처: 국가유산청)

💡 한편, 반구대 암각화는 1965년 건립된 사연댐의 영향으로 1년에 2~3달 물에 잠겨 훼손 우려가 있었다. 이에 지난해 4월 사연댐에 수문을 설치해 암각화의 침수를 막는 사업 계획이 고시돼 설계 용역이 발주된 상태다. 2030년 수문이 설치되면 반구대 암각화는 1년에 하루 0.8시간 정도만 물에 잠기게 된다.

> **세계유산(World Heritage)** 인류 전체를 위해 보호돼야 할 보편적 가치가 있다고 인정돼 유네스코 세계유산 일람표에 등록된 유산을 말한다. 이는 역사적으로 중요한 가치를 지니고 있는 「문화유산」과 지구의 변천 과정을 잘 나타내고 있는 「자연유산」, 그리고 이 두 가지의 특징을 합한 「복합유산」으로 구분된다.
>
> **한국의 세계유산** 석굴암·불국사(1995), 해인사 장경판전(1995), 종묘(1995), 창덕궁(1997), 수원화성(1997), 경주역사유적지구(2000), 고창·화순·강화 고인돌 유적(2000), 제주화산섬과 용암동굴(2007), 조선왕릉(2009), 한국의 역사마을: 하회와 양동(2010), 남한산성(2014), 백제역사유적지구(2015), 산사·한국의 산지 승원(2018), 한국의 서원(2019), 한국의 갯벌(2021), 가야고분군(2023), 반구천의 암각화(2025)

금강산, 북한 3번째 세계유산 등재 세계유산위원회는 북한이 신청한 금강산에 대해서도 세계유산 최종 등재 결정을 내렸다. 북한은 2021년 금강산(Mt. Kumgang-Diamond Mountain from the Sea)을 문화유산과 자연유산의 성격을 함께 지닌 복합유산으로 등재하기 위해 신청서를 제출했는데 당시에는 코로나19로 심사가 이뤄지지 못하다 4년 만인 올해 심사를 받고, 세계유산으로 등재됐다. 이로써 금강산은 고구려 고분군(2004)과 개성역사유적지구(2013)에 이어 북한의 세 번째 세계유산이 됐다.

신라시대 영천 청제비, 보물에서 국보로 승격

국가유산청은 6월 20일 신라시대에 제방을 세우고 자연재해에 대처하기 위해 노력한 과정을 기록한 비석인 영천 청제비(경북 영천시에 위치)를 국보로 승격한다고 밝혔다. 영천 청제비는 1969년 보물로 지정된 바 있는데, 56년 만에 국보로 지정됐다.

영천 청제비는 무엇? 신라 때 조성된 이래 현재까지 사용되고 있는 청못 옆에 세워진 2기의 비석으로, 영천 청못이라는 저수지의 축조와 중수 과정의 관련 내용을 기록한 것이다. 이는 1968년 신라삼산학술조사단에 의해 발견됐는데, 받침돌[碑座]과 덮개돌[蓋石] 없이 자연석에 내용[碑文]을 새긴 것이 특징이다. 청제건립·수리비와 청제중립비로 구성된 비석은 이 지역의 물을 관리하기 위한 제방의 조영 및 수리와 관련된 내용이 새겨져 있어 자연재해를 극복하는 토목 기술과 국가 관리 체계를 보여주는 문화유산이라는 의미를 갖고 있다. 이 가운데 청제건립비와 청제수리비는 모양이 일정치 않은 하나의 돌 앞·뒷면에 각기 시대가 다른 비문이 각각 새겨져 있다. 청제건립비(앞면)는 536년(법흥왕 23년) 2월 8일 처음 큰 제방을 준공한 사실과 공사 규모, 동원 인원, 공사 책임자, 지방민 관리자에 대한 기록이 담겨 있다. 청제수리비(뒷면)는 798년(원성왕 14년) 4월 13일 제방 수리공사의 완료 사실과 함께 제방의 파손·수리 경과 보고 과정, 수리 규모, 공사 기간, 공사 책임자, 동원 인원 등의 내용을 담고 있다. 또 바로 옆의 청제중립비는 1688년(조선 숙종 14년) 땅에 묻혀 있었던 청제건립·수리비를 다시 일으켜 세운 사실을 담고 있는데, 조선의 일반적인 서체를 따르지 않고 신라의 예스러운 서풍을 반영하고 있는 것이 특징이다.

▲ 영천 청제비(출처: 국가유산청)

국가유산청, 박제가 고본 북학의 등 9건 보물 지정 예고

국가유산청은 조선 후기 국가의 발전과 부흥을 위한 개혁과 개방의 방법론이 담긴 《박제가 고본 북학의》를 비롯해 총 9건을 국가지정문화유산 보물로 지정 예고했다고 7월 1일 밝혔다. 이 유산들은 30일간의 예고 기간 동안 의견을 수렴, 검토하며 문화유산위원회 심의를 거쳐 보물로 지정된다.

북학의는? 조선시대 실학자인 박제가(1750~1805)가 1778년 청에 다녀온 후 국가 제도와 정책 등 사회와 경제 전 분야에 대한 실천법을 제시한 지침서이다. 내외편으로 구분되며 내편은 각종 기물과 장비에 대한 개혁법, 외편은 제도와 정책에 대한 개혁안에 대해 설명하고 있다. 이번 보물로 지정 예고된 수원화성박물관 소장 《박제가 고본 북학의》는 작성 시기가 초기본에 가장 가깝고 박제가의 친필 고본(稿本)이라는 점, 이후 다양한 형태의 필사본의 저본(底本, 옮겨적을 때 근본으로 삼는 책)이 됐다는 점 등에서 가치가 높다고 평가받는다. 특히 이 책에는 박지원(1737~1805)의 친필 서문(序文)도 함께 남아 있어 두 역사적 인물이 직접 쓴 글씨가 함께 남아 있는 희소한 사례로 꼽힌다.

▲ 박제가 고본 북학의(출처: 국가유산청)

이 밖에도 ▷구례 화엄사 벽암대사비 ▷대혜보각선사서 ▷예기집설 ▷벽역신방 ▷합천 해인사 금동관음·지장보살이존좌상 및 복장유물 ▷창원 성주사 석조지장보살삼존상 및 시왕상 일괄 ▷강화 전등사 명경대 ▷삼척 흥전리사지 출토 청동정병까지 총 9건이 보물로 지정 예고됐다.

국가유산청, 나전산수무늬삼층장
국가민속문화유산 지정 예고

국가유산청이 서울 중구 배재학당역사박물관 소장의 「나전산수무늬삼층장」을 국가민속문화유산으로 지정 예고했다고 7월 23일 밝혔다. 이 삼층장은 고종(재위 1863~1907)이 미국 선교사에게 하사한 전통 가구로, 30일간의 예고기간 중 수렴된 의견을 검토하고 문화유산위원회의 심의를 거쳐 국가민속문화유산으로 지정될 예정이다.

나전산수무늬삼층장은? 배재학당을 설립한 미국인 선교사 헨리 아펜젤러(Henry Appenzeller, 1858~1902)가 고종황제로부터 하사받았다고 전해지는 유물이다. 1902년 아펜젤러가 선박 사고로 세상을 떠난 후 그 후손들이 대를 이어 보관해 오다 2022년 배재학당역사박물관에 기증했다. 삼층장은 조선 후기인 1800년대 이후 왕실과 상류층 사이에서 유행한 것으로 알려져 있으며, 왕실의 자녀가 분가하거나 출가할 때 준비하는 생활필수품 중 하나였다. 특히 「나전산수무늬삼층장」은 유래가 명확한 데다 고급 재료와 정교한 기술이 결합된 대형 가구로서 19세기말 궁중과 상류층에서 사용했던 삼층장의 양상을 보여주는 중요 유물이라는 점에서 그 가치를 인정받고 있다. 아울러 이 유물은 경상남도 통영(統營) 가구의 전형적인 특징을 갖고 있어 희소성도 높다. 「나전산수무늬삼층장」의 정면 전체와 양쪽 측면은 전통 회화와 공예가 결합된 산수문(山水文)과 산수인물문(山水人物文, 산이나 강 등의 자연경관과 인간의 모습을 함께 묘사한 것)을 위주로 문자(文字), 꽃, 과실, 귀갑문(龜甲文) 등 다양한 나전 무늬로 장식돼 있다. 그리고 정면에 설치된 6개의 문짝 안쪽은 밝고 화려한 색채의 괴석화훼도(怪石花卉圖, 평범하지 않고 기상한 모양의 돌과 화초가 그려진 그림)로 장식한 점도 중요한 특징이다.

▲ 나전산수무늬삼층장
(출처: 국가유산청)

안중근 의사 유묵 「장탄일성 선조일본」
일본에서 영구 귀환

경기도는 일본에 있었던 안중근 의사의 「장탄일성 선조일본(長歎一聲 先弔日本)」 유묵(죽기 전에 남긴 글씨나 그림)이 지난 5월 18일 한국으로 영구 귀환했다고 8월 14일 밝혔다. 이는 「광복80주년기념안중근의사유묵 귀환 프로젝트」의 일환으로, 민간 탐사팀에 의해 이 유묵이 일본에서 발견된 지 약 20년 만의 성과다.

한편, 경기도는 안 의사가 사형 집행 직전인 1910년 2월 뤼순감옥에서 직접 쓰고 손바닥 도장을 찍어 일본인 간수에게 건넨 「독립(獨立)」 유묵의 반환도 추진할 계획이다.

「장탄일성 선조일본」 유묵은 무엇? 「큰 소리로 길게 탄식하고, 일본의 멸망을 미리 조문한다」는 의미로, 안중근 의사가 폭 41.5cm, 길이 135.5cm의 명주 천에 쓰고 일본 관동도독부 고위 관료에게 건넨 것을 그 후손이 보관해 왔다. 현재까지 확인된 안 의사의 유묵은 60여 점으로, 그중 31점이 보물로 지정돼 있는데, 상당수가 동양 평화, 개인 수양, 교훈 등에 관한 내용인 반면 「장탄일성 선조일본」은 강력한 항일 독립 의지를 드러내고 있다는 점에서 그 가치가 높게 평가된다.

국가유산청, 고려 사경·조선 전기 불화
일본에서 환수

국가유산청과 국외소재문화유산재단이 7월 8일 서울 국립고궁박물관에서 고려 사경 「감지금니 대방광불화엄경 주본 권22」와 조선 전기 불화 「시왕도」를 공개했다. 이는 일본인 개인 수집가가 소장한 것을 구입해 국내로 들여온 것이다.

감지금니 대방광불화엄경 주본 권22은? 감색 종이 위에 금가루를 아교풀에 개어 만든 안료인 금니(金泥)로 1334년 필사한 고려 사경(寫經)으로 가로 1088.5cm, 세로 36.2cm에 달한다. 사경은 한 글자를 쓰고 한 번 절하는 일자일배(一字一拜)를 하며 부처님 말씀을 옮겨 쓴 것이다. 이번에 공개된 고려 사경은 표지에 다섯 송이의 연꽃이 금·은가루로 그려져 있으며 넝쿨무늬가 연꽃 송이를 감싸고 있다. 발원문에는 「원통 2년(1334) 정독만달아(鄭禿滿達兒·고려 충렬왕 때 원나라로 가서 관직에 오른 환관)가 부모와 황제 등의 은혜에 감사하며 사경 작업을 완성한다」라고 적혀 있다. 국가유산청에 따르면 이는 코리아나화장박물관이 소장한 「감지금니 대방광불화엄경 권15(보물)」의 발원문과 내용이 일치해 동질 화엄경임을 알 수 있다.

▲ 감지금니 대방광불화엄경 주본 권22(출처: 국가유산청)

시왕도는? 저승에서 망자가 생전에 지은 죄를 심판하는 시왕 열 명을 그린 작품으로, 이번 공개된 시왕도(가로 66cm, 세로 147cm)에는 제작 시기가 적혀 있지는 않지만 시주자들의 이름이 적혀 있어 민간 발원으로 조성된 것으로 추정된다. 현재 남아 있는 조선 전기 시왕도는 총 4건이며 이번 공개된 작품은 10폭을 완전히 갖춘 희귀 사례이다. 한 폭당 한 명의 시왕과 지옥 장면이 그려져 있는데, 기존에 알려져 있던 것과 다르게 제5염라왕도에서는 염라왕의 면류관에 해와 달, 경전 대신 북두칠성이 그려져 있다. 또 제6변성왕도는 화탕지옥의 끓는 물이 극락세계의 연지(蓮池)로 바뀌어 있는데, 이 같은 연화화생이 지옥 장면에 등장한 것은 이 유물에서 처음 발견된 것이다.

조선시대 왕실 사당 건물 「관월당」
일본 반출 101년 만에 귀환

국가유산청과 국외소재문화유산재단이 일본 사찰 고덕원(高德院)과의 약정을 통해 관월당 부재를 정식 양도받았다고 6월 23일 밝혔다. 이로써 조선시대 왕실 사당 건축물로 추정되는 관월당이 일본으로 반출된 지 101년 만에 국내로 돌아왔다. 해외에 있는 한국 건물 전체가 돌아온 것은 처음 있는 일로, 국내로 이송된 부재는 석재·철물 8건 401점, 기와 12건 3457점, 목재 74건 1124점 등 총 4982점에 달한다.

관월당(觀月堂)은? 정면 3칸, 측면 2칸 규모의 조선 후기 왕실 사당 양식을 지닌 목조 건축물로, 맞배지붕 단층 구조를 갖추고 있다. 이 건물은 1924년 조선식산은행이 야마이치증권 초대 사장이었던 스기노 기세이(杉野喜精, 1870~1939)에게 증여한 것으로 추정된다. 이후 일본 도쿄로 옮겨졌고, 1930년대 스기노 기세이가 가마쿠라시의 고덕원이라는 사찰에 기증하면서 고덕원 경내로 이전됐다. 이에 관월당은 해체 전까지 관음보살상을 봉안한 기도처로 활용돼 왔다.

그간 국내에서 실시한 연구·조사 결과에 따르면, 관월당은 18~19세기경의 왕실 관련 사당 건축물로 추정된다. 건축학적으로 대군(大君)급 왕실 사당 규모에 해당하는데, 왕실의 격식 있는 건물에서 볼 수 있는 특징을 가지고 있다. 기와의 경우 용문(龍文), 거미문(蜘蛛文), 귀면문(鬼面文), 박쥐문(蝙蝠文) 등 다양한 형태의 암막새가 사용됐는데, 특히 용문의 경우 궁궐 또는 왕실과 관련된 건축적 요소를 보여준다. 또 각 층위의 단청들 모두 구름 모양의 운보문(雲寶紋)이나 「卍」자와 같은 형상의 만자문(卍字文) 등 다채로운 무늬로 화려하게 장식돼 있어 건물의 높은 위계를 보여주고 있다. 다만 2024년 해체 시 상량문 등 당시 건립 관련 자료가 발견되지 않아 건물의 원래 명칭, 조선에서의 위치, 배향인물 등에 관해서는 지속적인 연구가 필요한 상태다.

▲ 해체 전 일본에 위치해 있던 관월당(출처: 국가유산청)

심훈 《상록수》 친필 원고, 충남 등록문화유산 지정

충청남도는 6월 20일 소설가이자 독립운동가인 심훈(1901~1936)의 대표작 《상록수》의 친필 원고를 도 등록문화유산으로 등록했다고 밝혔다. 등록된 친필 원고는 《상록수》 21화(일적천금) 전체와 78화(반가운 손님) 일부 등 총 9점이다. 이는 〈동아일보〉 신문소설과의 차이가 확인돼 심훈의 창작 초기 원형으로 추정된다. 또한 조선중앙일보사 로고가 찍혀 1차적 자료로서의 역사적 의미를 포함, 원고지 내 수정·삭제 흔적도 나타나 일제강점기 언어·문체를 연구할 수 있는 사료적 가치가 큰 것이 특징이다.

한편, 《상록수》는 1935년 동아일보 창간 15주년 기념 장편소설 특별 공모에 당선돼 연재된 소설로, 1930년대의 식민지 현실을 비판하고 농촌 계몽운동을 다루며 민족의식을 고취시킨 대표적인 작품이다.

안중근 의사 조카 안원생 지사 사망 43년 만에 미국서 묘소 확인

국가보훈부는 8월 3일 안중근 의사의 조카인 안원생 지사의 묘소가 미국 애리조나주 선랜드 메모리얼 파크에서 확인됐다고 밝혔다. 이는 안 지사가 1982년 사망한 지 43년 만이다. 국가보훈부는 지난해 미국 서남부지역 독립유공자 묘소 실태조사 중 1940년대 당시 안 지사의 영문명이 「David Ahn」임을 확인하고 미국 내 묘소 안장자 정보 등에 대한 조사를 진행하다가 「David W. S. Ahn」이라고 새겨진 묘소가 안 지사임을 최종적으로 확인했다.

안원생 지사는 누구? 안중근 의사의 동생인 안정근 지사의 아들인 안원생 지사는 1925년 중국 상하이 프랑스 조계지에서 전단 배포 및 반일 시위를 전개했으며, 1933년 임시정부 선전 및 홍보를 비롯해 1942년 임시정부 외무부 선전위원, 1943년 임시정부 외무부 외사과장 겸 선전부 비서, 1944년 임시정부 선전부 편집위원 등의 활동을 펼쳤다. 제2차 세계대전 당시에는 미국, 영국 측과 접촉해 외교 활동을 이어갔다. 정부는 이러한 공훈을 인정해 1990년 건국훈장 애족장을 추서한 바 있다. 기록에 따르면 안 지사는 1952년 미국으로 이민을 간 후 뉴욕, 워싱턴 D.C. 등지에서 거주하다 1982년 4월 애리조나주 선 시티에서 사망했다.

넷플릭스 애니메이션 〈케이팝 데몬 헌터스〉
빌보드 싱글차트 핫 100 정상

미국 빌보드는 넷플릭스 애니메이션 영화 〈케이팝 데몬 헌터스(KPop Demon Hunters)〉의 오리지널사운드트랙(OST) 〈골든(GOLDEN)〉이 메인 싱글차트 핫 100(8월 16일치) 정상에 올랐다고 8월 11일 예고 기사를 통해 밝혔다. 이로써 〈골든〉은 빌보드 정상을 차지한 케이팝과 관련된 아홉 번째 노래이자 여성 가수가 부른 첫 번째 곡으로 기록됐다. 지금까지 이 차트 정상에 오른 케이팝 가수는 BTS(6곡)와 멤버 지민(1곡), 정국(1곡)뿐이었다.
한편, 〈골든〉은 앞서 8월 1일 영국 「오피셜 싱글차트 톱 100」에서 1위를 기록한 바 있다. 영국 오피셜 차트는 미국 빌보드 차트와 함께 세계 2대 차트로 꼽히며, 애니메이션 OST가 오피셜 차트에서 1위를 기록한 것은 2022년 〈엔칸토〉에 삽입된 〈위 돈트 토크 어바웃 브루노(We Don't Talk About Bruno)〉 이후 3년 만이다.

케이팝 데몬 헌터스는? 넷플릭스를 통해 6월 공개된 애니메이션으로, 소니 픽처스 애니메이션이 제작하고 매기 강과 크리스 애플한스 감독이 공동 연출했다. 이 작품은 세계적으로 인기 있는 K-POP 걸그룹 헌트릭스(HUNTR/X) 멤버들인 루미, 미라, 조이가 무대 밖에서는 인간의 혼을 빼앗으려는 귀마와 그의 조종을 당하는 저승사자들로 구성된 보이그룹 사자 보이즈(Saja Boys)에 맞서 혼문(Honmoon)을 지키는 이야기를 담고 있다. 특히 이 작품에는 한국 배우들과 제작진이 대거 참여했으며, 떡볶이와 김밥 등 한국의 인기 음식을 비롯해 남산 서울타워 등의 국내 명소가 등장했다. 또한 한국 전통 설화 속 도깨비, 저승사자, 무당을 비롯해 민화(작호도) 속에서 튀어나온 듯한 까치와 호랑이를 캐릭터화하는 등 한국의 전통문화까지 담아내 화제가 됐다. 이 작품의 OST도 빌보드 차트에 진입하는 등 많은 사랑을 받았는데, 특히 주인공 헌트릭스가 부르는 메인 테마곡인 〈골든〉과 〈하우 잇츠 던(How It's Done)〉, 〈테이크다운(Takedown)〉을 비롯해 사자보이즈의 〈유얼 아이돌(Your Idol)〉, 〈소다 팝(Soda Pop)〉 등이 높은 인기를 구가하고 있다.

> **빌보드 핫 100(Billboard Hot 100)** 매주 발표되는 미국 빌보드 차트의 싱글 인기 차트로, 빌보드 200과 함께 메인 차트를 구성한다. 빌보드 차트는 크게 최고 인기곡을 선정하는 싱글차트(핫 100)와 음반 판매량에 따른 순위를 매긴 앨범차트(빌보드 200)로 구분된다. 1958년부터 발표되고 있는 빌보드 핫 100은 음원 판매량, 스트리밍 실적, 유튜브 조회수, 라디오 방송 횟수 등을 종합해 순위를 집계한다. 이에 반해 빌보드 200(Billboard 200)은 앨범 판매량과 트랙별 판매량, 스트리밍 실적 등을 기반으로 순위를 매기는 것으로, 핫 100이 빌보드 200보다 좀 더 대중적인 인기를 반영한다.

자파르 파나히 이란 감독, 부산국제영화제 「올해의 아시아영화인상」 수상자 선정

부산국제영화제(※ 시사용어 참조)가 7월 22일 올해의 아시아영화인상 수상자로 이란의 자파르 파나히 감독을 선정했다. 이 상은 매년 아시아 영화 산업과 문화 발전에서 가장 두드러진 활동을 보인 아시아영화인 또는 단체에 수여하는 상이다. 시상은 오는 9월 17일 열리는 제30회 부산국제영화제 개막식에서 이뤄질 예정이다.

자파르 파나히(Jafar Panahi) 감독은 누구? 1960년 7월 11일 이란에서 태어났으며, 조감독으로 일하다 1995년 장편 데뷔작인 〈하얀 풍선〉으로 칸영화제 황금카메라상을 수상했다. 이어 2003년에는 〈붉은 황금〉으로 칸영화제 주목할 만한 시선 부문 심사위원상, 2011년 〈이것은 영화가 아니다〉로 감독 주간 황금마차상(공로상), 2018년 〈3개의 얼굴들〉로 각본상을 수상했다. 그는 이란의 각종 사회·정치 문제를 파고든 작품을 선보였고, 이로 인해 반체제 선전, 반정부 시위 등을 이유로 여러 차례 당국에 체포됐다. 2010년에는 20년간 영화 제작 금지 및 출국금지 처분을 받았으나 당국의 눈을 피해 영화를 제작해 해외 영화제에 출품해 왔다. 그러다 2022년 6년형을 선고받고 재수감됐다가 2023년 단식투쟁 끝에 보석으로 풀려났다. 파나히 감독은 〈서클〉(2000)로 베니스영화제 황금사자상, 〈택시〉(2025)로 베를린영화제 황금곰상을 수상한 데 이어 보석으로 풀려난 후 처음 만든 〈잇 워즈 저스트 언 액시던트(It Was Just An Accident)〉로 올해 칸영화제 황금종려상까지 수상했다. 이에 앙리 조르주 클루조, 미켈란젤로 안토니오니, 로버트 앨트먼에 이어 세계 3대 영화제 최고상을 모두 석권한 역대 4번째 감독이라는 기록을 작성한 바 있다.

봉준호 감독 영화 〈기생충〉 뉴욕타임스 선정 「21세기 최고의 영화 100편」 1위

미국 뉴욕타임스(NYT)가 6월 27일 공개한 「21세기 최고의 영화 100편」에서 봉준호 감독의 영화 〈기생충〉이 1위에 선정됐다. 이 외에도 한국 감독의 영화로는 박찬욱 감독의 〈올드보이〉가 43위, 봉준호 감독의 〈살인의 추억〉이 99위에 올랐다. NYT는 2000년 1월 1일 이후 개봉한 영화를 대상으로 명성 있는 감독, 배우, 제작자, 애호가 등 500명에게 설문조사를 해 집계한 결과를 통해 해당 목록을 발표했다. 봉준호 감독의 〈기생충〉에 대해서는 「가진 자와 못 가진 자에 대한 이야기이자 신자유주의의 참혹함에 대한 맹렬한 비판을 담았다」고 평가했다.

> **기생충(Parasite)** 2019년 5월 개봉된 봉준호 감독의 작품으로, 반지하와 고급 저택이라는 극과 극의 삶을 사는 두 가족을 중심으로 현대사회의 빈부격차와 양극화로 인한 계급·계층 간 단절을 다룬 영화다. 이 영화는 2019년 한국 영화 100년 역사상 최초로 칸영화제 황금종려상을 비롯해 해외 유수의 영화제는 물론 북미 지역의 각종 조합상과 비평가협회상을 휩쓸면서 주목을 받았고, 2020년 1월과 2월에는 각각 미국 골든글로브(외국어영화상)와 영국 아카데미시상식(외국어영화상, 각본상)에서 수상하는 성과를 이뤘다. 특히 2020년 2월 열린 미국 아카데미시상식에서는 각본상(한국 및 아시아 영화 최초)과 국제장편영화상(한국 영화 최초), 감독상, 작품상을 수상하면서 전 세계적으로 큰 화제가 됐다.

Sports 스포츠시사

2025. 6.~ 8.

스코티 셰플러, 디 오픈 우승
시즌 2번째 메이저 대회 정상

스코티 셰플러(29·미국)가 7월 21일 영국 북아일랜드 포트러시의 로열 포트러시 골프클럽(파71)에서 열린 올 시즌 마지막 메이저 대회인 「디 오픈 챔피언십」 최종 라운드에서 최종 합계 17언더파 267타로 우승했다. 이로써 셰플러는 5월 PGA 챔피언십에 이어 시즌 두 번째 메이저 대회 정상에 올랐으며, 개인 통산 메이저 대회 네 번째 우승컵을 들어 올렸다. 마스터스(2회), 디 오픈, PGA 챔피언십에서 우승한 셰플러는 향후 US오픈에서 우승하면 진 사라젠(미국), 벤 호건(미국), 게리 플레이어(남아공), 잭 니클라우스(미국), 타이거 우즈(미국), 로리 매킬로이(북아일랜드)에 이어 역대 7번째 커리어 그랜드슬램을 달성하게 된다.

디 오픈 챔피언십(The Open Championship) 1860년 창설된 세계에서 가장 역사가 오래된 골프대회로, 마스터스·US오픈·PGA 챔피언십과 함께 PGA 투어 「4대 메이저 대회」로 꼽힌다. 전 세계 골프규칙을 관장하는 영국왕립골프협회(R&A)가 주관하며, 이들이 정한 자격을 갖춘 선수들이 자동 출전권을 얻게 되고 나머지는 지역별 예선을 거쳐야 한다. 특히 디 오픈은 바다를 끼고 있는 8개 코스를 순회해 바닥이 고르지 않기로 악명이 높다. 우승자에게는 우승컵이 아닌 은제 주전자 「클라레 저그」를 수여한다.

그레이스 킴, 에비앙 챔피언십 정상
생애 첫 메이저 대회 우승

그레이스 킴(25·호주)이 7월 13일 프랑스 에비앙 레뱅의 에비앙 골프장(파71·6218야드)에서 열린 미국여자프로골프(LPGA) 투어 시즌 네 번째 메이저 대회인 「아문디 에비앙 챔피언십」에서 지노 티띠꾼(22·태국)을 꺾고 생애 첫 메이저 대회 우승을 거뒀다. 그레이스 킴은 14언더파 270타로 맞서 벌인 1차 연장전에서 칩인 버디를 기록하고 2차 연장전에서 이글 퍼트를 성공시키면서 우승을 확정했다. 2000년생인 그레이스 킴은 LPGA 투어 데뷔 첫 해인 2023년 4월 롯데 챔피언십에서 처음 우승한 후 2년 3개월 만에 메이저 대회에서 두 번째 우승을 거뒀다.

아문디 에비앙 챔피언십(Amundi Evian Championship) 미국여자프로골프(LPGA) 투어 5대 메이저 대회 중 하나로, LPGA 투어와 유럽여자프로골프(LET·Ladies European Tour)가 공동 주관한다. 1994년 유럽여자투어 대회로 시작된 이 대회는 2000년부터 LPGA 투어 공식 대회가 됐다가 2013년 메이저 대회로 승격하면서 대회 명칭도 에비앙 챔피언십으로 변경됐다. 이후 2021년 대회부터는 아문디가 공동 타이틀 스폰서로 참여함에 따라 대회 명칭이 「아문디 에비앙 챔피언십」으로 변경됐다. 한편, 우리나라에서는 ▷2010년 신지애 ▷2012년 박인비 ▷2014년 김효주 ▷2016년 전인지 ▷2019년 고진영 등이 우승을 차지한 바 있다.

야마시타 미유, AIG 여자오픈 우승
LPGA 첫 우승 달성

야마시타 미유(24·일본)가 8월 4일 영국 웨일스 남부 로열 포스콜 골프클럽(파72)에서 열린 미국여자프로골프(LPGA) 투어 시즌 마지막 대회인 「AIG 여자오픈」에서 최종 합계 11언더파 277타를 기록, 공동 2위 그룹 찰리 헐(29·잉글랜드)과 가츠 미나미(27·일본)를 2타 차로 제치고 우승했다. 키 150cm로 LPGA 투어 최단신인 야마시타는 일본여자프로골프(JLPGA) 투어에서 통산 13승을 기록했으며 2022년, 2023년 상금왕과 대상을 수상한 바 있다. 지난해 LPGA 투어 퀄리파잉(Q) 스쿨을 수석으로 통과했고 이번 우승으로 메이저 대회 첫 승을 거뒀다.

> **AIG 여자오픈(AIG Women's Open)** 미국여자프로골프(LPGA) 투어 5대 메이저 대회 중 하나로, 1976년에 유러피언레이디스투어(LET)로 처음 시작했으며, 1994년부터 미국 LPGA와 공동 개최 대회로 성장한 뒤 2001년부터 메이저 대회로 격상됐다. 이후 2019년부터는 AIG의 후원을 받아 AIG 브리티시 여자오픈으로 불렸고, 2020년 7월부터 명칭에서 내셔널 타이틀을 뜻하는 브리티시를 빼고 AIG 여자오픈으로 변경됐다. 한편, 우리나라에서는 ▷박세리(2001) ▷장정(2005) ▷신지애(2008, 2012) ▷박인비(2015) ▷김인경(2017) 등이 이 대회에서 우승한 바 있다.

이민지, KPMG 위민스 PGA 챔피언십 우승
메이저 대회 3승 달성

이민지(29·호주)가 6월 23일 미국 텍사스주 필즈 랜치 이스트 앳 PGA 프리스코(파72·6444야드)에서 열린 미국여자프로골프(LPGA) 투어 시즌 세 번째 메이저 대회인 「KPMG 위민스 PGA 챔피언십」에서 최종 합계 4언더파 284타를 기록, 우승을 차지했다. 2015년 투어에 데뷔한 이민지는 2023년 10월 BMW 레이디스 챔피언십 이후 1년 8개월 만에 우승하며 투어 통산 11승을 기록했다. 또한 이민지는 이번 우승으로 2021년 에비앙 챔피언십, 2022년 US 여자오픈에 이어 세 번째 메이저 대회 우승을 기록했다.

> **KPMG 위민스 PGA 챔피언십(KPMG Women's PGA Championship)** US 여자오픈·세브론 챔피언십·AIG 여자오픈·에비앙 챔피언십과 함께 「LPGA 투어 5대 메이저 대회」 중 하나로 꼽히며, 1946년 창설된 US 여자오픈 다음으로 역사가 길다. 이 대회는 1955년에 처음 열렸으며, 2014년까지 LPGA 챔피언십이라는 대회명으로 열리다가 2015년부터 미국프로골프협회가 주관하면서 명칭이 「PGA 챔피언십」으로 바뀌었다. 한편, 우리나라의 박세리(1998, 2002, 2006)와 박인비(2013~2015)가 이 대회에서 3승씩 거두고 그 뒤를 이어 박성현(2018), 김세영(2020), 전인지(2022)가 우승한 바 있다.

신네르·시비옹테크,
윔블던 남녀 단식 각각 우승

영국 런던의 올잉글랜드 클럽에서 7월 13일 열린 「윔블던 테니스대회」 남자단식 결승전에서 얀니크 신네르가 우승하면서 올해 메이저 대회 두 번째 우승을 달성했다. 그리고 이보다 앞선 7월 12일 열린 여자단식 결승에서는 이가 시비옹테크가 우승하면서 생애 첫 윔블던 우승을 기록했다.

신네르, 이탈리아 선수로 첫 우승 얀니크 신네르(24·이탈리아)가 7월 13일 윔블던 테니스대회 남자단식 결승전에서 카를로스 알카라스(22·스페인)에 3-1 역전승을 거뒀다. 이탈리아 선수가 윔블던 단식에서 우승한 것은 신네르가 처음이다. 이번 우승으로 신네르는 올해 호주오픈에 이어 윔블던까지 메이저 대회에서만 두 번 우승했다. 또 신네르는 그동안 하드 코트에서 열린 메이저 대회에서만 우승해 오다 이번 대회에서 처음 잔디 코트에서 정상에 올랐다.

> **윔블던 테니스대회(The Championships, Wimbledon)** 1877년 첫 대회가 시작돼 「테니스 4대 메이저 대회(윔블던·프랑스오픈·호주오픈·US오픈)」 중 가장 오랜 역사를 지닌 영국의 테니스 대회. 처음에는 영국 선수권 대회로 시작했으나, 1968년 오픈 시대 이후에는 모든 프로 선수가 참가할 수 있는 국제적인 대회로 발전했다. 4대 메이저 대회 중 유일하게 잔디 코트에서 펼쳐지며, 모든 경기는 토너먼트 방식으로 진행돼 한 경기에서 패배하면 바로 탈락하게 된다. 한편, 한국의 최고 성적은 2007년 대회에서 이형택이 기록한 32강(3회전) 진출이다.

💡 한편, 이번 대회 1, 2위를 기록한 신네르와 알카라스는 로저 페더러(44·스위스)와 라파엘 나달(39·스페인)을 이을 새 라이벌로 불리고 있다. 지난해 신네르는 호주오픈과 US오픈에서, 알카라스는 프랑스오픈과 윔블던에서 우승했다. 올해는 신네르가 호주오픈과 윔블던에서 우승했고 알카라스는 프랑스오픈에서 승리를 거둔 바 있다.

시비옹테크, 더블 베이글 달성 이가 시비옹테크(24·폴란드)가 7월 12일 「윔블던 테니스대회」 여자단식 결승전에서 어맨다 아니시모바(24·미국)에 2-0으로 승리하면서 여섯 번째 메이저 단식 우승을 달성했다. 특히 시비옹테크는 두 세트 모두 6-0으로 승리하면서 「더블 베이글」을 기록했는데, 테니스에서는 숫자 0이 베이글 모양이라고 해서 6-0 스코어를 「베이글」이라고 부른다. 프로 선수의 메이저 대회 출전이 허용된 1968년 이후 윔블던 여자단식 결승에서 더블 베이글이 나온 것은 이번이 처음이다.

조코비치, 윔블던 통산 100승 달성 노바크 조코비치(38·세르비아)가 7월 6일 열린 윔블던 테니스대회 남자단식 3회전(32강전)에서 미오미르 케츠마노비치(49위·세르비아)를 3-0으로 꺾으며 우승했다. 이로써 조코비치는 2005년 윔블던에서 첫 승리를 따낸 이후 20년 만에 100승을 기록했다. 148년 역사의 윔블던에서 100승 이상을 기록한 선수는 105승의 로저 페더러에 이어 조코비치가 두 번째다.

💡 한편, 윔블던 여자단식 최다승을 거둔 선수는 120승의 마르티나 나브라틸로바(은퇴·미국)이며, 메이저 단일 대회 남자단식 최다승을 기록한 선수는 프랑스오픈에서 112승을 거둔 라파엘 나달(은퇴·스페인)이다.

손흥민, LA FC 공식 입단
등번호 7, MLS 역대 최고 이적료

미국프로축구(MLS·Major League Soccer) 로스앤젤레스 FC(LA FC)가 8월 7일 손흥민(33)의 입단을 공식 발표했다. 이로써 잉글랜드 프리미어리그(EPL) 토트넘 홋스퍼에서 10년간 활약했던 손흥민은 토트넘에서의 등번호 7번을 유지한 채 LA FC에 합류해 프로 데뷔 후 처음으로 유럽 이외의 팀에서 뛰게 됐다.

손흥민, 지정선수로 등록 LA FC는 손흥민을 2027년까지 샐러리캡을 적용받지 않는 지정선수(Designated Player)로 등록했으며 2028년까지의 연장 옵션과 추가로 2029년 6월까지의 연장 옵션이 포함돼 있는 최장 4년 계약을 맺었다. 손흥민의 이적료는 MLS 역대 최고 규모인 최대 2650만 달러(약 367억 원)로 알려졌다.

손흥민에게 적용된 지정선수 제도는 MLS 구단이 스타 선수를 영입할 때 예외적으로 높은 연봉을 지급할 수 있도록 한 규정이다. 2007년 영국 축구선수 데이비드 베컴이 LA 갤럭시에 입단한 것을 계기로 도입돼 「베컴 룰」이라고도 한다. MLS 구단은 전체 선수의 연봉 상한선이 595만 달러로 정해져 있는데(샐러리캡) 팀당 최대 3명까지를 지정선수로 등록해 연봉 제한 없이 계약할 수 있도록 했다.

> **샐러리캡(Salary Cap)** 프로구단이 선수들에게 지불할 수 있는 연봉 총액의 상한선을 말한다. 스타플레이어의 연봉이 지나치게 높아져 구단이 감당하기 힘들게 되거나, 부유한 구단이 돈을 앞세워 최고 수준의 선수를 독점하게 될 경우 팀 간의 실력 차가 커지는 것을 방지하기 위해 미국프로농구협회(NBA)가 처음 도입했다.

손흥민이 뛰는 MLS는? 1996년 출범한 미국 최상위 프로축구 리그로, 미국 27개 클럽과 캐나다 3개 클럽 등 총 30개 클럽으로 구성돼 있다. 매년 2월 개막해 10월까지 이어지는 정규리그는 동부 콘퍼런스 15개 클럽, 서부 콘퍼런스 15개 클럽으로 나눠 각 팀이 같은 콘퍼런스 팀과 홈 앤드 어웨이로 한 경기를 치르고, 다른 콘퍼런스 팀과 여섯 경기를 추가 진행해 팀별로 한 시즌에 34경기를 소화한다. 양 콘퍼런스에서 가장 승점이 높은 팀이 정규리그 우승에 해당하는 MLS 서포터스 실드를 얻게 된다. 정규리그가 끝나면 콘퍼런스별 상위 8개 클럽이 토너먼트(플레이오프)를 통해 챔피언을 가리고, 각 콘퍼런스의 챔피언이 KLS컵 최종 우승을 두고 경쟁한다.

LA FC는 어떤 팀? 미국 캘리포니아주 LA를 연고로 2014년 10월 창단했다. LA FC는 2018년부터 MLS에 참가해 정규리그 챔피언에 해당하는 서포터스 실드 2회(2019, 2022)와 최종 시즌 챔피언을 정하는 MLS컵에서 1회(2022) 정상에 올랐다. 이 밖에도 2024년 US오픈컵(FA컵에 해당)에서도 우승했다. 최대 라이벌은 1995년 창단해 30년 역사를 지닌 LA 갤럭시가 꼽힌다. LA 갤럭시는 데이비드 베컴과 홍명보 축구대표팀 감독이 뛰었던 팀이기도 하다.

후발 주자인 MLS는 2000년대부터 세계적인 선수들을 영입하며 규모를 키우고 있다. 2007년 데이비드 베컴이 스페인 레알마드리드에서 LA 갤럭시로 이적한 것을 시작으로 티에리 앙리(FC 바르셀로나→뉴욕 레드불스), 카카(AC밀란→올랜도 시티), 디디에 드로그바(첼시→몽레알 앵팩트), 웨인 루니(에버턴→DC유나이티드) 등 스타플레이어들이 MLS 무대로 넘어왔다. 최근에는 리오넬 메시(파리 생제르맹→인터 마이애미)에 이어 손흥민까지 MLS로 이적하면서 큰 화제를 모았다.

파리 생제르맹, UEFA 슈퍼컵 우승
구단 사상 최초

프랑스 프로축구 리그1 파리 생제르맹(PSG)이 8월 14일 이탈리아 우디네의 스타디오 프리울리에서 열린 「유럽축구연맹(UEFA) 슈퍼컵」에서 잉글랜드 프로축구 프리미어리그(EPL) 토트넘 홋스퍼를 꺾고 구단 역사상 최초의 슈퍼컵을 들어 올렸다. UEFA 슈퍼컵은 UEFA 챔피언스리그(UCL) 우승팀과 UEFA 유로파리그(UEL) 챔피언이 중립 지역에서 단판으로 승부를 낸다. PSG는 지난 6월 이탈리아 프로축구 세리에A 인터 밀란을 꺾고 구단 사상 최초로 UCL에서 우승했으며, 토트넘은 EPL 맨체스터 유나이티드를 꺾고 유럽 대항전 우승을 거둔 바 있다. 슈퍼컵에서 격돌한 양팀은 정규시간 2-2로 비기면서 승부차기에 돌입, 4-3으로 승부가 갈렸다.

한편, 이강인(24)은 PSG가 0-2로 지고 있던 후반 23분에 교체 출전해 후반 40분 골을 기록했다. 이후 승부차기에서는 네 번째 키커로 나서 골을 성공시키며 PSG의 승리에 크게 기여했다. PSG의 우승으로 이강인은 슈퍼컵 정상에 오른 최초의 한국 선수가 됐다.

첼시, FIFA 클럽월드컵 정상
역대 2번째 우승

잉글랜드 프로축구 프리미어리그(EPL) 첼시가 7월 14일 미국 뉴저지주 이스트 러더퍼드의 메트라이프 스타디움에서 열린 「2025 국제축구연맹(FIFA) 클럽월드컵」 결승전에서 프랑스 프로축구 리그1 파리 생제르맹(PSG)을 3-0으로 완파하고 우승을 차지했다. 이로써 첼시는 클럽월드컵 참가팀이 32개로 확대된 첫 회에 우승 트로피를 들어 올렸으며, 전 대회 통틀어서는 2021년 대회에 이어 두 번째 우승을 거뒀다. 대회 최우수선수(MVP)로는 두 골을 넣은 콜 파머(23)가 선정됐다.

FIFA 클럽월드컵(FIFA Club World Cup) FIFA(국제축구연맹) 주관의 국제축구대회로, 1960년부터 시작된 남미와 유럽의 클럽 챔피언이 단판으로 승부를 가리던 인터콘티넨탈컵(도요타컵)이 전신이다. 이는 본래 「FIFA 클럽세계선수권대회(FIFA Club World Championship)」로 불리다가 2006년부터 「FIFA 클럽월드컵(FIFA Club World Cup)」으로 그 명칭이 변경됐다. 기존에는 6대륙(유럽·남미·북중미·아시아·아프리카·오세아니아)의 프로축구클럽 챔피언스리그 우승팀들이 토너먼트 방식으로 최종 챔피언을 가렸으며, 1년마다 개최됐다. 그러다 개편 과정을 거쳐 올해 미국에서 개최된 대회부터 각 대륙 최고 레벨 클럽대항전에서 우승한 15개 팀, 대륙별 클럽 랭킹 상위 15개 팀, 개최국의 2개 팀 등 32개 팀이 조별리그를 거쳐 토너먼트 방식으로 최종 챔피언을 가리며 개최 주기도 4년으로 변경됐다.

한국 여자축구, 동아시안컵 우승
20년 만에 정상 탈환

신상우 감독이 이끄는 대한민국 여자축구대표팀이 7월 16일 수원월드컵경기장에서 열린 「2025 동아시아축구연맹(EAFF) E-1 챔피언십(동아시안컵)」 최종전에서 대만을 2-0으로 꺾고 우승했다. 여자축구대표팀은 2005년 첫 대회 정상에 오른 후로 20년 만에 통산 두 번째 트로피를 안았다. 한국은 중국과의 1차전에서 2-0, 일본과의 2차전에서 1-1을 기록, 승점 5(1승 2무)를 기록하며 대회를 마쳤는데, 앞선 경기에서 1승 1무를 기록한 중국과 일본이 3차전에서 0-0으로 득점 없이 비기면서 한국 대표팀은 다득점(한국 3골, 중국 2골, 일본 1골)에서 앞서며 우승했다.
한편, 이번 대회 최우수선수(MVP)로는 2골을 기록한 장슬기(31·한국수력원자력)가 선정됐다.

남자축구 준우승 기록 홍명보 감독이 이끄는 대한민국 남자축구대표팀이 7월 15일 경기도 용인 미르스타디움에서 열린 「2025 동아시안컵」 최종 3차전에서 일본에 0-1로 패하면서 준우승에 그쳤다. 이로써 한국 남자축구는 2021년 3월 일본 요코하마 평가전(0-3)과 2022년 7월 나고야 동아시안컵(0-3)에 이어 일본에 패배하면서 사상 처음 한일전 3연패의 늪에 빠졌다. 이번 대회에서 중국(3-0)과 홍콩(2-0)을 모두 이긴 우리나라는 일본에 패하면서 2022년 대회에 이어 준우승을 기록했다. 반면 일본은 3전 전승을 거두며 2022년에 이어 연속 우승하면서 2연패를 이뤄내고 통산 우승 횟수도 3회가 됐다. 우리나라는 2003년 시작된 동아시안컵 남자부에서 최초로 3회 연속(2015·2017·2019) 우승을 기록한 바 있으며 통산 최다 우승(5회) 기록을 갖고 있다.

동아시아축구연맹(EAFF) E-1 챔피언십(동아시안컵) 동아시아축구연맹(EAFF)이 주관하며, 2003년 제1회 대회를 시작(여자부는 2005년)으로 2년마다 개최되고 있다. 한국과 중국, 일본 3개국이 번갈아 가며 EAFF 회장직을 맡고 있어 자동으로 본선에 진출하며, 한·중·일을 제외한 국가들은 예선전을 거친 뒤 1위 국가가 본선에 참가한다.

한국 육상 남자 400m 계주
세계종합대회 첫 우승

서민준(21·서천군청), 나마디 조엘진(19·예천군청), 이재성(23·광주광역시청), 김정윤(20·한국체대)으로 구성된 한국 육상 남자 계주 400m 대표팀이 7월 27일 독일에서 열린 「2025 라인-루르 하계 세계대학경기대회(U대회)」 남자 400m 계주에서 38초 50의 기록으로 금메달을 땄다. 한국이 세계종합대회 계주에서 우승한 것은 이번이 처음이다. 예선 7위(39초 14)로 결승에 오른 대표팀은 0.3초 차이로 남아프리카공화국을 꺾으며 가장 먼저 결승선을 통과했다. 한편, 대표팀은 지난 5월 31일 열린 경북 아시아선수권 결선에서 38초 49 신기록으로 아시아선수권 첫 금메달을 목에 건 바 있다.

장대높이뛰기 최강자 듀플랜티스, 6m29 넘어 금메달
개인 통산 13번째 세계기록 경신

아먼드 듀플랜티스(26·스웨덴)가 8월 12일 헝가리 부다페스트에서 열린 세계육상연맹(WA) 헝가리 그랑프리 남자 장대높이뛰기에서 6m29를 넘으며 세계 신기록으로 금메달을 목에 걸었다. 이는 개인 통산 13번째 세계기록 경신이자 2월(6m27)과 6월(6m28)에 이어 올 시즌에만 세 번째 기록 경신이다.

듀플랜티스는 누구? 미국 장대높이뛰기 선수였던 아버지와 스웨덴 7종경기·배구 선수였던 어머니 사이에서 태어났다. 7세 때 이미 3m86을 넘을 정도로 신동이었으며 대적할 선수가 없다는 평가가 나올 만큼 독보적인 기량을 뽐내고 있어 「인간 새, 스파이더맨, 새로운 별」 등의 별명을 가지고 있다. 현재 장대높이뛰기 실내외 통합 세계기록 1~13위(6m17~6m29)에 모두 이름을 올리고 있으며, 올림픽 2연패(2021년 도쿄, 2024년 파리)와 세계선수권 2연패(2022년 유진, 2023년 부다페스트)를 달성한 바 있다.

임진희·이소미, LPGA 투어 다우 챔피언십 정상
한국 선수 최초로 LPGA 팀 대회 우승

임진희(27), 이소미(26) 조가 6월 30일 미국 미시간주 미들랜드의 미들랜드 컨트리클럽(파70·6287야드)에서 열린 미국여자프로골프(LPGA) 투어 「다우 챔피언십」 대회 4라운드에서 최종 합계 20언더파 260타로 동률의 렉시 톰프슨-메건 캉(이상 미국) 조와 연장전에 돌입한 끝에 첫 홀에서 버디를 잡으며 우승했다. 한국 선수가 이 대회에서 우승한 것은 이번이 처음이다. 2019년부터 시작된 이 대회는 LPGA 투어 유일한

포섬(Foursome) 경기 2명의 선수가 한 조를 이뤄 공 한 개를 번갈아 치는 경기 방식이다. 한 선수의 플레이가 다음 선수에게 직접적인 영향을 미치므로 선수 간 호흡이 잘 맞아야 한다.

포볼(Four-ball) 경기 2명의 선수가 한 조를 이뤄 각각 플레이하는 경기로, 두 선수 중 더 잘 친 선수의 성적이 반영된다.

2인 1조 경기로, 1~3라운드는 포섬 방식, 4라운드는 포볼 방식으로 진행된다. 연장전은 포섬 방식으로 진행됐으며 임진희가 약 2.5m 거리의 공을 홀컵에 넣으면서 승리했다.

안세영, 일본오픈 정상
시즌 6승 달성

안세영(23·삼성생명)이 7월 20일 일본 도쿄에서 열린 세계배드민턴연맹(BWF) 월드투어 「일본오픈」(슈퍼 750) 결승전에서 왕즈이(중국)를 2-0(21-12, 21-10)으로 완파하며 우승했다. 이로써 안세영은 올 시즌에만 말레이시아오픈, 인도오픈, 오를레앙 마스터스, 전영오픈, 인도네시아오픈에서 우승한 데 이어 시즌 6번째 정상에 올랐다. 일본오픈 우승은 2023년 이후 2년 만이다. 특히 안세영은 이번 대회에서 상대 선수에게 단 한 세트도 내주지 않고 승리하면서 배드민턴 여제의 자리를 지켰다.
한편, 안세영은 세계배드민턴연맹(BWF) 역사상 최초로 슈퍼 1000슬램(한 해에 슈퍼 1000 시리즈 4개 대회 석권)에 도전했으나 무릎 부상으로 7월 26일 중국 창저우에서 열린 중국오픈 4강전에서 기권패하면서 기록 달성은 무산됐다.

LA 다저스 원클럽맨 커쇼,
3000탈삼진 달성

미국 메이저리그(MLB) LA 다저스의 좌완 투수 클레이튼 커쇼(37·미국)가 7월 2일 미국 캘리포니아주 다저스타디움에서 열린 시카고 화이트삭스와의 경기에서 6회 수비 때 개인 통산 3000번째 탈삼진을 잡으며 대기록을 세웠다. 이는 커쇼가 스무 살이던 2008년 5월 세인트루이스 카디널스 스킵 슈마허를 상대로 첫 삼진을 잡은 뒤 18시즌 441경기 만에 이룬 기록이며, 2021년 맥스 셔저(토론토 블루제이스) 이후 4년 만이자 빅리그 역사상 통산 20번째 3000탈삼진이다.
한편, 1988년 3월 19일 미국 텍사스주에서 태어난 커쇼는 2008년 LA 다저스에서 데뷔해 원클럽맨으로서 올스타 10회, 내셔널리그(NL) 사이영상 3회, 최우수선수(MVP) 1회, 다승왕 3회, 평균자책점 1위 5회, 최다 탈삼진왕 3회 등을 수상하며 최고의 투수로 활약 중이다.

> **사이영상(Cy Young award)** 메이저리그 전설의 투수 덴톤 트루 영(Denton True Young, 1867~1955)의 별명을 본떠 1956년 신설된 상으로, 그해 최우수 투수에게 수여하고 있다. 1956~1966년까지는 아메리칸리그와 내셔널리그를 통틀어 1명의 수상자를 선정했으나, 1967년부터는 양 리그에서 따로 선정해 수여하고 있다. 수상자는 해마다 플레이오프 직전에 전미야구기자협회(BBWAA) 소속 기자 32명의 투표로 선정된다.

오클라호마시티, 창단 17년 만에 NBA 첫 우승
MVP는 길저스알렉산더

오클라호마시티 선더(OKC)가 6월 23일 열린 「2024~2025시즌 미국프로농구(NBA) 챔피언 결정전」(7전 4승제) 7차전에서 인디애나 페이서스에 103-91로 승리, 시즌 전적 4승 3패를 기록하면서 창단 17년 만에 첫 우승을 차지했다. 오클라호마시티는 지난 2008년 시애틀 슈퍼소닉스 선수단을 이어받아 연고지를 옮긴 후 재창단된 바 있다. 전신인 시애틀 슈퍼소닉스 시절을 포함하면 1978~1979시즌 이후 46년 만에 래리 오브라이언 트로피를 들어 올렸다.

한편, 챔피언 결정전 최우수선수(MVP)는 이날 경기에서 29득점 12어시스트 5리바운드로 맹활약한 샤이 길저스알렉산더가 차지했다. 길저스알렉산더는 앞서 올 정규시즌 득점왕(32.7점)과 MVP도 수상했는데, 시즌 득점왕과 정규시즌·챔프전 MVP를 석권한 선수는 마이클 조던(4회), 카림 압둘-자바, 샤킬오닐(이상 1회) 등 3명뿐이었다.

> **미국프로농구(NBA·National Basketball Association)** 1949년 설립된 NBA는 현재 30개의 프로팀을 2개의 콘퍼런스가 각각 3개씩, 총 6개의 디비전으로 나눠 매년 정규 시즌에서 홈 앤드 어웨이 방식으로 팀당 82게임을 치르고 있다. 지역별로는 각각 15팀으로 구성된 동부 콘퍼런스와 서부 콘퍼런스로 나뉜다. 정규 시즌이 끝나면 시즌챔피언을 가리는 플레이오프전이 시작되는데, 콘퍼런스별로 상위 8개 팀이 플레이오프에 진출해 토너먼트 방식으로 각 콘퍼런스 챔피언을 가리고 이 두 팀이 챔피언 결정전을 갖는다. 그리고 우승팀에게는 「래리 오브라이언 트로피(Larry O'Brien Championship Trophy)」가 수여된다.

USOPC, 트랜스젠더 선수
미국 내 여성 대회 출전 불가

미국 올림픽·패럴림픽 위원회(USOPC)가 남성에서 여성으로 성전환한 트랜스젠더 선수는 향후 미국 내 여성 대회에 출전할 수 없다고 7월 23일 밝혔다. USOPC는 개별 종목 기구에 정책 변경을 통보했으며, 이에 따라 미국펜싱연맹은 8월 1일부터 생물학적 여성이 아닌 선수의 여성 경기 출전을 금지한다고 밝혔다. USOPC의 이 같은 방침은 도널드 트럼프 미국 대통령이 2월 행정명령 「여성 스포츠에서 남성을 배제함(Keeping Men Out of Women's Sports)」에 서명한 데 따른 것으로, 이 행정명령은 성전환 선수가 여성 경기에 출전하면 해당 종목 단체에 자금 지원 등을 중단하겠다는 내용을 골자로 한다. 또한 트럼프 대통령은 8월 6일 2028 LA올림픽 태스크포스(FT) 발족 행정명령에 서명하면서 「LA올림픽에서 남성이 여성의 트로피를 훔치는 것을 허용하지 않을 것」이라며 여자부 출전 선수에 대한 강력한 유전자 검사 도입 가능성을 시사했다.

💡 한편, 영국 대법원이 4월 생물학적 여성만 여성이라고 판결하면서 잉글랜드 축구협회는 6월부터 성전환 선수의 여자축구 경기 참가를 불허한 바 있다.

LA올림픽, 탁구 혼성단체전 신설
탁구 총 6개 금메달 두고 경쟁

국제탁구연맹(ITTF)은 7월 17일 2028 로스앤젤레스(LA)올림픽에서 탁구가 남녀단식, 남녀복식, 혼합복식, 혼성단체전 등 6개 종목으로 열릴 예정이라고 밝혔다. 2024 파리올림픽에서는 남녀단식, 남녀단체전, 혼합복식 5개 종목에서 실력을 겨뤘는데 여기서 남녀단체전은 폐지되고 남녀복식이 부활, 혼성단체전이 신설되면서 총 6개 종목이 치러진다. 특히 남녀복식은 2004년 아테네올림픽 이후 폐지된 지 24년 만에 다시 열릴 예정이다. 이로써 탁구는 라켓 종목 중 가장 많은 금메달이 걸린 종목이 됐다.

💡 한편, LA는 1932년, 1984년 2차례 올림픽을 개최한 바 있는데 탁구는 1988년 서울올림픽 때 정식 종목으로 도입되면서 LA에서는 처음 탁구 경기가 치러지게 된다.

과학시사

2025. 6.~ 8.

네이버·SKT·NC·LG·업스테이지, 「K-AI」 정예팀 최종 선정

과학기술정보통신부(과기정통부)가 8월 4일 「독자 AI 파운데이션 모델 개발사업」에 참여할 사업자 명단을 발표했다. 최종 선정된 컨소시엄은 ▷네이버클라우드 ▷SK텔레콤 ▷NC AI ▷LG AI 연구원 ▷업스테이지 등 5곳으로, 이들 기업은 「K-AI 모델」·「K-AI 기업」 등의 명칭을 부여받게 됐다. 우선 네이버클라우드는 여러 종류의 데이터를 처리할 수 있는 「옴니 파운데이션 모델」 구축을, SK텔레콤은 AI 모델을 활용한 기업 대 고객(B2C) 서비스 및 기업 대 기업(B2B) 서비스 발굴을 목표로 세웠다. 또한 NC AI는 산업 특화 파운데이션 모델을, LG AI 연구원은 고성능 AI 파운데이션 모델을, 업스테이지는 글로벌 프런티어 수준의 AI 모델 「Solar WBL」을 개발하기로 했다. 과기정통부는 올해 말 1차 평가를 거쳐 지원 대상을 4곳으로 줄인다는 방침이다.

> **파운데이션 모델(Foundation Model)** 광범위한 데이터와 대규모 파라미터(매개변수)를 토대로 자연어 처리부터 멀티모달 작업까지 다양한 작업을 수행할 수 있는 초대형 인공지능(AI) 모델이다. 하나의 작업에 특화된 일반 AI와는 다른 다목적 범용 모델로, 학습하지 않은 패턴이나 작업에 대해서도 어느 정도 이해하고 복잡한 추론을 수행할 수 있다. 이는 학습을 위해 일반 AI보다 훨씬 많은 양의 데이터나 전산 자원을 필요로 하기 때문에, 파운데이션 모델의 보유 여부는 곧 해당 국가의 AI 기술력을 보여주는 지표로도 여겨진다.

「독자 AI 파운데이션 모델」은 무엇? 설계부터 학습·운영에 이르는 전 과정을 국내 기술로 구현한 인공지능(AI) 파운데이션 모델을 말한다. 과학기술정보통신부는 AI 기술의 자립성 향상을 목표로 2027년까지 5곳의 국내 컨소시엄을 지원하는 「독자 AI 파운데이션 모델 개발사업」을 진행하고 있다. 사업에 선정된 컨소시엄은 그래픽처리장치(GPU)나 저작물 데이터 등 AI 모델 구축에 필요한 5300억 원 규모의 컴퓨팅 자원을 지원받을 수 있는 것으로 알려졌다. 사업기간 동안 6개월 단위의 경쟁형 단계 평가를 통해 최종 2개 팀을 선정하며, 궁극적으로는 글로벌 최신 AI 모델 대비 95% 이상의 성능을 갖춘 국산 파운데이션 모델을 구축하는 것을 목표로 한다. 완성된 파운데이션 모델은 국내에 오픈소스로 공개돼, 공공기관이나 산업계·학계 등 다양한 분야에서 활용될 방침이다.

독자 AI 파운데이션 모델 개발사업 개요

사업 목표	글로벌 최신 AI 모델 대비 95% 이상의 성능 갖춘 국산 AI 파운데이션 모델 개발
사업 기간	2025년 하반기~2027년 상반기
참여 컨소시엄	네이버클라우드, SK텔레콤, NC AI, LG AI 연구원, 업스테이지 등 5곳
정부 지원 내용	• GPU(4500억 원): 민간기업 GPU를 국가가 빌려 지원 • 데이터(628억 원): AI 학습에 필요한 공공기관 데이터 및 데이터세트 구축 비용 지원 • 인재 채용(250억 원): 해외 우수 연구자 채용에 필요한 인건비와 연구비 등 지원

차세대 AI 패권 경쟁 핵심은 「통합」
LG·오픈AI, 통합형 AI 모델 잇따라 공개

LG AI 연구원이 7월 15일 국내 최초로 대규모언어모델(LLM)과 추론형 인공지능(AI) 모델을 결합한 통합형 AI 모델 「엑사원 4.0」을 공개했다. 이어 8월 7일에는 챗GPT 개발사 오픈AI가 대화형 모델 「GPT-4o」와 추론형 모델 「o3」를 통합한 최신 AI 모델 「GPT-5」를 발표했다. 주요 기업들이 통합형 모델을 연이어 발표한 것에 대해, AI 업계가 단일 모델로 폭넓은 작업을 수행하려는 통합형 모델 중심으로 재편되고 있다는 분석이 나온다.

> **통합형 AI(Integrative AI)** 텍스트·이미지·음성·영상 등 다양한 형태의 데이터를 하나의 모델과 인터페이스에서 처리하도록 설계된 인공지능(AI)을 말한다. 기존에는 사용자가 사용 목적에 따라 대화형 모델과 추론형 모델, 멀티모달 모델 등을 구분해 선택해야 했지만, 통합형 AI는 단일 모델이 작업의 성격을 스스로 파악해 별도의 모델 전환 없이 자동으로 이를 처리할 수 있다. 예를 들어, 사용자가 텍스트 분석을 요청한 뒤 곧바로 관련 이미지 생성을 이어가더라도 동일한 흐름 속에서 작업을 이어갈 수 있다.

LG, 국내 최초 통합형 모델 「엑사원 4.0」 공개 LG AI 연구원이 공개한 「엑사원 4.0」은 지난 3월 발표된 국내 첫 추론형 AI 모델 「엑사원 딥」의 업그레이드 버전이다. 파라미터(매개변수) 규모에 따라 32B(320억 개)와 1.2B(12억 개) 두 가지 모델로 구성되며, 두 모델 모두 오픈웨이트 방식으로 공개됐다. 32B 모델은 의사·감정평가사·손해사정사 등 6가지 국가 공인 전문 자격증 필기시험을 통과할 정도의 전문성을 갖췄으며, 1.2B 모델은 외부 서버에 연결되지 않아도 전자 기기에 바로 탑재 가능한 것으로 알려졌다.

> **오픈웨이트(Open Weight)** 일부 코드와 가중치를 공개해 사용자가 특정 상황이나 목적에 맞게 직접 수정할 수 있는 인공지능(AI) 모델을 말한다. 가중치는 AI가 특정 명령에 어떻게 응답할지 결정하는 일종의 설정값으로, AI 모델의 데이터 처리 방식을 담고 있어 일반 대중에는 공개되지 않는 경우가 많다. 오픈웨이트는 이러한 가중치를 공개해 일부 수정을 가능케 한다는 점에서, ▷AI 모델의 정보를 아무것도 공개하지 않는 폐쇄형 모델과 ▷정보를 완전히 공개하고 상업적 이용에도 제한을 두지 않는 오픈소스 모델의 중간 단계라고 할 수 있다.

오픈AI, 최신 통합형 모델 「GPT-5」 출시 GPT-5는 수학·과학·코딩 등의 주요 벤치마크 테스트에서 이전 모델들보다 높은 점수를 기록했으며, 별도의 프로그래밍 지식 없이도 웹사이트나 앱·게임 등을 생성할 수 있는 기능이 포함됐다. 또한 사용자가 응답의 깊이를 조절해 단순 요약부터 복잡한 분석까지 선택할 수 있고, 정답이 명확하지 않은 질문에는 「모른다」는 응답을 하도록 설계돼 AI의 「환각(Hallucination)」 현상을 줄였다. 오픈AI는 GPT-5부터 제품군을 단순화해 통합형 모델 하나로 다양한 작업에 대응할 수 있도록 한다는 방침이다.

글로벌 주요 통합형 AI 모델 비교

모델명(기업)	공개 시기	공개 방식	특징
클로드 3.7 소네트(앤스로픽)	2025년 2월 24일	폐쇄형	업계 최초 통합형 AI 모델
큐원 3(알리바바)	2025년 4월 29일	오픈웨이트	사고 모드와 비사고 모드 자동 전환
엑사원 4.0(LG)	2025년 7월 15일	오픈웨이트	국내 최초 통합형 AI 모델
GPT-5(오픈AI)	2025년 8월 7일	폐쇄형	「GPT-4」·「o3」 통합

울산에 국내 최대 AI 데이터센터 조성
SK-AWS 협력해 2027년 첫 가동 계획

SK그룹이 6월 20일 아마존웹서비스(AWS)와 함께 「울산 인공지능(AI) 데이터센터」 출범식을 열고 국내 최대 규모의 AI 인프라 구축 계획을 발표했다. 이에 따르면 SK그룹은 AWS로부터 40억 달러(약 5조 4600억 원) 규모의 투자를 유치, 총 7조 원을 투입해 울산 미포국가산업단지에 103MW(메가와트) 규모의 AI 데이터센터를 조성할 예정이다. SK그룹은 오는 9월 착공에 돌입, 2027년 11월까지 41MW, 2029년 2월까지 103MW 규모로 데이터센터 구축을 완료하고, 장기적으로는 1GW(기가와트)까지 규모를 확장할 계획이라고 밝혔다.

「울산 AI 데이터센터」 개요

위치	울산 남구 미포국가산업단지(면적 약 3만 6000m²)
참여 기업	SK그룹(SK텔레콤 및 SK브로드밴드 주도), 아마존웹서비스(AWS)
투자 규모	7조 원(AWS 5조 4600억 원 투자)
GPU 규모	6만 장
가동 계획	• 1차 가동: 2027년 11월(전력 용량 41MW) • 2차 가동: 2029년 2월(전력 용량 103MW) • 추후 1GW 규모로 확장 계획

AI 데이터센터란? 인공지능(AI) 서비스에 필요한 방대한 데이터와 연산기능을 안정적으로 공급하는 인프라를 말한다. 그래픽처리장치(GPU) 등을 활용해 대량의 데이터를 실시간으로 분석·처리할 수 있다. 전력 용량에 따라 ▷10MW 미만의 소형·중형 ▷10MW 이상 40MW 미만의 대형 ▷40MW 이상 80MW 미만의 거대형 ▷80MW 이상의 하이퍼스케일로 분류되는데, 울산 AI 데이터센터는 국내 최초의 하이퍼스케일 데이터센터가 될 전망이다.

누리호 개발기술, 항우연 → 한화에어로 이전
정부 주도 기술의 민간 이전 첫 사례

우주항공청과 한국항공우주연구원(항우연)이 7월 25일 한국형 발사체 「누리호」의 개발 기술을 한화에어로스페이스에 이전하는 계약을 체결했다. 누리호는 2010~2023년까지 13년에 걸쳐 항우연 주도로 300여 개 민간기업이 참여해 개발한 우주발사체다. 기술 이전 목록에는 양측 협의에 따라 누리호 설계, 제작, 발사·운용 등 발사체 개발 전 주기 기술이 포함됐다.

이번 이전은 정부 주도로 개발된 우주발사체 기술이 민간으로 이전되는 첫 사례로, 앞으로 한화에어로스페이스는 오는 11월에 예정된 누리호 4차 발사를 비롯해 총 3차례의 발사를 주관하는 등 2032년까지 누리호를 직접 제작·발사할 수 있는 권한을 갖게 된다.

누리호(KSLV-Ⅱ·Korea Space Launch Vehicle-Ⅱ) 한국항공우주연구원이 주도하고 국내 민간기업 300여 곳이 참여해 개발한 3단형 액체 로켓이다. 지구 저궤도(600~800km)에 실용위성을 쏘아 올릴 수 있는 우주수송능력을 갖추기 위해 2010년부터 개발이 시작됐으며, 일부 부품을 제외하면 국산화율 95%에 달하는 순수 국내기술 기반 발사체다. 누리호는 2021년 개발 완료 후 발사체의 성능 및 신뢰성 향상을 위해 반복 발사가 이뤄지고 있는데, 현재까지 ▷1차(2021년 10월 21일) ▷2차(2022년 6월 21일) ▷3차(2023년 5월 25일) 등 총 3차례의 발사가 진행됐다. 특히 누리호의 2차 발사 성공으로 우리나라는 1톤급 위성을 자국 기술로 우주에 쏘아 올릴 수 있는 세계 7번째 국가가 된 바 있다. 오는 11월 누리호 4차 발사에 이어 2026년 5차 발사, 2027년 6차 발사가 예정돼 있다.

높이/직경/총중량	47.2m(3단 발사체)/3.5m/200톤
탑재중량	1500kg
위성 투입 고도	600~800km(저궤도)
제작·발사 주관	한국항공우주연구원→한화에어로스페이스

누리호 기술의 민간 이전과 의미 정부는 스페이스X와 같은 민간 우주기업을 육성한다는 방침 아래 누리호 기술의 민간 이전을 추진해 왔다. 이에 따라 2022년 한화에어로스페이스가 기술이전의 우선협상대상자로 선정됐으며, 이번 기술이전 계약을 통해 누리호 설계부터 제작·발사·운영까지 발사체 전반에 대한 기술을 전수받게 됐다. 이는 그동안 정부 주도로 축적됐던 우주 발사체 기술을 민간에 이전한 첫 사례로, 국내 우주항공산업이 본격적으로 민간기업이 우주개발을 주도하는 「뉴 스페이스」 시대로 진입했다는 분석이 나온다.

국내 최초 상업용 원전 「고리 1호기」, 영구정지 8년 만에 해체 결정

원자력안전위원회가 6월 26일 전체회의를 열고 부산 기장군 장안읍에 있는 국내 최초 상업용 원자력발전소 「고리 1호기」의 해체를 최종 승인했다. 이는 2017년 고리 1호기의 가동이 영구정지된 지 8년 만으로, 국내에서 원전 해체가 진행되는 것은 이번이 처음이다. 상업용 원전 해체는 원전 건설만큼 고도의 기술과 안정성이 요구되는 작업인데, 이번 경험이 원전 해체시장 진출의 기회가 될 수 있을지 귀추가 주목된다.

고리 1호기 1978년 4월 29일 상업운전을 시작한 국내 최초의 상업용 원전으로, 설계용량 595MWe(메가와트)의 가압 경수로형 원전이다. 당초 2007년까지 운영 예정(설계수명 30년이었으나, 2008년 설계수명이 10년 연장되며 재가동됐다. 그러나 압축 공기 밸브 불량 등의 사고가 잇따르면서 2015년 영구정지가 결정됐고, 2017년 6월 18일 가동을 종료했다. 해체를 담당하는 한국수력원자원은 2021년부터 원전 해체를 위한 승인 절차에 돌입, 지난해부터 방사물질 제염 등 사전 해체 작업을 진행해 왔다.

위치	부산시 기장군 장안읍 고리
원자로	595MWe급 가압 경수로형
상업운전 개시	1978년 4월 29일
수명 연장	당초 2007년까지 운영 계획 →2008년 10년 연장
영구정지	2017년 6월 18일
해체 결정	2025년 6월 26일

💡 8월 6일에는 부산 기장군의 「고리 4호기」가 가동연한 40년을 채우면서 전력 생산을 중단했다. 고리 4호기는 발전용량 950MW 규모의 가압 경수로형 원전으로, 1985년 11월 첫 가동을 시작한 바 있다. 이로써 국내 전체 원전 26기 중 가동이 중단된 원전은 2023년 4월 「고리 2호기」, 지난해 9월 「고리 3호기」에 이어 총 3기로 늘었다. 해당 원전들은 현재 가동연한 이후에도 10년간 추가 운영할 수 있도록 하는 「계속 운전」 허가를 원자력안전위원회에 신청해 심사가 진행 중이다.

향후 절차 및 과제는? 이번 해체 승인에 따라 한국수력원자원은 약 12년 뒤인 2037년 해체 완료를 목표로 본격적인 해체 작업에 착수한다. 우선 2031년까지 사용후핵연료 반출을 완료한 뒤 2035년 주요 설비를 철거하고, 2037년 부지를 복원한다는 계획이다. 총 해체 비용은 약 1조 713억 원 규모로 추산된다.

다만, 이 과정에서 고준위 핵폐기물 처리방안 마련과 방사능 유출 차단 등 해결해야 할 과제도 적지 않다. 특히 철거 과정에서 발생하는 방사성 금속·콘크리트 등

고리 1호기 해체에 이르기까지

2017년 6월 18일	가동 영구정지
2021년 5월	한국수력원자원, 원자력안전위원회에 해체계획서 제출
2022년 1월	원자력안전위원회, 해체계획서 본심사 착수
2024년 5월 6일	한국수력원자원, 방사성물질 제염 작업 착수
2025년 6월 26일	원자력안전위원회, 해체 최종 승인
~2031년	운영시설 등 비방사선 구역 철거, 사용후핵연료 반출
~2035년	오염 구역 제염 및 철거, 해체한 방사성폐기물 처리
~2037년	원전 해체 종료, 부지 복원 및 활용방안 마련

의 중·저준위폐기물을 수용할 방사성폐기물처리 공간이 부족할 수 있다는 점은 주요 난관으로 꼽힌다. 또한, 현재 원자로 내 습식 저장조에 보관 중인 사용후핵연료를 건식 저장시설로 옮기는 작업도 난도가 높을 것으로 예상된다.

> 지난해 기준 전 세계적으로 영구정지된 원전은 209기에 달하지만, 이 중 해체가 완료된 원전은 21기뿐이다. 여기에 향후 영구정지에 들어갈 원전도 상당수라는 점을 고려하면, 글로벌 원전 해체시장의 규모는 2050년 기준 약 500조 원까지 확대될 것으로 전망된다. 그러나 지금까지 원전 해체 경험이 있는 국가는 미국·독일·일본·스위스 등 4개국뿐이며, 그중에서도 상업용 원전을 해체한 국가는 미국이 유일하다. 이에 국내 원자력계는 고리 1호기 해체를 원전 해체시장 진출 계기로 삼아, 원전 건설부터 운영·해체에 이르는 전 주기 서비스를 제공하겠다는 목표다.

한수원·한전 체코 원전 수주사업, 美 웨스팅하우스와 불공정 계약 논란 확산

8월 19일 업계에 따르면 한국수력원자원(한수원)과 한국전력공사(한전)가 윤석열 정부 때인 지난 1월 체코 신규 원전사업 수주를 위해 미국 웨스팅하우스와 불합리한 계약을 맺었다는 사실이 알려지면서 파장이 커지고 있다. 계약 내용에 따르면 한국이 원전을 수출할 때마다 웨스팅하우스에 1조 원이 넘는 이익을 보장하면서, 소형원전 수출도 웨스팅하우스의 검증을 거치는 계약을 50년이나 유지한다. 이에 정치권은 「굴욕적 노예 계약」이라며 국정조사와 감사 청구 방침을 밝혔고, 대통령실도 산업통상자원부에 계약 체결과정을 조사하라는 지시를 내렸다.

> **체코 신규 원전사업** 체코의 두코바니 원전 단지에 1000MW급 한국형 원전 2기를 건설하는 프로젝트다. 총사업비는 4000억 크로나(약 25조 원)로, 이는 체코 정부가 추진하는 국가 인프라 사업 중 역대 최대 규모다. 한수원은 지난해 7월 웨스팅하우스를 제치고 사업 우선협상대상자로 선정됐으며, 지난 6월 체코전력공사(CEZ)와 최종 계약을 체결한 바 있다. 이는 2009년 아랍에미리트(UAE) 바라카 원전 이후 16년 만의 원전 수출이자, 한국 원전의 첫 유럽 진출 사례라는 점에서 기대를 모았다.

웨스팅하우스와의 계약, 어떤 내용? 체코 정부는 지난해 7월 한수원을 두코바니 2기 건설 사업의 우선협상대상자로 선정했다. 하지만 웨스팅하우스가 입찰 과정에서 문제가 있었다는 취지로 체코 정부 측에 진정을 내자, 체코 정부는 한수원과의 계약을 보류했다. 그러다 지난 1월 한수원이 웨스팅하우스와 비공개 협상에 나서 극적인 합의를 이뤄냈으나, 당시 합의 조건은 공개되지 않았다. 그러나 이번에 당시 협상 내용이 일부 언론 보도로 공개되면서 논란이 확산된 것이다.

해당 합의문에는 한수원과 한전이 원전을 수출할 때 원전 1기당 6억 5000만 달러(약 9000억 원)어치의 물품·용역 구매계약을 웨스팅하우스와 맺고, 1억 7500만 달러(약 2400억 원)의 기술 사용료를 납부한다는 내용이 명시됐다. 특히 한수원·한전은 이를 보증하기 위해 1기당 4억 달러(약 5600억 원) 규모의 신용장을 발급하기로 한 것으로 알려졌다. 또 향후 50년간 한국 기업이 차세대 원전을 수출할 때마다 웨스팅하우스의 기술 자립 검증을 통과해야 한다는 조건도 담겼다. 이 밖에 한수원이 북미·EU(유럽연합)·영국과 우크라이나·일본에서 신규 원전 수주 활동을 할 수 없다는 내용도 포함된 것으로 알려졌다.

> **APR1400(Advanced Power Reactor 1400)** 한수원 등이 2002년 개발한 차세대 한국형 원전 모델이다. 이는 기존 한국형 원전인 「OPR1000」과 비교하면 발전용량이 1000MW에서 1400MW로 향상됐고, 설계수명은 40년에서 60년으로 늘었으며, 다중 안전장치로 안정성을 높였다. 다만 해당 기술의 소유권에 대해서는 논란이 있는데, 우리나라는 APR1400이 핵심 기술을 국산화해 개발된 것이므로 독자 수출이 가능하다는 입장인 반면, 웨스팅하우스는 APR1400이 자사 특허 기술인 「시스템80+」에 기반하므로 해당 기술로 원전을 지으려면 자사의 허가를 받아야 한다는 입장이다.

정부, 구글 지도 반출 결정 60일 추가 연장
한미정상회담 후 결론 전망

국토교통부 국토지리정보원이 8월 8일 열린 측량성과 국외반출 협의체회의에서 구글이 신청한 고정밀(5000 대 1 축척) 국가기본도에 대한 국외 반출 결정을 한번 더 유보하고 처리기한을 60일 추가 연장하기로 했다고 밝혔다. 협의체는 앞서 5월 14일에도 국가 안보 및 국내 산업 여파에 대한 추가 논의가 필요하다고 판단하고, 처리기한을 한 차례(60일) 연장한 바 있다. 국토부는 이번 연장 결정에 대해 구글이 안보 우려 해소 방안을 검토하기 위해 기한 연장을 요청한 데 따른 것이라고 설명했다.

구글의 지도 반출 요구는 무엇? 구글은 지난 2월 18일 국토지리정보원에 5000 대 1 축척의 국내 고정밀 지도를 해외에 있는 구글 데이터센터로 반출할 수 있게 해달라는 신청서를 제출했다. 5000 대 1 축척의 지도는 5000cm(50m) 거리를 지도상 1cm로 표현한 매우 정밀한 지도로, 구글은 지난 2007년과 2016년에도 우리나라 지도 데이터의 국외 반출을 요구한 바 있다. 당시 우리 정부는 국내에 데이터센터(서버)를 설치하고 군사시설 등 보안시설을 가림(Blur) 처리해 지도에 표시하는 등의 조건을 제시했으나, 구글이 이를 수용하지 않으면서 불허됐다.
정부는 구글이 지도에서 ▷보안시설을 가림 처리하고 ▷좌표를 삭제하며 ▷보안시설 노출 시 바로 시정 조치를 할 수 있도록 국내에 서버를 두라는 3가지 요구를 수용한다면 지도 반출을 허용하겠다는 입장이다. 이에 구글은 이번 협의체회의에 앞서 한국 정부의 보안 우려를 해소하기 위해 위성사진에서 중요 보안시설을 가림 처리하겠다고 밝혔으나, 국내 데이터센터 설치 요구에 대해서는 여전히 논의 중인 것으로 전해졌다. 구글이 국내에 서버를 설치하면 세금 부담과 함께 정부의 관리·감독을 받아야 하기 때문에, 최종 결정까지는 시간이 더 필요할 것으로 보인다.

是是非非

배당소득 분리과세 도입 논란, 그 향방은?

기획재정부가 7월 31일 심의·의결한 「2025년 세제개편안」을 통해 내년부터 고(高)배당 상장회사 투자자들의 배당소득에 낮은 세율을 적용하는 「배당소득 분리과세」를 도입하기로 했다. 배당소득 분리과세는 주식 배당으로 번 돈을 종합소득세 과세 대상에서 제외·분리하는 것이 핵심으로, 기업 배당을 늘리는 것을 비롯해 증시로 자금 유입을 촉진한다는 취지로 도입이 논의돼 왔다. 현행 소득세법은 연 2000만 원까지의 금융소득(배당+이자)에는 세율 15.4%를 적용하고, 2000만 원을 초과하면 종합과세 대상에 포함해 최고 45%(지방세 포함 시 49.5%)의 누진세율을 적용하고 있다.

해당 방안에서 확정된 배당소득 분리과세는 배당 성향이 높거나 배당을 높이기 위해 노력한 기업에만 적용된다. 구체적으로 전년 대비 현금배당이 감소하지 않은 상장법인으로서 ① 배당 성향이 40% 이상인 기업이거나 ② 직전 3년 대비 5% 이상 배당이 증가하고 배당 성향이 25% 이상인 기업으로 규정했다. 세율은 3단계 누진세율을 적용하는데, ▷현금배당소득이 2000만 원 이하일 경우 14%를 별도의 신고 절차 없이 원천징수하고 ▷3억 원 이하는 20%의 과세 ▷3억 원 초과는 35% 세율로 분리 과세한다. 이번 분리과세 적용기간은 2028년 12월 31일이 속하는 사업연도 귀속 배당분까지로, 3년간 한시적으로 시행된다. 당초 이소영 더불어민주당 의원이 발의한 소득세법 개정안에는 배당 성향이 35% 이상인 상장사에 대해 배당소득 분리과세 최고세율을 25%(지방세 포함 27.5%)로 적용하는 내용이 명시됐으나, 찬반 의견이 팽팽히 전개되면서 해당 방안이 나온 것으로 알려졌다.

한편, 이와 같은 배당소득 분리과세에 대해 주식 재벌들만 혜택을 받는 부자감세라는 비판이 있는 반면, 주식시장 활성화를 위한 조치라는 반박도 거세다. 다만 이번에 의결된 방안에 대해서도 여러 논란이 일고 있어, 향후 국회 논의 과정에서 세율 조정 등의 변경 가능성도 제기되고 있다.

Tip

코리아 디스카운트(Korea Discount)
한국 기업의 주가가 비슷한 수준의 동종 업계 외국 기업의 주가에 비해 절대적으로 낮게 형성되는 현상을 설명하는 데 사용되는 용어이다. 이에 대해서는 남북이 대치하고 있는 우리나라 특유의 지정학적 리스크를 비롯해 기업 실적의 변동성, 한국 기업의 지배구조 및 회계의 불투명성 등을 원인으로 꼽는 시각이 많다.

고배당기업 배당소득 분리과세 세제지원 주요 내용

요건	• 전년 대비 현금배당액이 감소하지 않을 것 • 배당 성향 40% 이상 또는 배당 성향 25% 이상 + 직전 3년 대비 5% 이상 배당 증가
대상	현금배당액(중간, 분기, 결산배당)
세율	2000만 원 이하 14%, 2000만 원~3억 원 20%, 3억 원 초과 35%
적용기한	2026~2028년 사업연도까지 귀속되는 배당소득분

배당소득 분리과세, 찬성한다

배당소득 분리과세를 찬성하는 측은 기업들의 배당 성향을 높여 유동성을 주식시장으로 유인할 수 있다는 점에서 주식 및 자본시장 활성화를 위해 필요한 조치라는 입장이다. 즉, 배당소득에 대해 종합과세가 아닌 일정 세율로 분리과세하면 고소득자의 세 부담이 줄어들어 주식 투자 유인이 커지게 되며, 이에 해외 주식이나 부동산으로 빠져나가는 자금이 줄어든다는 주장이다. 또 배당소득 분리과세를 통한 세제 혜택은 기업이 더 높은 배당을 실시하도록 하는 요인으로 작용할 수 있으며, 이는 배당 중심의 주주 친화 정책 확산에도 기여한다는 입장이다. 아울러 배당소득 분리과세는 현재 기업들이 법인세를 이미 납부한 뒤 남은 이익을 배당으로 지급하고 이를 개인소득세로 다시 종합과세하는 이중과세 부담을 줄여, 기업과 주주 모두에게 유리한 제도라는 주장도 있다. 이 밖에 배당소득을 종합소득과 합산하지 않고 별도 세율을 적용할 경우 과세 절차가 단순해지고 납세 편의성이 향상된다는 측면에서 이를 찬성하는 목소리도 있다.

배당소득 분리과세, 반대한다

배당소득 분리과세를 반대하는 측은 해당 방안이 사실상 고소득층에게 세제 혜택을 제공하는 「부자감세」라는 비판을 제기한다. 즉, 종합과세 시 누진세율이 적용되는데, 분리과세로 낮은 세율을 적용하면 고소득자일수록 유리하기 때문에 조세 정의에 문제가 있다는 주장이다. 또 배당소득은 자산가일수록 많이 발생한다는 점에서 분리과세를 허용하면 소득 재분배 기능이 약화돼 빈부격차가 심화될 수 있다는 지적도 제기한다. 그리고 고배당 기업에 대한 혜택은 미래 성장을 위한 투자보다 단기 배당에 집중할 요인이 될 수 있어, 장기적으로 기업 혁신이나 고용 창출에 부정적 영향을 줄 수 있다는 목소리도 있다. 아울러 이러한 세제 혜택이 실제 개인투자자의 투자 증가로 이어질지는 불확실하며, 만약 단기 투자자나 대주주 중심으로 혜택이 몰릴 경우 시장의 불안정성을 초래할 것이라는 우려도 있다. 이 밖에 자본시장 활성화를 위해서는 세제 지원보다는, 시장구조 개선이나 기업 배당정책 유도 등 다른 수단들이 더 적합하다는 의견도 있다.

나는 이렇게 생각한다

2025 하반기 달라지는 것들

7월부터 수영장과 헬스장 시설 이용료에 대해 신용카드 소득공제가 적용됐으며, 9월부터 예금자 보호한도가 5000만 원에서 1억 원으로 상향된다. 또 7월부터 양육비를 받지 못하는 한부모 가정에 국가가 양육비를 먼저 지급하는 「양육비 선지급제도」가 시행됐다. 이 밖에 민간 입양기관이 담당했던 입양 절차 전반은 7월부터 국가와 지방자치단체가 담당하게 됐다. 정부는 이처럼 올 하반기에 달라지는 35개 정부기관의 제도와 법규 160건을 정리한 《2025년 하반기 이렇게 달라집니다》 책자를 7월 1일 발간했다. 이는 전용 웹페이지(http://whatsnew.moef.go.kr)를 통해 온라인에서도 확인할 수 있다.

세제·금융

체육시설 이용료 소득공제 _ 7월부터 수영장과 헬스장 이용료에 대한 소득공제가 시행됐다. 이에 연소득 7000만 원 이하의 근로소득자는 헬스장과 수영장 이용료의 30%를 최대 300만 원까지 소득공제로 돌려받을 수 있다. 다만 크로스핏, GX, 필라테스 등 단체·개인교습 교육비용은 50%만 소득공제가 적용된다.

퇴직소득으로 과세되는 해약환급금 대상 추가 _ 10년 이상 노란우산공제에 가입한 소기업·소상공인이 경영 악화로 공제계약을 해지할 경우, 해약환급금이 기타소득이 아닌 퇴직소득으로 과세된다. 노란우산공제는 소기업·소상공인이 폐업·사망 등의 생계위험에 대비하도록 마련된 퇴직금 성격의 공제 제도로, 이는 7월 1일 이후 공제계약 해지분부터 적용됐다.

미술품 등 조각투자 수익도 배당소득으로 과세 _ 7월부터 조각투자 상품에서 얻은 수익도 펀드처럼 배당소득으로 과세(15.4%)하게 됐다. 조각투자 상품이란 미술품이나 저작권 등의 권리를 투자계약증권이나 신탁수익증권 형태로 분할, 다수가 투자할 수 있도록 한 신종 투자상품을 말한다.

3단계 스트레스 DSR 시행 _ 7월부터 모든 금융업권의 가계대출에 3단계 스트레스 DSR이 적용됐다. DSR 산정 시 가산되는 스트레스 금리는 0.75%에서 1.5%로 상향돼 대출 한도가 줄어들게 됐다. 혼합형의 경우 고정금리기간 비중에 따라 0~80%, 주기형은 금리변동주기 비중에 따라 0~40% 등으로 차등 적용된다.
스트레스 DSR은 총부채원리금상환비율(DSR) 산정 시 일정 수준의 가산금리(스트레스 금리)를 부과, 차주의 대출한도를 줄이는 데 목적을 둔 제도다.

예금 보호한도, 1억 원으로 상향 _ 9월부터 예금 보호한도가 현행 5000만 원에서 1억 원으로 상향된다. 예금 보호한도가 상향되는 것은 2001년 이후 24년 만이다. 이번 상향은 시중은행뿐 아니라 저축은행, 신협, 농협, 수협 등 제2금융권에도 동일하게 적용된다. 보호 대상도 일반예금뿐만 아니라 퇴직연금, 연금저축, 사고보험금까지 확대된다.

반사회적 대부계약 무효화 _ 7월 22일부터 성착취, 인신매매, 신체상해, 폭행·협박, 초고금리 등으로 체결된 반사회적 대부계약에 대한 원금과 이자가 전부 무효화됐다. 또 반사회적 대부계약에 해당하지 않더라도 불법 사금융업자의 이자계약은 전부 무효로 간주된다.

행정·안전

다중운집 사고에 대한 예방·대응 강화 _ 10월부터 다중운집 재난·사고 예방을 위해 일시·장소와 순간 최대 인원 등을 종합적으로 고려한 실태조사가 실시된다. 지방자치단체는 사고 발생 위험이 있으면 긴급 안전점검과 안전조치 명령을 할 수 있는데, 만약 현장 질서유지와 안전을 보장할 수 없는 경우에는 지자체가 행사 중단과 해산을 권고할 수 있다.

모바일 신분증 발급 가능 민간 앱 확대 _ 7월부터 모바일 신분증(주민등록증, 운전면허증, 국가보훈등록증, 외국인등록증)을 발급받을 수 있는 앱이 기존 2종에서 토스, 네이버, KB국민은행 앱 등 7종으로 확대됐다.

그루밍 범죄 처벌, 오프라인까지 확대 _ 10월부터 아동·청소년에 대한 성착취 목적 대화 등 그루밍(Grooming) 범죄가 온라인뿐 아니라 오프라인에서 발생해도 처벌할 수 있게 된다. 또 성범죄자 취업제한 기관에 외국 교육기관과 청소년단체 등이 추가된다.

피해자 요청 시 가해자 재판기록 열람 가능 _ 9월 19일부터 형사재판 사건의 피해자나 변호인이 재판기록의 열람·복사를 신청하면 재판장은 이를 원칙적으로 허가해야 한다. 만약 예외적으로 허가하지 않을 때는 그 이유를 통지해야 한다.

담배유해성관리법 시행 _ 11월부터 식품의약품안전처는 검사 대상이 되는 담배 유해성분을 고시하고, 담배 제조업자 및 수입 판매업자는 2년마다 품목별 유해성분 검사 결과를 제출해야 한다. 검사 결과를 검토한 뒤에 유해성분 정보는 식약처 홈페이지를 통해 공개된다.

공공부문 성희롱·성폭력 피해자 보호조치 강화 _ 10월부터 국가기관장과 지방자치단체장, 각급 학교장에게 성희롱·성폭력 사건 피해자 보호를 위한 조치 의무가 부여된다. 이에 관련 사건 처리에 참여한 이에게는 피해자 비밀누설 금지 의무가 생긴다.

고용·노동

상습 임금 체불 근절법 시행 _ 10월 23일부터 임금 체불로 명단이 공개된 사업주는 미정산 시 출국이 금지된다. 또 퇴직자에게만 적용되던 체불 임금 지연이자 20%는 재직 근로자에게도 확대 적용된다. 아울러 사업주가 고의로 임금을 체불할 경우 임금의 3배 이내로 손해배상을 청구할 수 있다.

육아휴직 기간 자발적 퇴사도 지원금 지급 _ 7월부터 육아휴직 또는 육아기근로시간 단축을 사용한 근로자가 해당 제도 사용 종료 후 자발적으로 퇴사하는 경우 육아휴직 지원금, 육아기 근로시간 단축 지원금 전액을 지급하게 됐다. 이전에는 육아휴직 종료 후 6개월 이내에 자발적으로 퇴사하면 지원금을 절반만 지급해 왔다.

음식점업 고용허가 외국인 근로자 직무범위 확대 _ 기존 주방보조에 허용된 음식점업 고용허가 외국인 근로자의 직무범위가 홀서빙까지 확대된다. 이는 올해 3회차 신규 고용허가 신청·접수부터 적용되며, 기존 도입 사업장에 대해서도 고용계약서 변경으로 소급 적용할 수 있다.

자활성공지원금 신설 _ 10월부터 근로 의지가 있는 사람이 자활사업 참여 후 취업, 창업 등 장기적 자립을 하도록 돕는 「자활성공지원금」이 도입돼 1년간 최대 150만 원이 지원된다. 이는 민간 취업·창업 6개월 지속 시 50만 원, 추가 6개월 지속 시 100만 원이 추가로 지급된다.

중소기업 매출기준 상향 _ 중소기업의 매출기준이 연말부터 최대 1500억 원에서 1800억 원으로, 소상공인 매출 기준은 최대 120억 원에서 140억 원으로 상향된다. 매출 기준이 확대되면 세제 감면·공공 조달 등의 혜택을 받는 기업이 늘어나게 된다.

국가핵심기술 유출 시 최대 65억 원 벌금 _ 국가핵심기술 유출을 막기 위한 「산업기술보호법」 개정안이 7월 22일부터 시행됐다. 이에 따라 국가핵심기술 해외 유출 시의 벌금이 기존 최대 15억 원에서 65억 원으로 대폭 상향되고, 처벌 대상도 현행 「목적범」에서 「고의범」으로 확대됐다.

신규 상장법인 공시 의무 강화 _ 7월 22일부터 기업공개(IPO)를 추진하는 신규 상장법인은 투자자 보호를 위해 기존 사업 보고서 공시 외에도 직전 분기 또는 반기 보고서도 공시하도록 변경됐다. 사모 전환사채·신주인수권부사채·교환사채 발행 결정 시 다음 날 또는 납입 기일의 1주 전에 주요 사항 보고서를 공시해야 한다.

보건·복지

아동 입양 절차를 국가·지자체가 수행 _ 민간 입양기관이 담당했던 입양 절차 전반을 7월 19일부터 국가와 지방자치단체가 책임지고 수행하게 됐다. 이에 따라 지자체가 입양 필요 아동을 결정하고 입양이 완료될 때까지 후견인으로 보호하게 된다. 또 보건복지부 입양정책위원회가 예비 양부모에 대한 적격성을 심사하고 입양 여부를 결정한다.

통합문화이용권 지원금 연 14만 원으로 인상 _ 기초생활수급자와 차상위계층 등에 지원하는 문화이용권 지원금이 연간 13만 원에서 14만 원으로 오른다. 이는 기초생활수급자와 차상위계층(6세 이상) 264만 명이 대상이다.

청소년 대중문화예술인 인권보호 강화 _ 8월 1일부터 대중문화예술산업발전법 개정안이 시행됐다. 이는 대중문화예술사업자에게 청소년의 인권을 보호하는 책임자를 지정하도록 하고, 문화체육관광부가 대중문화예술사업자 등 관계인에게 청소년 대중문화예술인과 관련된 자료 등을 요구할 수 있는 권한을 규정한 것이다.

새로운 의료기기, 시장 진입절차 개선 _ 9월부터 새로운 의료기기의 신속한 시장 진입을 위해 의료기기 허가·인증 시 임상 문헌·임상경험 등을 종합적으로 고려해 평가하는 임상평가제가 도입된다. 이에 따라 국제 수준인 임상 평가자료로 식약처 허가를 받은 경우에는 신의료기술 평가를 유예받아 즉시 시장 진입이 가능해진다.

제9차 한국표준질병·사인분류 개정 고시 _ 1952년 제정돼 2020년까지 8차례의 개정을 통해 운영 중인 한국표준질병·사인분류가 9차 개정돼 7월 1일 고시됐다. 시행일은 2026년부터로, 이번 개정은 국제질병분류의 최근 업데이트 내용과 국내 보건정책 관련 개정 수요 등이 반영됐다.

교육·보육

양육비 선(先)지급제 도입 _ 7월부터 양육비를 받지 못하고 있는 한부모 가족에게 정부가 우선 양육비 일부를 지급하고, 이후 비(非)양육부모에게 양육비를 회수하는 제도가 도입됐다. 대상은 3개월 이상 양육비를 받지 못한 중위소득 150% 이하의 양육자로, 자녀 1인당 월 20만 원씩 만 18세까지 받을 수 있다.

국가장학금 지원금액 인상 _ 올해 2학기부터 대학생들의 소득 구간에 따라 차등 지원하는 국가장학금 지원액이 최대 연 40만 원 인상된다. 학자금 지원 구간별로 인상액은 10만~40만 원으로 다른데, 다자녀 가구에는 소득 구간에 따라 5만~10만 원씩 더 지원된다. 해당 혜택은 전체 대학생의 약 50%인 100만 명이 받게 될 전망이다.

고교 통합해양교육 교과서 개정·보급 _ 통합해양교과서를 개정해 환경·생태교육 콘텐츠를 확대하고, 진로 보조교재를 도입해 해양수산 인재 양성을 도모한다. 이는 9월 시도교육청 인정심사 후 2026학년도부터 수업에 활용된다.

국방·병무

복무 중 질병치료 위한 대체복무요원 분할복무제 시행 _ 9월부터 대체복무요원이 복무 중 장기간 입원 치료가 필요한 경우 2년 범위 내에서 복무를 중단하고 치료를 마친 후 복무를 재개할 수 있게 된다. 만약 소관 중앙행정기관의 장이 입원 등의 사유로 복무가 어렵다고 인정하는 경우 추가로 그 기간을 연장할 수 있다.

취업 맞춤 특기병 지원 가능 특기 확대 _ 7월부터 직업계 고등학교 졸업자를 위한 취업 맞춤 특기병 지원 가능 특기 범위가 기존 38개 특기에서 83개로 대폭 늘어났다. 이에 올해 7월 접수부터 육군 64개 특기, 해군 8개 계열, 공군 5개 직종, 해병대 6개 계열 등 83개 모든 특기에 지원할 수 있다.

병무청 입영판정검사제도 전면 시행 _ 7월부터 입영 후 군부대 신체검사를 대체하는 입영 전 병무청 입영판정검사가 전면 시행됐다. 이전까지는 육군 제2작전사령부 및 지상작전사령부 예하 사단 입영자에 대해서만 입영판정검사를 실시했으나, 이제는 육군훈련소·해군·공군·해병대 입영자 등 모든 입영부대로 확대됐다.

병적 별도관리대상 질병 등 추적 관리 시행 _ 9월 19일부터 ▷4급 이상 공직자와 자녀 ▷체육선수 ▷대중문화예술인 ▷고소득자와 자녀 등 병적 별도관리대상의 관리 기간을 연장하고, 병역 면제 등의 원인이 된 질병의 지속적 치료 여부 등을 추적·관리하게 된다. 이에 병역처분의 원인이 된 질병 등의 치료 여부를 지속적으로 확인할 필요가 있는 경우 병역 처분 후 3년까지 진료기록을 확인할 수 있다.

육군 전방사단 입영부대 고정제도 폐지 _ 7월부터 현역병 입영부대 고정제도가 폐지됐다. 이에 입영 연기 등 사유로 입영일 재결정 시, 부대 고정사단으로만 입영하지 않고 모든 입영 부대로 입영이 가능해지게 됐다.

모집병 평가항목 중 자격증·가산점 등 개편 _ 각군 모집병 평가항목 중 자격증과 가산점 등 일부 항목이 개편된다. 오는 10월 접수부터 무도단증을 제외한 비공인 민간자격은 폐지되고, 가산점은 배점이 최대 15점에서 10점으로 줄어들며, 평가항목은 23종에서 21종으로 축소된다.

국토·교통

공공택지 전매 제한 완화 _ 소유권 이전 등기를 하기 전까지 전매 행위가 제한됐던 공공 택지(공동주택용지)를 하반기부터 공공 지원 민간임대주택을 임대하는 부동산투자회사(리츠)에 전매할 수 있다.

교통약자용 승차권 발매기 도입 _ 하반기부터 휠체어 이용자나 저시력자 등 교통 약자를 위해, 높이가 낮은 화면과 음성 안내 기능 등을 탑재한 신형 열차표 자동 발매기가 전국에 100여 대 도입됐다.

철도 역사 AI CCTV 확대 _ GTX-A, 수인분당선 등 30개 역사에 자동으로 절도·성범죄·불법 촬영을 감지하고 용의자를 추적하는 인공지능(AI) 폐쇄회로(CC)TV가 연말까지 400대 설치된다.

화물차 과적, 요금소 측정자료로도 과태료 부과 _ 7월 8일부터 경찰의 화물차 적재량 초과 단속이 대폭 강화됐다. 그동안 사진이나 영상 증거가 있어야만 과태료를 부과할 수 있었지만, 이제는 요금소 통과 시 자동으로 측정되는 「적재량 측정자료」만으로도 6만 원의 과태료가 부과된다.

주취·약물복용 상태로 카약·서핑 등 금지 _ 하반기부터 주취·약물복용 상태로 카누·카약이나 서프보드 등 무동력 수상레저기구를 조종하는 것이 금지됐다. 이를 어기거나 음주 측정을 거부할 경우 과태료 100만 원을 부과하되, 12월 20일까지 계도기간을 운영한다.

목포보성선 개통 _ 철도 미구축 구간이었던 전남 보성 신보성역에서 목포시 임성리역을 연결하는 보성~임성리 단선 전철이 9월 30일 개통된다. 열차는 장동~장흥~강진~해남~영암을 거치게 된다. 목포보성선 개통 시 남해안을 따라 철도로 경상도와 전라도 사이를 끊김 없이 직결 운행할 수 있게 된다.

🌱 환경·기상

플라스틱 재생원료 사용의무 대상자 변경 _ 9월 26일부터 플라스틱 재생원료 사용을 활성화하기 위해 재생원료 사용의무 대상자를 연간 1만t 이상 페트병 생산자에서 연간 5000t 이상 페트병 제품 생산자로 강화한다. 또 현재 3%에 해당하는 재생원료 사용의무 목표율을 2026년부터 10%로 하고, 2030년까지는 30%를 목표로 단계적으로 상향한다.

배출권 위탁거래 도입 _ 11월부터 「온실가스 배출권의 할당 및 거래에 관한 법률」 등에 따라 배출권 거래 중개업이 도입된다. 이에 기존의 배출권거래소(한국거래소) 외에도 배출권 거래 중개회사로 등록한 증권사에서도 편리하게 배출권을 거래할 수 있다.

유해화학물질 위험도 등에 따른 안전관리체계 개선 _ 유해화학물질 취급시설 영업허가 및 검사제도가 8월 7일부터 위험도 및 취급량에 따라 차등적으로 적용됐다. 그간 유해화학물질 취급시설의 경우 취급량과 관계없이 영업허가를 일률적으로 받았으나, 소규모로 취급하는 시설의 경우 영업허가 대신 영업신고를 받으면 된다.

대설 안전 안내문자 신규 제공 _ 11월부터 여름철 호우 대상으로 발송되던 재난 문자를 겨울철 대설에도 확대해 제공한다. 이에 따라 대설 발생 시 해당 특보구역(시·군) 단위로 대설 안전 안내문자가 발송된다.

해수면 온도 3개월 전망 서비스 시행 _ 해양 기후 위기 대응을 위해 해수면 온도 3개월 전망이 11월 23일부터 매월 1회 발표된다. 이는 한반도 주변 해역을 동해, 서해, 남해로 구분하여 3분위(평년 대비 낮음·비슷·높음) 정보로 제공하게 된다.

국민이 체감할 수 있는 홍수정보 제공 확대 _ 6월 30일부터 국민들이 홍수 위험상황을 실시간으로 인지하고 벗어날 수 있도록 내비게이션에 「홍수정보 심각단계」를 확대 제공하기 시작했다. 홍수정보 심각단계는 하천 범람 위험수위인 계획홍수위에 도달했을 때를 의미한다.

🌾 농축산·수산·식품

친환경농업직불금 단가 인상 _ 기존 헥타르(ha)당 70만 원이던 논 지급 단가가 95만 원으로 인상됐으며, 유기인증 6년 차 이상 농가에 지급하는 지속직불 지원율도 50%에서 60%로 올랐다. 농가당 지급 상한 면적도 기존 5ha에서 30ha로 확대됐다.

동물병원 진료비 내부 게시 의무화 _ 동물병원 진료비(20종) 병원 내부 또는 인터넷 홈페이지 게시 규정이 8월부터 「병원 내부 및 인터넷 홈페이지」로 변경됐다. 또 7월부터 동물보호센터를 통해 입양 가능한 유기 동물 수가 기존 3마리에서 10마리로 확대됐다.

야생동물 영업허가제도 시행 _ 12월 14일부터 월 평균 10개체 이상의 야생동물을 판매하거나 수입, 생산·위탁관리 영업을 하고자 하는 사람은 지방자치단체장의 허가를 받아야 한다. 또 법정관리종 외의 야생동물 중 환경에 미치는 영향과 안전성 등을 고려해 국내 수입 등이 가능한 야생동물 목록을 신설한다.

국가식품클러스터 내 수직농장 허용 _ 하반기부터 국가식품클러스터 내에 수직농장 입주가 허용되는데, 수직농장은 건축물 안에 여러 층으로 쌓아 올려 식물을 재배하는 시설을 말한다.

온라인 도매시장 수산물 거래품목 확대 _ 7월부터 온라인 도매시장에서 유통 가능한 수산물 품목이 기존 60개에서 129개로 늘어났다. 기존에는 냉동·건어물 위주로 거래됐으나 7월부터는 활·신선수산물도 거래가 가능해지게 됐다.

먹는해양심층수 유통전문판매업 규정 신설 _ 10월 23일부터 먹는해양심층수 유통전문판매업을 하려는 자는 시·도지사에게 신고(변경신고)를 해야 한다. 또 유통전문판매업자의 의무를 위반한 경우에는 행정청의 처분을 받을 수 있다.

어선 건조·개조 등록제 시행 _ 12월 21일부터 안전한 어선 건조를 유도하고 불법 증개축을 예방하기 위해 「어선 건조·개조 등록제」를 시행한다. 이에 어선 건조·개조업을 하려는 자는 일정한 시설·장비 및 인력 등의 등록기준을 갖춰 어선 건조·개조업자로 등록해야 한다.

양서류 질병 3종, 수산생물 법정전염병으로 지정 _ 7월 5일부터 양서류항아리곰팡이병, 도롱뇽항아리곰팡이병, 라나바이러스병 등 양서류 질병 3종을 법정전염병으로 추가 지정한 「수산생물질병 관리법」 시행규칙이 시행됐다. 이에 식용, 관상용, 시험·연구조사용으로 수입하는 살아있는 양서류는 수출국 정부기관에서 발행한 검역증명서를 검역당국에 제출하고, 정밀검사를 받아야 수입이 가능해진다.

푸드테크 산업 육성을 위한 법적 기반 마련 _ 푸드테크 산업의 종합적·체계적인 육성을 위한 법적 기반인 「푸드테크산업 육성에 관한 법률」이 12월 21일 시행된다. 해당 법률은 푸드테크 산업 육성을 위한 추진체계 마련, 지원을 위한 푸드테크 사업자 신고, 전문인력 양성, 창업 및 금융지원, 기술개발의 촉진, 국제협력 및 해외시장 진출 등을 규정하고 있다.

식생활교육주간 시행 _ 국민의 건전한 식생활을 유도하고 식생활 교육을 활성화하기 위해 9월부터 법정 식생활교육주간이 시행된다. 이는 매년 9월 11일이 포함된 1주간을 지정한다.

시사용어

① 정치·외교·법률

가자지구(Gaza Strip)

팔레스타인 남서부, 이집트와 이스라엘 사이의 지중해 해안을 따라 길이 약 50km, 폭 5~8km에 걸쳐 가늘고 길게 뻗은 총면적 약 362km²에 이르는 지역이다. 가자지구는 요르단강 서안지구(웨스트뱅크)와 함께 팔레스타인 자치지구를 구성한다. 가자지구는 오랫동안 대이스라엘 저항세력의 중요한 거점이 돼 왔으며, 팔레스타인인과 유대인 정착민이 서로 격리된 채 살아가고 있다. 특히 2006년 팔레스타인 무장단체 하마스가 총선에서 승리하며 2007년부터 가자지구에 대한 독자 통치를 시작하자, 이스라엘은 자국민 보호를 내세우며 가자지구에 대한 엄격한 봉쇄와 통제를 시작했다. 이스라엘은 가자지구를 에워싸는 분리장벽을 세우고 주민들의 통행을 극도로 제한하고 있으며, 이에 가자지구는 「세계 최대의 지붕 없는 감옥」으로 불리게 됐다.

베냐민 네타냐후 이스라엘 총리가 8월 팔레스타인 가자지구를 완전히 점령하겠다는 계획을 밝힌 가운데, 해당 발언을 두고 국내외의 거센 저항이 나오고 있다. 특히 이스라엘 내부에서는 팔레스타인 무장정파 하마스가 억류하고 있는 이스라엘 인질들의 목숨이 위험에 처할 수 있다는 우려와 함께, 가자지구에 거주 중인 팔레스타인인들에게도 재앙적 결과를 초래할 것이라는 경고를 내놓고 있다. 이스라엘군은 현재 가자지구의 75%에 달하는 지역을 점령한 상태인데, 인질들이 감금된 지역에는 접근을 꺼려왔다.

게리맨더링(Gerrymandering)

특정 정당이나 특정인에 유리하도록 선거구를 정하는 것으로, 예컨대 반대당이 강한 지구를 억지로 분할하거나 자기 당에게 유리한 지역적 기반을 멋대로 결합시켜 당선을 획책하는 것을 말한다. 이는 미국 메사추세츠 주지사였던 엘브리지 게리(E. Gerry)가 1812년의 선거에서 자기 당에게 유리하도록 선거구를 정했는데, 그 부자연스러운 형태가 샐러맨더(Salamander, 불속에 산다는 그리스 신화의 불도마뱀)와 비슷한 데서 유래됐다. 선거구를 정함에 있어 특정 정당이나 후보에 유리하도록 정하면 선거의 공정을 기할 수 없다. 따라서 이러한 행위를 방지하기 위해 선거구는 법률로 정하도록 규정돼 있는데, 이러한 원칙을 「선거구법정주의」라 한다.

미 공화당이 연방 하원 내 당선 의석수를 늘리기 위해 공화당 지지 기반이 강한 텍사스주에서 선거구 조정을 추진하는 가운데, 민주당 측이 강하게 반발하면서 갈등이 고조되고 있다. 이는 텍사스주 의회가 7월 30일 민주당 유권자가 다수인 지역을 쪼개 공화당이 우세한 지역에 흡수시키고, 공화당 지지가 높은 지역을 여러 선거구로 분할하는 방식으로 선거구 조정을 시도한 데서 시작됐다. 이에 반발한 민주당 의원들은 8월 4일 텍사스주 하원이 선거구 조정안을 표결하려고 하자 이를 저지하기 위해 주(州) 정부의 사법 권한이 미치지 않는 다른 주로 떠났고, 이에 공화당 소속인 텍사스 주지사는 이들에 대한 체포 명령을 내리는 등 파장이 커지고 있다.

9·19 군사합의

"이재명 대통령이 8월 15일 광복절 경축사에서 북한과의 관계를 개선하겠다는 의지를 다시 확인한 가운데, 윤석열 정부에서 효력이 정지된 9·19 군사합의 복원도 약속했다. 이 대통령은 이날 경축사에서 「우리 정부는 기존 합의를 존중하고 가능한 사안은 곧바로 이행해 나갈 것」이라며 9·19 군사합의를 선제적·단계적으로 복원하겠다고 밝혔다."

2018년 9월 19일 문재인 당시 대통령과 김정은 북한 국무위원장이 남북정상회담을 통해 채택한 「9월 평양공동선언」의 부속 합의를 말한다. 9·19 군사합의에는 판문점선언(2018년 4월 27일 남북정상회담의 합의)에 담긴 비무장지대(DMZ)의 비무장화, 서해 평화수역 조성, 군사당국자회담 정례화 등을 구체적으로 이행하기 위한 후속 조치가 명시됐다. 그러나 윤석열 정부 때인 2023년 11월 21일 북한이 군사정찰위성(만리경 1호)을 발사하자 우리 정부는 이에 대응해 22일 오후 3시부터 9·19 군사합의 1조 3항의 효력을 정지한다고 발표했다. 그러자 북한은 11월 23일 9·19합의에 따라 지상·해상·공중에서 중지했던 모든 군사적 조치들을 즉시 회복한다며 사실상 해당 합의 파기를 선언했다. 이후 우리 정부가 지난해 6월 4일, 9·19 군사합의 전체의 효력을 정지하는 안건을 의결함에 따라 해당 합의는 체결 5년 8개월 만에 전면 무효화된 바 있다.

국가정보원(國家情報院, 국정원)

"국가정보원이 7월 17일 김대중·노무현 정부 시절 원훈인 「정보는 국력이다」를 새긴 원훈석으로 교체했다. 앞서 윤석열 정부에서 국정원 원훈은 '우리는 음지에서 일하고 양지를 지향한다」였다. 특히 이날 교체된 원훈석은 김대중 전 대통령의 친필 휘호를 바탕으로 당시 제작된 것을 그대로 사용했다."

국가안전보장에 관련되는 정보·보안 및 범죄수사에 관한 사무를 담당하는 대통령 직속의 국가 정보기관이다. 1961년 중앙정보부로 창설돼 이후 국가안전기획부(안기부)로 명칭이 바뀌었고, 1999년 1월 다시 국정원으로 명칭이 변경됐다. 국정원 청사는 1995년 9월 서울 남산에서 서초구 내곡동으로 이전해 현재에 이르고 있다. 국정원 원장은 국회의 인사청문회를 거쳐 대통령이 임명하며, 차장 및 기획조정실장은 국정원장의 제청으로 대통령이 임명한다. 국정원장·차장 및 기획조정실장은 겸직을 할 수 없으며, 정당에 가입하거나 정치활동에 관여할 수 없다. 한편, 국정원의 조직·소재지 및 정원은 국가안전 보장을 위해 필요한 경우에는 그 내용을 공개하지 않을 수 있다. (국정원법 제8조)

국제개발처(USAID · United States Agency for International Development)

"도널드 트럼프 2기 미국 행정부의 해외원조 감축으로 2030년까지 전 세계 취약계층 1400만 명이 사망할 수 있다는 연구가 6월 30일 의학 분야 권위지 《랜싯》에 발표됐다. 트럼프 대통령은 올 1월 재집권 직후부터 미국의 해외원조를 총괄하는 국제개발처(USAID)가 과도한 세금을 쓰고 있다며 대부분의 사업을 중단시켰다."

미국 정부의 대표적인 해외 원조 및 개발 지원 기구로, 1961년 존 F. 케네디 대통령이 외교·개발 정책의 통합을 위해 창설했다. 이후 의회가 「외교 및 개발협력법(Foreign Assistance Act)」을 통해 이를 법제화했으며, 워싱턴DC에 본부를 뒀다. USAID는 글로벌 개발·원조·외교적 목적을 위해 ▷저소득 국가의 자립 기반 조성 ▷에이즈·말라리아 등 보건 및 질병 예방 ▷재난·분쟁 상황 긴급 지원 ▷지속 가능한 개발과 인프라 구축 등의 임무를 담당했다. USAID는 전 세계 60개국 이상에 거점을 두고 활동해 왔는데, 연간 예산은 400억 달러(약 54조 3880억 원)에 달했다. 하지만 올해 1월 재집권을 시작한 트럼프 대통령은 취임 직후 가장 먼저 USAID를 청산 대상으로 지목하고, 모든 해외원조사업의 자금 지출을 90일간 동결하라는 행정명령을 내렸다. 그리고 3월에는 전체 해외원조사업의 83%를 폐지하고 USAID를 7월 1일까지 국무부 산하로 통합한다고 공식 발표하면서, USAID는 국무부 산하 조직으로 축소 및 재편됐다.

국제에너지기구(IEA · International Energy Agency)

"8월 12일 미국 정치 전문매체 《폴리티코》에 따르면, 도널드 트럼프 미 행정부가 국제에너지기구(IEA) 부사무총장을 화석연료 강화 정책에 공감하는 인물로 교체해달라고 요구했다. 현재 IEA 부사무총장인 메리 브루스 워릭은 2021년 IEA 부사무총장에 부임한 후 친환경 에너지를 강화해야 한다는 주장을 해온 인물이다."

산유국 모임인 석유수출국기구(OPEC)의 석유공급 삭감에 대항하기 위해 주요 석유소비국에서 설립한, 경제협력개발기구(OECD) 산하 기구이다. 1970년대 석유 파동을 계기로 1976년에 설립됐으며, 본부는 프랑스 파리에 있다.

IEA에는 OECD 회원국만 가입할 수 있으며, 가입 조건은 「비축유 90일분(IEA 기준) 이상 확보」이다. 기구의 주요 업무는 국제석유시장에 대한 정보 공유를 통해 산유국의 석유공급 삭감에 대비한 대책을 세우는 것이다. 예컨대 대체에너지 공동기술 개발, 에너지정책 공조 및 비상 시 회원국 간의 비축유 융통 등이 이에 해당한다.

다영역임무군
(MDTF·Multi-Domain Task Force) ▼

육해공과 우주, 사이버, 정보 등 다영역에서 작전할 수 있는 군대를 말한다. 이는 미 육군이 중국과 러시아가 각종 첨단기술을 이용해 미국의 군사력 전개를 저지할 가능성에 대비해 2017년부터 배치하고 있다. MDTF는 육해공은 물론 우주·사이버·전자전 등 다영역에서 적의 동향을 탐지해 상황을 파악하고, 동시다발적이고 전방위적인 타격을 가하는 것을 목표로 한다. 이에 정찰위성, 우주센서, 무인기 등을 동원해 수집한 정보를 군사 및 신호정보와 통합해 전구(戰區) 상황을 판단하고, 이를 이용해 전파 방해·간섭, 사이버 공격, 심리전 등의 공격을 행한다. 또한 중장거리 미사일, 초음속 무기, 다연장로켓포 등 장거리 화력도 보유하고 있다.

미국이 인도·태평양 지역에서 중국·러시아 견제에 핵심적 역할을 할 다영역임무군(MDTF) 사령부를 일본에 창설할 것으로 8월 15일 전해졌다.

다윗의 회랑(David's Corridor) ▼

성경상의 다윗 왕국 영토를 이상적으로 회복하려는 이스라엘의 영토 확장 구상으로, 성경 창세기에 나오는 「애굽강에서 유프라테스까지」라는 구절을 근거로 한다. 이는 고대 이스라엘(다윗·솔로몬 왕조)의 영토를 현대 이스라엘이 회복해야 한다는 것으로, 극우 민족주의 세력과 일부 종교적 시온주의자들이 주장하고 있다. 이들은 골란고원에서 시리아 남부를 거쳐 이라크의 유프라테스 강변까지 이어지는 지역을 차지해 다윗의 회랑을 구축해야 한다는 주장을 펼치고 있다. 그런데 이스라엘이 2023년 10월 하마스의 기습 공격으로 시작된 가자전쟁을 계기로 이를 현실화하려는 움직임을 보이고 있어 주변국의 우려를 높이고 있다. 이스라엘은 가자전쟁 발발 이후 팔레스타인 하마스에 대한 지속적인 공격을 이어가는 한편, 이들을 지원하는 레바논 헤즈볼라 지도부를 대거 암살하며 이들 세력도 약화시켰다. 여기에 지난해 시리아의 알아사드 정권이 붕괴한 뒤에는 골란고원 동쪽의 시리아 영내 완충지대를 침공하면서, 다윗의 회랑 구축을 위한 움직임을 본격화한 바 있다.

대북 확성기 방송(對北 擴聲器 放送) ▼

"우리 군이 8월 4일 대북 심리전을 위해 전방 지역에 설치된 고정식 대북 확성기 20여 개를 철거했다. 이동식 확성기 10여 개의 경우 지난 6월 대북 방송을 중단하면서 이미 철수한 바 있다. 군 당국은 지난 6월 11일 이재명 대통령 지시에 따라 대북 확성기 방송을 중단했는데, 이번 철거는 대북 확성기 방송을 중지한 지 54일 만이다."

접경지대 북한군·주민을 대상으로 체제와 한국문화 등을 전파하는 심리전 수단으로, 1963년 박정희 정부 때 처음 시작돼 노무현 정부 때인 2004년 남북 군사합의를 통해 중단됐다. 그러나 이명박 정부와 박근혜 정부 때 북한의 천안함 피격(2010년)과 목함지뢰 도발(2015년), 4차 핵실험(2016년) 등의 도발에 대한 대응 조치로 일시적으로 재개됐다. 그러다 2018년 문재인 당시 대통령과 김정은 북한 국무위원장 간에 체결된 4·27 판문점선언으로 중단되기도 했으나, 윤석열 정부 때인 2024년 북한의 오물풍선 살포가 이어지면서 6년 만에 재개된 바 있다. 그러자 북한도 이에 대한 상응 조치로 대남 확성기를 전방에 설치하고 방송을 내보냈는데, 이에 경기 파주·김포·연천 등 접경지에서는 확성기 소음이 밤낮을 가리지 않고 1년 가까이 계속되며 주민들이 고통을 호소해 왔다.

MAHA(Make America Healthy Again, 미국을 다시 건강하게)

"도널드 트럼프 미국 대통령이 7월 16일 코카콜라가 사탕수수에서 추출한 설탕(Cane Sugar·케인슈가)을 미국 내 제품에 사용하기로 했다고 밝혔다. 트럼프는 이날 자신의 소셜미디어 트루스소셜에 「나는 미국 내 코카콜라에 진짜 사탕수수 설탕을 사용하는 문제에 대해 코카콜라 측과 계속 논의해 왔고 그들은 그렇게 하기로 동의했다」고 밝혔다. 코카콜라는 일부 해외시장에서 케인슈가를 쓰면서도 근래 미국 시장에서는 주로 옥수수 시럽을 사용해왔다."

도널드 트럼프 미국 대통령이 추진하는 건강 캠페인으로, 트럼프의 대표 정치 구호인 「미국을 다시 위대하게(MAGA·Make America Great Again)」를 차용한 것이다. 트럼프는 지난 2월 보건복지부 산하에 MAHA 위원회를 공식 출범시켰으며, 이는 트럼프와 보건복지부 장관인 로버트 F. 케네디 주니어 주도로 추진되고 있다. MAHA 위원회는 아동의 만성 질환을 급속히 증가하는 국가적 문제로 규정하고, 이를 해결하기 위해 예방 중심 정책으로 전환할 것을 목표로 한다. 위원회는 해당 목표에 따라 첨가물 규제, 초가공식품 감시 확대, 천연 재료 전환 등을 위해 다수의 식품 기업들을 압박하고 있다. 그 결과 네슬레, 코나그라 등 미국 대표 식품회사들이 합성 색소 제거 캠페인에 동참했는데, 이 두 회사는 각각 2026년 중반과 2027년 말까지 색소 제거를 완료한다는 계획을 밝힌 바 있다.

베이다이허 회의(北戴河會議)

중국 지도부가 매년 8월 초 베이징에서 동남쪽으로 300km 떨어진 휴양지 베이다이허(北戴河)에서 피서를 겸해 여는 회의로, 1954년 마오쩌둥 주석이 처음 이곳에서 회의를 연 이후 연례행사가 됐다. 다만 베이다이허 회의는 국가 법률에서 정한 공식회의는 아니기 때문에 회의 개최가 사전 공고되지는 않는다. 또 베이다이허에서 합의한 사안은 특별한 결정사항이 있더라도 주요 현안을 논의했다는 발표만 있을 뿐, 그 내용이 곧바로 공개되지 않는다. 이는 그해 가을 당 중앙위원회 전체회의에서 결의형식으로 공개되고 이듬해 봄 전국인민대표회의에서 구체적인 정책으로 모습을 갖춘다. 베이다이허 회의는 매년 열리는 공산당 중앙위원회 전체회의를 앞두고 주요 의제에 대한 사전 조율작업뿐 아니라, 최고위층의 인사문제가 논의되는 등 중국의 권력이동과 정책의 향배를 가늠할 수 있다는 점에서 큰 주목을 받고 있다.

북대서양조약기구(NATO·North Atlantic Treaty Organization)

"32개 회원국 정상이 참석한 가운데 네덜란드 헤이그에서 열린 북대서양조약기구(나토) 정상회의가 2035년까지 국방비 지출을 국내총생산(GDP)의 5%까지 확대하기로 합의하고 6월 25일 폐막했다. 5%는 직접 국방비 3.5%에 간접적 안보비용 1.5%를 더한 규모다. 이는 그간 꾸준히 나토 회원국들을 향해 GDP의 5%까지 국방비를 증액해야 한다고 주장해온 도널드 트럼프 미국 대통령의 요구가 관철된 것이라 할 수 있다."

1949년 미국 워싱턴에서 조인된 북대서양조약을 기초로 미국, 캐나다와 유럽 10개국 등 12개국이 참가해 발족시킨 집단방위기구다. NATO는 창설 당시 냉전 체제하에서 구소련을 중심으로 한 동구권의 위협에 대항하기 위한 집단방위기구(회원국 일방에 대한 공격을 전 회원국에 대한 공격으로 간주)로 설립됐다. 그러다 1991년 바르샤바조약기구가 해체된 뒤 이에 대응하던 NATO 체제를 변화시키는 문제가 핵심 쟁점으로 대두됐다. 이후 NATO는 미국의 주도로 지역 분쟁에 대처하는 유럽 안보기구로서의 신전략을 채택했다. 현재 32개국이 회원국으로 가입돼 있으며, 본부는 벨기에 브뤼셀에 있다.

비자 보증금 시범 프로그램

"미 국무부가 8월 4일 연방 관보를 통해 향후 1년간 「비자 보증금 시범 프로그램」을 시행한다고 밝혔다. 이에 사업(B-1) 또는 관광(B-2) 비자로 미국에 입국하고자 하는 일부 국가의 국민은 최소 5000달러에서 최대 1만 5000달러의 보증금을 내야 한다."

미국 정부가 사업(B-1)이나 관광(B-2) 목적으로 미국을 일시적으로 방문하려고 비자를 신청하는 외국인 가운데, 비자 초과 체류 비율이 높은 국가 출신을 대상으로 최소 5000달러(약 690만 원)에서 최대 1만 5000달러의 보증금을 부과하는 것이다. 이는 8월 20일부터 12개월간 시범적으로 시행될 예정으로, 국무부는 시범사업 시행 최소 15일 전에 비자 보증금 적용 대상국 명단을 발표한다는 방침이다. 보증금을 부과받은 신청자는 이민 보증서를 작성하고 지정 사이트에서 온라인 납부를 마쳐야 하며, 사전에 지정된 공항에서만 입출국을 할 수 있다. 이들은 최대 30일까지만 체류가 가능한데, 만약 비자 만료 전까지 출국하지 않는 방문객들은 지불한 보증금을 모두 몰수당하게 된다. 한편, 국무부는 비자 기간을 초과해 남는 국민이 많은 국가를 판별하기 위해 국토안보부의 2023회계연도 기한 초과 체류(Overstay) 보고서를 활용한다고 설명했다. 이 기준대로 할 경우 국무부가 한국에 비자 보증금을 적용할 가능성은 낮을 것으로 전망된다.

CVID(Complete, Verifiable, Irreversible Dismantlement)

"7월 11일 말레이시아 쿠알라룸푸르에서 열린 아세안지역안보포럼(ARF) 외교장관회의가 폐막한 가운데, 의장국인 말레이시아가 12일 의장성명을 공개했다. 이 의장성명에는 「완전하고 검증 가능하며 되돌릴 수 없는 비핵화(CVID)」 대신 한반도의 「완전한 비핵화(CD·Complete Denuclearisation)」라는 표현이 담겨 있어 주목을 받았다. 앞서 2022~2024년 성명에는 CVID(Complete, Verifiable, and Irreversible Denuclearization)라는 표현이 명시됐었기 때문이다."

완전하고 검증 가능하며 불가역적인(혹은 돌이킬 수 없는) 핵폐기를 의미하는 말의 영문 앞 글자를 딴 것으로, 조지 부시 미국 행정부 1기 때 수립된 북핵 해결의 원칙이다. 이는 북한이 핵개발 프로그램을 복구 불가능한 상태로 만들어야 한다는 것으로, 미국은 2004년 북핵 6자회담에서도 CVID 방식의 핵문제 해결을 북한에 요구한 바 있다. 그러나 북한은 「CVID는 패전국에게나 강요하는 것」이라며 해당 표현을 거부해 왔다. 이후 2018년 6월 12일 싱가포르에서 열린 도널드 트럼프 미국 대통령과 김정은 북한 국무위원장 간의 북미 정상회담 공동성명에는 CD라는 표현이 사용된 바 있다.

아메리카당(America Party)

"도널드 트럼프 미국 대통령의 최측근이었다가 최근 사이가 어긋난 일론 머스크 테슬라 최고경영자가 7월 5일 소셜미디어 X에 「아메리카당(America Party)」의 창당을 공식화했다. 머스크는 민주·공화당을 막론하고 역대 양당 정부 모두 국가 재정을 악화시켰다고 지적했는데, 세계 제일의 부자인 머스크가 사실상 반(反)트럼프 신당 창당에 돌입하면서 미 정계에 미칠 영향에 관심이 몰리고 있다."

일론 머스크 테슬라 최고경영자가 7월 5일 창당을 공식화한 정당(가칭)의 명칭이다. 재정 긴축론자인 머스크는 그간 도널드 트럼프 대통령이 추진한 감세 법안이 통과될 경우 재정 적자 해소 등을 표방하는 제3당을 만들겠다고 밝혀 왔는데, 해당 법안이 결국 의회 통과와 트럼프의 서명까지 이뤄지자 창당 행보에 나선 것이다. 2020년 대선 때 민주당을 지지했던 머스크는 조 바이든 전임 행정부의 DEI(다양성·형평성·포용성) 프로그램 등을 비판하다가 트럼프 지지로 돌아섰고, 특히 지난해 7월 대선후보였던 트럼프가 유세 도중 충격을 받은 직후 트럼프 공개 지지를 선언했다. 그는 대선 기간 트럼프 캠프에 2억 8800만 달러(약 4000억 원)를 지원했고, 지난 1월 트럼프 대통령 취임 이후에는 정부효율부(DOGE) 수장을 맡아 정부 구조조정을 주도했다. 하지만 트럼프가 「하나의 크고 아름다운 법안(OBBBA)」이라고 불리는 감세안을 추진하자 비판적 입장으로 돌아서며 관계가 어긋났고, 이번 창당 선언에까지 이르면서 둘의 관계는 완전히 단절됐다는 평가다. 다만 그간 미국에서 제3정당이 성공한 전례가 없다는 점에서 머스크가 미국 사회의 공고한 양당제를 무너뜨릴 수 있을지에 대해서는 비관적 전망이 제기된다.

테슬라는 한국인이 단일 종목으로 가장 많이 보유한 해외 주식인데, 지난해 11월 미국 대선 이후 테슬라 주가는 머스크와 트럼프 정부와의 관계에 따라 오르내림을 반복해 왔다. 그런데 머스크의 신당 창당 선언으로 트럼프와의 관계가 완전히 단절된 것으로 평가되면서, 테슬라에 투자한 서학 개미(해외 주식에 투자하는 국내 투자자)들의 고민이 깊어지게 됐다는 전망이 나온다.

아브라함 협정(Abraham Accords)

"도널드 트럼프 미국 대통령이 6월 29일 폭스뉴스와의 인터뷰에서 아브라함 협정 확대와 관련해 몇몇 나라가 차례로 협정에 포함되기 시작할 것 같다고 밝혔다. 아브라함 협정은 트럼프 대통령의 주요 외교 성과로 꼽히는 것으로, 글로벌 투자 확대와 각종 경제적 인센티브 제공 등을 바탕으로 중동 분쟁의 불씨를 없애려는 목적을 갖고 있다."

2020년 9월 15일 미국의 중재로 이스라엘이 아랍에미리트(UAE)·바레인과 정식 외교관계를 수립한 협정을 말한다. 협정의 명칭은 유대교, 이슬람교, 기독교가 공통의 조상으로 여기는 「아브라함」의 이름에서 딴 것이다. 이 아브라함 협정 체결로 1948년 건국된 이스라엘은 팔레스타인 분쟁 등을 이유로 대립관계를 형성해 왔던 걸프 지역(사우디아라비아·쿠웨이트·UAE·카타르·오만·바레인 등이 해당)의 아랍국가와 72년 만에 수교한 바 있다. 이로써 이스라엘이 수교에 합의한 이슬람 아랍국가는 기존 이집트(1979년)와 요르단(1994년)을 포함해 4개국으로 늘어나게 됐다. 하지만 하마스가 2023년 10월 이스라엘을 공격한 뒤 가자전쟁이 시작되면서 아브라함 협정은 추진력을 상실했고, 이에 사우디와 이스라엘 간 외교 정상화 논의도 중단됐다.

▲ 2020년 아브라함 협정 체결 당시

악어 앨커트래즈(Alligator Alcatraz)

도널드 트럼프 행정부가 미국 플로리다주 남부 마이애미 근처에 있는 열대 습지인 에버글레이즈에 건설을 시작해 7월 개장한 불법 이민자 구금시설을 말한다. 시설이 들어선 부지는 1960년대 제트공항 예정지였으나 1970년대 환경보호 논란에 부딪히며 건설이 중단된 곳인데, 트럼프 행정부는 이 부지를 단기간 내에 개조해 신속한 건설을 추진했다. 시설 주변은 악어와 비단뱀 등 위험한 야생동물이 서식하는 데다 험준한 지형으로 둘러싸여 있다. 이에 샌프란시스코의 악명 높았던 교도소 앨커트래즈의 이름을 따「악어 앨커트래즈」라는 이름이 붙었다. 이곳은 약 5000명의 인원을 수용할 수 있으며, 400여 명의 보안 인력이 상주하면서 수용자들을 감시하는 것으로 전해졌다. 트럼프 행정부는 악어 앨커트래즈를 불법 이민자 단속의 상징으로 삼겠다는 입장인데, 국토안보부는 불법 이민자들을 겨냥해 사회관계망서비스(SNS)에 이민세관단속국 모자를 쓴 악어 사진을 게시하기도 했다. 하지만 악어 앨커트래즈가 세워진 에버글레이즈의 빅사이프러스 국립보호구역에는 미코수키와 세미놀 원주민 마을을 비롯해 이들의 의식 장소들이 있어 지역 원주민들의 반발이 높다. 또한 습지 생태계 파괴를 우려하는 환경운동가들의 반발도 거세며, 불법 이민자들을 가혹한 환경에 가두는 것에 대한 인권침해 논란도 일고 있다.

위구르족 강제노동금지법

중국 정부의 신장위구르 지역 인권 탄압을 이유로 신장에서 생산된 제품의 수입을 원칙적으로 금지하는 미국의 법으로, 조 바이든 대통령 때인 2021년 12월 발효됐다. 이 법에 따르면 신장에서 제품을 생산하는 기업은 강제노동을 통해 생산한 것이 아니라는 것을 입증해야 하며, 미 관세국경보호청(CBP)이 예외를 인정하지 않는 이상 이 지역에서 들어오는 제품은 모두 수입 금지 대상이 된다. 여기에 중국 정부의 위구르족 탄압에 협력하는 단체가 생산한 제품을 미국에 들여오는 것을 금지하는 내용도 명시돼 있다.

> **신장 위구르 자치구(新疆 維吾爾 自治區)** 중국 영토의 약 10%를 차지하는 광활한 지역으로, 중국의 성(省)들 가운데 면적이 가장 넓다. 몽골·러시아·카자흐스탄·키르기즈스탄·타지키스탄·아프가니스탄·파키스탄·인도 등 8개국과 5600km의 국경을 접하고 있는 중국의 전략 요충지이기도 하다. 이곳은 1949년 중국 인민해방군이 주도인 우루무치에 진주하면서 실질적인 중국령이 되었고, 1955년 10월 1일에는 자치구가 되었다.

2021년 미얀마 군부 쿠데타 ▼

"2021년 2월 쿠데타로 집권한 미얀마 군사정권이 4년 반 만에 총선을 치르기 위해 국가비상사태를 해제했다고 로이터 통신 등이 현지 국영 언론을 인용해 7월 31일 보도했다. 이는 군부가 지난 2021년 2월 쿠데타를 일으키고 비상사태를 선포한 지 4년 만이다. 하지만 실질 권력은 여전히 군부에 집중돼 있어 이번 선거가 군정 연장의 수단에 불과하다는 비판이 높다."

미얀마 군부가 2021년 2월 1일 일으킨 쿠데타로, 이로 인해 당시 아웅산 수치 국가고문 등 정부 고위 인사들이 구금되고 1년간의 비상사태가 선포됐다. 이 쿠데타로 권력은 민 아웅 흘라잉 국방군 총사령관에게 이양됐으며, 이에 앞서 2015년 군부 독재를 종식시키고 민주 정부가 들어섰던 미얀마는 5년 만에 다시 군부 독재 체제로 돌아가게 됐다. 미얀마 군부의 쿠데타는 2020년 11월 치러진 총선이 직접적 계기가 됐는데, 이 선거에서는 수치 고문이 이끄는 민주주의민족동맹(NLD)이 전체 선출 의석 476석 가운데 396석(83.2%)을 차지하는 압승을 거둔 바 있다. 하지만 군부는 지속적으로 부정선거 의혹을 제기한 데 이어 쿠데타를 단행했고, 이에 쿠데타에 항의하며 구금된 수치 국가고문의 석방을 요구하는 대규모 시위가 미얀마 전역에서 시작됐다. 하지만 군부는 무력을 동원해 시위대에 대한 유혈 진압을 단행했고, 이에 군정에 반대하는 범민주 세력을 중심으로 임시정부 및 시민방위군이 구성돼 내전으로 이어졌다. 한편, 쿠데타를 통해 권력을 잡은 군사정권은 이후 국가비상사태 연장 조처를 7차례 단행해 왔는데, 7월 31일 다시 도래한 만료 기한을 앞두고 이를 재연장하지 않고 총선 결정을 내린 것이다.

일본군 위안부 피해자 기림의 날 ▼

일본군 위안부 문제를 국내외에 알리고 일본군 위안부 피해자를 기리기 위해 제정된 국가기념일로, 매년 8월 14일이다. 8월 14일은 일본군 위안부 피해자인 김학순(1924~1997) 할머니가 처음으로 그 피해 사실을 증언한 날이다. 김 할머니는 1991년 8월 14일 기자회견을 통해 위안부 생존자 중 최초로 피해 사실을 공개 증언했다. 김 할머니의 증언 이후 전국의 생존자들이 잇따라 피해 사실을 알렸고, 이는 일본군 위안부 문제가 인권 문제로서 국제사회에 알려지는 계기가 됐다. 이후 일본군 위안부 문제 해결을 위해 노력해온 한국정신대문제대책협의회(정대협) 등 민간단체들은 2012년 12월 타이완에서 열린 「제11차 일본군 위안부 문제 해결을 위한 아시아연대회의」에서 매년 8월 14일을 「세계 위안부 기림일」로 정해, 이를 기리기로 결정했다.

중거리핵전력조약(INF·Intermediate-Range Nuclear Forces Treaty) ▼

"러시아 외무부가 8월 4일 성명을 통해 냉전기 미국과 체결했다가 2019년 소멸한 중거리핵전력조약(INF)상의 미사일 배치 제한에 구속되지 않겠다고 밝혔다."

1987년 12월 미국과 구소련 간에 체결된 핵탄두 장착용의 중거리와 단거리미사일 폐기에 관한 조약으로, 냉전 종식의 첫걸음이 된 상징적

핵 군축 조약으로 평가된다. 조약은 사거리 500~5500km인 중·단거리 탄도 및 순항미사일의 생산과 실험, 배치를 전면 금지하는 내용을 담고 있다. 이 조약에 따라 양국은 1991년 6월까지 중·단거리 탄도·순항미사일 2692기를 폐기하는 등 냉전 시기 미국과 러시아 간에 진행된 핵 군비 경쟁을 중단시키는 역할을 했다. 그러나 도널드 트럼프 미국 행정부는 2019년 2월 2일 조약 탈퇴 의사를 밝혔고, 이에 같은 날 러시아도 조약을 탈퇴한다는 의사를 발표했다. 이후 그해 7월 블라디미르 푸틴 러시아 대통령이 조약 탈퇴 법령에 서명한 데 이어 미국도 조약 탈퇴를 공식 선언하면서 미국과 러시아 간 핵무기 경쟁 확산 우려가 높아진 바 있다.

직권남용죄(職權濫用罪)

"강훈식 대통령비서실장이 7월 24일 브리핑에서 「직권남용 수사를 신중하게 하고, 직권남용죄가 남용되지 않도록 법 개정을 검토하겠다」고 밝혔다. 이는 이재명 대통령이 이날 열린 대통령실 수석보좌관 회의에서 공무원들이 창의적이고 적극적으로 일할 수 있도록 조직문화와 제도를 정비하라고 지시한 데 따른 조치다."

공무원이 자신의 권한을 정해진 범위 밖에서 행사하는 것으로, 형법 제7장 「공무원의 직무에 관한 죄」 가운데 123조를 일컫는다. 이는 공무원이 직권을 남용하여 사람으로 하여금 의무없는 일을 하게 하거나 사람의 권리행사를 방해함으로써 성립하는 죄를 말한다. 형법에 따르면 직권남용죄는 5년 이하의 징역, 10년 이하의 자격정지 또는 1천만 원 이하의 벌금에 처한다.

K9 자주포

"8월 14일 관련 업계에 따르면, 한국과 베트남 정부가 K9 자주포 20문을 약 2억 6000만 달러, 우리 돈으로 약 3500억 원 규모로 공급하는 정부 간 거래(G2G) 계약을 체결했다. K9 자주포가 동남아시아 시장에 판매되는 것은 이번이 처음으로, 이에 따라 베트남은 동남아 국가 중 최초로 K9 자주포를 운용하게 됐다. 특히 이번 K9 수출은 국산 무기가 공산권에 진출하는 첫 사례라는 의미도 있다."

국방과학연구소(ADD) 주관으로 한화에어로스페이스가 국산 기술로 개발한 자주포다. 항속거리 360km, 최고 속도 시속 67km, 탄 적재량 48발, 최대 사거리 40km 등으로 최대 출력은 1000마력에 달한다. K9 자주포에는 자동화된 사격통제장비와 포탄 이송·장전장치가 탑재돼 있으며, 이에 급속 발사 시 15초 이내에 초탄 3발을 발사할 수 있다. 특히 2021년에는 K9 엔진 핵심 부품 500여 개를 국산화하는 데에 성공하기도 했다. 현재까지 에스토니아, 인도, 이집트, 노르웨이, 루마니아, 호주, 폴란드, 핀란드, 튀르키예 등 10개 국가에 K9 자주포가 수출됐다.

K2 전차(K2 Tank)

"방위사업청이 7월 2일 브와디스와프 코시니악-카미슈 폴란드 국방부 장관과 K2 전차 제작업체인 현대로템 간 2차 계약 협상이 폴란드에서 이뤄졌다고 밝혔다. 한국과 폴란드 양국은 구체적인 계약 규모는 공개하지 않았지만 9조 원에 가까운 것(65억 달러 안팎)으로 전해졌다. 이 추정대로라면 개별 방산 수출계약으로는 역대 최고액으로 기록될 전망이다."

대한민국 육군의 차기 주력전차로 일명 「흑표 전차」로 불린다. 1992년 계획돼 1995년부터 체계개발이 시작됐으며, 2008년 9월 전투용 적합 판정을 받았다. 그러나 국산파워팩의 문제로 인도 시기가 지연되면서 2014년 4월부터 실전 배치됐다. K2 전차는 한국형 120mm 활강포와 2개의 기관총을 탑재하고 있으며, 자동 장전장치를 갖춰 빠르게 후속탄을 장전할 수 있다. 또 전투중량 55t, 최대속도 70km(포장)·50km(비포장), 항속거리 450km로, 3명의 승무원이 탑승할 수 있다. 아울러 능동방호시스템이 적용돼 전차로 접근해 오는 대전차유도 미사일을 감지해 대응 연막탄 발사 및 회피가 가능하다. 이 밖에 화생방 방어장비가 탑재돼 전차 내부에서는 방독면을 착용하지 않아도 화생방 공격을 막을 수 있으며, 스노우쿨링 시스템을 장착해 수심 3.8m의 물속을 건너는 것이 가능하다.

K2 전차 주요 제원

깊이/폭/높이	10.8m/3.6m/2.4m
중량	56t
속도	70km/h(포장도로), 50km/h(비포장)
승무원	3명
사격통제	자동 탐지 추적 가능
무장 및 기타	주포 120mm 활강포(자동 장전), 잠수도하 깊이 4.1m

특별감찰관(特別監察官) ▼

"이재명 대통령이 대통령 친인척 등을 감찰하는 특별감찰관 임명을 지시했다고 대통령실이 7월 2일 밝혔다. 특별감찰관 임명은 이 대통령의 공약사항으로, 이 대통령은 후보 시절 공약집에서 대통령 친인척 등에 대한 감찰 기능을 강화하겠다며 실질적 권한 보장을 약속한 바 있다."

대통령의 친인척 등 대통령과 특수한 관계에 있는 사람의 비위행위(非違行爲)에 대한 감찰을 담당하는 직책을 말한다. 국회가 15년 이상 법조계에 있던 변호사 중에서 3명의 후보자를 추천하면 인사청문회를 거쳐 대통령이 임명한다. 임명된 감찰관은 감사원 수준의 조사 권한을 가지는데, 대통령 소속으로 하되 직무에 관하여는 독립의 지위를 가진다. 임기는 3년으로 하며 중임할 수 없다. 특별감찰의 대상은 ▷대통령의 배우자 및 대통령의 4촌 이내의 친족 ▷대통령 비서실 내 수석비서관 이상의 공무원이다. 특별감찰 대상이 되는 비위행위는 ▷실명(實名)이 아닌 명의로 계약을 하거나 알선·중개하는 등으로 개입하는 행위 ▷공기업이나 공직 유관 단체와 수의계약 하거나 알선·중개하는 등으로 개입하는 행위 ▷인사 관련 등 부정한 청탁을 하는 행위 ▷부당하게 금품·향응을 주고받는 행위 ▷공금을 횡령·유용하는 행위 등이다. 특별감찰관은 감찰의 개시와 종료 즉시 그 결과를 대통령에게 보고해야 한다.

② 경영·경제

공매도(空賣渡, Short Stock Selling) ▼

"한국거래소에 따르면 6월 25일 기준 코스피 상장주식 수 대비 공매도 순보유 잔고 비율은 0.32%로 올해 들어 최고치를 기록했다. 코스닥 공매도 순보유 잔고도 0.4%로 연중 가장 높았다. 공매도 순보유 잔고 비율은 주식을 빌려 판 후 갚지 않고 보유하고 있는 물량의 비율로, 이 비율이 높을수록 해당 종목이 추가 하락할 것으로 보는 투자자가 많다는 뜻이다. 한편, 금융당국은 불법적인 무차입 공매도 근절을 위해 2023년 11월부터 공매도를 전면 금지했다가 1년 5개월 만인 올 3월 31일 전 종목에 대해 전면 재개한 바 있다."

특정 종목의 주가가 하락할 것으로 예상되면 해당 주식을 보유하고 있지 않은 상태에서 주식을 빌려 매도 주문을 내는 투자 전략으로, 주로 초단기 매매차익을 노리는 데 사용되는 기법이다. 즉, 향후 주가가 하락할 것으로 예상되는 종목의 주식을 빌려서 매도한 뒤 실제로 주가가 하락하면 싼값에 되사들여(쇼트커버링) 빌린 주식을 갚음으로써 시세차익을 챙기는 것이다. 공매도는 주식시장에 유동성을 공급하기도 하지만, 시장질서를 교란시키고 불공정거래 수단으로 악용되기도 한다. 공매도는 차입(借入)이 확정된 타인의 주식·채권 등 유가증권을 빌려 매도하는 「차입 공매도(Covered Short Selling)」와 현재 유가증권을 보유하지 않은 상태에서 미리 파는 「무차입 공매도(Naked Short Selling)」로 구분된다. 우리나라에서 기관투자자의 차입 공매도는 1996년 9월, 외국인 투자자의 차입 공매도는 1998년 7월부터 각각 허용된 바 있다. 그러나 무차입 공매도는 2000년 4월에 공매도한 주식이 결제되지 않는 사태가 발생하면서 금지됐다.

글로벌 최저한세 (GloBE · Global Anti-Base Erosion Rule) ▼

"미국 뉴욕타임스(NYT) 등은 스콧 베선트 미 재무장관이 주요 7개국(G7)과 경제협력개발기구(OECD)의 글로벌 최저한세가 미국 기업에 적용되지 않을 것이라며 G7 간 미국의 이익을 보호하는 공동의 합의를 발표할 계획이라고 6월 26일 보도했다. 여기에 베선트 장관은 이 합의에 따라 「하나의 크고 아름다운 법안(OBBBA)」에서 899조 보호조치를 제외해 달라고 의회에 요청했고 공화당은 이를 수용하기로 했다. 이는 구글·아마존 등 미국의 다국적 기업들에 적용되던 글로벌 최저한세를 면제받고, 그 대가로 이른바 복수세(Revenge Tax) 부과 방침을 폐지한 것이다.”

다국적기업의 소득에 대해 특정 국가에서 15%의 최저한세율보다 낮은 세율을 적용하는 경우 최종 모기업의 거주지국 등 다른 국가에 추가 과세권을 부여하는 제도를 말한다. 필라2(Pillar2)·GloBE 규칙으로도 불린다. 이는 국가 간 조세 경쟁을 활용해 다국적기업이 저율 과세 국가를 찾아다니며 조세를 회피하는 것을 방지하기 위해 경제협력개발기구(OECD)와 주요 20개국(G20)의 포괄적 이행체계에서 합의된 것이다.

나프타분해시설 (NCC·Naphtha Cracking Center) ▼

원유를 정제해 얻은 나프타를 고온, 압력으로 분해해 각종 석유화학의 기초가 되는 원료를 생산하는 설비. 탄화수소의 혼합물인 나프타를 고온으로 분해하면 석유화학의 기초 유분(溜分)인 에틸렌(폴리에틸렌과 폴리스타이렌의 원료), 프로필렌(폴리프로필렌의 원료), 부탄·부틸렌(합성고무의 원료) 등의 성분을 얻을 수 있다. 이 원료는 플라스틱, 합성수지, 합성고무 등을 비롯해 자동차 등 주요 산업의 각종 부품을 만드는 데 사용된다. 이 때문에 NCC는 국가 기간산업의 핵심으로 여겨진다. 국내 NCC는 여수, 대산, 울산 등 석유화학 산업단지에 입주해 있는데, 최근 글로벌 경기침체와 중국발 공급 과잉 등에 따른 설비 과잉 문제로 경영난을 겪고 있다.

한편, 이러한 석유화학 업계의 위기에 대응하기 위해 산업통상자원부는 8월 20일 「석유화학산업 재도약을 위한 산업계 사업재편 자율 협약식」을 열어 ▷과잉 설비 감축 및 고부가 스페셜티 제품으로의 전환 ▷재무 건전성 확보 ▷지역경제·고용 영향 최소화 등 구조개편 3대 방향과 ▷3개 석유화학 산업단지를 대상으로 구조개편 동시 추진 ▷충분한 자구 노력 및 타당성 있는 사업재편 계획 마련 ▷정부의 종합지원 패키지 마련 등 정부지원 3대 원칙을 확정했다.

다크패턴(Dark Pattern) ▼

사람을 속이기 위해 설계된 사용자 인터페이스(UI)를 뜻하는 말로, 2011년 영국의 독립 디자이너 해리 브링널이 제시한 용어다. 인터넷 사이트나 스마트폰 애플리케이션에서 사용자들을 은밀히 유도해 물건을 구매하게 하거나 서비스에 가입하게 하는 등 원치 않는 행동을 하게 하는 것이 다크패턴의 대표적인 사례다. 예컨대 흔히 「남아 있는 상품이 1개뿐이다」 또는 「이 상품을 232명이 함께 보고 있다」 등의 거짓 정보를 제공함으로써 잠재적 구매자들을 유도하는 것이다. 이 밖에 ▷물건의 가격 비교를 어렵게 만들거나 결제 과정의 마지막에 배송비와 세금을 부과해 가격을 속이는 것 ▷무료 이용 기간이 끝나면 알림 없이 신용카드로 비용을 청구하는 것 ▷사용자를 속여 다른 웹사이트로 이동하는 아이콘을 누르게 하는 것 등도 다크패턴에 속한다.

공정거래위원회가 분류한 다크패턴의 유형

편취형 상술	숨은 갱신, 순차공개 가격책정, 몰래 장바구니 추가
오도형 상술	거짓 할인, 거짓 추천, 유인 판매, 위장 광고, 속임수 질문, 잘못된 계층구조, 특정 옵션 사전 선택
방해형 상술	숨겨진 정보, 취소·탈퇴 방해, 가격비교 방해, 클릭 피로감 유발
압박형 상술	반복간섭, 감정적 언어 사용, 시간제한 알림, 낮은 재고 알림, 다른 소비자의 활동 알림

레귤레이션 S(Regulation S) ▼

미국 증권법에 규정돼 있는 해외 증권 발행 예외 규정으로, 1990년 미국 증권거래위원회(SEC)가 도입했다. 해당 규정을 활용하면 미국 내국인 투자자에게는 주식을 팔 수 없지만, 미국 외의 지역 투자자에게는 SEC의 등록 없이(서류 제출 의무 면제) 자금을 모집할 수 있다. 이 때문에 글로벌 기업들이 미국 내 법적 책임 노출을 줄이고 금융 규제를 우회하는 대안으로 활용하고 있다. 한편, 레귤레이션 A+는 미국 증권법에서 스타트업이나 중소기업이 SEC 등록 없이 일반 투자자에게 소액공모를 할 수 있도록 한 제도로, 최대 500만 달러의 자금을 조달할 수 있다.

로코노미(Loconomy)

지역(Local)과 경제(Economy)를 합친 말로, 도심의 거대 상권이 아닌 동네에서 소비 생활이 이뤄지는 현상을 뜻한다. 로코노미가 등장하게 된 주요 배경에는 코로나19 확산으로 사람이 많은 도심보다 집과 가까운 골목 상권을 이용하면서 소매점이 주목받게 된 것을 들 수 있다. 예컨대 전통주나 와인을 파는 주류 판매점이나 신선한 고기를 직접 보고 살 수 있는 정육점 등이 대표적인 로코노미 매장으로 꼽힌다. 또한 지역 고유의 희소성과 특색을 담은 상품이 하나의 트렌드로 자리 잡아 소비자의 관심을 끌고 있으며, 이는 온라인으로까지 확장돼 산지 직송 플랫폼도 활발해지는 결과로 이어졌다. 이러한 로코노미는 골목 상권에 새로운 기회로 작용해 지역 경제에 긍정적인 효과를 미친다는 평가를 받고 있다.

문화비 소득공제

근로소득자가 신용카드 등으로 도서, 영화 등을 구매하기 위해 사용한 금액에 대해 연간 300만 원 한도에서 소득공제를 해주는 제도다. 조세특례제한법 제126조의2(신용카드 등 사용금액에 대한 소득공제)에 근거하며 적용 대상은 총급여 7000만 원 이하 근로소득자(총급여의 25% 초과 사용 시 가능)다. 한국문화정보원(문체부)에 문화비 소득공제 사업자로 등록된 사업자에게서 신용카드 등으로 도서, 공연 티켓, 박물관·미술관 입장권, 종이신문 구독권, 영화 티켓 등을 구매할 경우 연말정산 시 추가 소득공제가 적용된다. 지난해 세법이 개정되면서 수영장, 체력단련장(헬스장) 등도 대상에 포함됐으며 이는 7월 1일 이후 결제분에 적용된다. 소득공제 비율은 해당 시설 이용료의 30%다.

미공개중요정보 이용행위 금지

상장법인의 업무 등과 관련된 미공개중요정보(투자자의 투자 판단에 중대한 영향을 미칠 수 있는 정보로서 불특정 다수인이 알 수 있도록 공개되기 전의 것)를 특정 증권 등의 매매, 그 밖의 거래에 이용하거나 타인에게 이용해서는 안 된다는 규정으로, 「자본시장과 금융투자업에 관한 법률」(자본시장법) 제174조에 명시돼 있다. 그 대상으로는 법인 및 법인의 임직원, 주요 주주, 대리인, 사용인, 종업원 등 직무 관련 및 권한 행사 과정에서 미공개중요정보를 알게 된 자뿐만 아니라 내부자로부터 정보를 제공받은 자까지 포함된다. 혐의가 인정되면 1년 이상의 유기징역 또는 그 위반행위로 얻은 이익 또는 회피한 손실액의 4배 이상 6배 이하에 상당하는 벌금에 처한다.

배임죄(背任罪)

"정부가 8월 5일 열린 성장전략 태스크포스(TF) 1차 회의에서 기업 부담 완화를 위한 제도 개선 방향을 논의했다. 정부는 경제 형벌 합리화를 위해 경제 형벌 규정을 완화하는 대신 과태료, 과징금, 민사상 금전적 책임을 강화해 형사처벌을 금전벌 등으로 전환하고 배임죄를 비롯한 CEO 형사처벌 리스크, 소상공인 중소기업 경영 부담 완화 등의 분야를 중점 개선할 방침이다."

타인의 사무를 처리하는 자가 그 임무에 위배되는 행위로 재산상의 이익을 취득하거나 제3자로 하여금 이를 취득하게 해 본인에게 손해를 가함으로써 성립하는 범죄이다. 재산죄 중 재물 이외의 재산상의 이익만을 객체로 하는 순전한 이익죄이다. 배임죄를 저지른 자는 5년 이하의 징역 또는 1500만 원 이하의 벌금에 처해진다. 횡령죄와 배임죄는 타인의 신임관계에 위배한다는 배신성을 본질로 하나, 횡령죄는 개개의 특정한 재물에 관해 성립하고, 배임죄는 재산상의 이익에 관해 성립된다는 점이 다르다. 또 배임죄는 횡령죄가 성립하는 경우를 제외한 일체의 재산상의 일반적 이익에 관해 성립하는 범죄이다. 업무상 배임죄는 업무상의 임무에 위배해 배임죄를 범함으로써 성립하는 죄로서, 이득액이 5억 원 이상인 경우 「특정경제가중처벌 등에 관한 법률」로 가중처벌된다.

브릭스(BRICS)

"시진핑 중국 국가주석이 7월 6~7일 브라질 리우데자네이루에서 열린 17차 브릭스(BRICS) 정상회의에 불참했다. 반서방국가 연합의 성격인 브릭스 결성을 주도한 중국은 2009년 브릭스 출범 이후 정상회의에 매년 참석해 왔으며, 중국 지도자가 불참한 것은 이번이 처음이다."

1990년 말부터 경제성장 속도가 빠르고 경제성장 가능성이 커 주목받은 브라질(Brazil)·러시아(Russia)·인도(India)·중국(China) 등 신흥경제 4개국의 앞 글자를 딴 경제용어에서 출발, 2006년을 기점으로 정식 국제협력기구를 가리키는 명칭이 된 용어다. 이는 골드만삭스가 2003년 10월 브릭스의 성장 가능성을 제시하며 내놓은 보고서인 〈브릭스와 함께 꿈을(Dreaming with BRICs)〉에서 처음으로 사용하며 확산됐다. 초기 브릭스 4개국은 서방이 독점하고 있는 세계 경제 구조에 대항하기 위해 「브릭스 정상회의(BRICS summits)」를 출범시키고 2009년부터 이를 매년 개최하기 시작했다. 이후 2011년 2월 남아프리카공화국이 정식 회원국으로 합류하면서 브릭스는 5개 국가로 확대되며 브릭스(BRICs)의 소문자 s가 대문자(S)로 변경됐다. 그러다 지난해 이란·이집트·에티오피아·아랍에미리트연합(UAE)이 가입하며 남아공 가입 13년 만에 브릭스 가입국이 늘어났으며, 올 1월에는 인도네시아가 가입하면서 회원국은 총 10개국이 됐다. 이들 브릭스 회원국은 현재 전 세계 인구의 40% 이상을 차지하며, GDP(국내총생산)는 2023년 기준 전 세계 GDP의 약 25%를 차지한다.

산업위기선제대응지역

「지역 산업위기 대응 및 지역경제 회복을 위한 특별법」에 따라 예상하지 못한 대내외 충격, 지역의 주된 산업 내 기업의 도산·구조조정 등으로 인해 지역의 주된 산업의 현저한 악화가 예상되는 지역을 뜻한다. ▷대규모 재해, 질병이나 국제정세 변동이 발생한 경우 ▷지역의 주된 산업 내 기업의 도산, 구조조정, 주요 사업장의 폐쇄·이전 등이 발생한 경우 ▷지역의 주된 산업이 현저하게 악화될 우려가 있는 사유가 발생한 경우에 시·도지사가 계획을 수립해 산업통상자원부장관에게 지정을 신청할 수 있다. 산업통상자원부장관은 선제적 대응이 시급한지 여부, 국가의 적극적인 지원이 필요한지 여부 등을 검토해 지정 여부를 결정한다. 산업위기선제대응지역으로 지정되면 국가와 지방자치단체로부터 ▷자금·융자 등 금융·재정 지원 ▷연구개발 지원 및 성과사업화 지원 ▷국내 판매, 수출 지원과 경영·기술·회계 관련 자문 ▷재직근로자의 교육훈련 및 실직자·퇴직자의 재취업교육 등 고용안정 지원 등을 받을 수 있다.

한편, 제1호 산업위기선제대응지역으로는 석유화학 산업단지가 있는 전남 여수시가 5월 지정된 바 있다. 7월에는 경북 포항시가 지정 신청서를 제출했고, 현지실사단이 철강기업 현장 점검 및 지역경제 전반에 대한 종합적인 점검을 실시했다.

생물보안법(Biosecure Act)

미국 정부의 지원금을 받는 기업이 적대적 외국 바이오기업의 장비와 서비스를 구매하지 못하도록 하는 것이 핵심으로, 사실상 중국을 겨냥한 것이다. 즉 미국 국민의 유전자 분석정보, 지식재산권(IP) 등 안보적 중요성이 커진 바이오 데이터가 중국으로 넘어가 비합법적으로 이용되는 것을 방지하기 위한 법안이다. 해당 법안에는 미국 안보에 위협이 되는 중국 바이오기업으로 ▷중국 유전체기업 BGI 지노믹스 ▷BGI에서 분사한 MGI 테크 ▷MGI의 미국 자회사인 컴플리트 지노믹스 ▷의약품 CRO(임상수탁)·CDMO(위탁개발생산) 기업인 우시앱텍과 우시바이오로직스 등을 명시했다. 생물보안법은 지난해 발의돼 미국 하원을 통과했으나 상원 표결이 불발된 바 있다. 당시 바이오기업 지정 이유, 지정 해제 절차 등이 법안에 포함되지 않았고 이것이 문제가 됐다. 이에 미국 공화당이 생물보안법을 재추진, 7월 31일 「2026 국방수권법」에 생물보안법의 내용을 포함하는 개정안을 상원에 제출했다. 개정안에는 기업에 지정 이유를 알리고, 해당 기업이 90일 이내에 해명 내용을 제출할 수 있도록 했으며 지정 취소 조치에 대해서도 설명하도록 규정하는 내용이 포함됐다.

설탕세(雪糖稅) ▼

어린이 비만 예방 등을 위해 설탕이나 감미료 같은 당류가 첨가된 청량음료 등의 식품에 부과하는 세금을 일컫는다. 이러한 세금 부과로 식품을 만드는 회사가 설탕량을 줄이거나 제품 가격을 올리도록 유도해 궁극적으로는 소비자의 설탕 섭취량을 줄이는 것이 목적이다. 이는 설탕의 과다 섭취가 비만이나 당뇨병, 충치 등의 주요 원인이 될 수 있기 때문이다. 설탕세를 최초로 시행한 노르웨이의 경우 1922년부터 초콜릿 및 설탕이 함유된 제품에 대해 「초콜릿 및 설탕제품세」를 과세하고 있으며, 핀란드는 2011년부터 탄산음료에 리터당 0.045유로(59원)에서 0.075유로(98원)까지 설탕세를 부과하고 있다. 또 멕시코도 2013년 10월 설탕이 들어간 음료에 세금을 부과하는 법이 통과된 이후 설탕 및 첨가당이 포함된 음료에 1리터당 1페소(65원)를 부과하고 있다. 2018년 4월부터 설탕세를 도입한 영국의 경우 100ml당 설탕 함유량에 따라 최대 0.24파운드(440원)의 설탕세를 부과하고 있다. 또한 베트남은 2027년부터 100ml당 당류 5g 이상인 청량음료에 8%의 특별소비세를 부과할 예정이다.

한편, 세계보건기구(WHO)는 2016년 각국에 설탕세 도입을 권고한 바 있다.

RE100(Renewable Electricity 100) ▼

"산업통상자원부가 7월 16일 서울 중구 대한상공회의소에서 RE100 산단 조성 방안 마련을 위한 관계 부처 합동 태스크포스(TF)를 출범하고 1차 회의를 개최했다. 이번 회의에는 국무조정실, 기획재정부, 국토교통부, 환경부, 교육부, 해양수산부, 농림축산식품부, 문화체육관광부 등 관계 부처 실국장급이 참석했으며 재생에너지 인프라 구축, 기업 유치 및 정주 여건 조성, 산단 개발 및 인프라 구축 등의 과제를 구체화해 나가기로 했다."

기업이 사용하는 전력량의 100%를 2050년까지 풍력·태양광 등 재생에너지 전력으로 충당하겠다는 목표의 국제 캠페인이다. 2014년 영국 런던의 다국적 비영리기구인 「더 클라이밋 그룹」이 발족한 것으로, 여기서 재생에너지는 석유화석연료를 대체하는 태양열, 태양광, 바이오, 풍력, 수력, 지열 등에서 발생하는 에너지를 말한다. RE100을 달성하기 위해서는 크게 ▷태양광 발전 시설 등 설비를 직접 만들거나 ▷재생에너지 발전소에서 전기를 사서 쓰는 방식이 있다.

앵커링 효과(Anchoring Effect) ▼

닻을 내린 배가 크게 움직이지 않듯 처음 접한 정보가 기준점이 돼 판단에 영향을 미치는 일종의 편향(왜곡) 현상으로 닻내림 효과, 정박 효과라고도 한다. 사람들이 어떠한 판단을 하게 될 때 초기에 접한 정보에 집착해 합리적 판단을 내리지 못하는 현상을 일컫는 행동경제학 용어다. 실제로 대부분의 사람들은 제시된 기준을 그대로 받아들이지 않고 기준점을 토대로 약간의 조정 과정을 거치기는 하나, 그러한 조정 과정이 불완전하므로 최초 기준점에 영향을 받는 경우가 많다. 예를 들어 명품업체가 매장에 최고가의 물품을 가격표를 보이게 진열하는 것은 다른 비싼 가방도 그다지 비싸지 않다고 착각하게 만들기 위한 것이다.

웩시트(Wexit)

"영국 컨설팅업체 핸리앤드파트너스가 6월 25일 발표한 「2025년 백만장자 이주 예측」 보고에서 따르면, 올해 백만장자 유출국 1위는 영국으로, 1만 6500명이 영국을 떠나 다른 나라로 이주할 전망이다. 2위는 중국(7800명), 3위는 인도(3500명)로 예측됐으며 한국은 작년보다 2배 증가한 2400명으로 백만장자 유출국 4위에 올랐다."

부유층(Wealthy)과 탈출(Exit)의 합성어로, 고액자산가들이 본국의 엄격한 세제를 피해 세금 혜택을 받을 수 있고 더 나은 생활을 할 수 있는 다른 나라로 이동하는 것을 뜻한다. 이들은 본국의 주거 환경, 경제, 안보 상황 등이 나빠지면 다른 사람들보다 먼저 떠나는 특성을 가지고 있으며, 이들이 보유한 자산도 함께 유출되는 것이기 때문에 웩시트의 행보가 주목받고 있다. 이들은 주로 소득세, 양도세, 상속세가 없는 아랍에미리트(UAE)에 새로 자리를 잡는 것으로 알려졌다. 또 사업 기회를 얻으려는 부자들이나 치안이 불안정한 고국을 떠나려는 중남미 부자들은 미국으로 이탈하고 있으며, 이밖에 이탈리아, 스위스, 사우디아라비아 등으로도 많은 백만장자들이 몰리고 있다. 상속세, 증여세뿐만 아니라 배당소득세가 없는 싱가포르도 고액자산가 순유입국으로 떠올랐다. 반면, 외국인 거주자의 해외 수입에 세금을 부과하지 않던 정책을 4월 폐지한 영국에서는 많은 부자들이 떠나고 있으며 중국, 인도, 한국, 러시아 등에서도 부자의 순유출이 이어지고 있다. 특히 한국은 최근 몇 년 사이 부유층의 유출이 급증했는데, 이는 높은 상속세, 정치·경제·사회적 혼란, 안보 불안 등을 피하고 자녀를 더 좋은 환경에서 교육하고자 하는 부유층들이 증가했기 때문이다.

유니콘(Unicorn)

기업 가치가 10억 달러(1조 원)를 넘는 비상장 스타트업 기업을 전설 속의 동물인 유니콘에 비유해 일컫는 말이다. 원래 유니콘은 머리에 뿔이 한 개 나 있는 전설 속의 동물로, 말의 형상을 하고 있다. 이에 착안해 상장도 하지 않은 스타트업 기업의 가치가 10억 달러를 넘는 일은 유니콘처럼 상상 속에서나 가능한 일이라는 의미로, 2013년 여성 벤처 투자자인 에일린 리(Aileen Lee)가 처음 사용했다. 이후 유니콘 기업이 점차 늘어나자 미국의 종합 미디어 그룹인 블룸버그는 기업 가치가 100억 달러(10조) 이상인 스타트업을 뿔이 10개 달린 상상 속 동물인 데카콘(Decacorn)이라 칭하기 시작했는데, 이는 유니콘보다 희소 가치가 있는 스타트업이라는 의미를 갖고 있다. 이 밖에도 유니콘으로 성장할 가능성이 큰 스타트업은 「아기 유니콘」이라고 부르며, 유니콘으로 성장했다가 망한 기업은 「유니콥스(Unicorpse, 죽은 유니콘)」, 유니콘의 100배(Hecto) 가치를 가진 기업은 「헥토콘(Hectocorn)」이라고 한다.

유상증자(有償增資)

기업이 주식을 새로 발행해 기존 주주나 새로운 주주에게 파는 것으로, 자금 확보 수단의 하나이다. 유상증자는 부채가 아닌 자본을 늘리는 방식이라 기업의 재무 구조 개선에 도움이 되지만 일반적으로는 악재로 여겨진다. 즉, 주식 수가 증가하면 기존 주주의 지분율이 희석되면서 보유한 주식의 가치가 이전보다 줄어들기 때문이다. 다만 단기적으로 주가기 하락하더라도 유상증자의 목적이 신사업 투자, 인수·합병 등 미래성장동력 확보일 경우 장기적으로 주가는 반등할 수 있다. 유상증자를 하기 위해서는 우선 이사회의 결의를 거쳐야 하는데, 이사회에서는 ▷발행주식 수 ▷배정기준일 ▷청약일정 등을 정한다. 기업은 유상증자를 실시함에 있어 주주배정, 일반공모, 주주우선공모, 제3자 배정방식을 선택할 수 있다. 주주배정 및 주주우선공모 방식으로 유상증자를 하는 경우에는 신주배정 기준일(주주우선공모 증자 시에는 주주확정일) 전 제3거래일을 기산일로 해 발행가를 산정한다. 일반공모 방식으로 유상증자를 하는 경우에는 청약일 전 제5거래일을 기산일로 해 산정하며, 제3자 배정증자 방식으로 유상증자를 하는 경우에는 유상증자를 위한 이사회 결의일(발행가액을 결정한 이사회 결의가 이미 있는 경우에는 그 이사회 결의일로 할 수 있음) 전일을 기산일로 해 산정한다.

인앱결제(In-App Purchase) ▼

스마트폰 애플리케이션(앱) 내에서 콘텐츠나 서비스를 구매할 때, 앱 마켓 운영사가 자체 개발한 시스템을 활용해 결제하는 방식을 일컫는다. 대표적으로 애플의 「App Store」나 구글의 「Play Store」 등이 인앱결제 서비스를 제공하고 있다. 인앱결제는 주로 게임 아이템이나 구독 서비스 등을 구매할 때 사용되는데, 앱 사용자가 웹사이트를 따로 방문하지 않아도 해당 앱을 통해 즉시 결제할 수 있어 편리하다. 앱 개발사 입장에서도 사용자들의 결제 수단이 통일되므로 관리 효율을 높일 수 있다. 그러나 인앱결제 서비스를 제공하는 앱 마켓 운영사는 일반적으로 결제 금액의 일정 비율을 수수료로 부과하는데, 이로 인해 앱 개발사의 수익이 줄고 소비자 가격이 상승할 수 있다. 또한 특정 인앱결제 시스템을 강제하면 결제 수단의 선택이 제한돼 시장 경쟁을 저해할 수 있다.

> **인앱결제 강제 방지법** 구글, 애플 등의 앱 마켓 사업자가 인앱결제를 강제하는 것을 막기 위해 마련된 전기통신사업법 개정안을 일컫는다. 이 법률은 앱 마켓 사업자의 수수료 징수 행태를 법으로 규제하는 세계 첫 사례라는 점에서 그 의미가 크다. 다만 앱 마켓 운영사에 대한 과징금 부과는 이뤄지지 않아 법의 실효성에 대한 지적이 있다.

인플레이션 감축법 (IRA·Inflation Reduction Act) ▼

"6월 24일 국정기획위원회에 따르면 기획재정부 세제실이 이재명 대통령의 공약인 국내생산촉진 세제 도입 방안을 보고했다. 이는 한국판 「인플레이션 감축법(IRA)」으로, 국내에서 주요 산업 제품을 생산하는 기업에 세금을 면제해 해외로 이전하는 것을 막는다는 취지로 입법을 추진하고 있다."

기후변화 대응, 에너지 안보, 의료비 지원, 법인세 인상 등을 골자로 한 미국의 법으로, 급등한 인플레이션을 완화하고 첨단 제조업 유치 및 공급망 강화를 위해 2022년 8월 16일 조 바이든 전 미국 대통령이 서명하면서 발효됐다. 이 법에는 온실가스의 배출을 줄이고 전기차 및 에너지 저장 시스템에 대한 미국 내 공급망을 강화하는 내용이 포함됐는데, 전기차 대중화를 위한 보조금을 확대하는 것이 핵심이다. 특히 전기차 구매 시 보조금(세액공제 혜택)을 받기 위해서는 전기차 제조에서 중국 등 우려국가의 배터리 부품과 광물을 일정률 이하로 사용하도록 해 전기차 가치사슬에서 중국을 배제하려는 의도가 담겼다는 분석이 있다.

존스법 & 번스-톨레프슨 수정법 (Jones Act & Byrnes-Tollefson Act) ▼

"우리 정부와 조선업계가 한미 조선 협력 프로젝트인 마스가(MASGA) 실행을 위한 준비에 착수한 가운데, 미 의회가 8월 1일 한국 등 동맹국에 자국 조선시장을 개방하는 내용의 법안을 초당적으로 발의한 것으로 전해졌다. 이는 한국·일본 등 동맹국은 존스법의 예외로 하자는 내용이다."

각각 미국 상선과 군함 시장을 보호하는 법으로, 1920년 제정된 존스법은 미국 연안 항로에서 운항하는 선박은 미국 건조, 미국 국적, 미국인 운영이라는 조건을 지켜야 한다는 규정이다. 이는 1차 세계대전 이후 영국의 해상 패권에 도전하던 미국이 자국 조선업과 해운업을 키우겠다는 명분으로 제정한 것이다. 하지만 이 법은 현대에 들어 미국 조선업이 몰락하게 된 주요 원인으로 지적받고 있다. 그리고 1960년대 제정된 번스-톨레프슨 수정법은 미국 군함 및 그 주요 부품의 건조를 해외 조선소에서 시행하는 것을 금지하는 법률이다. 즉, 외국 조선업계가 전체 혹은 일부를 건조한 함정은 미국 해군 함선으로 사용되는 것을 금지하고 있다.

중화인민공화국 광물자원법

중국이 국가 광물자원 안전을 보장하고 광업의 고품질 발전을 촉진하기 위해 제정한 법으로 1986년 공포·시행됐다. 이후 자원 안보를 강화하는 데 초점을 맞춰 개정해 7월 1일부터 시행됐다. 법률 조항에 「국가 광물자원 안보」를 목표로 명시했으며 전략 광물을 안보 차원에서 관리하도록 했다. 또 해외 자원 개발 지원 의무화, 국가 자원 비축 체계 법제화, 광물자원 감독기관 신설, 광업권자 권익 보호, 광물자원 탐사 개발 투자 확대 촉진 등의 내용이 포함됐다. 한편, 이 개정 광물자원법은 중국 정부가 미국과의 무역 전쟁에서 희토류 등 핵심 광물자원에 대한 지배력을 무기화하는 행보를 뒷받침하는 것으로 평가된다.

> **희토류(稀土類)** 원소주기율표상에서 제3족인 스칸듐(Sc)과 이트륨(Y), 란타넘족(원자번호 57~71)의 15종을 포함하는 17개 원소를 총칭한다. 지각 내 총 함유량이 300ppm(100만 분의 300) 미만인 희유금속의 일종으로, 1794년 스웨덴에서 처음 발견된 이트륨을 시작으로 1910년대까지 17개 원소가 차례로 발견됐다. 화학적으로 안정되면서도 열을 잘 전달하는 성질이 있어 광학유리·전자제품 등 첨단산업의 소재로 사용되며, 이 때문에 「첨단산업의 비타민」이라고 불린다. 중국이 희토류 생산 시장의 69%를 차지하고 있으며, 세계 희토류 제련 및 분리 공정의 90%를 장악하고 있다.

집중투표제
(集中投票制, Cumulative Voting)

"자산 2조 원 이상의 상장회사에 집중투표제를 의무화하고 감사위원 분리 선출을 1명에서 2명 이상으로 확대하는 내용을 골자로 한 상법 개정안이 여당 주도로 7월 28일 국회 법제사법위원회 법안심사소위원회를 통과했다."

주주총회에서 이사진을 선임할 때 1주당 1표씩 의결권을 주는 방식과 달리, 선임되는 이사 수만큼 의결권을 부여하는 제도를 말한다. 이는 소액주주권 보호 및 기업지배구조 개선을 위한 제도로, 2명 이상의 이사를 선임할 때 주당 이사 수와 동일한 수의 의결권을 부여하는 것이다. 투표 결과 최다수를 얻은 자부터 순차적으로 이사에 선임되기 때문에 이 제도가 의무화되면 소액주주들이 자신을 대표하는 사람을 이사로 선임하거나, 대주주가 내세운 후보 중 문제가 있는 사람이 이사로 선임되는 것을 저지할 수 있게 된다.

첨단전략산업기금

정부가 반도체·바이오·방산·로봇 등 첨단산업 지원을 위해 5년간 조성하는 50조 원의 기금으로, 한국산업은행(산은)에 조성된다. 재원은 정부보증 첨단전략산업기금채 발행을 통해 조달하며, 경비와 이자비용 등은 산은 자체 재원으로 기금에 출연해 충당한다. 여기에 민간 자금 50조 원을 더 유치해 총 100조 원 규모를 현장에 투입할 계획이다. 지원 대상은 첨단전략산업법과 조세특례제한법 등에서 정한 첨단전략산업 및 국가전략기술 보유 업종으로, ▷반도체 ▷2차전지 ▷디스플레이 ▷바이오 ▷방산 ▷로봇 ▷백신 ▷수소 ▷미래형 이동·운송 수단 ▷인공지능(AI) 등이다. 그 밖에 미래전략 및 경제 안보 측면에서 지원이 필요한 업종은 대통령령으로 정하며, 대기업뿐 아니라 첨단전략산업 생태계 전반을 구성하는 중견·중소기업도 기금을 통한 저리 대출, 보증, 직접투자 등의 지원을 받을 수 있다. 지원 방식의 경우 국고채 수준 초저리 대출, 특수목적법인(SPC) 설립 등을 통한 지분 투자가 도입되며, 기금 운용의 전문성과 책임성을 확보하기 위해 기금운용심의회를 설치한다.

한편, 이러한 첨단전략산업기금 설치를 골자로 한 한국산업은행법 개정안은 7월 30일 국회 정무위원회 법안심사소위원회를 통과했다.

첨단전략산업기금 개요

규모	최대 100조 원
재원	산업은행 자체 재원 및 정부 보증 기금채권(50조 원), 민간투자(50조 원+a)
지원 대상	반도체·인공지능(AI)·2차 전지 등 국가전략산업
지원 내용	저리 대출, 지분 투자, 자산 인수 등

총수익스와프(TRS·Total Return Swap)

자금 부족이나 규제 등으로 인해 자산을 매입할 수 없는 투자자(총수익 매수자)를 대신해 증권사 등(총수익 매도자)이 기초자산을 매입하고, 자산 가격이 변동하면서 발생하는 이익과 손실은 투자자에게 귀속되는 계약으로, 신용 파생금융상품의 일종이다. 이때 총수익 매수자는 그 대가로 총수익 매도자에게 수수료 또는 이자를 지급한다. 이 계약으로 총수익 매수자는 투자 자산을 보유하지는 않지만 실제로는 보유한 것과 같은 효과를 누릴 수 있다.

한편, TRS는 자본시장법에 따른 공시의무를 피하는 데 악용될 우려가 있다. 행동주의 헤지펀드인 엘리엇 매니지먼트는 2015년 삼성물산과 제일모직 합병 당시 삼성물산의 지분 매입 과정에서 TRS를 이용해 몰래 지분을 늘려 논란이 됐다. 또 대규모 환매 연기 사태(라임 사태)를 일으킨 라임자산운용도 증권사와의 TRS 계약으로 논란이 됐다. 증권사와 자산운용사 간 TRS 거래에서는 증권사가 주식 투자를 하지만 이에 따른 이익과 손실 위험은 자산운용사가 지게 된다. 대신 자산운용사는 약정된 이자만 지급하고 레버리지 효과를 얻을 수 있다.

타깃 데이트 펀드 (TDF·Target Date Fund)

투자자의 생애주기에 따라 자산운용사가 주식과 채권 투자 비중을 조정해 주는 금융상품을 말한다. 보통 가입자가 30~40대 젊은 연령대일 때는 주식 같은 위험자산 비중을 높여 고수익을 추구하다가, 나이가 들고 은퇴 연령이 가까워질수록 채권 등 안전자산 비중을 높이는 것이 특징이다. 한편, 타깃 인컴 펀드(TIF·Target Income Fund)는 은퇴자나 은퇴를 앞둔 사람이 노후 자금을 투자하면 매년 원금의 3~4%의 지급금을 받으면서 원금은 최대한 보존하는 것을 목표로 운영되는 금융상품이다. 주식 배당, 채권 이자, 부동산 임대 수익 등을 수익원으로 하는데 위험자산인 주식 비율은 낮은 편이어서 비교적 안전한 상품으로 분류된다.

타코(TACO)

「트럼프는 항상 겁먹고 물러선다(Trump Always Chickens Out)」의 약칭으로, 상대국을 위협하는 관세정책을 발표한 후 번복하거나 철회, 유예를 거듭하는 도널드 트럼프 미 대통령의 행보를 「겁쟁이」를 뜻하는 닭에 비유해 비꼬는 말이다. 이 용어는 5월, 파이낸셜타임스의 로버트 암스트롱이 자신의 칼럼에서 처음 사용했고, 이후 월가와 정치권, 언론을 통해 널리 퍼졌다. 더불어 「타코 트레이드」는 트럼프 대통령이 관세 위협 이후 다시 물러나기 때문에 정책 발표 직후에 바로 주식을 매도하는 등 즉각적으로 대응할 필요가 없다는 의미다.

턴베리 체제(Turnberry System)

미국의 무역정책을 총괄하는 제이미슨 그리어 미국무역대표(USTR)가 8월 7일 뉴욕타임스(NYT) 기고를 통해 명명한 용어로, 도널드 트럼프 대통령의 재집권(2025년 1월) 이후 만들어진 새로운 경제질서를 지칭한다. 턴베리는 7월 27일 트럼프 대통령과 우르줄라 폰데어라이엔 유럽연합(EU) 집행위원장이 무역 합의를 체결한 스코틀랜드의 장소(리조트)다. 그리어 대표는 해당 기고에서 「미국의 새로운 무역협정은 새로운 글로벌 무역질서의 서막」이라며 세계무역기구(WTO) 체제의 종식을 선언했다. 또 「우리는 이제 트럼프 라운드를 목도하고 있다」고 밝혔는데, 트럼프 라운드는 트럼프 대통령이 지난 4월 2일 전 세계에 대한 상호관세를 발표한 이후 세계 각국과 진행한 무역협상을 가리킨다. 이에 따르면 1995년 이후 30년간 세계무역질서를 주도

해온 WTO 체제는 미국에는 적자만 안긴 실패한 체제이므로 폐기하고, 대신 미국 중심의 새로운 무역질서를 트럼프 대통령 주도로 만든다는 것이다. 트럼프 대통령은 앞서 4월 2일 미국의 주요 무역 상대국(57개국)에 기본관세 이상의 상호관세를 부과하는 방안을 공식 발표하면서, 취임 직후 자신이 공약했던 고율 관세정책의 포문을 연 바 있다.

프로젝트 한강 ▼

"한국은행이 중앙은행 발행 디지털화폐(CBDC) 실거래 1차 테스트(프로젝트 한강) 참여 은행과의 비대면 회의를 통해 2차 테스트 논의를 잠정 중단하기로 6월 26일 결정했다. 한은은 이재명 정부 들어 급부상한 원화 스테이블 코인이 허용될 경우 두 사업이 충돌할 가능성이 있어, 관련 논의를 지켜본 후 2차 테스트 추진 여부를 결정할 계획이다."

한국은행이 추진한 중앙은행 디지털화폐(CBDC) 실거래 테스트로, 1차 실험은 약 10만 명을 대상으로 4월 초부터 시작됐다. 6월 말까지 3개월에 걸쳐 1차 테스트를 마무리하고, 2차 테스트에서 개인 간 송금, 결제 가맹처 확대, 인증 방식 간편화 등의 시험을 이어갈 예정이었지만 원화 스테이블 코인이 부상하면서 잠정 중단됐다. 1차 테스트에서는 예금토큰(은행 예금을 블록체인상에서 디지털 형태의 자산으로 바꾼 것)을 이용해 사용자들이 실제로 물품이나 용역을 구매하는 실험이 진행됐다. 한은은 은행들이 한은에 개설한 예금(지급준비금)을 기반으로 기관용 CBDC를 만들고, 은행들이 이를 기반으로 예금토큰을 만들면 참가자들은 자신의 은행 예금을 디지털화폐인 예금토큰으로 변환해 사용처에서 QR코드를 찍어 이 예금토큰으로 결제하는 방식이다.

중앙은행 디지털화폐(CBDC·Central Bank Digital Currency) 실물 명목화폐를 대체하거나 보완하기 위해 각국 중앙은행이 발행한 디지털화폐를 뜻한다. CBDC는 블록체인이나 분산원장기술 등을 이용해 전자적 형태로 저장한다는 점에서 가상자산과 유사하지만, 중앙은행이 보증한다는 점에서 비트코인 등의 민간 가상자산보다 안정성이 높다는 특징이 있다.

하나의 크고 아름다운 법 (OBBBA·One Big Beautiful Bill Act) ▼

"도널드 트럼프 미국 대통령이 미국 독립기념일인 7월 4일 하나의 크고 아름다운 법안에 서명했다. 이로써 이 법안은 법률로 확정돼 공포·시행됐다. 해당 법안은 미국 공화당 내에서도 뜨거운 감자였는데, 5월 22일 미국 하원을 통과한 데 이어 7월 1일 상원에서 수정 감세안이 통과됐고 이 수정 법안이 다시 하원으로 넘어가 재의결됐다."

도널드 트럼프 미국 대통령의 감세 법안으로, OBBBA, OBB, BBB 등으로 불린다. 법인세율 및 소득세율 인하, 미성년 자녀 공제 금액 확대, 표준소득공제 등 2017년 감세 및 일자리법(TCJA·Tax Cuts and Jobs Act)에 따라 시행됐으나 올해 말 만료 예정인 주요 감세 조항을 연장하는 것을 골자로 한다. 여기에 트럼프의 대선 유세 공약이었던 초과근무 수당, 고령자 사회보장 수당에 대한 세금을 감면하고 지방세 공제 한도를 상향하는 내용을 비롯해 인플레이션 감축법(IRA)의 단계적 폐지, 불법 이민 단속 재원 확대, 부채 한도 상향, 국방비 확대 등 각종 정책을 모두 담았다. 결과적으로 고소득층의 세금은 감면하고 국방비는 늘리면서 보건과 교육, 청정에너지 관련 예산은 줄어드는데 이를 두고 지나친 감세와 과도한 지출로 미국의 재정 적자를 악화시킬 것이라는 우려가 있다.

한편, 미국 의회예산국(CBO)은 해당 법이 연방정부의 부채 36조 2000억 달러에 3조 8000억 달러를 추가할 것으로 전망했다. 또한 이 법이 발효되면 2026년부터 10년간 소득 하위 10% 가구가 연평균 1559달러의 소득 손실을 보게 돼 이들 가구의 소득이 3.3% 줄어들 것으로 내다봤다. 반면, 소득 상위 10% 가구는 연평균 1만 2000달러의 소득 증가를 얻어 소득이 2.3% 증가하는 효과를 거둘 것으로 분석했다.

한계소비성향 (MPC·Marginal Propensity to Consume) ▼

전체 소득 중에서 소비에 쓰이는 비율을 소비성향, 저축에 들어가는 비율을 저축성향이라고 하는데, 한계소비성향이란 새로 증가한 소득 중에서 소비로 들어간 비율을 말한다. 일반적으로

소득의 증가분을 △Y, 소비의 증가분을 △C로 하고 △C/△Y로 나타낸다. 따라서 한계소비성향은 소득증가분에 대한 소비증가분으로 0과 1 사이의 수로 나타난다. 인플레이션일 때에는 한계소비성향이 높으며, 저소득층은 고소득층에 비해 한계소비성향이 높게 나타나는 경향이 있다.

헤리티지 마케팅(Heritage Marketing)

기업이나 브랜드가 자신들의 역사, 전통, 유산을 활용해 브랜드 가치를 높이는 마케팅 전략을 말한다. 이를 통해 오래된 전통을 가진 브랜드는 신뢰할 수 있다는 이미지를 전달하는 등 브랜드 신뢰도 향상 및 차별화된 경쟁력을 제공해 소비자들에게 신뢰와 소비 욕구를 일으키는 것이다. 이러한 헤리티지 마케팅은 기존 전통의 명품업체들이 신흥 명품 브랜드들과 차별화를 두기 위해 많이 사용한다. 예컨대 유럽의 패션 또는 보석 명품업체들이 박물관이나 갤러리를 활용한 전시회를 열거나, 독일·일본·미국의 유명 자동차업체들이 자신들의 역사를 한눈에 볼 수 있는 자동차 관련 박물관을 운영하는 것 등이 헤리티지 마케팅에 해당한다.

히트플레이션(Heatflation)

열을 의미하는 히트(Heat)와 인플레이션(Inflation)을 합친 말로, 폭염으로 식량 가격이 급등하는 현상을 말한다. 폭염은 농산물의 수확량 감소는 물론, 더위 피해를 입는 가축의 증가로 이와 관련된 산업에도 큰 영향을 끼친다. 여기다 무더위에 따른 전력 생산 급증으로 에너지 위기 원인으로까지 작용한다. 무엇보다 폭염이 문제가 되는 것은 이것이 일시적 현상이 아닌, 지구온난화에 따른 기후변화로 일상화될 수 있다는 데 있다. 특히 기후변화는 지역별 경작물과 수산물 생산 현황에 직접적 영향을 미치는 등 세계 농수산업 지도를 완전히 뒤바꿀 수 있다.

③ 사회·노동·환경

가축더위지수(THI·Temperature Humidity Index)

기온과 습도를 바탕으로 가축이 느끼는 더위 정도를 수치화한 지표로, 가축더위지수 계산식은 (1.8×온도+32)-{(0.55-0.0055×상대습도)×(1.8×온도-26.8)}이다. 이는 농촌진흥청 국립축산과학원이 2017년 처음 만든 것으로, 2019년 일부 지역과 시범 농가에 문자 알림 서비스가 시작됐다. 이후 2021년부터는 전국으로 확대, 더위지수가 위험·폐사에 이를 경우 시스템에 가입한 농가에 문자 알림을 보내고 있다. 가축더위지수는 국립축산과학원 누리집 축사로(chuksaro.nias.go.kr)의 가축사육기상정보시스템에서 확인이 가능하다. 이 시스템에서는 한우, 젖소, 돼지, 닭 등의 가축더위지수를 실시간으로 제공하는 것은 물론, 축종별로 고온 스트레스를 줄일 수 있는 다양한 맞춤형 관리 요령도 제공하고 있다. 대표적으로 젖소는 하루 150리터 이상의 물을 마시므로 깨끗한 음수 공급이 중요하고, 돼지는 체열 방출 능력이 낮아 사료 급여 횟수를 나누는 것이 좋다. 이처럼 이용자는 해당 시스템 확인을 통해 기온 변화에 따른 맞춤형 가축 관리요령을 습득, 고온 피해를 최소화할 수 있다.

건강정보 고속도로

"6월 29일 정부기관에 따르면 보건복지부와 한국보건의료정보원은 올해까지 건강정보 고속도로 사업에 참여하는 종합병원을 60개 이상 신규 확보할 계획이다."

의료기관 등 여러 곳에 흩어져 있는 개인의 의료데이터를 본인의 동의하에 손쉽게 조회 및 저장하고, 원하는 곳에 전송할 수 있는 역할을 하는 개인 의료데이터 국가 중계플랫폼이다. 이는 디지털 플랫폼정부 국민드림 프로젝트의 일환으로 추진된 것으로, 이를 통해 과거의 진료·투약, 건강검진을 비롯해 진단검사와 수술내역 등의 정보를 한눈에 확인할 수 있다. 건강정보 고속도로는 2022년 8월부터 2023년 2월까지 245개소 의료기관을 대상으로 시범운영되면서 안정성 및 효용성 등의 점검을 거쳤다. 그리고 2023년 9월 20일 실시된 본가동에는 의료데이터 제공기관을 800개소로 늘리고 제공 데이터의 범위도 진단내역, 약물처방내역, 진단·병리검사, 수술내역 등 12종 113개 항목으로 대폭 확대한 바 있다.

고용보험(雇傭保險)

"고용노동부가 7월 7일 입법예고한 고용보험법과 고용산재보험료징수법 개정안에 따르면 1995년 고용보험 도입 이후 유지해 온 고용보험 가입 기준이 근로시간에서 소득으로 바뀐다. 현재 고용보험에 가입하려면 월 60시간 이상 근무해야 하는데, 이 때문에 프리랜서나 플랫폼 노동자 등 근로시간을 일정하게 산정하기 어렵거나 여러 일자리에서 단기로 일할 때는 가입이 쉽지 않았다. 그러나 앞으로는 여러 사업체에서 근무할 때 각각 얻은 소득이 기준에 미달해도 합산한 소득이 기준을 넘으면 고용보험에 가입할 수 있다."

실직한 근로자의 생활안정과 재취업을 대비하기 위한 사회보험으로, 국민건강보험·국민연금·산업재해보상보험·노인장기요양보험과 함께 5대 사회보험에 속한다. 이는 1993년 12월 27일 고용보험법이 제정되면서 1995년 7월 1일부터 시행됐다. 고용보험의 목적은 실업 예방, 고용 촉진, 근로자의 직업능력 개발 및 향상, 국가의 직업지도와 직업소개 기능 강화, 근로자가 실직한 경우 생활에 필요한 자금을 지급해 구직 활동을 촉진하고 경제와 사회를 발전시키는 것에 있다. 고용보험에 가입한 사업장에 재직하고 있는 모든 근로자는 고용보험의 혜택을 받는데, 2004년부터는 60세가 넘어 채용된 근로자와 국내 파견 외국인 근로자, 일용근로자도 그 혜택을 받고 있다. 단, 65세 이상인 근로자는 적용 제외 대상이다.

공중협박죄(公衆脅迫罪)

불특정 또는 다수의 사람의 생명, 신체에 위해를 가할 것을 내용으로 공연히 공중을 협박한 경우 성립되는 범죄이다. 공중협박죄는 5년 이하의 징역이나 2000만 원 이하의 벌금에 처하고, 상습범의 경우 가중처벌(7년 6월, 3000만 원 이하)을 받게 된다. 국회는 지난 2월 27일 「공중협박죄」를 신설한 형법 개정안을 통과시켰다. 이는 2023년 신림역·서현역 살인사건 등 이상동기 범죄가 빈발하고 인터넷 방송과 게시판 등을 통한 공중협박 행위가 계속되고 있음에도 현행법상으로는 대응에 한계가 있다는 지적에 따른 것이었다. 이 공중협박죄는 3월 18일부터 공포·시행됐다.

8월 17일 법조계에 따르면 사제 폭탄을 만든 뒤 불특정 다수에게 범죄를 예고해 공중협박죄로 기소된 30대 남성이 7월 23일 벌금 600만 원을 선고받았다. 이는 올해 3월 18일 신설된 공중협박죄가 실제로 인정된 첫 판결이다. 한편, 최근 온라인 게시글이나 팩스를 통해 폭발물 설치 협박 사례가 이어지면서 경찰은 이들에 공중협박죄를 적용해 수사를 진행하고 있다.

기후보험(氣候保險)

폭염과 한파 등 기후로 인한 건강 피해를 최소화하고 기후취약계층 지원을 통해 기후격차를 해소하는 것을 목표로 하는 정책보험을 말한다. 경기도의 경우 지난 3월 전국 최초로 기후보험을 시행하고 있다. 경기도의 기후보험은 기후위기로부터 도민들을 보호하기 위한 정책보험으로, 별도의 가입 절차 없이 모든 경기도민이 자동으로 가입된다. 경기도가 시행하는 기후보험은 구체적으로 ▷온열질환·한랭질환 진단비(연 1회 10만 원) ▷감염병 진단비(사고당 10만 원) ▷기상특보 관련 4주 이상 상해 시 사고 위로금(사고당 30만 원)을 정액 지원하는 방식으로 운영된다. 특히 각 시군 보건소의 방문건강관리사업 대상자인 기후취약계층 약 16만 명은 추가 혜택을 받게 되는데, 이는 ▷온열·한랭질환 입원비(5일 한도 10만 원) ▷기상특보 시 의료기관 교통비(2만 원) ▷기후재해 시 구급차 이송서비스(사고당 50만 원 한도) ▷기후재해 정신적 피해 지원(회당 10만 원) 등이다.

기후소송(氣候訴訟) ▼

"농업인들과 비영리 기후단체 기후솔루션이 8월 12일 한국전력과 자회사 5곳을 상대로 민사상 손해배상 청구소송을 최초로 제기했다고 밝혔다. 이들이 제기한 손해배상 청구액은 원고 1인당 500만 원과 위자료 2035원으로, 위자료는 2035년까지 석탄발전 퇴출을 요구하는 의미를 담은 것이다."

전 세계적으로 기후 위기가 심각해지면서 이에 제대로 대응하지 않는 정부나 기업을 대상으로 시민이 주도하는 소송을 말한다. 특히 2015년 파리기후변화협약 이후 기후소송의 3분의 2가량이 이때부터 제기됐다. 대표적인 기후소송으로는 네덜란드 환경단체인 위르헨다가 2013년 제기해 2019년 말 확정된 「위르헨다 판결」이 있는데, 이는 법원이 정부에 기후변화 대응을 명령한 첫 사례로 큰 화제가 됐다. 당시 환경단체 위르헨다와 시민 900명은 네덜란드 정부를 상대로 국민을 기후변화로부터 보호하는 조치가 불충분하다며 소송을 제기했다. 이에 네덜란드 대법원은 네덜란드 정부가 2009년 온실가스 배출량 대비 25% 상당 감소된 2020년 온실가스 감축 목표를 설정하고 집행하라는 확정 판결을 내린 바 있다.

농어촌 주민수당 ▼

이재명 대통령의 대선 공약으로, 소멸 위험지역에 거주하는 농어촌 주민 중 일부에 소득이나 보유 자산과 관계없이 매월 15만~20만 원을 지역화폐로 지급하는 것이다. 이는 내년부터 시범사업 형태로 추진될 것으로 전망되는데, 정부는 일부 지역에서 사업을 시행한 뒤 정책 효과와 부작용 등을 점검한 뒤 대상 지역 확대 여부를 결정한다는 계획이다. 특히 정부는 대상과 기준을 정하는 과정에서 경기도의 농촌기본소득 시범사업을 참고하는 것으로 알려졌다. 이는 이 대통령이 경기지사 시절 추진해 2022년 연천군 청산면에서 시작한 사업으로, 현재 전체 주민 400여 명에게 1인당 매월 15만 원의 연천군 지역화폐를 지급하고 있다.

달빛어린이병원 ▼

보건복지부가 지정한 야간·휴일 소아 경증환자 진료기관으로, 평일 야간과 주말·공휴일에 운영된다. 다만 운영시간은 병원별 차이가 있으므로 방문 전 확인이 필요하며, 이용 대상은 만 18세 이하 소아·청소년이다. 정부는 2014년에 응급실까지 갈 필요가 없는 경증 소아 환자를 치료해 응급실 과밀화를 해소하기 위한 방안으로 달빛어린이병원 제도를 도입했다. 2025년 기준 전국에 119개소가 운영 중인데, 응급실보다 대기시간과 비용 부담이 적으면서도 전문 소아 진료를 받을 수 있다는 장점이 있다. 이는 복지부나 지자체의 재정 지원을 받아 지정되며, 별도 공모 없이 의료기관의 신청을 통해 상시로 확대된다.

8월 18일 정치권과 의료계 등에 따르면 정부는 필수의료 강화를 목표로 달빛어린이병원 확충을 보건복지 분야 국정과제 중 하나로 삼았다. 이에 따라 정부는 2026년 120번째 병원 개원을 시작으로 2030년까지 매년 5곳씩 늘려 총 140곳을 채운다는 방침이다.

도계광업소 ▼

"대한민국의 마지막 국영 탄광이었던 강원 삼척시 도계읍의 대한석탄공사 도계광업소가 89년의 긴 여정을 마치고 6월 30일 광산 운영을 공식 종료했다."

강원 삼척시 도계읍에 위치했던 탄광으로, 1936년 일제강점기 시절 개광했다. 1950년 대한석탄공사 설립 이후 도계광업소는 약 4300만t의 석탄을 생산했는데, 이는 석탄공사의 75년간 총생산량(1억 9400만t)의 22%를 차지하는 규모였다. 이에 도계광업소는 한때 직원 약 3000명이 근무했을 정도로 큰 규모였으며, 1988년에는 연간 127만t으로 최대 생산을 달성하기도 했다. 하지만 1960년대 경제 개발의 핵심 동력이었던 석탄은 점차 석유와 가스 등의 보급으로 1980년대 후반부터 내리막길을 걷기 시작했다. 특히 1989년 정부의 「석탄산업 합리화 정책」이 시행되면서 탄광산업은 본격적인 사양길로 접어들었다. 해당 정책 시행 첫해인 1989년 한해에만 도계에서 삼마·대방·삼보 등 3개 탄광이 폐광했고, 이에 이 지역의 인구는 크게 줄었다. 이후 2023년 전남 화순광업소, 2024년 강원 장성광업소가 각각 폐광되면서 도계광업소는 대한석탄공사 산하의 유일한 국·공영 탄광으로 남아 있었다. 하지만 도계광업소도 폐광되면서 국내에는 도계읍에 있는 민영 탄광인 경동 상덕광업소 단 한 곳만 남게 됐다.

돌발 홍수(Flash Flood) ▼

"7월 4일 미국 텍사스주에 돌발 홍수가 발생하면서 약 290명의 실종자와 사망자가 발생하는 대규모 참사가 일어났다. 실제로 7월 3일 늦은 오후부터 텍사스 중부 지역에는 4시간 만에 약 250~380mm에 이르는 기록적 폭우가 쏟아졌다. 특히 이 돌발 홍수로 인해 미국 독립기념일 연휴를 맞아 과달루페강 인근에서 휴가를 즐기던 시민 다수가 참변을 당했다."

일반적으로 좁은 지역에 짧은 시간 폭우가 쏟아지면서 발생하는 홍수를 말한다. 돌발 홍수는 국지적 집중 호우를 비롯해 ▷산악지대나 경사가 급한 계곡 등에서 빗물이 빠르게 모여 흐르는 지형적 요인 ▷댐과 같은 인공구조물 붕괴에 따른 대량의 물의 하류 방류 ▷토사 유출 및 산사태 등이 주요 원인으로 꼽힌다. 이러한 돌발 홍수는 발생 예측이 매우 어려운 데다 워낙 갑작스럽게 발생한다는 점에서 대응 시간도 짧다. 무엇보다 단시간 내 수위가 상승해 인명이나 재산에 미치는 피해가 매우 큰데, 실제로 전체 홍수 사망자의 85% 이상이 돌발 홍수에서 발생하는 것으로 알려져 있다. 최근에는 기후변화로 인한 집중호우가 잦아지면서 돌발 홍수에 대한 우려가 높아지고 있다.

러브버그(붉은등우단털파리) ▼

"산림청 국립산림과학원이 7월 4일 여름철마다 서울 등 수도권 일부 지역을 중심으로 출몰해 시민들에게 큰 불편을 주고 있는 붉은등우단털파리(이른바 러브버그)의 발생 양상을 예측모델로 분석한 결과, 1일 기준 전체 활동의 약 86%가 진행된 것으로 예측된다고 밝혔다. 이에 따라 국립산림과학원은 7~10일 이내에 대부분의 개체가 자연 소멸할 것으로 분석했다."

일본·중국·대만 등 동아시아 지역에서 관찰되는 부식성 파리류로, 국내에서는 2022년부터 서울 서북부 지역을 중심으로 나타나기 시작했다. 러브버그라는 명칭은 짝짓기 동안은 물론, 날아다닐 때도 암수가 쌍으로 다니는 데서 붙은 것이다. 이처럼 쌍으로 다니는 이유는 러브버그의 수명이 워낙 짧기 때문인데, 러브버그 수컷은 3일가량, 암컷은 7일가량 살며 알을 낳고 죽는다. 러브버그는 주로 6~7월에 대규모로 발생해 2주가량 지나면 개체 수가 급격히 감소한다. 이는 꽃가루를 옮기는 데 도움을 줘 익충으로 알려져 있지만, 불빛에 모이는 특성과 높은 밀도로 일상생활에 지장을 미치고 있어 「유행성 도시 해충」으로 칭하기도 한다.

미필적 고의(未必的 故意) ▼

"이재명 대통령이 7월 29일 주재한 국무회의에서 고질적인 산재 사망사고에 대해 「아주 심하게 얘기하면 법률적 용어로 미필적 고의에 의한 살인 아니냐」고 밝혔다. 그러면서 징벌적 배상 도입, 고액 과징금, 대출 제한, 건설 면허 취소 등의 방안을 언급하며 각 부처에 대책 마련을 주문했다."

불확정적 고의의 하나로서 「조건부 고의」라고도 한다. 자기의 행위로부터 어떤 결과가 발생할 지도 모른다는 것을 알면서도 발생해도 어쩔 도리가 없다고 인정하고 있는 심리 상태를 말한다. 즉, 범죄사실이 발생할 가능성을 인식하고도 이를 용인하는 것을 말한다. 이에 반해 「인식 있는 과실」은 「결과가 발생할 수 있겠지만 그럴 리 없다」라고 생각하는 것이다. 살인의 경우 미필적 고의와 인식 있는 과실은 살인죄와 과실치사로 나뉜다.

> **중대재해처벌법(重大災害處罰法)** 기업에서 사망사고 등 중대재해가 발생했을 때 사업주에 대한 형사처벌을 강화하는 내용의 법으로, 2021년 1월 8일 국회 본회의를 통과해 2022년 1월 27일부터 시행됐다. 중대재해처벌법은 사업주·경영책임자의 위험방지의무를 부과하고, 사업주·경영책임자가 의무를 위반해 사망·중대재해에 이르게 한 때 이들을 형사처벌하고 해당 법인에 벌금을 부과하는 등 처벌수위를 명시하고 있다.

사전연명의료의향서 ▼

"8월 10일 국립연명의료관리기관에 따르면 연명의료를 받지 않겠다는 내용의 사전연명의료의향서를 등록한 사람은 지난 9일 기준 모두 300만 3177명이다. 이는 2018년 2월 연명의료결정법 시행으로 관련 제도가 도입된 지 7년 6개월 만으로, 우리나라 전체 성인 인구의 6.8%가량에 해당한다."

임종 단계에서 무의미한 연명치료를 거부하거나 호스피스를 선택하는 법적 문서로, 2018년 시행된 「호스피스·완화의료 및 임종과정에 있는 환자의 연명의료 결정에 관한 법률」에 근거하고 있다. 19세 이상의 사람은 누구나 해당 문서를 작성할 수 있는데, 이를 작성하기 위해서는 반드시 보건복지부의 지정을 받은 사전연명의료의향서 등록기관을 방문하여 충분한 설명을 듣고 작성해야 한다. 그리고 작성 뒤 15일 내 연명의료정보처리시스템에 등록되면 법적 효력이 발생한다. 거부 가능한 연명치료는 ▷심폐소생술 ▷혈액투석 ▷항암제 투여 ▷인공호흡기 착용 ▷체외생명유지술(ECLS) ▷수혈 ▷혈압상승제 투여 등 치료 효과 없이 생명만 연장하는 시술로, 통증 완화, 영양·수분 공급, 산소 공급 등 필수 의료행위는 제외된다.

습구온도
(濕球溫度, Wet-bulb Temperature) ▼

일상생활에서 사용하는 기온(건구온도)에 더해 습도까지 고려한 온도로, 대기 중의 수분과 온도 상태를 동시에 나타내는 지표다. 습구온도는 젖은 천으로 감싼 온도계로 측정, 증발 냉각 효과가 반영된다. 즉 주변 공기가 건조할수록 물이 더 많이 증발해 온도가 낮아지고, 공기가 습할수록 증발이 덜 되어서 온도가 높게 측정된다. 습구온도는 습도가 높아질수록 올라가며, 습도가 100%면 습구온도와 기온이 같아진다. 습구온도는 습도 측정 외에도 고온·고습 환경이 인체 건강에 미치는 영향을 판단하는 데도 활용된다.

쉬었음 인구 ▼

통계청이 펼치는 경제활동인구조사에서 조사기준일 직전 일주일간 가사·육아·학업·질병 등의 특정 사유 없이 일을 하지 않는다고 응답한 사람들을 말한다. 이는 일할 능력과 의사가 있으며, 적극적으로 구직활동을 했으나 일자리를 구하지 못한 사람인 실업자와는 구분된다. 실업자는 경제활동인구로 분류되지만 쉬었음 인구는 비경제활동인구에 포함된다. 또 실업률 계산에 있어서도 실업자와 달리 포함되지 않는다. 쉬었음 인구는 공식 실업률 통계에 잡히지 않는 「잠재적 실업자」로, 노동시장 분석과 정책 설계 시 중요한 지표로 작용한다.

10·29 이태원 참사 ▼

"대검찰청이 7월 30일 이태원 참사 진상 규명을 위한 합동수사팀이 출범했다고 밝혔다. 이는 이재명 대통령이 이태원 참사 유족들을 만난 뒤 진상 규명을 위한 강제 수사를 지시한 약 2주 만이다. 합동수사팀의 수사 대상은 이태원 참사의 원인 및 구조 활동, 대응 상황의 적정성 등 여러 의혹과 피해자 및 유족에 대한 2차 가해 사건 등이다. 앞서 경찰과 검찰 수사로 서울경찰청장, 용산서장, 구청장 등 사고 책임자들이 기소돼 재판을 받고 있지만, 유족들은 관련 국가기관 전반에 대한 추가 수사가 필요하다고 요구해왔다."

2022년 10월 29일 오후 10시 15분경 서울특별시 용산구 이태원동 119-3번지 일대 해밀톤호텔 옆 골목에 핼러윈을 즐기려는 다수의 인파가 몰린 가운데, 통제 인력 배치는 물론 현장 통제가 제대로 이뤄지지 않으면서 300명이 넘는 압사 사상자가 발생한 대형 참사이다. 참사 당시 이태원에는 코로나19 확산 이후 3년 만에 사회적 거리두기 없는 핼러윈을 즐기려는 수많은 인파가 몰려들었는데, 특히 사고가 발생한 골목은 보행로 폭이 4m 안팎으로 매우 좁은 구역이어서 대형 참사로 이어졌다. 이 사고로 159명이 사망하는 등 300명이 넘는 사상자가 발생했는데, 서울 도심에서 이와 같은 대규모 인명피해가 발생한 것은 502명이 사망했던 1995년 삼풍백화점 사고 이후 처음 있는 일이었다. 정부는 이태원 참사 이후 10월 30일부터 11월 5일 밤 24시까지를 국가애도기간으로 정하고, 사고가 발생한 서울시 용산구를 특별재난지역으로 선포했다.

아빠육아휴직보너스제

"정부가 7월 29일 국무회의에서 「아빠 보너스제」를 일반 육아휴직급여와 동일하게 인상하는 내용의 고용보험법 시행령 일부개정령안을 심의·의결했다. 이는 아빠보너스제의 한시 운영 기간에 이를 적용받은 근로자들이 현 시점에서 남은 육아휴직을 사용할 경우 4개월차 이후 급여가 통상임금의 50%(상한 월 120만 원)로 책정돼 일반 육아휴직급여(상한 160만~200만 원)보다 적은 데 따른 것이다. 해당 개정안은 2025년 1월 1일 이후 육아휴직 기간부터 소급 적용된다."

부모가 순차적으로 모두 육아휴직을 쓸 경우 두 번째 사용한 사람의 육아휴직 첫 3개월 급여를 100%(월 최대 250만 원) 지급하는 제도를 말한다. 이 제도는 3+3 육아휴직제 신설로 해당 제도와 통폐합됐는데, 3+3 육아휴직제의 혜택에서 벗어난 생후 12개월 이상의 자녀를 둔 근로자를 위해 2022년 1년간 한시적으로 연장 운영된 바 있다.

한편, 3+3 육아휴직제는 영아기 자녀를 둔 부모 모두의 육아휴직 사용을 촉진하기 위한 것으로, 자녀가 생후 12개월이 될 때까지 부모가 동시에 혹은 순차적으로 육아휴직을 사용할 경우 첫 3개월간 각각 통상임금의 100%(월 최대 300만 원)를 지급하는 제도를 말한다. 이후 4~12개월째 육아휴직 기간에는 각각 통상임금의 80%(월 최대 150만 원)를 지급한다. 상한액의 경우 매월 상향 조정되는데, ▷첫 달에는 각각 최대 200만 원 ▷둘째 달은 최대 250만 원 ▷셋째 달은 최대 300만 원이다.

양육비 선지급제(養育費 先支給制)

양육비 정기지급 채권이 있음에도 양육비를 지급받지 못하는 기준 중위소득 150% 이하 한부모가족 자녀에게 국가가 양육비를 우선 지급하고, 추후 양육비 채무자(비양육자)에게 징수하는 제도를 말한다. 올 7월 1일부터 시행된 이 제도는 양육비 채무자의 양육비 지급 미이행으로 경제적 어려움을 겪지 않도록 지원하기 위해 도입됐다. 이는 양육비 선지급이 결정된 대상자의 자녀 1인당 최대 20만 원을 매월 지급하는데, 자녀 연령 만 18세까지 지원한다. 양육비 선지급 대상자는 양육비 이행내역과 선지급 지급 요건 변경 현황을 양육비이행관리원에 의무적으로 신고해야 한다. 만약 양육비 선지급금 이상의 양육비가 이행되면 지급이 중지될 수 있으며, 자녀 양육 주체가 변경되는 경우에도 선지급금 수급이 불가하다. 한편, 가구의 소득인정액 증가, 사망·실종·혼인 등 가구원 구성 변경 등 변동사항이 있을 경우 양육비이행관리원이 양육비 선지급 지급 유지 여부를 다시 판단하게 된다.

연차휴가(年次休暇)

일정 근무조건을 만족할 경우 근로자에게 주어지는 휴가로, 근로기준법에 따르면 사용자가 1년간 80퍼센트 이상 출근한 근로자에게 부여하는 15일의 유급휴가를 말한다. 사용자는 계속하여 근로한 기간이 1년 미만인 근로자 또는 1년간 80퍼센트 미만 출근한 근로자에게 1개월 개근 시 1일의 유급휴가를 주어야 한다. 또 3년 이상 계속하여 근로한 근로자에게는 휴가에 최초 1년을 초과하는 계속 근로연수 매 2년에 대하여 1일을 가산한 유급휴가를 주어야 하며, 이 경우 가산휴가를 포함한 총 휴가일수는 25일을 한도로 한다. 이때 사용자는 근로자가 청구한 시기에 휴가를 주어야 하고, 그 기간에 대해서는 취업규칙 등에서 정하는 통상임금 또는 평균임금을 지급해야 한다. 다만 근로자가 청구한 시기에 휴가를 주는 것이 사업 운영에 막대한 지장이 있는 경우에는 그 시기를 변경할 수 있다.

8월 18일 고용노동부에 따르면 근로기준법 개정을 통해 6개월 이상 근무 시 최소 15일의 연차휴가 부여가 가능하도록 하고, 사용하지 않은 휴가는 최대 3년간 누적해 한 번에 쓸 수 있도록 할 계획이다. 여기에 하루 단위 대신 시간 단위 연차를 자유롭게 활용하는 방안도 포함됐다.

열돔 현상(Heat Dome)

지상 5~7km 높이의 대기권 중상층에 발달한 고기압이 정체하거나 아주 서서히 움직이면서 뜨거운 공기를 지면에 가둬 더위가 심해지는 현상을 말한다. 이는 고기압에서 내려오는 뜨거운 공기가 마치 돔(반구형 지붕)에 갇힌 듯 지면을 둘러싼다고 해서 붙은 명칭이다. 강력한 고기압이 발생하면 고기압 내부의 공기는 하강 기류를 일으키는데, 이때 하강하는 공기는 압축되면서 더워진다. 그리고 주변의 고기압과 제트기류는 돔 역할을 하면서 더워진 공기가 빠져나가지 못하게 하며, 여기에 태양열 복사로 지표면이 지속적으로 가열되면서 지상 기온은 지속적으로 상승한다. 이러한 열돔 현상의 원인으로는 ▷라니냐 또는 엘니뇨 현상 ▷제트기류의 패턴 변화 ▷지구 온난화에 따른 전반적인 기온 상승이 거론된다. 열돔 현상은 미국과 아시아 등 주로 중위도 지역에서 주로 발생하는데, 해당 현상이 생기면 예년보다 5~10도 이상 기온이 높은 날이 며칠 동안 이어진다.

7월 초 경기 광명과 파주 등 일부 지역에서 낮 최고 기온이 40도를 넘어서는 등 우리나라 전역에서 35도를 웃도는 폭염이 지속됐다. 올해 폭염이 유독 이른 시기에 시작된 것은 덥고 습한 북태평양 고기압이 빠르게 확장한 데 따른 것으로, 이로 인해 7월 말까지 지속되어야 할 장마까지 빠르게 종료되며 기온이 크게 상승했다. 여기에 서쪽에서 온 티베트 고기압까지 한반도를 덮치며 「이중 열돔」이 형성됐고, 이에 강렬한 햇볕으로 달궈진 열기가 빠져나가지 못하면서 역대 최악의 더위가 발생한 것이다.

유해야생동물(有害野生動物)

"6월 27일 서울시에 따르면 시는 지난 4월 유해야생동물 먹이주기 금지구역 38개소를 지정 고시했다. 이는 유해야생동물에게 먹이를 주는 행위로 인해 발생할 수 있는 시설물, 공중보건 및 생활상 등의 피해를 예방하고 최소화하기 위한 것으로, 이에 따라 7월 1일부터 금지구역에서 먹이를 주는 행위에 대해 과태료가 부과됐다. 1차 위반행위는 20만 원, 2차는 50만 원, 3차 이상은 100만 원의 과태료를 내야 한다. 고시에 따라 서울에서 먹이주기가 금지되는 유해야생동물은 주로 집비둘기다."

사람의 생명이나 재산에 피해를 주는 야생동물로서 환경부령이 정하는 종을 말한다. 여기에는 ▷장기간에 걸쳐 무리를 지어 농작물 또는 과수에 피해를 주는 참새, 까치, 어치, 직박구리, 까마귀, 갈까마귀, 떼까마귀, 큰부리까마귀 ▷일부 지역에 서식밀도가 너무 높아 농·림·수산업에 피해를 주는 꿩, 멧비둘기, 고라니, 멧돼지, 청설모, 두더지, 쥐류 및 오리류(오리류 중 원앙이, 원앙사촌, 황오리, 알락쇠오리, 호사비오리, 뿔쇠오리, 붉은가슴흰죽지는 제외한다) ▷비행장 주변에 출현하여 항공기 또는 특수건조물에 피해를 주거나, 군 작전에 지장을 주는 조수류(멸종위기 야생동물은 제외한다) ▷인가 주변에 출현하여 인명·가축에 위해를 주거나 위해 발생의 우려가 있는 멧돼지 및 맹수류(멸종위기 야생동물은 제외한다) ▷분묘를 훼손하는 멧돼지 ▷전주 등 전력시설에 피해를 주는 까치, 까마귀, 갈까마귀, 떼까마귀, 큰부리까마귀 ▷일부 지역에 서식밀도가 너무 높아 분변(糞便) 및 털 날림 등으로 문화재 훼손이나 건물 부식 등의 재산상 피해를 주거나 생활에 피해를 주는 집비둘기 ▷일부 지역에 서식밀도가 너무 높아 「양식산업발전법」 제2조제2호에 따른 양식업, 「낚시 관리 및 육성법」 제2조제4호에 따른 낚시터업, 「내수면어업법」 제2조제5호에 따른 내수면어업 등의 사업 또는 영업에 피해를 주는 민물가마우지 등이 해당한다.

일하는밥퍼

충청북도가 지난해부터 추진 중인 노인복지 사업으로, 수혜 중심의 기존 노인 복지를 넘어 고령자의 자립과 지역 경제 활성화를 동시에 도모하는 모델이다. 이는 고령화가 가속화되며 발생하는 노인들의 사회적 고립과 경제적 어려움을 해결하기 위해 기획된 것으로, 사업의 명칭은 서울의 무료급식 봉사단체 「밥퍼」에서 차용한 것이다. 일하는 밥퍼는 60세 이상 노인과 취약계층

(장애인 등)을 대상으로 경로당(2시간 근무)이나 소규모 작업장(3시간 근무)에서 농산물 손질, 상품 포장, 공산품 조립 등의 단순 작업을 수행하고 소정의 활동비를 지급받는 구조로 이뤄져 있다. 활동비는 하루 1만~1만 5000원이며, 지역 내에서만 사용할 수 있는 지역화폐와 온누리상품권 등으로 제공된다. 사업 재원은 충북도 예산과 함께 대한적십자사, 충북사회복지공동모금회 기탁금 등 민간 재원을 함께 활용한다.

지역필수의사제(地域必須醫師制) ▼

"지역 필수의료분야 종사 의사들에게 지역근무수당과 정주 여건 등을 지원하는 지역필수의사제 시범사업이 7월부터 강원, 경남, 전남, 제주 등 4개 지방자치단체에서 시작됐다. 시범사업은 의사가 종합병원급 이상 지역의료기관에서 필수과목을 진료하며 장기간 근무할 수 있도록 지역근무수당과 정주 여건을 지원하는 사업이다. 대상 필수과는 내과, 외과, 산부인과, 소아청소년과, 응급의학과, 심장혈관흉부외과, 신경과, 신경외과 등이다."

필수의료와 지방 등 의료 사각지대를 최대한 줄이기 위해 의사들에게 지역근무수당과 정주 여건을 지원하는 제도를 말한다. 이는 의사가 충분한 수입과 거주 지원을 보장받고 지역 필수의료기관과 장기근속 계약을 맺는 방식으로 이뤄진다. 시범사업의 경우 내과, 외과, 산부인과 등 8개 필수과목 전문의 중 5년차 이내 의사가 5년간 지역 근무를 계약하는 방식으로 시행된다.

최말자 사건(崔末子 事件) ▼

"부산지법 형사5부가 7월 23일 61년 전 자신을 성폭행하려던 남성의 혀를 깨물어 중상해 혐의로 기소돼 유죄 판결을 받았던 최말자(78) 씨의 재심 첫 공판과 결심공판을 진행한 가운데, 검찰이 최 씨에 대해 무죄를 구형했다."

1964년 5월 당시 18세였던 최말자 씨(78)가 자신을 성폭행하려던 남성의 혀를 깨물어 1.5cm를 절단한 혐의로 구속 기소된 사건을 말한다. 당시 법원은 최 씨에게 징역 10개월에 집행유예 2년을 선고했는데, 「성폭행 방어를 위한 정당방위」라는 최 씨의 주장은 받아들이지 않았다. 반면 상대 남성의 성폭력 혐의는 미수로 기소조차 되지 않았고, 가해자는 특수 주거침입죄와 협박죄만 인정돼 징역 6월에 집행유예 2년이 선고됐다. 이후 최 씨는 사건 발생 56년 만인 2020년 5월 재심을 청구했지만, 1심과 2심 법원은 「과거 수사 중 검사가 불법 구금을 하고 자백을 강요했다」는 최 씨 주장에 대한 증거가 없다며 청구를 기각했다. 이후 대법원이 3년 넘게 심리한 끝에 사건을 파기환송했고, 부산고법이 올 2월 최 씨의 중상해 사건 재심 기각 결정에 대한 항고를 인용했다. 한편, 최 씨 사건은 형법학 교과서 등에 정당방위가 인정되지 않은 대표적 사례로 다뤄졌는데, 법원행정처가 1995년 발간한 《법원사》에는 「강제 키스 혀 절단 사건」으로 소개되기도 했다.

최후 일대(最后 一代·마지막 세대) ▼

"7월 28일 중국 관영 신화통신에 따르면 중국 정부가 만3세까지 자녀 1인당 매년 3600위안(약 69만 원)의 보조금을 지급하는 「육아보조금 제도 시행 방안」을 발표했다. 중국 정부의 이번 방안은 3년째 인구가 감소하는 데 따른 것으로, 중국은 인구가 급증하던 1978년에는 출산억제 차원에서 「한 가구 한 자녀」 정책을 도입했었다. 하지만 이후 인구 증가세가 줄면서 두 자녀(2016년)와 세 자녀(2021년) 정책을 점차 허용했으나 좀처럼 출산율 회복이 이뤄지지 않고 있다."

중국의 젊은 층을 중심으로 다음 세대를 낳을 수 없어 자신들이 마지막이 될 것이라는 의미로 사용되는 용어이다. 이는 2022년 코로나19가 유행하던 시기 격리시설에 끌려가길 거부한 중국인 부부에게 경찰이 「처벌을 받게 되면 3대가 고통 받을 것」이라고 하자, 이들 부부가 「우리가 마지막 세대다. 고맙다」고 응수한 데서 시작된 표현이다. 이 표현은 이후 중국 인터넷에서 큰 호응을 받으며 인기를 끌었고, 이에 중국 정부는 곧바로 이를 인터넷 금지어로 지정했다.

캄차카반도 강진 ▼

7월 30일 오전 11시 24분(한국시간 오전 8시 24분)쯤 러시아 캄차카반도 동쪽 바다에서 발생한 규모 8.8의 지진을 말한다. 캄차카는 오호츠크해와 베링해 사이에 자리한 러시아 극동의 반도로, 환태평양조산대「불의 고리(Ring of Fire)」에 속해 지각 활동이 활발한 곳이다. 미 지질조사국(USGS)에 따르면 지진은 이날 캄차카주 주도인 페트로파블롭스크-캄차츠키에서 남동쪽으로 133km 떨어진 북태평양 해상에서 발생했는데, USGS는 이번 지진 규모를 8.0으로 발표했다가 8.6과 8.7을 거쳐 8.8까지 상향 조정했다. 이후 규모 6.9와 6.3의 강한 여진도 이어졌다. 이에 러시아 정부는 쿠릴열도에 비상사태를 선포했고 캄차카반도 해안 주민들에게 대피령을 내렸다. 항구도시 세베로쿠릴스크의 경우 3~5m 높이의 쓰나미가 해안을 덮치면서 일대가 침수되기도 했다. 여기에 이번 지진으로 태평양 연안 지역에 최대 3m의 쓰나미가 예측되면서 일본과 미국 하와이 및 캘리포니아 해안뿐 아니라 남미 에콰도르와 칠레 등 쓰나미 도달 예상 지역에 주의보가 내려졌다. 특히 일본은 당초 태평양 연안 지역을 중심으로 쓰나미 주의보를 내렸다가 일부 지역은 최대 3m 높이의 쓰나미가 예상된다며 경보로 격상하기도 했다. 무엇보다 이번 지진은 2011년 동일본 대지진(9.1) 이후 가장 강력한 것으로, 20세기 이후 발생한 여섯 번째 초대형 지진으로 기록될 전망이다. 2011년 동일본 대지진의 경우 당시 15m에 달하는 쓰나미가 내륙을 덮치며 1만 5000명이 사망한 바 있다.

불의 고리(Ring of Fire) 서쪽의 일본·대만·동남아, 북쪽의 러시아 캄차카와 미국의 알래스카, 동쪽의 미주대륙 서부와 남미 해안 지역, 그리고 뉴질랜드 등 태평양 연안을 고리 모양으로 잇는 4만km에 이르는 지진·화산대인 환태평양 조산대를 이르는 말이다. 불의 고리라는 명칭은 이 지역의 화산대가 원 모양으로 분포돼 있는 데 따른 것이다. 불의 고리는 판구조론에서 말하는 지각을 덮는 여러 판들 중 가장 큰 판인 태평양판이 유라시아판, 인도-호주판 등과 맞물리는 경계선이어서 지각 활동이 활발하다. 실제 세계 활화산과 휴화산의 75%가 불의 고리 지역에 몰려 있으며, 전 세계 지진의 80~90%도 이곳에서 발생한다.

특별재난지역(特別災難地域) ▼

"이재명 대통령이 7월 22일 집중호우로 피해를 본 경기 가평, 충남 서산·예산, 전남 담양, 경남 산청·합천 등의 지역 6곳을 특별재난지역으로 우선 선포했다. 아울러 이 대통령은 이날 특별재난지역 선정 등 폭우 피해 지원대책을 점검하며 재난 상황에서 음주가무 등을 즐긴 공직자들에 대한 엄한 단속도 지시했다."

대형 사고나 자연재해 등으로 피해를 입은 지역의 긴급한 복구 지원을 위해 대통령이 선포하는 지역을 말한다. 특별재난지역은「재난 및 안전관리 기본법」에 따라 자연·사회 재난을 당한 지역에서 지방자치단체 능력만으로 수습하기 곤란해 국가적 차원의 지원이 필요하다고 인정되는 경우 지정될 수 있다. 특별재난지역으로 선포되면 해당 지역에 대한 피해조사를 실시한 뒤 복구계획을 수립하게 되며, 대통령령이 정하는 응급대책 및 재해 구호와 복구에 필요한 행정, 재정, 금융, 세제 등의 특별 지원을 받을 수 있다. 특히 각종 피해 복구비의 50%가 국비로 지원되므로 지방자치단체의 재정 부담을 줄일 수 있다.

폭염특보(暴炎特報) ▼

"고지대에 자리한 강원 태백시까지 폭염주의보가 발령되면서 폭염특보(경보·주의보)가 7월 29일 내륙 전 지역으로 확대됐다. 태백시는 해발고도 1000~1600m의 높은 산으로 둘러싸인 평균 고도 902m의 고원지대로, 여름철 폭염과 열대야가 잘 나타나지 않는 곳이다. 이로써 폭염특보가 발령되지 않은 곳은 제주 한라산과 추자도 두 곳만 남게 됐다."

일 최고 체감온도(최고기온에 습도까지 반영)를 기준으로 발령되는 기상경보로, 주의보와 경보로 나뉜다. 폭염주의보는 ① 일 최고 체감온도 33℃ 이상인 상태가 2일 이상 지속될 것으로 예상될 때 ② 급격한 체감온도 상승 또는 폭염 장기화 등으로 중대한 피해 발생이 예상될 때 중 어느 하나에 해당하는 경우 발령한다. 그리고 폭염경보는 ① 일 최고 체감온도 35℃ 이상인 상태가 2일 이상 지속될 것으로 예상될 때 ② 급격한 체감온도 상승 또는 폭염 장기화 등으로 광범위한 지역에서 중대한 피해 발생이 예상될 때 중 어느 하나에 해당하는 경우 발령한다.

해파리 주의보

해파리 예비주의보는 1ha당 보름달물해파리가 300마리 또는 노무라입깃해파리가 10마리 넘게 발견됐을 때, 해파리 주의보는 1ha당 보름달물해파리가 1000마리 또는 노무라입깃해파리가 50마리 이상 발견됐을 때 발령된다. 해파리의 몸통에서 길게 나온 촉수에는 수천 개의 작은 자포(침 세포)가 있는데, 해파리에 쏘일 경우 피부가 부풀어 오르거나 심하면 발열과 함께 오한, 근육마비, 호흡곤란 등을 일으킬 수 있다. 해파리에 쏘인 경우에는 상처 부위를 미지근한 바닷물이나 생리 식염수로 씻어내는 것이 바람직한데, 차가운 수돗물이나 생수로 세척하면 오히려 자포에서의 독액 방출이 증가해 피해가 커질 수 있다. 그리고 세척 후에도 피부에 촉수가 남아 있을 경우에는 손으로 문지르지 말고 신용카드나 플라스틱 카드 등을 이용해 조심스럽게 긁어내듯 제거하는 것이 좋다.

올여름 유독 심한 폭염에 따른 수온 상승으로 동해안 해수욕장에는 해파리가 급증했다. 이에 각 지자체는 해파리 사고 방지대책에 돌입했는데, 강원도의 경우 7월 10일 강릉·동해·삼척·속초·고성·양양 등 동해안 6개 시·군 해수욕장 23곳에 해파리와 상어가 접근하지 못하도록 차단망을 설치했다고 밝혔다. 또 경남도는 7월 30일 거제, 고성 능 노내 언안 해역의 해파리 대량 출현이 지속됨에 따라 해파리 구제사업 국비 7000만 원을 추가 확보해 시군에 긴급 교부했다고 밝혔다.

④ 문화·스포츠

군함도(軍艦島)

"세계유산위원회가 7월 7일 파리에서 열린 47차 회의에서 군함도 문제를 정식 의제로 다루지 않기로 했다. 한국 정부는 일본이 2015년 7월 군함도의 세계유산 등재 이후 조선인 강제 노역을 포함한 전체 역사를 알리겠다는 약속을 지키지 않고 있다는 점을 정식 의제화하려 했으나 일본이 군함도 문제를 제외하자는 수정안을 내놓으면서 표결에 부쳐졌다. 그 결과 일본 수정안에 대해 위원국 21개국 중 찬성 7개국, 반대 3개국, 기권 8개국, 무효 3개국으로 군함도 문제 정식 의제 채택이 무산됐다."

일본 나가사키현 나가사키항 근처에 위치한 섬으로, 19세기 후반 미쓰비시 그룹이 석탄을 채굴하기 위해 이곳을 개발, 탄광 사업을 실시하며 큰 수익을 올렸다. 그러다 1950~60년대 일본 석탄업계가 침체되면서 서서히 몰락해 1974년 폐광됐다. 무엇보다 이곳은 1940년대 조선인 강제징용이 대규모로 이뤄진 곳으로, 당시 군함도에 징용된 조선인은 하루 12시간 동안 채굴 작업에 동원됐으며 이곳에서 숨진 조선인만 122명에 이르는 것으로 알려져 있다. 그러나 군함도는 2015년 7월 유네스코 세계유산에 등재되면서 역사 왜곡 등의 논란을 빚었다. 당시 일본은 유네스코 세계유산 등재를 앞두고 군함도와 관련된 역사를 왜곡하고 산업혁명의 상징성만을 부각시켜 홍보해 우리 국민의 거센 공분을 샀다. 이에 유네스코의 자문기관이 시설의 전체 역사를 알 수 있도록 하라고 일본에 권고했지만, 일본 측은 권고를 제대로 이행하지 않아 논란이 계속되고 있다.

대중문화예술인 방송·영상 표준계약서

대중문화예술인이 방송 또는 영상에 출연하는 경우 출연 계약의 표준을 제시하기 위한 양식으로, 문화체육관광부가 고시한다. 2013년 7월 제정 당시 명칭은 「방송 출연 표준계약서」였는데 사회적 변화를 반영하지 못한다는 비판에 따라 문화체육관광부가 제정 12년 만인 올 7월 31일

계약서를 전면 개정해 고시했다. 개정된 계약서는 명칭을 「방송·영상 출연표준계약서」로 변경하고 배우·가수 등의 직군 중심이었던 계약 체계를 음악, 드라마, 비드라마 등 분야 중심 체계로 개편해 방송사뿐 아니라 온라인동영상서비스(OTT) 등에서 제작되는 영상물에도 적용할 수 있도록 했다. 특히 기존의 약물·도박 등 법령 위반이나 이에 준하는 사안 외에도 출연자의 학교폭력이나 사생활 논란 등으로 인해 영상물의 제작 또는 공개에 차질이 발생한 경우에도 방송사와 제작사가 입은 손해에 대해 출연자가 배상할 수 있는 근거 조항을 포괄적으로 마련했다.

데드리프트(Deadlift)

"하프토르 비요르손(37·아이슬란드)이 7월 26일 독일에서 열린 아이젠하르트 블랙 대회에서 데드리프트 505kg에 성공, 세계 신기록을 세웠다. 이전 기록은 2016년 대회에서 에디 홀(37·영국)이 세운 500kg이었다."

바닥에 놓인 바벨을 양손으로 들어 올려 엉덩이 부근에 위치하도록 직립 자세를 유지하는 스포츠 종목이다. 스쿼트(스콰, 바벨을 어깨에 올리고 앉았다 일어나는 종목), 벤치프레스(누운 채로 바벨을 들어 올렸다 내리는 종목)와 함께 「파워리프팅」에 속하며 흔히 세 종목의 기록 합계가 500kg이면 「3대 500」이라고 한다. 데드리프트는 전신 근육을 발달시키며 특히 하체 근육을 강화하는 데 도움이 된다.

로카르노영화제 (Locarno Film Festival)

"미야케 쇼 감독이 연출하고 한국 배우 심은경이 주연을 맡은 영화 〈여행과 나날〉이 8월 16일 스위스에서 열린 제78회 로카르노영화제 폐막식에서 최고상인 황금표범상을 수상했다. 이로써 〈여행과 나날〉은 기누가사 데이노스케 감독의 〈지옥문〉(1954), 짓소지 아키오 감독의 〈무상〉(1970), 고바야시 마사히코 감독의 〈사랑의 예감〉(2007)에 이어 로카르노영화제에서 황금표범상을 수상한 네 번째 일본 영화로 기록됐다."

1946년 창설돼 매년 8월 스위스 로카르노에서 개최되는 영화제다. 2편 이내의 영화를 만든 신인 감독을 대상으로 하는 신인 영화제로 출범했으나 1990년부터는 기존 감독들도 출품이 가능해졌다. 스위스영화협회가 주관하며 시상 부문으로는 ▷황금표범상 ▷은표범상 ▷동표범상 ▷심사위원 특별상 ▷최우수연기상 등이 있다. 주로 제3세계 영화들이 경쟁 부문에 선정되며, 비경쟁 부문에서는 올해의 최우수영화, 영화사에 공헌한 작품회고전 등이 진행된다.

부산국제영화제 (BIFF·Busan International Film Festival)

"부산국제영화제(BIFF) 집행위원회가 한국영화공로상 수상자로 정지영 감독을 선정했다고 8월 6일 밝혔다. 정 감독은 1982년 〈안개는 여자처럼 속삭인다〉로 데뷔해 〈부러진 화살〉(2011), 〈남영동1985〉(2012) 등 40여 년 동안 한국 사회의 이면과 시대적 과제를 날카롭게 포착한 작품을 만들어 왔다. 시상은 9월 17일 열리는 개막식에서 진행된다."

우리나라에서 열린 첫 번째 국제영화제로, 1996년 9월 13일 부산에서 열린 첫 개막식을 시작으로 매년 개최되고 있다. 영화제는 수동적인 영화 관람의 형태에서 벗어나 적극적으로 참여하는 영상문화를 만들고, 세계 영화계에 한국 영화의 위상을 드높이는 계기를 마련하기 위한 목적으로 시작됐다. 현재 우리나라 최대의 국제영화제로 성장한 부산국제영화제는 70~80여 개국에서 300여 편의 영화가 초청되고 있으며, 2011년 개관한 부산국제영화제 전용관 「영화의 전당」은 부산의 랜드마크로 자리 잡았다. 부산국제영화제의 대표적인 시상 부문은 아시아 영화 경쟁 부문인 「뉴커런츠상」으로, 이는 아시아의 재능 있는 신인감독을 발굴하고 격려하기 위한 상이다. 특히 올해부터는 영화제 30주년을 맞아 한 해를 대표하는 최고의 아시아 영화를 선정하는 경쟁 부문을 신설해 부산어워드 대상, 감독상, 심사위원특별상, 배우상, 예술공헌상 등 5개 부문에서 수상자를 선정한다.

생전예수재(生前豫修齋)

"국가유산청이 봉은사 생전예수재를 국가무형유산 신규 종목으로 지정하고 보유단체로 사단법인 생전예수재보존회를 인정했다고 7월 15일 밝혔다. 생전예수재보존회는 2017년 서울 봉은사 등 서울 사찰 5곳이 2017년 6월 발족한 단체로, 봉은사 생전예수재 전승에 필요한 기량과 전승의지 등을 갖춘 것으로 평가됐다."

「살아서 미리 덕을 닦는 재(齋)」라는 의미로, 죽기 전에 미리 재를 지내 업장을 소멸하고 공덕을 쌓아 극락왕생하려는 불교의례를 말한다. 이는 영산재·수륙재와 함께 불교를 대표하는 천도 의식으로, 살아 있는 동안 자신의 내세를 대비해 이뤄지는 예방적 의례이자 수행의 의미도 갖고 있다. 생전예수재는 중국에서 지장 시왕신앙(사람이 죽은 뒤 명부 시왕의 심판을 거쳐 다음 생의 화복이 결정되며, 죄가 중하면 지옥에 떨어지게 된다고 믿는 신앙)이 성행하면서 시작됐는데, 우리나라에서는 시왕신앙이 활발했던 고려시대부터 시작돼 조선 중기에 성행했다. 그러나 현존 문헌에서 최초로 기록돼 있는 것은 조선 후기의 《동국세시기(東國歲時記)》로, 해당 문헌에는 「경기도 광주 봉은사에서 윤달이 되면 장안의 부녀자들이 몰려들어 많은 돈을 불단에 놓고 불공을 드린다.」라는 기록이 있다. 이 기록에서 생전예수재라는 직접적인 표현은 없지만 현재의 예수재라고 인정되고 있으며, 여기에 기록된 경기도 광주 봉은사가 현재의 서울 봉은사이다. 봉은사는 2017년 6월 사단법인 생전예수재보존회를 발족했고, 2019년 10월에는 생전예수재가 서울특별시 무형유산으로 지정된 바 있다.

세이버메트릭스(Sabermetrics)

수학적·통계학적 방법론을 도입해 야구를 객관적인 수치로 분석하는 방식을 말한다. 「SABR」와 「Metrics(측정)」의 합성어로 세이버메트릭스 전문가인 빌 제임스가 창시한 SABR(The Society for American Baseball Research)라는 모임을 중심으로 정립됐다. 일반 야구 관중들에게도 친숙한 지수인 OPS(출루율+장타율), WHIP(출루허용률) 등이 바로 세이버메트릭스에서 나온 것이다. 이 분야의 전문가는 세이버메트리션(sabermetrician)이라 부르는데 이들은 야구의 모든 플레이를 최대한 객관적이고 세밀한 분석하는 데 주안점을 둔다.

스윙 오프(Swing-off)

「홈런 더비 승부치기」로, 야구 경기에서 9회까지 동점일 경우 연장전에 돌입하는 것이 아니라 각 팀별 3명의 선수가 1인당 3번 스윙을 해 더 많은 홈런을 치는 팀이 승리하는 방식이다. 정규리그에는 도입돼 있지 않고, 2022년 개정된 올스타 규정에 따라 7월 16일 미국 조지아주 애틀랜타 트루이스트 파크에서 열린 「2025 메이저리그 올스타전」에서 처음 적용됐다. 이 방식은 경기 시간을 줄일 수 있고 관객들에게 짜릿함을 선사한다는 점에서 야구팬의 지지를 받고 있다.

아비뇽 페스티벌(Avignon Festival)

"재단법인 예술경영지원센터는 프랑스 아비뇽 페스티벌이 2026년 공식 초청언어로 한국어를 선정했다고 7월 22일 밝혔다. 초청언어 프로그램은 특정 언어권의 예술과 문화를 집중 조명하는 것으로, 단일 국가 언어가 초청된 것은 한국어가 최초이며, 이시이 언어권 중에서도 유일한 사례다 한편, 주최 측의 엄격한 심사를 거치는 공식 초청 프로그램(IN)에 한국 작품이 다수 초청됐는데, 한국 작품이 공식 프로그램에 초청된 것은 1998년 「아시아의 열망」 프로젝트 이후 약 28년 만이다."

프랑스 남부의 아비뇽에서 매년 여름 열리는 세계 최고의 종합예술 축제이자 프랑스에서 가장 오래된 축제다. 프랑스 연극계의 거장인 장 빌라르(연출가 겸 배우)가 1947년 연극의 지방화를 내세우며 「아비뇽에서 예술의 주간」이란 주제로 아비뇽의 교황청 뜰에서 1주일 동안 개최한 소규모 지방예술제에서 시작됐다. 당시 셰익스피어의 작품 등 3개의 연극을 무대에 올렸고 이후 연극, 무용, 음악에서 문학, 미술, 영상예술 등으로 확장됐다. 페스티벌은 실내에서 공연이 열리는 인(In) 부문과 노천에서 열리는 오프(Off) 부문으로 이뤄져 있다. 특히 오프(Off) 공연의 경우 연극을 비롯한 음악, 무대 장식 등 세계 각국의 다양한 공연이 자유로운 분위기 속에서 펼쳐지는 것이 특징이다.

유네스코 세계유산위원회 (UNESCO World Heritage Committee)

"유네스코 세계유산위원회가 2026년 7월 열리는 제48차 세계유산위원회를 한국 부산에서 개최한다고 7월 15일 밝혔다. 1977년 파리에서 처음 위원회가 열린 이래 한국에서 해당 회의가 개최되는 것은 처음 있는 일이다. 아시아권 국가로는 1994년 태국 푸껫에서 개최된 이후 일본 교토(1998), 중국 쑤저우(2004) 등에서 열린 바 있다."

「세계유산협약」에 따라 세계유산 등재와 세계유산 보존·보호 관련 중요 사항을 결정하기 위해 매년 개최되는 대규모 국제회의를 말한다. 여기서 「세계유산협약」은 1972년 시작된 「유네스코 세계 문화 및 자연유산 보호 협약」으로, 우리나라는 1988년 가입한 바 있다. 위원회는 각국이 신청한 유산을 평가보고서에 따라 심의해 세계유산목록 등재 여부를 최종 결정하는 역할을 맡고 있다. 또 보존 상태가 악화된 유산의 경우 「위험에 처한 세계유산목록(List of World Heritage in Danger)」에 올려 국제적 지원을 촉구하거나 필요시에는 목록에서 삭제하기도 한다. 아울러 등재된 유산들의 정기적 보고서를 통해 보존 상태와 관리 계획을 검토하고 있으며, 세계유산기금을 관리하면서 유산에 대한 보존과 교육, 기술 지원에 대한 재정적 지원을 결정하기도 한다. 위원회는 세계유산협약 당사국 총회에서 선출된 21개국의 대표로 구성되는데, 그 임기는 원칙상 6년이지만 많은 경우 4년으로 단축해 순환 참여를 꾀하고 있다. 회의는 매년 1회 개최하는데, 회의에서는 유산의 신규 등재 및 보존상태 검토, 위기유산 지정 등이 이뤄진다. 회의의 개최 자격은 21개 위원국에만 있는데, 우리나라의 경우 2023년 11월 역대 4번째로 위원국에 선출된 바 있다.

US 어댑티브 오픈(US Adaptive Open)

"이승민이 7월 10일 미국 메릴랜드주 록빌의 우드먼트CC 사우스 코스(파72)에서 열린 「US 어댑티브 오픈」에서 최종 합계 12언더파 204타를 기록, 공동 2위로 대회를 마쳤다. 자폐성 발달장애를 지닌 이승민은 2022년 이 대회 초대 챔피언에 오른 후 2023년부터 3년 연속 준우승을 차지했다."

미국골프협회(USGA)의 15번째 내셔널 타이틀 챔피언십으로, USGA가 2022년 공식적으로 처음 개최한 장애인 골프대회다. 이는 2017년 USGA가 장애인 골프 커뮤니티를 위한 챔피언십을 설립하겠다는 공약을 지키기 위해 추진됐다. 대회는 장애인 골프 대회 중 최고 권위를 자랑하는데, 대회 명칭에서 「어댑티브(Adaptive)」는 「장애인 스포츠계의 흐름을 반영해 상황에 맞게 적응한다」는 뜻에서 붙은 것이다. ▷신체 ▷시각 ▷지적 장애 등 USGA에서 지정한 장애 분류 기준과 핸디캡을 충족해야 출전이 가능하다. 대회는 96명이 출전해 3일간 하루 18홀씩 54홀 스트로크플레이 방식으로 진행된다. 출전 선수들은 USGA가 주최하는 다른 오픈 대회와는 달리 4인조로 그룹화돼 나가는데, 선수의 장애 범주에 따라 티잉 그라운드가 다르게 설정된다. 또한, 각 그룹에는 벙커 레이크, 디봇 교체 및 볼 마크 수리와 같은 코스 관리 작업을 돕기 위한 플레이어 보조자가 배정돼 원활한 경기 진행을 돕는다.

e스포츠 월드컵 (EWC·eSports World Cup)

"리그 오브 레전드(LoL) 프로게임단 젠지(Gen.G)가 7월 20일 사우디아라비아 리야드에서 열린 e스포츠 월드컵(EWC) LoL 종목 결승전에서 중국의 애니원스 레전드(AL)를 3-2로 꺾고 우승했다. 이로써 젠지는 지난해 우승팀 T1에 이어 한국팀으로 두 번째 EWC LoL 우승 트로피를 들어 올렸다."

사우디아라비아 e스포츠 연맹(SEF)이 주관하는 세계 최대 규모의 e스포츠 대회다. 2024년 시작된 이 대회는 개별종목 우승팀을 가리는 「게임 챔피언십」과 출전팀들의 게임별 성적을 합산해 최고의 e스포츠팀을 가리는 「클럽 챔피언십」으로 진행된다. 사우디아라비아의 수도 리야드 블러바드 시티에서 개최된 올해 대회는 7월 8일~8월 24일까지 열렸으며 리그 오브 레전드(LoL·롤), 전략, 슈팅, 격투 등 25개 종목에 약 2000여 명의 선수가 출전했다. 총상금은 7000만 달러(약 970억 원)로, 각 종목마다 우승팀(선수)에 상금을 수여하며 종목별 최우수선수(MVP)에게는 별도로 50만 달러가 수여된다. 종합 성적으로 결정되는 최종 우승팀에는 상금 700만 달러가 주어진다.

한편, 일각에서는 사우디의 e스포츠 월드컵 개최에 대해 오일머니를 앞세워 인권 침해 등 부정적인 국가 이미지를 없애려는 「스포츠워싱」이라는 비판이 있다.

입스(Yips)

골프에서 스윙 전 샷 실패에 대한 두려움으로 발생하는 각종 불안 증세를 뜻한다. 의학적으로는 국소성 근긴장이상증(Focal Dystonia)의 일종이다. 부상이나 샷 실패에 대한 불안감, 주위 시선에 대한 지나친 의식, 장기간의 심한 훈련이나 경쟁 등이 원인이 돼 손·손목 근육의 가벼운 경련, 발한 등의 신체적인 문제가 일어나는 것이다. 뇌 속의 무의식과 의식을 각각 담당하는 편도와 해마의 균형이 깨져 편도가 과잉 활성화되고 해마가 억압될 경우 발생한다. 주로 골프 선수들이 입스를 겪지만 야구, 농구 등의 구기 종목 선수나 타이피스트, 피아니스트 등 특정 근육을 반복해서 사용하는 직군의 사람들에게도 발생한다.

재정적 페어플레이 (FFP · Financial Fair Play)

유럽축구연맹(UEFA) 소속 구단이 수익의 일정 비율을 초과하는 과도한 지출을 할 수 없도록 제한하는 규정이다. 적자가 3년간 6000만 유로를 초과할 경우 국제대회 출전을 제한하거나 과징금을 부과한다. 2011~2012시즌 처음 시행된 이 규정은 구단이 단기적 성과를 위해 무분별하게 선수를 영입해, 추후 장기적 재정 문제에 빠지는 것을 방지하기 위한 것이다. 즉, 구단이 벌어들인 순익을 초과하지 않는 범위에서 자금을 지출하는 것은 물론 구단주가 사적으로 자금을 사용하는 것을 제한하는 것이 골자다.

정치적 올바름(PC · Political Correctnes)

"정치적 올바름을 혐오하는 것으로 알려져 있는 도널드 트럼프 미국 대통령이 내셔널 풋볼 리그(NFL)팀 「워싱턴 커맨더스」의 팀명을 「워싱턴 레드스킨스」로 다시 바꿔야 한다고 7월 20일 주장했다. 워싱턴 커맨더스는 1933년부터 레드스킨스라는 명칭을 사용해 왔으나 이것이 「붉은 피부, 홍인종」이라는 뜻으로 인종차별적이라는 비판에 따라 2022년 시즌부터 커맨더스(사령관들)로 명칭을 바꾼 바 있다. 여기에 트럼프는 메이저리그(MLB) 야구팀 「클리블랜드 가디언스」의 명칭도 「클리블랜드 인디언스」로 되돌려야 한다고 압박했다."

모든 종류의 편견이 섞인 표현을 사용하지 말자는 정치적·사회적 운동으로, PC운동이라고도 부른다. 문화상대주의와 다문화주의를 사상적 배경으로 삼아 인종, 성, 성적 지향, 종교, 직업 등에 대한 차별이 느껴질 수 있는 언어를 사용하지 않고 더불어 차별적으로 행동하지 않는 것을 골자로 한다. 정치적 올바름은 1980년대 미국의 대학을 중심으로 전개돼 매스미디어와 대중문화에 큰 영향을 미쳤을 뿐만 아니라, 세계 각국의 언어생활에도 많은 영향력을 발휘했다.

K리그 명예의 전당

"한국프로축구연맹이 제2회 K리그 명예의 전당 선수 부문 헌액자로 고(故) 유상철 전 인천 유나이티드 감독, 김병지 강원FC 대표이사(55), 김주성 전 동아시아축구연맹 사무총장(59), 외국인 공격수 데얀(44)을 선정했다고 7월 1일 밝혔다. 지도자 부문 헌액자로는 김호(81) 전 감독이, 공헌자 부문 헌액자로는 정몽준(74) 대한축구협회 명예회장이 선정됐다."

한국 프로축구 발전에 기여한 인물들의 업적을 기리기 위해 2023년 신설됐다. 선수(STARS), 지도자(LEADERS), 공헌자(HONORS) 3개 부문에서 2년마다 헌액자를 선정하고 있다. 선수 부문은 선정위원회 투표, 구단 대표자 투표, 미디어 투표, 팬 투표의 점수를 합산해 점수가 높은 4명을 최종 헌액자로 선정한다. 지도자와 공헌자 부문은 선정위원회 심사로 각 1명이 선정된다. 제1회 헌액자로는 선수 부문에 최순호 수원FC 단장, 홍명보 축구대표팀 감독, 신태용 대한축구협회 부회장, 이동국 전 전북 현대 선수가 선정됐고 지도자 부문에는 김정남 전 유공 감독이, 공헌자 부문에는 고(故) 박대준 포스코 명예회장이 선정된 바 있다.

킬링필드(Killing Fields)

"유네스코 세계유산위원회가 7월 12일 캄보디아 크메르 루즈 정권의 대학살을 뜻하는 킬링필드 현장인 투올슬렘 학살 박물관, M-13 교도소, 초응엑 학살터 등 3곳을 세계문화유산으로 지정했다. 캄보디아는 등재 신청서에 「이곳에서 100개 이상의 집단 매장지와 6000구 이상의 유해가 발견됐다」고 밝힌 바 있다. 유네스코는 킬링필드에 대해 「인류가 기억해야 할 집단학살의 증거이자 평화 교육의 장」이라고 평가했다."

캄보디아의 공산주의 무장단체 크메르 루주(붉은 크메르) 정권이 1975년 론 놀 정권을 무너뜨린 뒤 1979년까지 4년간 노동자와 농민의 유토피아를 건설한다는 명분 아래 최대 200만 명에 이르는 지식인과 부유층을 학살한 사건을 말한다. 당시 크메르 루주의 지도자였던 폴 포트는 1975년 4월 미군의 베트남 철수로 약화된 캄보디아의 친미 론 놀 정권을 몰아냈다. 당시 폴 포트가 정권을 잡자 론 놀 정권의 부패에 염증을 느끼고 있던 국민들은 환영하는 입장이었다. 그러나 폴 포트는 새로운 농민 천국을 구현한다며 도시민들을 농촌으로 강제 이주시킨 것은 물론 화폐와 사유재산, 종교를 폐지했다. 그리고 이 과정에서 과거 론 놀 정권에 협력했다는 이유로 지식인, 정치인, 군인은 물론 국민을 개조한다는 명분 아래 노동자, 농민, 부녀자, 어린이까지 무려 전 인구의 4분의 1에 해당하는 200만여 명을 살해했다. 크메르 루주의 만행은 1979년 베트남의 지원을 받은 캄보디아 공산동맹군에 의해 전복되면서 종결됐다.

텐트폴 영화(Tentpole Movie)

텐트를 세울 때 지지대 역할을 하는 기둥을 뜻하는 텐트폴(Tentpole)에서 나온 말로, 영화사의 한 해 현금 흐름의 지지대 역할을 하는 핵심적인 상업 영화를 뜻한다. 유명 감독과 배우를 기용하고, 대자본을 투입해 흥행 공식에 맞춰 제작한다. 연휴·방학 등 성수기에 개봉하는 가족 영화, 유명 프랜차이즈 시리즈물 등이 이에 속한다. 영화사는 텐트폴 영화를 통해 예측 불가능성이 특히 큰 영화산업의 위험 요소를 상당 부분 개선한 사업계획을 세울 수 있다. 해당 영화사의 다른 개봉작에서 성적이 부진하더라도 텐트폴 영화를 통해 손실을 만회할 수 있기 때문이다. 한편, 텐트폴 영화는 흥행이 보장되기 때문에 개봉 초 극장으로부터 여러 개의 상영관을 편성 받는 일이 흔히 발생해 스크린 독과점 논란의 중심에 서기도 한다. 흥행에만 치중된 텐트폴 영화에 대한 의존성이 커지면 영화산업의 다양성을 해칠 수 있다는 우려도 있다.

토론토국제영화제(TIFF·Toronto International Film Festival)

"배우 이병헌(55)이 8월 5일 제50회 토론토국제영화제(TIFF) 특별공로상 수상자로 선정됐다. 토론토영화제는 영화 발전에 기여한 올해의 인물 4명을 TIFF 트리뷰트 어워즈 수상자로 발표했는데 이병헌과 함께 기예르모 델 토로 감독, 히카리 감독, 배우 조지 포스터가 수상자 명단에 올랐다. 한편 제50회 토론토국제영화제는 9월 4~14일 열리며 TIFF 트리뷰트 어워즈 시상식은 9월 7일 개최된다."

캐나다 토론토에서 개최되는 북미 최대 규모의 국제영화제로, 칸영화제, 베를린영화제, 베니스

영화제와 함께 세계 4대 영화제 중 하나로 꼽힌다. 1976년 다른 영화제에 출품된 우수작들을 모아 열리는 「Festival of festivals」로 시작된 이래 매년 9월에 열린다. 공식 경쟁 부문이 없는 비경쟁 영화제이며 피플스 초이스 어워드(관객상)가 가장 영예로운 상이다. 이 영화제에서 관객상을 받은 작품의 대부분 크게 흥행했는데, 이 때문에 「관객상의 영화제」라고도 한다. 미개봉작을 세계에 맨 처음 선보일 수 있는 기회인 월드 프리미어(World Premiere)가 많고 토론토 영화제에 출품됐다는 것만으로도 작품성을 인정받기 때문에 출품 경쟁이 치열하다. 따라서 다른 국제영화제와는 달리 영화 배급 창구로서의 역할이 매우 크며, 온타리오 지역 관광 수입에도 기여하는 바가 크다.

펄벅 여성상(Woman of Infuence Award) ▼

"8월 15일 가요계에 따르면 미국 펄벅 인터내셔널은 올해 「영향력 있는 여성상」 수상자로 인순이를 선정했다고 홈페이지를 통해 공개했다. 한국인이 이 상을 받는 것은 2000년 고(故) 이희호 여사 이후 25년 만이다."

경력과 헌신, 인도주의 및 옹호 목표 추구에서 두각을 드러낸 여성에게 수여하는 상으로, 1978년 제정돼 현재에 이른다. 이는 펄벅 여사의 휴머니스트로서의 정신을 계승하고 널리 알리려는 목적으로 제정됐다. 수상자 후보는 전 세계의 여성들을 대상으로 하며 펄벅 여사의 정신을 바탕으로 한 펄벅 인터내셔널의 사명을 훌륭히 이행하고 있는 이들을 추천받아 선정하고 있다. 역대 수상자로는 힐러리 로드햄 클린턴, 아웅산 수지, 하난 아쉬쟈니 등이 있다.

한편, 펄벅 인터내셔널은 아동들의 삶의 질 향상과 다양한 기회 보장을 지원하는 비종교적, 비영리적인 기구이다.

> **펄 벅(Pearl Buck, 1892~1973)** 미국의 소설가로, 장편소설 《대지(The Good Earth)》 3부작을 집필해 1938년 미국 여성작가 최초의 노벨문학상을 수상했다.

하멜표류기(Journal of Hendrick Hamel) ▼

"유럽한국학회(AKSE)가 6월 20일 영국 에든버러에서 열린 총회에서 「헨드릭 하멜상」의 명칭을 「AKSE상」으로 변경하는 안건이 투표를 거쳐 통과됐다고 밝혔다. AKSE는 2017년부터 2년에 한 번 오프라인 학술 대회를 개최하고 영어를 포함해 유럽 언어로 작성된 학술 논문이나 출판물 중 우수작을 선정해 헨드릭 하멜상을 수여해 왔다. 그러나 하멜의 기행문인 《하멜표류기》에 「조선 사람은 물건을 훔치고 거짓말을 하고 속이는 경향이 강하다」는 등 동양에 대한 부정적인 시각이 담겨 있어, 하멜의 이름을 딴 상을 제정한 것은 유럽이 오리엔탈리즘의 시각에서 벗어나지 못한 것이라는 비판을 받아 왔다."

네덜란드인 헨드릭 하멜(Hendrik Hamel, 1630~1692)의 14년간에 걸친 조선 표류기이자 기행문으로, 한국을 유럽에 소개한 최초의 문헌이다. 당시 네덜란드 동인도회사의 선원이었던 하멜은 1653년 8월 16일(효종 4년) 일본으로 가는 도중 거센 풍랑을 만나 제주도에 표착하게 된다. 이후 14년간 조선에서 억류 생활을 하던 그는 1666년 조선을 탈출한 뒤 일본으로 건너가 이후 네덜란드로 귀국했으며, 1668년 《하멜표류기》를 내놓았다. 그는 동인도회사로부터 14년간 받지 못한 임금을 받기 위해 조선 억류 기간의 생활을 기록했는데, 해당 문헌에는 당시 조선의 지리·풍속·산물·정치·교역 등을 자세히 기록해 놓아 조선의 사정을 유럽에 알린 최초의 문헌으로 평가받고 있다. 《하멜표류기》는 1668년 네덜란드어로 출판돼 이후 프랑스어와 영어로도 번역 출간됐으며, 우리나라에서는 1934년 이병도가 영역본과 불역본을 번역해 《진단학보》에 연재한 바 있다.

> **오리엔탈리즘(Orientalism)** 사람들이 서구의 문화적 헤게모니에 너무나 오랫동안 깊숙하게 물들어 있어 「서양적」이라는 것에 대해 「과학적, 합리적, 논리적, 이성적」이라는 이미지를 떠올리는 반면, 「동양적」이라는 것에 대해서는 「비과학적, 비합리적, 비논리적, 비이성적」이라는 이미지를 떠올리는 서구 중심적이고 이분법적인 편견을 말한다.

⑤ 일반과학·첨단과학

국가 AI 컴퓨팅센터
(National AI Computing Center) ▼

"8월 11일 과학기술정보통신부와 정보통신기술(ICT) 업계에 따르면, 정부가 이르면 9월 초 공개를 목표로 국가 AI 컴퓨팅센터 구축 사업의 공모 요건 조정안을 마련 중이다. 이는 지난 5월과 6월 두 차례 진행된 공모에서 지원 사업자가 없었던 데 따른 조치로, 조정안에는 민간 참여 확대를 위해 민관합동 특수목적법인(SPC)의 정부 지분율을 기존 51%에서 49% 이하로 낮추는 방안 등이 담길 것으로 보인다."

국내 인공지능(AI) 연구개발(R&D) 및 산업 활성화를 위해 과학기술정보통신부와 정보통신산업진흥원(NIPA)이 추진하는 대규모 국가 AI 데이터센터 구축 사업이다. 민관 합작으로 특수목적법인(SPC)을 설립하고, 최대 2조 5000억 원을 투입해 1EF(엑사플롭스·1초에 100경 번의 부동소수점 연산 처리) 이상의 그래픽처리장치(GPU)를 수용하는 AI 데이터센터를 구축하는 것을 골자로 한다. 센터는 지역 균형발전 등을 고려해 비수도권 지역에 건설될 방침이다. 당초 예상 구축 시기는 2027년이었으나, 2차례 공모 유찰로 2028년 개소로 일정이 미뤄졌다. 센터가 활성화되면 국내 기업과 연구기관이 대규모 AI 모델 학습과 데이터 연산을 더욱 효율적으로 수행할 수 있을 것으로 기대를 모은다.

국가 AI 컴퓨팅센터 개요

기대 효과	컴퓨팅 클러스팅 구축 통한 국내 AI 연구 효율성 향상
개소 일정	2027년→2028년으로 일정 지연
투자 계획	최대 2조 5000억 원 투입
구축 방식	민관 합작 특수목적법인(SPC) 설립
주요 사양	1EF 이상 GPU 수용

냉난방공조(HVAC·Heating, Ventilation, and Air Conditioning) ▼

"LG전자가 7월 8일 기자간담회를 열고 인공지능(AI) 데이터센터용 냉난방공조(HVAC) 솔루션과 이를 전담하는 ES사업본부의 중장기 전략 등을 발표했다. LG전자는 연내 데이터센터용 HVAC 솔루션 수주를 전년 대비 3배 이상 늘리고, 2030년까지 관련 사업에서 매출 20조 원을 달성하겠다는 목표를 제시했다. 또한, 인도에도 HVAC 개발 전담 조직을 신설해 동남아시아·중남미·중동 시장으로 사업을 확대하겠다는 계획도 밝혔다."

실내의 온도·습도·공기 흐름 등을 조절해 쾌적한 환경을 유지하는 시스템을 말한다. 냉난방·환기 등의 기능을 개별적으로 작동시키거나 하나의 통합 시스템으로 제어할 수 있으며, 주택 등에서 쓰이는 소비자용과 공장 등의 산업 시설에 설치되는 산업용으로 구분된다. 냉난방공조는 단순히 실내 온도를 조절하는 것을 넘어 에너지 효율을 높이고 공간의 특성에 맞는 환경을 구현하는 데 중점을 둔다. 예를 들어 공기의 질이 중요한 반도체 공장에서는 청정 공기를 유지하고, 제품의 품질 유지가 중요한 제약·식품 공장에서는 적정 온도나 습도 등을 유지하는 등이다. 최근에는 인공지능(AI) 데이터센터의 수요 증가로 고발열 장비에 대응할 수 있는 냉각 기술의 필요성이 커짐에 따라, 냉난방공조 시장 규모도 확대되고 있다.

다누리
(KPLO·Korean Pathfinder Lunar Orbit) ▼

"8월 5일 우주항공청이 경남 사천 청사에서 「다누리」 발사 3주년을 기념하는 성과 발표회를 열고 다누리의 주요 탐사 성과를 소개했다. 이에 따르면 다누리는 광시야편광카메라를 활용해 미국·일본·중국에 이어 세계에서 네 번째로 달 전체 지도를 완성했다. 또한, 감마선분광기를 통해 달 표면의 자원을 파악할 수 있는 희소 자원 지도를 작성하고, 2032년 한국 달 착륙선의 착륙 후보 지역인 「라이너 감마」와 「섀클턴 분화구」 등에 대한 영상을 확보했다. 다누리를 통해 수집된 관측 데이터는 향후 본격적인 달 탐사에 핵심 자료로 활용될 예정이다."

국내 최초의 달 탐사선으로, 2022년 8월 5일 미국 케이프커내버럴 공군기지에서 발사됐다. 다누리가 발사 145일 만인 2022년 12월 27일 임무 궤도에 성공적으로 안착함으로써 한국은 러시아·미국·중국·일본·유럽연합(EU)·인도에 이어 세계 7번째 달 탐사국 지위에 올랐다. 다누리에는 ▷고해상도 카메라(LUTI) ▷광시야편광카메라(PolCam) ▷자기장측정기(KMAG) ▷감마선분광기(KGRS) ▷섀도캠(ShadowCam) 등 5개의 관측 장치를 비롯해 우주인터넷(DTN) 검증기 등 6개의 과학임무 탑재체가 실렸다. 다누리의 주요 임무는 ▷달 관측 ▷달 착륙 후보지 탐색 ▷달 과학연구(자기장·방사선 관측 등) ▷우주인터넷 기술 검증 등으로, 당초 부여된 임무 기간은 1년이었으나, 오는 2027년까지 관측을 수행하는 것으로 기간이 연장됐다. 그동안은 달 상공 100km의 임무 궤도를 하루 12회 공전하다가, 지난 2월부터는 고도를 60km까지 낮춰 달 표면에 더 근접한 관측을 수행하고 있다.

다누리 개관

총중량	678kg
크기	2.14×1.82×2.19(m)
임무 기간	1년→4년(2023년 2월~2027년 12월)
발사 일시	2022년 8월 5일 오전 8시 8분(한국시간 기준)
임무 탑재체	고해상도 카메라, 광시야편광카메라, 자기장측정기, 감마선분광기, 섀도캠, 우주인터넷 검증기 등
주요 탐사 성과	• 달 착륙 후보 지역(라이너 감마, 섀클턴 분화구 등) 영상 확보 • 세계 4번째 달 전면 지도 완성 • 희소 자원 지도, 희토류 원소 지도, 중성자 지도, 극지방 물 추정 지도 등 작성

단통법(단말기 유통구조 개선법) ▼

"지난 10년간 이동통신 단말기 유통시장을 규제해 온 단통법이 7월 22일부로 공식 폐지됐다. 이로써 이동통신사의 휴대폰 지원금 공시 의무와 추가 지원금 상한제가 사라졌고, 대리점은 자율적으로 보조금을 책정할 수 있게 됐다. 정부는 단통법 폐지로 인한 시장의 혼란과 불공정 행위를 방지하기 위해 실시간 시장 파악체계를 구축하고, 불법 영업행위에 대한 감독을 강화하겠다고 밝혔다."

이동통신사와 대리점이 이동통신 단말기별로 보조금을 공개해야 한다는 내용의 법률로, 정식 명칭은 「이동통신단말장치 유통구조 개선에 관한 법률」이다. 이 법은 휴대폰을 구매하는 지역·경로·시점 등에 따라 보조금 지급에 차이가 생기는 문제를 막고, 단말기 유통시장의 질서를 정립하고자 하는 취지로 2014년 10월 1일부터 시행됐다. 단통법에 따라 보조금 상한선은 30만 원으로 제한됐으며, 유통·대리점은 이 금액의 15% 이내에서 지원금을 추가 제공할 수 있어 소비자는 최대 34만 5000원의 보조금을 받을 수 있었다. 또한, 이동통신사는 휴대폰 기종별로 보조금 규모를 인터넷이나 매장에서 공개해야 했기 때문에 전국의 휴대폰 가격에 큰 차이가 발생하지 않았다. 그러나 단통법 시행 이후 보조금 규모가 전반적으로 줄어들면서, 소비자의 구매 부담이 되레 커졌다는 지적이 계속돼 왔다. 이에 지난해 12월 단통법 폐지안이 국회를 통과하면서 단통법은 제정 10년 9개월 만에 폐지됐으며, 관련 규정은 전기통신사업법으로 이관됐다.

단통법 폐지 전·후 비교

	전(~7월 21일)	후(7월 22일~)
지원금 공시 의무	지원금 정보 의무 공시	공시 의무 폐지, 홈페이지 등에서 자율 공개
유통점 보조금 상한	공시지원금 15% 이내 제한	상한 폐지, 자율 지급
지원금 차별 금지	가입유형별·요금제별 차별 금지	전기통신사업법에 관련 규정 신설 예정
계약서 명시 의무	일부 사항 고지	지급 조건 등 전면 명시 의무
요금할인·추가지원금	동시 수령 불가	동시 수령 가능

데니소바인(Denisovan) ▼

"중국과학원과 허베이 지질대 공동 연구팀이 6월 19일 국제학술지 《사이언스》를 통해 지난 2021년 하얼빈에서 발견된 두개골 「호모 롱기」의 DNA를 분석한 결과를 발표했다. 연구팀은 두개골에 남아 있던 어금니에서 0.3mg의 치석을 채취해 DNA 분석을 시도한 결과, 데니소바인의 고유 유전자 변이 3개를 확인했다고 밝혔다. 그동안 단편적 화석으로만 확인됐던 데니소바인의 얼굴 생김새를 복원할 수 있는 완전한 두개골이 확인된 것은 이번이 처음이다."

약 20만~5만 년 전 시베리아, 동아시아, 동남아시아 일대에 살았던 것으로 추정되는 고대 인류다. 2008년 러시아 알타이 산맥에 위치한 데니소바 동굴에서 어금니와 손가락뼈 화석이 발견되면서 그 존재가 처음 확인됐으며, 네안데르탈인과 공통 조상에서 갈라져 나온 것으로 보인다. 지금까지 발견된 화석 분석 결과에 따르면 데니소바인은 뼈가 두껍고 강건한 체형을 가진 것으로 추정된다. 특히 2019년 티베트 고원(바이쇼야 동굴)에서 발견된 하악골(턱뼈) 분석을 통해 티베트 지역 사람들의 고산 적응 유전자(EPAS1)가 데니소바인에게서 유래된 것으로 확인됐으며, 오늘날 동남아시아·멜라네시아 인구는 최대 5%의 데니소바인 DNA를 보유하고 있는 것으로 알려졌다. 데니소바인은 약 5만 년 전 멸종한 것으로 추정되는데, 이에 대해서는 기후변화나 네안데르탈인과의 융합에 따른 소멸로 추정할 뿐 정확한 원인은 밝혀지지 않았다.

네안데르탈인 vs 데니소바인

구분	네안데르탈인	데니소바인
학명	Homo neanderthalensis	Homo denisova
발견 시기	19세기(1856년)	21세기(2008년)
주 거주지	유럽, 서아시아	시베리아, 동아시아, 동남아시아
생존 시기	약 40만~4만 년 전	약 20만~5만 년 전

디자이너 베이비(Designer Baby) ▼

"미국 난임 스타트업 「오키드헬스」가 배아의 유전체를 분석해 1200개 질병의 발병 가능성을 예측하는 서비스를 제공하고 있다고 7월 17일 워싱턴포스트(WP)가 보도했다. 이 회사는 배아에서 채취한 5개 세포만으로 약 30억 쌍에 달하는 배아의 전체 유전자를 분석해 조현병 등 다양한 질환의 발병 확률을 점수화한다. 이 점수는 배아를 선별해 이른바 「디자이너 베이비」를 낳는 데 사용되는 것으로 알려졌다. 이에 대해 일각에서는 해당 서비스가 인간 배아의 미래를 실질적으로 조작하는 것이며, 생명윤리에 어긋난다는 비판이 일었다."

특정 유전자 구성을 가진 배아를 선택하거나, 유전자를 조작해 원하는 형질을 갖도록 설계된 아기를 일컫는다. 맥락에 따라 「맞춤 아기」 또는 「슈퍼 베이비」로도 불린다. 시험관 수정을 통해 만들어진 여러 개의 배아를 대상으로 유전자 검사를 실시하고, 이 가운데 원하는 유전자 구성을 가진 배아를 골라 탄생시키는 식이다. 최근에는 아예 인간 배아의 유전자를 직접 편집해 건강이나 지능 등에서 특정 형질을 갖도록 인위적으로 조작하는 사례도 나타나고 있다. 대표적인 예로는 1999년 딸의 골수 이식을 위해 딸의 조직과 맞는 골수 유전자형을 가진 배아를 선택해 출산한 미국 내쉬 부부의 사례, 2018년 유전자 가위 기술을 통해 배아의 에이즈 관련 유전자를 편집한 중국 과학자 허젠쿠이의 사례 등이 있다. 디자이너 베이비는 유전병의 예방이나 치료에 활용될 가능성이 있지만, 유전자 편집이 인체에 미치는 영향에 대해서는 아직 명확히 밝혀진 바가 없다. 여기에 배아를 선택하거나 유전자를 편집하는 것은 인간의 존엄성과 생명윤리에 위배된다는 비판도 일고 있다.

라그랑주점(Lagrangian Point) ▼

질량이 큰 두 천체가 중력을 주고받는 시스템에서, 두 천체의 중력이 균형을 이뤄 질량이 작은 물체가 안정적으로 머무를 수 있는 지점을 말한다. 이 지점에서는 인공위성이나 우주 탐사선이 상대적으로 적은 연료로도 위치를 유지할 수 있어, 우주탐사나 관측장비 설치에 유리하다. 일반적으로 두 천체의 주변에서 형성되는 라그랑주점은 총 5개로, 3개는 두 천체를 잇는 일직선상에, 나머지 2개는 두 천체와 정삼각형을 이루는 꼭짓점에 위치한다. 지구 주변에도 지구-태양 시스템과 지구-달 시스템에 5개씩 총 10개의 라그랑주점이 존재하는 것으로 알려졌다.

현재 우주탐사에서 많이 활용되는 것은 지구-태양 시스템 주변의 라그랑주점(L1~L5)으로, 지구와 태양 사이의 L1에서는 미국항공우주국(NASA)의 태양 관측선 「소호」, 인도의 태양 탐사선 「아디트야」 등이 임무를 수행하고 있다. 또한 지구 반대편의 L2에도 유럽우주국(ESA)의 「가이아 우주망원경」, NASA의 「제임스 웹 우주망원경」 등이 설치된 상태다. 다만 아직 L3~L5에는 탐사선이 도달한 사례가 없다.

우주항공청은 아직 탐사가 이뤄지지 않은 L4 지점에 2035년 태양 관측 탐사선을 보내는 것을 목표로 탐사선 개발을 추진하고 있다. L4는 태양 활동을 실시간으로 모니터링할 수 있는 위치로, 이곳에 탐사선을 보내면 태양폭풍과 같은 우주기상을 감시·예측할 수 있는 것으로 알려졌다. 이와 관련해 우주청은 현재 「태양 관측 L4 탐사의 타당성 검토, 임무 발굴 및 국제협력 방안 마련을 위한 기획연구」를 진행 중이다.

와이파이(Wi-Fi·Wireless Fidelity)

고성능 무선통신을 가능하게 하는 무선랜 기술로, 실내외 공간에서 랜선 없이 자유롭게 인터넷 데이터를 전송하기 위해 개발됐다. 이는 무선 신호를 전달하는 AP에서 일정 거리 이상 멀어지면 통신 속도가 저하되거나 접속이 끊어진다는 한계가 있으나, 데이터 전송 속도가 빠르고 여러 기기를 연결해 대용량 파일을 주고받을 수 있다는 이점이 있다. 현재는 7세대 와이파이 규격으로, 이론상 최대 46Gbps 속도를 구현할 수 있는 「와이파이 7(IEEE 802.11be)」이 상용화됐다.

라이파이(Li-Fi·Light-Fidelity) ▼

"한국과학기술원(KAIST)과 한국표준과학연구원 공동 연구팀이 「라이파이」의 실용화를 위한 「온디바이스 암호화 광통신 소자 기술」을 개발했다고 6월 24일 밝혔다. 연구팀은 해당 기술을 사용하면 별도의 장비 없이도 기기 자체에서 정보를 빛으로 바꾸는 동시에 암호화할 수 있어, 기존 라이파이의 한계로 지적됐던 보안성을 높일 수 있다고 설명했다."

LED(발광 다이오드) 전구에서 나오는 빛을 매개로 정보를 송수신하는 가시광 무선통신 기술이다. 빛이 꺼지는 것을 0, 켜지는 것을 1로 인식해 빛의 미세한 깜빡임으로 데이터를 전달한다. 빛을 사용하므로 유무선 공유기를 따로 설치하지 않아도 되고, 와이파이(Wi-Fi)보다 최대 100배 빠른 224Gbps(초당 기가비트) 속도로 정보를 주고받을 수도 있다. 여기에 전자파 간섭 우려로 항공기 등에서는 사용이 어려웠던 와이파이의 한계를 극복, LED 조명을 갖춘 다양한 실내 환경에서 활용 가능해 와이파이를 대체할 차세대 초고속 데이터 통신기술로 주목받고 있다. 그러나 빛을 차단하면 통신이 불가능하고, 햇빛 등 강한 외부의 빛에 의해 통신 품질이 영향을 받을 수 있다는 점은 한계로 지적된다. 또, 누구나 접근할 수 있는 라이파이의 특성상 보안성이 높지 않아 현재는 와이파이와 함께 사용하는 보완적 기술로의 상용화를 위한 연구가 진행되고 있다.

막스플랑크 과학진흥협회
(MPG·Max Planck-Gesellschaft) ▼

"막스플랑크 과학진흥협회(MPG)와 기초과학연구원(IBS)의 공동연구센터 「막스플랑크-연세 IBS 나노의학 심부(深部) 제어센터」의 개소식이 7월 28일 연세대에서 열렸다. IBS는 지난해 11월 MPG에 한국센터 설립 신청서를 제출, 지난달 MPG와 계약을 맺고 한국 캠퍼스 설립을 성사시킨 바 있다. 아시아에서 MPG 연구 거점이 생기는 것은 일본 이화학연구소(RIKEN)에 이어 이번이 두 번째다. 양국 연구진은 나노로봇에 인공지능(AI)을 접목한 뇌·신경계 치료 기술을 개발할 것으로 알려졌다."

독일의 과학 진흥을 위해 설립된 비영리 연구기관 연합회로, 세계 최고의 기초과학연구소 중 하나로 꼽힌다. 1911년 「카이저 빌헬름 협회(KWG·Kaiser-Wilhelm-Gesellschaft)」라는 이름으로 설립됐다가 1948년 양자역학의 창시자인 막스 플랑크의 이름을 따 현재의 이름으로 개명했다. MPG는 자연과학·인문공학 등 기초과학을 중심으로 한 86개의 단위 연구소로 구성됐으며, 본부는 독일 뮌헨에 있다. 소속된 연구원과 직원은 약 2만 4000명에 달하며, 특히 알버트 아인슈타인을 비롯해 현재까지 39명의 노벨상 수상자를 배출해 「노벨상 사관학교」로도 불린다.

막스 플랑크(Max Planck, 1858~1947)
독일의 이론 물리학자로, 양자가설을 제시해 현대 양자물리학 이론의 기초를 세웠다. 이 공로를 인정받아 1918년에는 노벨물리학상을 수상했다.

메르카토르 도법(Mercator's Projection) ▼

"아프리카 대륙 55국으로 구성된 아프리카연합(AU)이 「메르카토르 도법」의 세계지도 사용을 중단하자는 캠페인에 동참했다고 로이터가 8월 15일 보도했다. 이 캠페인은 각 나라 정부와 유엔 등 국제기구들이 보편적으로 사용 중인 메르카토르 도법 대신 2018년 만들어진 「이퀄 어스(Equal Earth)」 도법을 국제 표준으로 채택할 것을 촉구한다. 이퀄 어스 지도는 국가와 대륙의 실제 면적을 가장 정확하게 보여주는 것으로 평가받는다."

네덜란드의 지리학자인 게라루두스 메르카토르(Gerhardus Mercator, 1512~1594)가 1569년 고안해 낸 도법이다. 이는 경선 간격의 확대율에 따라 위선 간격의 확대율을 조정한 비투시 도법으로, 원통 도법의 원리를 개량해 개발한 것이다. 메르카토르 도법은 경선의 간격을 고정하는 대신 위선의 간격을 조절해 정확한 각도관계를 재현한다. 현재 전 세계 정부, 학교 등에서는 메르카토르 도법에 따라 그려진 세계지도를 주로 활용하고 있다. 그러나 지구가 둥글기 때문에 위도 간격은 평면에 그릴 때 고위도로 갈수록 좁아져야 하지만, 메르카토르 도법은 이를 같은 간격으로 표현해 고위도의 대륙이 실제보다 커 보인다는 단점이 있다. 이로 인해 실제로는 그린란드의 14배에 달하는 아프리카 대륙의 크기가 마치 그린란드와 비슷한 것처럼 묘사되기도 한다.

바이오마커(Bio-Marker) ▼

"미국 알츠하이머협회가 7월 29일 국제학술지 《알츠하이머병과 치매》에 혈액 기반 바이오마커가 알츠하이머병 진단에 유용하다는 연구 결과를 발표했다. 이는 알츠하이머 진단 시 혈액 기반 바이오마커를 실제 임상에서 사용할 수 있도록 공식 권고한 첫 사례다. 협회는 양성 예측 정확도인 민감도가 90% 이상, 음성 예측 정확도인 특이도가 75% 이상인 경우 혈액검사를 진료 초기 선별검사로 활용할 수 있다고 설명했다. 다만 현재 기술 수준은 아직 이 기준에 미치지 못하므로, 단독 검사보다는 의사의 진료나 다른 검사와 함께 보조 수단으로 사용하는 것이 바람직하다고 강조했다."

단백질이나 DNA·RNA 등 인체 내 변화를 감지할 수 있는 생물학적 지표를 뜻한다. 바이오마커를 활용하면 특정 질병의 유무나 진행 상황, 치료 반응 등을 객관적으로 측정하고 평가할 수 있다. 예를 들어, 암세포에서 발현되는 특정 단백질을 바이오마커로 활용하면 해당 단백질과 반응하는 진단 시약을 사용해 비교적 간단한 검사만으로 암세포의 유무를 진단할 수 있다. 바이오마커는 신약 개발 분야에서도 주목받고 있는데, 바이오마커를 기준으로 약물에 반응할 가능성이 높은 환자군을 선별하거나, 약물이 표적에 제대로 작용하고 있는지를 측정하는 식이다. 다만 현재는 바이오마커의 정확도 등에 한계가 있어, 단독 사용보다는 의사의 진단 등과 병행해 보조 지표로 활용되고 있다.

버티컬 AI(Vertical AI) ▼

특정 산업이나 업무에 최적화된 인공지능(AI)을 이르는 말이다. 다양한 분야에 두루 쓰이는 범용 AI와는 달리, 의료·금융·법률·제조 등 한 분야의 과제를 해결하는 데 특화됐다. 버티컬 AI는 전문 지식을 기반으로 하기 때문에 해당 분야의 데이터와 알고리즘을 활용해 범용 AI보다 더 높은 정확성을 제공한다. 하지만 하나의 산업에 특화돼 다른 분야로의 전환이 어렵고 범용성이 부족하다는 단점이 있다. 또 버티컬 AI의 특성상 해당 산업의 고품질 데이터에 크게 의존하는데, 산업별로 민감한 데이터에 대한 접근이 제한적인 경우 충분한 데이터 확보에 어려움이 있다는 것도 해결해야 할 과제 중 하나다.

사고기록장치(EDR·Event Data Recorder) ▼

"「서울시 자동차 급발진 사고 예방 및 지원에 관한 조례 일부 개정 조례안」이 6월 27일 서울시의회의 정례회 본회의를 통과했다. 개정 조례안에는 ▷급발진 피해자 정의 신설 ▷급발진 사고 통계자료 구축 및 공개 ▷사고기록장치(EDR) 기반 데이터 분석 등의 내용이 담겼다. 개정안에 따라 서울시는 급발진 의심 사고 관련 통계를 정기적으로 공개하고, 서울시가 운영하는 공용차량에 사고기록장치(EDR)를 시범 부착, 수집된 자료를 데이터 분석과 예방책 수립에 활용하겠다고 밝혔다."

자동차 내부에 설치돼 차량 충돌 전후의 상황을 기록하고 사고 정황 파악에 필요한 정보를 제공하는 영상기록장치이다. 가속·브레이크 페달 조작 이력, 전방 상황 등 차량 운행정보를 실시간으로 기록하다가 충돌이 감지되면 시스템을 활성화하고 사고 전후 약 5초간의 주행 속도 등을 저장한다. 주행뿐 아니라 주차나 정차 시에도 영상을 기록하며, 차량 외부 상황을 녹화하는 블랙박스와 달리 차량 내부 시스템의 작동 상태를 점검한다는 특징이 있다. EDR은 일반적으로 운전석과 조수석 사이의 센터 콘솔 안쪽에 설치돼, 차량 충돌 시에도 데이터를 비교적 안전하게 보존할 수 있다. 또한, 별도의 전기저장장치를 사용하므로 차량의 전원이 끊겨도 데이터를 기록할 수 있다. 이렇게 수집된 EDR 데이터는 교통사고 정황 파악 시 운전자의 과실 여부를 가려내는 데 활용된다. 그러나 EDR 소프트웨어가 오류를 일으키면 잘못된 결과를 기록할 수 있어 그 신뢰성에 대한 논란이 끊이지 않고 있다.

생활환경지능
(知能型環境, Ambient Intelligence) ▼

사용자가 처한 상황을 실시간으로 인지하고 사용자의 희망사항을 예측해 맞춤형 서비스를 제공하는 인공지능(AI) 기술을 말한다. 기존 AI 기술이 사용자의 입력에 따라 기능을 제공했다면, 생활환경지능은 사용자의 맥락을 이해해 능동적으로 반응한다. 예컨대 사용자의 컨디션이나 수면 상태에 따라 밝기를 조절하는 조명이나, 매일의 날씨와 사용자가 가진 옷을 동시에 분석해 옷차림을 추천하는 옷장 등이 있다. 이는 사용자가 언제 어디서든 AI 플랫폼에 접속해 필요한 서비스를 자유롭게 이용할 수 있는 생활환경을 지향한다. 대체로 사용자의 주변 가전제품에 내재돼 있어, 특별히 눈에 띄지 않고 자연스러운 서비스를 제공한다는 점도 특징이다. 현재는 스마트홈뿐만 아니라 헬스케어 기기나 온라인동영상서비스(OTT) 등 다양한 분야에서 생활환경지능 기술이 구현되고 있다.

소프트웨어 중심 자동차
(SDV·Software-Defined Vehicle) ▼

"현대자동차가 7월 9일 개최된 자율주행 모빌리티 산업전에서 향후 3년간의 미래 모빌리티 개발 로드맵을 공개했다. 이에 따르면 현대자동차는 2026년 소프트웨어 중심 자동차(SDV) 페이스카를, 2027년 자율주행 레벨 2 기술 적용 차량을, 2028년 현재 개발 중인 모든 기술을 구현한 차량을 출시하겠다는 계획이다. 현대자동차는 이를 위해 최근 SDV 제어 시스템과 관련된 특허를 한국과 미국에 동시 출원한 것으로 알려졌다."

엔진이나 변속기 등의 하드웨어를 중심으로 설계·작동됐던 기존의 자동차와 달리, 소프트웨어가 하드웨어인 차량을 제어·관리하는 자동차를 말한다. 이는 내비게이션 등 차량의 주요 기능을 소프트웨어로 구현, GPS 기술과 연동해 정확한 위치 정보를 제공하거나 스마트폰과 연동해 충전상태를 모니터링하는 등 다양한 멀티미디어 기능을 제공할 수 있다. 또한 하드웨어를 조정하지 않아도 무선으로 차량의 소프트웨어를 업데이트할 수 있어, 사용자 요구나 시장 변화에 맞춰 지속적으로 차량을 개선할 수도 있다. 그러나 인터넷 연결이 필수적이며, 소프트웨어로 데이터를 수집하고 처리하는 과정에서 해킹 위험이 있다는 점에서는 주의가 필요하다.

시드볼트(Seed Vault, 종자금고) ▼

"산림청 산하 한국수목원정원관리원이 국제식물원보전연맹(BGCI)과 협력해 추진하는 「국제 식물종자 중복보전 사업」에 전 세계 수목원과 식물원 중 52개 기관이 참여를 신청했다고 7월 30일 밝혔다. 국제 식물종자 중복보전 사업은 멸종위기 야생식물종자를 국립백두대간수목원 시드볼트에 중복저장하는 국제 협력사업으로, 올해부터 3년간 매년 전 세계 20여 개 기관을 대상으로 추진될 방침이다. 산림청과 한국수목관리원은 이 사업을 통해 기후위기 대응 및 지구식물 다양성 보전을 위한 국제적 협력 기반을 구축하겠다고 밝혔다."

기후변화나 자연재해 등 지구적 재난에 대비해 다양한 식물종자를 보존하는 시설로, 「현대판 노아의 방주」로도 불린다. 전 세계의 기관이나 개인으로부터 식물종자를 기탁받아, 종자가 장기간 생명력을 유지할 수 있는 환경에서 이를 보관한다. 식물종자를 저장한다는 점에서는 「시드뱅크(Seed Bank·종자은행)」와 비슷하지만, 연구 등을 목적으로 종자를 중·단기적으로 저장하는 시드뱅크와 달리 시드볼트는 식물 멸종에 대비해 종자를 영구 보존한다는 차이가 있다. 이는 다양한 유전적 특성을 가진 식물종자를 보관함으로써 식물에 대한 기초연구의 기회를 제공하고, 장기적으로는 기후변화로 인한 식량위기에 대응할 수 있는 기반이 된다. 현재 운영 중인 글로벌 시드볼트는 한국의 「국립백두대간수목원 시드볼트」와 노르웨이의 「스발바르 시드볼트」 등 단 두 곳뿐이다.

국립백두대간수목원 시드볼트 한국수목원정원관리원에서 운영 중인 야생식물종자 영구저장시설로, 경상북도 봉화군 국립백두대간수목원에 위치해 있다. 2010년 설립계획 수립 후 2011년 착공, 2015년부터 식물종자 저장을 시작해 현재 28만 1248점에 달하는 국내외 야생식물종자를 보관하고 있다. 외부 환경에 영향을 받지 않도록 지하 터널형 저장고 형태로 건설됐으며, 영하 20℃, 상대습도(RH) 40% 등 식물종자 보관에 최적의 환경을 제공한다. 벼나 밀과 같은 작물종자를 위주로 하는 스발바르 시드볼트와 달리 야생식물종자를 위주로 보관하고 있으며, 2050년까지 전 세계 야생식물종의 약 30%를 저장하는 것을 목표로 한다.

알파어스 파운데이션 (AlphaEarth Foundations) ▼

구글 딥마인드가 7월 30일 공개한 위성 분석 전용 인공지능(AI) 모델이다. 기존 구글의 클라우드 기반 플랫폼인 「어스 엔진(Earth Engine)」이 위성 데이터를 단순 분석하는 데 그쳤다면, 알파어스 파운데이션은 위성 데이터를 결합해 고해상도 지도를 생성할 수 있다. 이 모델은 지구를 한 변이 10m인 정사각형 격자로 나눠, 각 격자의 시간별 지형 정보나 기후 정보를 추적해 압축 요약 정보를 생성한다. 이렇게 생성된 정보의 저장공간은 기존 AI 시스템의 16분의 1 수준으로, 오류율도 24% 낮아 지구 규모 분석에 드는 시간과 비용을 절감할 수 있는 것으로 알려졌다. 현재 구글은 미국항공우주국(NASA)·유럽우주국(ESA)과 협력해 환경 데이터셋을 구축하고 있으며, 향후 이 모델을 자사의 대규모언어모델(LLM)과 결합해 기후변화 연구와 정책 개발에 활용할 방침이다.

SKT 유심 정보 유출 사고 ▼

"SK텔레콤(이하 SKT)이 7월 5일부터 시행했던 위약금 면제 조치를 7월 14일 종료했다. 이는 지난 4월 해킹 공격으로 인해 SKT 가입자들의 유심 정보가 대규모로 유출된 데 대한 대책의 일종으로, SKT는 해킹 사고가 발생한 4월 18일부터 7월 14일까지 약정기간을 채우지 못하고 계약 해지를 한 사용자에 대해 위약금을 면제하기로 했다. 통신업계에 따르면 위약금 면제조치가 시행된 7월 5~14일 SKT의 무선가입자는 총 7만 9171명 이탈한 것으로 나타났다."

국내 이동통신 사업자 SK텔레콤(이하 SKT)의 홈 가입자 서버 시스템이 지난 4월 18일 해킹 공격을 받아 가입자들의 유심(USIM·가입자 식별 모듈) 관련 정보가 대규모로 유출된 사고를 말한다. 이 사고로 SKT 가입자와 알뜰폰 이용자 전체에 해당하는 규모의 국제이동통신가입자식별번호(IMSI)·전화번호·가입자 인증키(Ki) 등이 유출, 국내 통신 역사상 최대 규모의 개인정보 침해 사건으로 기록됐다. 공격 배후는 아직 밝혀지지 않았으나, 민관합동조사단 조사 결과 2021년 8월부터 총 33종의 악성코드가 서버에 설치된 것으로 확인됐다. 이에 SKT는 4월 28일부터 유심 무상교체 서비스를 진행, 전체 가입자를 대상으로 복제 유심·단말을 차단하는 「비정상인증차단시스템(FDS) 2.0」을 적용했다. 하지만 SKT는 해킹 사실을 인지하고도 관계기관으로의 신고가 늦는 등 미흡한 대응으로 사고 규모를 키웠다는 지적을 받았다.

민관합동조사단 최종 조사 결과

최초 악성코드 설치 시점	2021년 8월 6일
발견 악성코드	총 33종
감염 서버	28대
유출 정보	전화번호, 국제이동통신가입자식별번호(IMSI) 등 유심정보 25종
유출 규모	9.82GB, IMSI 기준 약 2696만 건(SKT 가입자·알뜰폰 이용자 전체 해당)

AI 기본법

정부가 인공지능(AI) 산업의 건전한 발전을 지원할 근거를 마련하고, 이 산업의 신뢰 기반 조성에 관한 기본사항을 규정하는 법률이다. 정식 명칭은 「인공지능 발전과 신뢰 기반 조성 등에 관한 법률」로, 2026년 1월 22일부터 시행될 예정이다. 이는 과학기술정보통신부(과기부)가 3년마다 대통령 직속 국가인공지능위원회의 의결을 거쳐 AI 정책 방향과 전문인력 양성 방안 등을 담은 「인공지능 기본계획」을 수립할 것을 규정한다. 또 정부가 AI 윤리 원칙의 실천 방안을 만들고 공개·홍보해야 한다는 내용도 담겼는데, 특히 인간의 생명·신체의 안전 및 기본권에 위험을 미칠 수 있는 AI 시스템은 「고영향 AI」로 규정했다. 고영향 AI의 경우 사업자가 그 위험성을 사전에 고지하도록 했고, 정부가 사업자에게 고영향 AI의 안정성 및 신뢰성 검증을 요구할 수 있는 장치를 뒀다. 아울러 AI 기반 영상물에는 워터마크 등을 넣어 해당 영상이 AI를 사용해 만든 것임을 명확히 표시하도록 했다. 이러한 의무는 해외 사업자에게도 동일하게 적용되며, 사업자가 이를 위반하면 과기부 장관은 사실조사 및 시정명령을 내릴 수 있다.

AI TTS(Text To Speech)

AI(인공지능)를 이용해 텍스트를 자연스러운 음성으로 변환하는 기술을 말한다. 이는 몇 초의 음성 데이터만으로도 자연스러운 AI 보이스 콘텐츠를 생성할 수 있다. 우선 글자를 입력하면 글자를 발음할 수 있는 소리 정보로 변환하고, 사람처럼 억양·강세·감정을 넣어서 말소리를 만든 뒤, 진짜 사람이 읽는 것 같은 음성을 도출해낸다. AI TTS는 원하는 목소리를 빠르게 생성하는 것은 물론, 여러 언어와 말투를 지원하며, 성우 없이도 콘텐츠 제작이 가능하다는 장점이 있다. 이에 시각장애인용 화면 낭독기를 비롯해 내비게이션 음성 안내, 콜센터 자동응답, 게임 캐릭터 등 다양한 분야에서 활용되고 있다.

에이전틱 AI(Agentic AI)

"SK하이닉스가 8월 14일 사내 반도체 업무에 특화된 자체 개발 생성형 인공지능(AI) 플랫폼 「가이아(GaiA)」를 공개했다. 가이아는 업무 프로세스를 반영한 에이전틱 AI 구현이 가능해, 반도체 제조 과정에서 임직원들의 다양한 업무를 지원할 수 있는 것으로 알려졌다. SK하이닉스는 오는 11월에는 일반 업무와 전문 업무를 모두 지원하는 AI 비서 서비스 「에이닷 비즈(A.Biz)」를 출시할 계획이다."

사용자의 요구에 맞는 다양한 작업을 자동으로 수행·지원하는 인공지능(AI) 기술을 말한다. 일정 관리, 정보 검색, 언어 번역 및 대화 등 다양한 기능을 수행한다. 이는 특정 목표를 달성하기 위해 스스로 계획을 수립하고 실행할 수 있다는 점에서 사용자의 명령이나 데이터 입력에 의존하는 기존 AI 챗봇의 수준을 넘어선 것으로 평가된다. AI 에이전트는 크게 3단계로 작동하는데, 구체적으로 센서를 통해 주변 환경 데이터를 수집하고, 목표 달성을 위한 최적의 행동을 판단·계획한 후, 이를 실행해 환경에 영향을 미치는 식이다. 이는 환경 변화에 빠르게 대응할 수 있고, 데이터를 바탕으로 정확한 의사 결정을 내릴 수 있다는 장점이 있다. 그러나 데이터의 품질에 따라 성능이 저하되거나 편향된 의사 결정을 내릴 위험이 있으며, 예측 불가능한 환경에서는 성능이 제한될 수 있다.

기능에 따른 인공지능(AI) 기술 발전 단계

구분	정의	등장 시기
인식형 AI	텍스트, 이미지, 음성 등의 데이터를 이해하고 처리	2012년
생성형 AI	데이터의 패턴을 파악해 새로운 콘텐츠 생성	2018년
에이전틱 AI	사용자의 요구에 맞게 다양한 작업을 자동으로 수행	2023년
피지컬 AI	물리법칙을 이해하고 물리적 환경에서 작업 수행	2024년

H20

"블룸버그통신이 8월 12일 중국 당국이 엔비디아의 H20 칩 사용을 제한하라는 내용의 지침을 자국 기업들에 내렸다고 보도했다. H20은 도널드 트럼프 미국 행정부의 지시로 지난 4월 대중(對中) 수출이 통제됐다가 7월 공급 재개가 결정된 바 있다. 그러나 중국 당국은 해당 칩에 백도어 프로그램이 탑재돼 있다며, 엔비디아 측에 보안 위험에 대한 해명과 관련 자료 제출을 요구했다. 이에 엔비디아가 관련 의혹을 강하게 부인하면서, 이번 사안이 단순한 보안 문제를 넘어 미·중 간 갈등으로 확산될 수 있다는 예측이 나온다."

미국의 반도체 기업 엔비디아가 지난해 출시한 저사양 인공지능(AI) 칩으로, 미국 정부의 대(對)중국 수출규제를 피하기 위해 사양을 낮춰 제작됐다. 엔비디아의 대표 AI 칩인 「H100」의 구조를 일부 활용하면서도, 시스템 구성이나 메모리 처리 방식에서 효율성을 높이는 방향으로 설계된 것이 특징이다. 연산 성능은 H100의 20~30% 수준에 불과하지만, 고대역폭메모리(HBM3·HBM3E)와 다른 칩과의 우수한 연결성을 바탕으로 대규모 AI 연산에 강점이 있다. 현재 엔비디아의 AI 칩 중에서는 ▷블랙웰 ▷H200 ▷H100에 이어 네 번째로 높은 성능을 갖춘 것으로 알려졌다.

> **백도어(Backdoor)** 사용자 인증 등 정상적인 인증 절차를 거치지 않고 응용 프로그램 또는 컴퓨터 시스템에 무단으로 접근할 수 있는 비밀 통로를 말한다. 원래는 시스템 유지보수를 위해 의도적으로 설계되나, 시스템에 무단 침입하기 위한 해킹 수법으로 악용되는 경우도 있다. 백도어 프로그램은 시스템에 침입한 흔적을 남기지 않아 이를 감지하는 것이 어려우며, 모든 보안 체계를 우회하기 때문에 아무리 보안 강도를 높여도 영향을 받지 않는다. 백도어 프로그램의 종류는 다양하며, 대표적인 백도어 프로그램으로는 정상적인 기능을 하는 것처럼 보이나 실제로는 악성코드가 들어있는 「트로이 목마」 등이 있다.

LFP 배터리 (Lithium Iron Phosphate Battery) ▼

"LG에너지솔루션과 미국 제너럴모터스(GM)의 배터리 합작법인 얼티엄셀즈가 미국 테네시주 얼티엄셀즈 2공장에서 LFP 배터리 셀을 생산하겠다고 7월 14일 발표했다. 이에 따르면 얼티엄셀즈는 올해 말부터 LFP 셀 생산을 위한 라인 전환 작업에 착수, 2027년부터 본격적인 양산에 들어갈 계획이다. 국내 업체가 미국에서 차량용 LFP 배터리를 생산하는 것은 이번이 처음으로, 해당 공장에서 생산된 LFP 배터리는 향후 중저가 전기차 모델에 탑재될 방침이다."

리튬인산철(Li-FePO$_4$)을 양극재로 사용하는 리튬이온 배터리를 말한다. 이는 고가인 니켈과 코발트·알루미늄을 사용하는 삼원계 배터리보다 가격이 저렴하고 수명이 길며, 350℃ 이상의 고온에서도 폭발하지 않아 안정성이 뛰어나다. 다만, 에너지 밀도가 낮아 주행가능거리가 짧고, 순간 출력이 약해 프리미엄 전기차 대신 중저가 전기차에 주로 활용됐다. 그러다 최근 보급형 전기차 시장이 확대되고 전기차 화재 안정성에 대한 주목도가 높아짐에 따라 LFP 배터리에 대한 수요가 급증했다.

LFP 배터리 vs 삼원계 배터리

구분	LFP 배터리	삼원계 배터리
주 원료	리튬, 인산, 철	니켈, 코발트, 알루미늄(또는 망간)
주행가능거리	300~400km	400~600km
에너지 밀도	낮음 (170Wh/kg 수준)	높음 (250Wh/kg 수준)
장단점	・삼원계 배터리보다 단가 20% 저렴 ・높은 안정성 ・순간 출력이 약하며 무거움	・니켈·코발트 등 주원료의 단가 높음 ・짧은 충전시간 ・차량 화재로 인한 안전성 문제

MCU(Micro Controller Unit) ▼

하나의 칩 안에 중앙처리장치(CPU)와 메모리·입출력 회로 등을 통합한 소형 컴퓨터 칩을 말한다. 주로 가전제품이나 자동차·사물인터넷(IoT) 기기 등의 전자제품에 부착돼 특정 기능을 자동으로 제어하는 데 사용된다. 예를 들어 전자레인지 시간 예약부터 자동차 엔진 제어, 스마트워치의 센서 동작 등이 MCU를 기반으로 이루어진다. 이는 필요 기능만 수행하도록 설계돼 전력 소모가 적고, 별도의 부품을 쓸 필요 없이 단일 칩만으로 구성돼 제조 단가가 낮으며, 크기가 작아 소형 기기에도 내장될 수 있다. 여기에 최근에는 인공지능(AI) 기술을 결합한 「AI MCU」가 등장해, 스마트 기기의 전력 소비를 줄이고 반응 속도를 높일 수 있게 됐다.

오가노이드(Organoid)

"한국바이오의약품협회가 8월 13일 국내 최초의 오가노이드 전문 산·학·연 협의체인 「K-오가노이드 컨소시엄」 출범식을 개최했다. 컨소시엄은 약 30개 창립 회원사와 정부 기관의 참여 아래 국내 오가노이드 기술의 표준화·제도화 등을 위한 산업화 로드맵을 본격 수립하기로 했다. 또한, 오는 10월 기술 세미나에 이어 12월에는 아시아 최초의 오가노이드·ATMP(첨단바이오의약품) 전문 다국가 심포지엄을 개최하겠다는 계획을 밝혔다."

인간의 줄기세포(배아줄기세포·성체줄기세포·유도만능줄기세포 등)를 3차원적으로 배양하거나 재조합해 만든 장기 유사체로, 「미니 장기」 또는 「유사 장기」로도 불린다. 2차원 배양접시에 세포를 배양하던 기존 방식과 달리, 3차원 세포 구조체를 하이드로겔 안에서 배양한다. 2009년 네덜란드 후브레이트 연구소의 한스 클레버스 박사가 생쥐의 직장과 똑같은 세포를 3차원으로 배양한 데서 시작해, 현재는 인간의 심장·위·간 등의 신체 장기를 본뜬 다양한 오가노이드가 제작되고 있다. 오가노이드는 실제 장기의 구조와 기능을 재현할 수 있어 신약 개발이나 장기 이식 분야에서 주목받고 있다.

오토파일럿(Autopilot)

"8월 1일 미국 마이애미 연방법원 배심원단이 2019년 플로리다에서 발생한 테슬라의 자율주행 보조 시스템 「오토파일럿」 관련 사망사고에 대해 테슬라 측의 책임을 일부 인정하는 판결을 내렸다. 해당 사고는 2019년 오토파일럿 모드로 주행 중이던 테슬라 차량이 도로에 정차된 SUV와 주변 보행자들을 들이받으며 발생한 것으로, 이로 인해 보행자 1명이 숨지고 다른 1명은 중상을 입었다. 법원은 이 사고가 운전자와 오토파일럿 시스템 양측의 과실에 의한 것이라고 판단하고, 테슬라가 피해자 측에 2억 4300만 달러(약 337억 원)를 배상해야 한다고 판결했다."

미국 전기자동차업체 테슬라가 운전자의 차량 조작을 보조하기 위해 개발한 자율주행 보조 시스템이다. 차량에 장착된 카메라와 레이더·초음파 센서 등을 활용해 차선 유지, 전방 차량과의 거리 조절, 자동 속도 조정 등의 기능을 제공한다. 테슬라는 이 기술을 지속적으로 개선해, 자동 차선 변경이 가능한 「향상된 오토파일럿」과 신호등 인식이 가능한 「FSD(Full Self-Driving)」 등의 확장 기능을 유료 옵션으로 제공하고 있다. 다만 이 기능들은 자율주행 레벨 0~5단계 중 2단계(부분 자동화)에 해당하는 운전자 보조 기술로, 완전한 자율주행 시스템은 아니다. 이에 따라 운전자의 지속적인 주의와 개입이 필수적인 만큼, 테슬라는 오토파일럿 사용 중에도 운전자가 일정 시간 핸들에서 손을 떼면 경고음을 울리도록 설정해 두었다. 경고가 5회 누적될 경우, 일주일간 오토파일럿 사용이 제한되는 등 일정 수준의 제재가 가해지는 것으로 알려졌다.

자율주행 레벨 0~5단계

레벨 0 (비자동화)	운전자가 차량의 운전 및 속도 제어를 모두 담당해야 하는 단계
레벨 1 (운전자 보조)	운전자가 핸들에 손을 대고 있는 것을 전제로 자율주행 시스템이 특정 주행 모드에서 조향 또는 감·가속 중 하나를 수행
레벨 2 (부분 자동화)	운전자가 개입하지 않아도 시스템이 차량의 속도와 방향을 동시에 제어
레벨 3 (조건부 자동화)	돌발 상황으로 자율주행 모드의 해제가 예상되는 경우에만 운전자의 조작 요청
레벨 4 (고도 자동화)	시스템이 운행구간 전체를 모니터링하며 안전 관련 기능들을 스스로 제어
레벨 5 (완전 자동화)	운전자가 필요 없는 무인 자동차 단계로, 사람의 개입 없이 시스템이 판단해 목적지까지 스스로 운전

월력요항(月曆要項)

"우주항공청이 6월 30일 다음 해 우리나라 달력 제작의 기준이 되는 「2026년도 월력요항」을 발표했다. 이에 따르면 2026년 달력에 적색으로 표기되는 공휴일은 일요일과 대체공휴일을 포함해 총 70일로, 올해(68일)보다 이틀 더 많다. 토요일은 공휴일과 겹치는 날을 제외하면 48일로, 공휴일과 토요일을 더한 실질적인 휴일은 총 118일이 되어 올해(119일)보다 하루가 적다."

관공서의 공휴일·기념일·24절기 등을 표기한 자료로, 천문역법에 따른 정확한 날짜를 담고 있어 달력 제작 시 기준이 된다. 2019년까지는 한국천문연구원이, 2020년부터는 과학기술정보통신부가, 2024년부터는 우주항공청이 천문법에 따라 매년 관보를 통해 다음 해의 월력요항을 발표하고 있다. 이는 공공기관이나 교육기관 등 공공 분야에서 각종 정책 및 행사 일정을 기획하거나, 농업 분야에서 절기별로 파종·수확 시기를 계산하는 데 사용되는 등 다양한 분야에서 실무적 기반으로 기능한다.

이루다 ▼

"인공지능(AI) 챗봇「이루다」의 개인정보 유출 사건과 관련해, 제작사인 스캐터랩이 피해자들에게 위자료를 배상해야 한다는 법원의 판결이 7월 12일 나왔다. 이루다는 출시 초기 자연스러운 대화 기능으로 주목받았으나, 개발 과정에서 스캐터랩이 자사의 다른 앱을 통해 수집한 개인정보를 이용자 동의 없이 활용한 사실이 드러나며 2021년 소송이 제기됐다. 재판부는 이 같은 데이터 활용이 개인정보보호법 위반에 해당하며, 스캐터랩이 원고 246명 중 개인정보 또는 민감정보가 유출된 93명에게 1인당 10~40만 원씩 배상해야 한다고 판결했다."

국내 인공지능(AI) 스타트업 스캐터랩이 2020년 출시한 AI 챗봇 서비스로, 20대 초반 여대생 캐릭터인「이루다」를 콘셉트로 한다. 스캐터랩이 운영하던 연애 콘텐츠 앱을 통해 실제 연인 간 대화 데이터 100억 건 이상을 학습, 이를 기반으로 자연스러운 대화와 간단한 게임을 진행할 수 있다. 그러나 학습 데이터 수집 과정에서 이용자 동의를 충분히 받지 않았다는 지적과 함께, 이루다가 성소수자 및 장애인에 대한 차별적·혐오적 표현을 사용한 사실이 알려지며 논란이 일었다. 이에 스캐터랩은 출시 20일 만에 서비스를 중단하고, 학습에 사용된 딥러닝 대화 모델을 전량 폐기했다. 이후 기능과 윤리적 기준이 개선된「이루다 2.0」이 2022년 재출시됐으며, 현재는 AI 메신저 플랫폼「제타(ZETA)」에 통합돼 운영되고 있다.

2025 휴머노이드 로봇 운동대회(The World Humanoid Robot Games 2025) ▼

8월 14일부터 17일까지 중국 베이징의 국가스피드스케이팅경기장에서 열린 세계 최초의 로봇 올림픽이다. 16개국 280개 팀의 휴머노이드 로봇 500여 대가 출전했으며, ▷100m 달리기 ▷1500m 달리기 ▷400m 계주 ▷3대3 축구 ▷5대5 축구 ▷격투기를 포함해 총 26개 종목으로 치러졌다. 특히 1500m 달리기 종목의 경우 인간 능력에 가장 근접한 수준을 보였는데, 금메달은 6분 34초 만에 결승선을 통과한 중국 유니트리사의 로봇 H1이 차지했다.

휴머노이드(Humanoid) 인간과 닮은 모습을 한 로봇을 가리키는 용어로, 인간형 로봇이라는 뜻에서「안드로이드」라고도 불린다. 이는 머리·팔·손·다리 등 인간의 신체와 비슷한 골격 구조나 인간과 비슷한 지능을 갖춰, 인간을 대신하거나 인간과 협력할 수 있다.

인공태양(Artificial Sun) ▼

"과학기술정보통신부가 8월 6일 한국핵융합에너지연구원과 미국 프린스턴 플라스마 물리연구소 공동 연구팀이 핵융합 에너지 상용화에 필수적인 플라스마의 제어 기술을 확보했다고 밝혔다. 연구팀은「한국의 인공태양」으로 불리는 KSTAR를 활용한 실험에서, 초고온 플라스마에 붕소 분말을 실시간으로 주입하면 핵융합로 내벽에서 나오는 텅스텐 불순물을 줄일 수 있음을 확인했다. 이를 활용하면 운전 정지 없이도 핵융합로 내벽 상태를 제어할 수 있어, 앞으로는 고온의 플라스마를 더 오래 안정적으로 유지할 수 있을 거라는 설명이다."

태양이 에너지를 생산하는 원리를 활용해 전력을 생산하는 핵융합 발전장치를 말한다. 이는 초고온·초고압 환경에서 원자핵들이 융합하면서 발생하는 막대한 에너지를 이용한다. 인공태양을 활용한 핵융합발전은 핵분열을 이용한 원자력발전보다 에너지 효율이 7배 이상 높고, 환경 측면에서도 탄소 배출이 거의 없어 차세대 에너지원으로 주목받고 있다. 또한 핵융합의 원료로 알려진 중수소는 바닷물에서도 쉽게 얻을 수 있어 원료가 사실상 무한하다. 그러나 핵융합을 유도하려면 1억℃ 이상의 초고온 상태를 유지해야 하는데, 현재의 기술로는 이러한 상태를 안정적으로 유지하기 어려워 관련 연구가 계속되고 있다.

KSTAR(Korea Superconduction Tokamak Advanced Research) 우리나라가 개발한 핵융합 실험장치로, 초고온·초진공 상태에서 핵융합 반응을 구현한다. 1995년 대전 국가핵융합연구소에서 개발을 시작해 2007년 완공됐으며, 2009년부터 본격적으로 가동에 들어갔다. 절대온도 4K(영하 268℃)에 가까운 초저온 환경에서 초전도자석을 운용하고, 1억℃ 이상의 고온 플라스마를 안정적으로 유지할 수 있는 것이 특징이다. 2024년 3월에는 1억℃의 초고온 플라스마를 48초 이상 연속 운전하는 데 성공하면서 세계 최고 기록을 세웠다.

전력계통영향평가(電力系統影響評價) ▼

10MW(메가와트) 이상의 전력을 사용하려는 기업이 전력계통망에 미치는 영향을 사전에 분석·평가하는 제도다. 수도권 등 계통 포화지역에 대규모 전력 소비 기업이 들어왔을 때 계통 혼잡이 생길 것을 방지하고 전력수요를 전국적으로 분산시키는 것을 목적으로 한다. 「분산에너지 활성화 특별법」에 따라 지난해 8월부터 이 평가를 통과한 시설에 전기 공급을 허용하고 있다. 구체적으로는 해당 지역의 전력 공급 여유와 사업자의 자가발전 운전 계획, 지방재정 기여도 등을 평가한다. 그러나 한국전력공사와 산업통상자원부 등의 평가를 받는 과정이 복잡하고 통과 기준이 높아, 전력계통영향평가가 오히려 지역별 신규 인프라 건설에 걸림돌로 작용하고 있다는 비판이 나온다.

제로 트러스트(Zero Trust) ▼

「아무것도 신뢰하지 않는다」를 전제로 한 사이버 보안 모델로, 사용자·기기의 형태에 상관없이 모든 접속 주체를 지속적으로 검증하는 것을 기본으로 한다. 이는 「신뢰가 곧 보안 취약점」이라는 원칙 아래 조직 내부에서 접속한 사용자도 철저한 신원확인을 거치고, 접속 권한을 부여하더라도 접근 가능한 범위를 최소화하는 방식으로 보안성을 높인다. 최근 다양한 디지털 신기술의 발전으로 사이버 공격의 형태가 은밀화·고도화되고 있는 한편, 원격·재택 근무의 확산으로 네트워크 보안이 더욱 중요해지면서 각 업계에서는 제로 트러스트 도입이 늘고 있다.

제임스 웹 우주망원경 (JWST·James Webb Space Telescope) ▼

"프랑스 국립과학연구원(CNRS) 파리천문대 앤 마리 라그랑주 박사팀이 6월 25일 과학저널 《네이처》를 통해, 제임스 웹 우주망원경이 어린별 TWA 7 주위 원시행성 원반 속에서 새로운 외계행성인 「TWA 7b」를 포착했다고 밝혔다. 연구팀은 이 행성이 웹 망원경으로 발견한 첫 번째 외계행성이자, 지금까지 영상으로 포착된 외계행성 중 가장 작은 것이라고 설명했다. 이번 발견을 통해 원시행성 원반 속 초기 행성의 형성 과정에 대한 단서를 얻을 수 있을 것으로 보인다."

노후화된 허블 우주망원경(1990년 발사)을 대체하기 위해 2021년 12월 25일 발사된 우주망원경이다. 본래 「차세대 우주망원경(NGST·Next Generation Space Telescope)」이라 불렸으나, 2002년 미국항공우주국(NASA)의 제2대 국장인 제임스 웹(James E. Webb, 1906~1992)의 업적을 기리기 위해 그의 이름에서 명칭을 따왔다. 제임스 웹 우주망원경은 25년간 약 100억 달러(약 13조 원)가 투자된 천문학 사상 최대의 프로젝트로, 가시광선이 아닌 적외선을 통해 기존의 망원경이 관측할 수 없을 정도로 멀리 떨어진 심우주를 관측하는 것을 목표로 한다. 구체적으로는 우주 빅뱅 직후인 135억여 년 전에 탄생한 초기 우주의 별을 담아내고, 태양계 밖의 행성을 탐사해 생명체가 존재할 수 있는 환경인지를 탐색하는 임무를 맡았다. 망원경은 베릴륨 합금에 순금을 입힌 18개의 육각형으로 이뤄진 주경이 특징으로, 허블 우주망원경보다 약 100배 높은 성능을 갖춘 것으로 알려졌다.

지능형 지속 공격 (APT·Advanced Persistent Threat) ▼

특정 기업 등의 표적을 대상으로 장기간에 걸쳐 명확한 공격을 시도하는 해킹 방식이다. 불특정 다수를 대상으로 급속도로 확산·공격을 개시하는 일반 컴퓨터 바이러스와는 달리, 공격을 위한 준비 기간이 수개월~수년에 달한다. 공격이 마무리되면 해킹이 의심되는 모든 흔적을 제거하거나, 해킹 주체를 추적할 수 없도록 흔적을 조작하기도 한다. 구체적으로 ▷목표 설정 및 정찰 ▷침투경로 마련 ▷내부 잠입 및 확산 ▷정보 수집 및 명령 수행 ▷흔적 제거 등의 5단계를 거쳐 진행된다. APT 해킹은 또한 다양한 공격 기법을 조합해 실행되는데, 대표적으로 표적이 자주 방문하는 웹사이트에 악성코드를 심는 「워터링 홀」, 해킹 주체가 재접속할 수 있는 통로를 마련하는 「백도어」 등이 있다.

최근 발생한 SKT 유심 정보 유출 사고도 2021년 최초 악성코드 설치 후 지속적 정보 탈취가 이뤄졌다는 점에서 전형적인 APT 공격의 특성을 보인다는 분석이 나온다. APT는 높은 기술력과 정교한 침투 전략을 요구해 개인 단위로 수행하기는 어려우므로, 보안업계에서는 이 사건에 조직적 해킹 그룹이 연루됐을 가능성에 주목하고 있다.

GAA(Gate-All-Around)

트랜지스터(전류 흐름을 제어하는 반도체 소자)의 전류 통로를 네 면에서 감싸 전류 흐름을 정밀하게 조절하는 차세대 반도체 기술이다. 트랜지스터는 게이트(Gate)에 전압이 가해지면 채널(Channel)을 통해 전류를 흘리면서 작동하는데, 최근 반도체와 트랜지스터의 소형화 추세에 따라 채널의 길이가 짧아지자 전류 조절이 어려워지는 문제가 있었다. 이를 해결하기 위해 고안된 기술이 GAA로, 채널의 상하좌우 네 면을 게이트로 감싸 반도체의 전력 누설을 줄이고 전력 효율을 높였다. 이는 기존의 반도체 기술인「핀펫(FinFET·게이트와 채널이 세 면에서 맞닿는 구조)」보다 전력 소모를 줄이면서도 성능을 향상시킬 수 있어 3나노 이하 초미세 반도체 공정의 핵심 기술로 주목받고 있다.

현재 반도체 공정은 ▷1세대 3나노 ▷2세대 3나노 ▷2나노 순서로 발전하고 있다. 삼성전자는 세계 최초로 1세대 3나노 공정에 GAA 기술을 도입했지만, 초기 수율 문제로 고객 확보에 어려움을 겪었다. 반면, 경쟁사인 TSMC는 기존의 핀펫 기술을 유지한 3나노 공정으로 주요 고객사를 끌어모았다. 그러나 TSMC도 차세대 2나노 공정부터는 GAA를 도입할 것으로 알려지면서, 본격적인 GAA 경쟁은 2나노 공정부터 시작될 전망이다. 이에 삼성전자는 수율 안정과 고객 신뢰 회복을 목표로 2나노 GAA 공정을 준비 중이며, 올 하반기에 차세대 애플리케이션 프로세서(AP)인「엑시노스 2600」을 통해 2나노 GAA 공정을 본격화할 계획이다.

차세대 발사체(KSLV-Ⅲ· Korea Space Launch Vehicle-Ⅲ)

한국형 발사체「누리호」의 후속으로 개발 중인 발사체로, 향후 우리나라 대형위성 발사와 우주탐사에 활용될 방침이다. 2023년부터 2032년까지 총사업비 2조 132억 원이 투입되며, 3단 발사체인 누리호와 달리 2단형 구조로 설계된다. 인공위성 수송역량도 대폭 향상돼, ▷지구저궤도에는 10톤 ▷태양동기궤도에는 7톤 ▷달 전이궤도에는 1.8톤의 화물을 실어 나를 수 있을 것으로 보인다. 차세대 발사체는 개발이 완료되고 나면 총 3차례의 발사를 통해 단계적으로 성능을 검증하고 달 탐사 임무를 수행할 계획이다. 먼저 2031년에는 달 궤도 투입 성능검증위성을 발사해 발사체의 성능을 확인하고, 2032년에는 달 착륙선 예비 모델과 최종 착륙선을 순차적으로 발사할 방침이다. 이 발사체가 성공적으로 개발되면 우리나라는 지구궤도 위성 발사 기술을 넘어, 달과 화성 등에 대한 독자적 우주탐사 능력을 확보하게 된다.

한국형 발사체 비교

명칭	나로호 (KSV-Ⅰ)	누리호 (KSV-Ⅱ)	차세대 발사체 (KSV-Ⅲ)
로켓단	2단	3단	2단
탑재중량	100kg	1500kg	10톤(지구저궤도), 7톤(태양동기궤도), 1.8톤(달 전이궤도)
위성 투입 고도	150~300km	600~800km	200~3만 6000km

발사 연도 (최초 성공 기준)	2013년	2022년	2031년 예정
제작국	러시아(1단), 한국(2단)	한국(국산화율 95%)	한국(개발 중)

초인공지능
(ASI · Artificial Super Intelligence) ▼

"마크 저커버그 메타 최고경영자(CEO)가 7월 30일 페이스북에 초인공지능에 대한 메타의 비전을 공개하는 영상을 업로드했다. 그는 메타의 초인공지능은 노동을 자동화하는 데 초점을 맞추기보다는, 사람들의 일상과 개인 생활을 돕는 방향으로 개발될 것이라고 밝혔다. 이를 실현할 수 있는 기기로는 「스마트 안경」을 제시, 증강현실(AR)과 초인공지능 기술을 결합해 개인 맞춤형 AI 경험을 구현하겠다고 설명했다. 한편, 메타는 지난 7월 「메타 초지능 연구소」를 설립하고 적극적인 외부 인재 영입에 나선 것으로 전해졌다."

인간보다 뛰어난 지적 능력을 가진 인공지능(AI)을 말한다. 아직 실현되지 않은 개념이므로 명확한 정의는 내려지지 않았으나, 특정 분야에서만 인간을 능가하는 현재의 AI에서 나아가 모든 영역에서 인간보다 뛰어난 사고를 하는 것이 특징이다. 이는 인간과 비슷한 수준의 AI인 범용인공지능(AGI)보다 한 단계 진화한 개념으로, 고도로 발달한 추론 능력을 보유한 데다 인간의 고유 영역으로 여겨졌던 정서 지능이나 예술 창작 능력까지 고루 갖출 것으로 예상된다. 초인공지능이 실현되면 질병 치료나 수명 연장 등 인간이 풀 수 없는 문제를 해결할 수 있어 사회적 비용을 획기적으로 절감할 수 있을 것으로 기대된다. 최근 AI 기술 발전 속도가 가속화됨에 따라 AGI와 초인공지능의 실현이 가시화되면서, 초인공지능 분야를 둘러싼 주도권 경쟁 역시 격화되고 있다.

능력의 범위에 따른 인공지능(AI) 기술 발전 단계

구분	정의
제한적 인공지능(ANI)	특정 분야의 임무 수행에 특화(현재 AI 기술 수준)
범용인공지능(AGI)	다양한 분야에서 인간과 비슷한 수준의 수행 능력 보유
초인공지능(ASI)	모든 분야에서 인간보다 뛰어난 지적 능력 보유

치쿤구니야 열병(Chikungunya Fever) ▼

"질병관리청이 최근 중국 등에서 확산 중인 치쿤구니야 열병의 국내 유입을 대비하기 위해 7월 28일 회의를 열고 유행 상황 및 대응 체계를 점검했다. 이에 따르면 7월 말 기준 올해 국내에서 신고된 치쿤구니야 열병 환자는 1명으로, 해외에서 감염된 후 국내에 유입된 사례였다. 질병청은 치쿤구니야 열병 유입 가능성에 대비해 중국 광동성, 인도네시아, 필리핀 등을 검역 관리 지역으로 지정하고 입국자 대상 집중 감시를 실시하겠다고 밝혔다."

「치쿤구니야」 바이러스 감염으로 발생하는 감염질환으로, 주로 감염된 모기(이집트숲모기·흰줄숲모기 등)를 통해 전파된다. 잠복기는 평균 3~7일 정도로, 치사율은 1% 미만이다. 치쿤구니야 바이러스에 감염되면 고열이나 관절통 등의 증상이 발현되며, 부종·발진·두통 등이 이어진다. 보통 수일 내에 회복되지만, 통증이 수개월간 지속되는 경우도 있어 고령자나 기저질환자 등은 주의가 필요하다. 이는 일상적인 접촉이나 기침 등으로는 전파되지 않고 혈액을 통해 전파되는데, 사람 간 전염 증거는 아직 없다. 또한 항바이러스제가 없어 해열제나 진통제 등으로 증상을 완화한다. 모기 기피제를 사용하거나 방충망을 설치하는 등 모기에 물리지 않는 것이 최선의 예방법으로 제안된다. 우리나라에서는 법정감염병 3급으로 지정·관리되고 있으며, 발생 또는 유행 시 24시간 이내에 질병관리청에 신고해야 한다. 국내 첫 환자는 2013년에 확인됐으며, 현재까지 국내 자생 모기에 물려 감염된 사례는 없다.

K-라드큐브(K-RadCube) ▼

한국천문연구원의 주관 아래 나라스페이스·삼성전자·SK 하이닉스·KT SAT 등 국내 4개 기업이 약 100억 원을 투자해 개발한 소형 큐브위성이다. 이는 2026년 발사 예정인 미국항공우주국(NASA)의 우주선 「아르테미스 2호」에 탑재돼, 발사 후 고도 약 7만km의 밴앨런 복사대에서 고도별 우주방사선을 측정하고, 해당 환경이 우주인에게 미치는 영향을 분석할 방침이다.

또한 K-라드큐브에는 국내 기업이 개발한 반도체 소자도 함께 실려, 우주 환경에서 해당 소자의 내성 특성을 검증하는 임무도 맡았다. 현재는 NASA 케네디 우주센터로 이송돼, 우주발사시스템(SLS)에 탑재되기 위한 준비 절차를 거치고 있다. K-라드큐브는 우리나라가 아르테미스 프로젝트에 실질적으로 참여한 첫 사례로, 이를 통해 국내 유인 우주탐사에 필요한 우주방사선 데이터를 확보하고, 국제 우주협력 확대의 기반을 마련할 수 있을 것으로 기대를 모은다.

아르테미스 프로젝트(Artemis Project) 미국항공우주국(NASA)이 추진하는 달 유인 탐사 프로젝트로, 비행체의 성능을 시험하는 무인 계획(1단계)과 통신 및 운항 시스템을 시험하는 유인 계획(2단계)을 거쳐 인류 역사상 최초의 여성 우주인을 포함한 우주인 4명을 달에 보내는 것을 목표로 한다.

쿠미의 법칙(Koomey's Law)

컴퓨터가 특정 연산을 수행하는 데 필요한 에너지의 양이 18개월마다 절반씩 줄어들고 있다는 내용의 법칙이다. 미국 스탠퍼드 대학의 조나단 쿠미(Jonathan Koomey) 교수가 2010년 제시했다. 이 법칙에 따르면 고정된 연산을 처리하는 데 필요한 에너지의 양은 1945년부터 2000년까지는 10년마다 100배씩, 이후부터는 10년마다 16배씩 개선돼 왔다. 이는 컴퓨팅 기술의 발전에 따라 더 적은 에너지로 더 많은 연산을 수행할 수 있게 됐다는 의미로, 예를 들어 새로 출시되는 휴대폰은 이전보다 배터리 효율이 향상돼, 충전하지 않고도 더 오래 사용할 수 있게 되는 것이다. 이는 데이터센터에 대한 수요가 폭발적으로 증가하더라도, 전 세계의 전력 소비가 그만큼 급격하게 늘어나지는 않음을 시사한다. 쿠미의 법칙은 단순한 컴퓨터 성능의 향상을 넘어, 동일한 연산을 더 적은 에너지로 처리해야 한다는 방향성을 제시한다는 점에서 탄소 중립이나 지속 가능한 IT 인프라 구축의 이론적 근거로도 주목받고 있다.

탐해 3호(探海 3號)

"한국지질자원연구원(KIGAM)이 탐해 3호가 7월 14일 오후 5시 경남 창원시 진해항에서 서태평양 공해로 출항해「해저 희토류 전용 탐사 사업」을 시작했다고 밝혔다. 이는 탐해 3호가 지난해 6월 공식 취항한 지 1년 만으로, 탐해 3호는 앞으로 6년간 서태평양에서 해저 희토류 부존 지역을 탐사하는 임무를 맡았다. 이번 탐사는 특히 다른 국가의 참여 없이 순수 국내 기술로 해저 희토류 자원 분포를 확인한다는 점에서 주목을 받고 있다."

한국지질자원연구원(KIGAM) 소속의 6000톤급 물리탐사 연구선으로, 해외 조선사에 의해 건조됐던 기존 연구선과 달리 처음으로 국내에서 제작됐다. 이는 국내 유일의 물리탐사 연구선이었던 탐해 2호의 장비가 노후화됨에 따라 2017년 8월부터 건조되기 시작, 지난해 6월 공식 취항했다. 국비 총 1777억 원이 투입된 탐해 3호는 3D 지질정보 획득장비, 4D 모니터링 탐사장비 등 최첨단 탐사·연구장비 35종을 탑재하고 있어「바다 위 연구소」라고도 불린다. 한 번에 4.2km² 규모의 해저를 탐사할 수 있으며, 석유나 가스 등의 해저 자원은 물론 해저 지형의 변화도 탐지할 수 있다.

역대 국내 물리탐사 연구선으로는 ▷1977년 건조된「탐해호」▷1996년 건조된「탐해 2호」▷2023년 건조된「탐해 3호」등이 있다. 그중 탐해 2호는 1996년부터 2023년까지 27년간 해저 자원탐사를 수행하다가, 탐해 3호의 건조에 따라 국내 민간기업에 양도됐다.

태양폭풍

태양의 흑점이 폭발하며 태양 표면에 있던 전자기파와 입자가 우주로 대량 방출되는 현상을 말한다. 태양에서는 태양 내부의 자기장에 축적된 에너지가 갑자기 폭발하는 현상인「플레어(Flare)」와, 태양 표면에서 양성자·중성자 등이 쏟아지는 현상인「코로나 질량 방출」로 인해 끊임없는 태양풍이 일어나고 있다. 이 태양풍은 수소폭탄 수천만 개가 동시에 폭발하는 것과 같은 위력을 갖는데, 평소에는 지구자기장이 이를 차단해 지구에는 영향이 거의 없다. 그러나 태양의 활동이 활발해지는 시기인 극대기에는 평균 속도 450km/s인 태양풍이 750km/s를 돌파하며 태양폭풍을 일으키는데, 이때 엄청난 양의 입자들이 고속으로 분출되며 지구자기장을 교란시킨다. 이 경우 인공위성은 궤도를 이탈할 위험이 있으며, 위성항법시스템(GPS) 정보를 이용하는 항공기와 선박·자동차 운항에도 차질이 빚어질 수 있다. 그러나 현재의 기술로는 태양폭풍을 예측하거나 막을 수 있는 방법이 없어, 미국 국립해양대기청 우주기상예보센터가 태양폭풍 발생 이후 사후 경보를 발령하는 방식으로 대처하고 있다.

페이스 페이(Face Pay)

소비자의 얼굴 정보를 인식해 본인 인증 및 결제를 진행하는 생체 결제 방식이다. 이는 스마트폰, 무인단말기, 키오스크 시스템 등에 내장된 카메라와 인공지능(AI) 얼굴 인식 기술을 활용해 자동화된 결제 서비스를 제공한다. 페이스 페이를 사용하기 위해서는 사용자가 스마트폰 카메라 등으로 자신의 얼굴을 촬영해 사전에 등록하는 작업이 필요하다. 이렇게 등록된 사진 속 사용자의 코의 높이, 눈과 눈 사이의 거리 등 얼굴 곡면에 대한 정보는 암호화된 형태로 서버에 저장된다. 이후 결제 시 단말기가 사용자의 얼굴을 인식하고, 등록된 얼굴 정보와 실시간 얼굴을 비교해 일치 여부를 확인, 미리 등록한 결제 수단으로 결제가 실행되는 것이다. 성형 수술을 하거나 체중에 큰 변화가 있지 않은 이상, 안경을 쓰거나 쌍둥이라도 구분해 결제할 수 있다. 또한 페이스 페이를 활용하면 지갑이나 스마트폰을 가지고 있지 않아도 결제를 할 수 있고, 지문 인증 등 다른 결제 방식보다도 짧은 시간이 소요된다는 장점도 있다. 그러나 생체정보 유출 등 개인정보 침해 우려로 인해 서비스 제공 업체 간 얼굴 인식 단말기의 호환이 되지 않는다는 점은 한계로 지적된다.

프라임 에디팅(Prime Editing)

"데이비드 리우 미국 하버드대 교수팀 및 미국 브로드연구소, 미국 잭슨랩 공동 연구팀이 프라임 에디팅 기술을 활용해 희귀 뇌신경질환 아동기교대반신마비증(AHC)에 걸린 생쥐를 치료한 연구 결과를 7월 21일 국제학술지 《셀》에 발표했다. AHC는 신경세포의 기능에 이상이 생겨 발작이나 편마비·지적장애·운동장애 등을 일으키는 난치성 질환이다. 연구팀은 AHC의 원인 유전자 「ATP1A3」의 맞춤형 프라임 에디팅 도구를 설계, 세포 수준에 해당 도구를 적용하고 프라임 에디팅 시스템을 생쥐의 뇌에 직접 전달한 결과, 유전자의 약 90%가 교정되고 발작과 운동장애도 완화됐다고 밝혔다."

DNA에서 유전질환의 원인이 되는 유전자 염기를 잘라내고 교정하는 차세대 유전자가위 기술로, 2019년 미국 브로드연구소에서 개발됐다. 기존의 크리스퍼 유전자가위가 DNA 이중나선의 두 가닥을 모두 절단하는 방식이었다면, 프라임 에디팅 기술은 한 가닥만 절단해 정밀성과 안정성을 높인 것이 특징이다. 이 기술은 nCas9(Cas9 니카제) 단백질과 역전사 효소, 프라임 에디팅 가이드(peg) RNA 등 크게 세 가지 구성요소로 이루어진다. 먼저 peg RNA가 목표 DNA의 위치를 특정하면, nCas9 단백질이 해당 DNA의 한 가닥을 절단하고, 역전사 효소가 새 DNA 서열을 합성하거나 삽입하는 방식이다. 이렇게 하면 크리스퍼 유전자가위보다 정밀하게 DNA를 편집하고 부작용을 줄일 수 있다. 특히 프라임 에디팅 기술은 돌연변이 유전자에 맞춘 맞춤형 설계가 가능해, 희귀 유전병의 90%까지 치료할 수 있는 것으로 알려졌다.

유전자가위(Gene Scissors) 인간 및 동식물 세포의 유전체를 교정하는 데 사용되는 유전자 교정 기술로, 유전체에서 특정 염기서열을 인식한 후 해당 부위의 DNA를 잘라내거나 다른 염기로 교체하는 시스템을 말한다. 지금까지 개발된 유전자가위 기술로는 ▷1세대 징크핑거 뉴클레이즈(ZFNs) ▷2세대 탈렌(TALENs) ▷3세대 크리스퍼(CRISPER-Cas9) ▷4세대 프라임 에디팅이 있다. 현재 상용화 단계에 진입한 크리스퍼 유전자가위는 Cas9 단백질을 활용해 표적 DNA를 절단, 절단된 DNA가 자연 복구되는 과정 중에 필요한 유전자를 삽입하는 방식으로 변이 유전자를 교정한다.

People

2025. 6.~ 8.

시사인물

1992. 출생
2009. U-17 청소년월드컵 국가대표
2010. 독일 함부르크
2013. 독일 레버쿠젠
2014. 브라질 월드컵 국가대표
2015~2025. 8. 잉글랜드 토트넘 홋스퍼 FC
2016. 리우올림픽 국가대표
2018. 러시아 월드컵 국가대표
2022. 카타르 월드컵 국가대표
2025. 8.~ 미국 로스앤젤레스 FC

▲ 출처: 위키피디아
(Ujishadow, CC BY-SA 4.0)

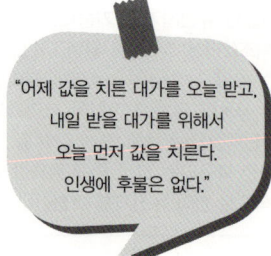

"어제 값을 치른 대가를 오늘 받고,
내일 받을 대가를 위해서
오늘 먼저 값을 치른다.
인생에 후불은 없다."

손흥민(孫興慜)

축구선수(34·로스앤젤레스 FC). 지난 10년간 활약한 잉글랜드 프리미어리그 토트넘 홋스퍼를 떠나 미국프로축구(MLS) 로스앤젤레스에프시(LA FC)에 8월 6일 공식 입단했다.

1992년 7월 강원특별자치도 춘천에서 태어났으며, 고등학교 1학년이던 2008년 대한축구협회 우수 선수로 선발돼 독일로 축구 유학을 떠났다. 이후 함부르크 유소년 팀에 입단한 그는 2010년 6월 곧바로 함부르크 1군에 합류했으며, 2012~2013시즌까지 3년간 함부르크에서 뛰며 78경기·20골의 기록을 남겼다. 그리고 18세였던 2010년 12월 처음으로 성인 대표팀에 발탁된 이후 ▷2014년 브라질 월드컵 ▷2015년 아시안컵 ▷2016년 리우올림픽 등 주요 대회에서 빠짐없이 대표팀 공격을 책임졌다.

그는 2013~2014시즌부터는 레버쿠젠으로 이적해 주전 선수로 자리매김한 데 이어, 2015년 8월 잉글랜드 프리미어리그(EPL) 토트넘으로 이적해 10년간 눈부신 활약을 펼쳤다. 그는 2019년 11월 유럽축구연맹(UEFA) 챔피언스리그(UCL) 조별리그에서 유럽 무대 개인 통산 122·123호 골을 기록하며, 한국인 유럽 최다골 기록을 달성했다. 같은 해 12월에는 세계 최고의 축구 선수를 뽑는 발롱도르 후보 30명에 뽑혔고, 2020년 10월 EPL에서는 한국인 최초이자 아시아 선수 최초로 유럽 빅리그 정규리그(1부) 통산 100득점을 돌파하기도 했다. 이후 2020년 12월 치러진 「더 베스트 FIFA 풋볼 어워즈 2020」에서는 2019~2020 프리미어리그 16라운드 번리전에서 기록한 75m의 질주골로 푸스카스상을 수상하며 화제를 모았다. 2022년 5월 EPL 최종 38라운드 원정 경기에서는 리그 22·23호골을 기록하며 모하메드 살라(리버풀)와 함께 EPL 공동 득점왕이 됐고, 2022년 발롱도르에서는 11위를 기록하며 또다시 아시아 선수 최고 기록을 남겼다. 그리고 지난 5월 치러진 2024~2025시즌 유럽축구연맹(UEFA) 유로파리그(UEL) 결승전에서 토트넘이 맨체스터 유나이티드를 꺾고 우승하면서, 손흥민은 프로로 데뷔한 지 15년 만에 첫 우승컵이자 유럽 클럽대항전 타이틀을 따낸 첫 아시아인 주장이 된 바 있다.

◻ 정청래(鄭淸來)

더불어민주당 신임 당대표(61). 8월 2일 경기도 고양시 킨텍스에서 열린 제2차 임시전국당원대회(전당대회) 당대표 경선에서 61.74%의 득표율로 박찬대 후보(38.26%)를 큰 격차로 제치고 당선됐다.

1965년 충남 금산군에서 태어났으며, 대전 보문고와 건국대 산업공학과를 졸업했다. 그는 1989년 전국대학생대표자협의회(전대협) 소속으로 주한 미국 대사관저 점거농성 사건을 주도, 국가보안법 위반 혐의로 징역 2년을 선고받아 복역했다. 출소 후 서울 마포에서 보습학원을 운영하다가 2002년 「노무현을 사랑하는 사람들의 모임(노사모)」에 가입해 활동했으며, 이후 열린우리당에 입당하며 정계에 입문했다. 그러다 2004년 치러진 17대 총선에서 서울 마포을에 출마해 당선되며 국회의원이 됐다. 이후 18대 총선에서는 낙선했으나, 2012년 19대 때 재선에 성공했다. 2016년 20대 총선 때는 컷오프(공천 배제)를 당했으나, 경선에서 떨어지거나 불출마를 선언한 인사들로 「더컷 유세단」을 구성해 선거운동을 도우며 민주당의 총선 승리에 일조했다. 이후 2020년 21대 총선에서 다시 당선된 그는 지난해 4·10 총선에서도 당선되며 4선 고지에 올랐다. 그는 국회의원으로 재임하며 2015~2016년과 2022~2024년 두 차례 민주당 최고위원을 지냈고, 국회에서는 과학기술정보방송통신위원장과 법제사법위원장을 지냈다. 또 19대 국회 때는 세월호특별법 제정을 촉구하며 광화문 광장에서 24일간 단식 농성을 했으며, 21대 국회에서도 검찰개혁을 적극 지지하는 등 강경한 개혁 노선을 걸어왔다. 특히 그는 22대 국회 첫 법사위원장으로 윤석열 전 대통령 탄핵 국면에서 국회 탄핵소추단장을 맡아 탄핵심판을 이끈 바 있다.

◻ 조란 맘다니(Zohran Mamdani)

미국 민주당 뉴욕 시의원이자 뉴욕시장 후보(33). 7월 1일 치러진 미국 민주당 뉴욕시장 예비선거에서 거물 정치인 앤드루 쿠오모(67) 전 뉴욕주지사를 꺾고 승리를 확정했다. 뉴욕은 민주당 지지 성향이 강해 민주당 경선은 본 선거에 준하는 무게감을 갖고 있는데, 맘다니가 본 선거에서도 승리할 경우 뉴욕 역사상 최초의 무슬림 시장이 탄생하게 된다.

1991년 아프리카 우간다의 인도계 무슬림 가정에서 태어났으며, 7세 때 미국으로 이주했다. 이후 메인주의 보딘칼리지에서 아프리카학을 전공했으며, 2021년 뉴욕주 하원의원에 당선돼 정계에 입문했다. 그는 정계 입문 전까지는 저소득층 유색인종을 강제 퇴거 위험에서 보호하는 주택상담사로 활동했다. 그는 올해로 정치 경력이 불과 5년에 불과한 신예이자 미국 정계에서는 무명에 가까운 인물이지만, 뉴욕시장 예비선거에 도전한 뒤 큰 주목을 받았다. 그는 예비선거 과정에서 ▷최저시급 인상 ▷무료 공영버스 도입 ▷공공 식료품점 운영 등 뉴욕 서민층의 生활 형편을 개선하는 데 중점을 둔 공약을 내걸었고, 이러한 공약들은 버니 샌더스 연방 상원의원(버몬트·민주), 알렉산드리아 오카시오-코르테스 연방 하원의원(뉴욕·민주) 등 진보 진영의 전폭적인 지지를 받았다. 다만 이와 같은 그의 공약에 대해서는 공화당이나 재계는 물론, 민주당 일부에서도 너무 급진적이라는 목소리도 있다.

◻ 에드윈 퓰너(Edwin Feulner)

1941~2025. 미국 보수 진영을 대표하는 싱크탱크인 헤리티지재단의 창립자로, 7월 18일 별세했다. 향년 83세.

1941년 미국 시카고에서 태어났으며, 레지스대를 졸업한 뒤 펜실베이니아대 와튼스쿨에서 MBA(경영학 석사)를, 스코틀랜드 에든버러대에서 박사 학위를 받았다. 이후 미 전략국제문제연구소(CSIS)에서 연구원으로 활동한 그는 1973년 수도 워싱턴DC에 헤리티지재단을 공동 창립했다. 이후 1977년부터 2013년까지 37년간 재단을 이끌면서 작은 정책 연구소를 미국 보수정책의 기반을 다지는 핵심 기구로 성장시켰다. 특히 1980년대 로널드 레이건 대통령 집권 시기에는 자유시장 경제, 작은 정부, 개인의 자유, 강력한 국방 등의 보수 가치를 전면에 내세우며 정책화를 주도했다. 이에 레이건 당시 대통령은 1989년 그에게 미국 최고 민간 훈장인 「대통령 시민훈장」을 수여하기도 했다. 그는 2016년 대선 때는 도널드 트럼프 당시 공화당 후보의 정책 자문으로 참여했고, 당선 후에는 1기 대통령직 인수위원회에 참여했다. 또 헤리티지재단은 2023년 트럼프의 재집권을 염두에 두고 차기 보수 정부의 국정 청사진인 「프로젝트 2025」 수립을 주도하기도 했다.

한편, 고인은 생전 200차례 이상 한국을 방문하는 등 미국 내 대표적인 아시아 전문가이자 지한파 인사로도 명성이 높았다. 특히 고(故) 김대중 전 대통령과는 생전 한미 양국에서 수차례 만나 한반도 정세에 대해 의견을 교환한 막역한 사이였다. 2002년에는 한미 우호 관계 증진에 기여한 공로로 한국 정부로부터 수교훈장 광화장을 받기도 했다.

🔲 스테이시 박 밀번(Stacey Park Milburn)

1987~2020. 장애인 인권 운동가로 활동한 한국계 미국인으로, 스테이시 박 밀번의 모습이 새겨진 25센트 동전(쿼터)이 8월 10일 발행됐다. 미 재무부 등은 참정권, 시민권, 노예제 폐지, 과학, 예술 등 다양한 분야에서 미국 사회의 발전에 공헌한 여성들을 기리기 위해 2022년부터 올해까지 모두 20명의 여성을 쿼터 뒷면에 등장시키는 캠페인을 진행하고 있다. 이번 쿼터 발행에 따라 밀번은 19번째 헌정 대상자이자 미국 화폐에 등장한 최초의 한국계 인물이 됐다.

1987년 서울에서 주한미군 아버지와 한국인 어머니 사이에서 태어났으며, 이후 미국으로 이주했다. 그는 태어날 때부터 근육 퇴행성 질환인 선천성 근이영양증을 앓고 있었다. 미국 이주 이후 지체장애인으로서 사회 곳곳에서 겪는 불편함과 부당함 등을 담은 글을 자신의 블로그에 올리기 시작했다. 그리고 이 글들이 큰 반향을 일으키면서 청소년 장애인 인권 운동가로 주목받기 시작했다. 고인은 20세이던 2007년에 공립고교 교육과정에 장애인 역사를 포함시키는 노스캐롤라이나 법안 작성·통과에 핵심적인 역할을 하면서 미 전역에 그 이름을 알렸다. 2014년에는 버락 오바마 행정부의 직속 기관인 지적장애인위원회에서 장애인 정책 자문위원으로 일하기도 했다. 그러나 신장암 진단을 받고 투병하던 중 수술 후유증으로 2020년 5월 19일 33세를 일기로 세상을 떠났다.

🔲 박기서(朴琦緖)

1948~2025. 백범 김구(1876~1949) 암살범 안두희(1917~1996)를 처단한 인물로, 7월 10일 별세했다. 향년 78세.

1948년 12월 9일 전북 정읍에서 태어났다. 그는 경기도 부천 소신여객 시내버스 기사로 일하던 1996년 10월 23일, 인천 중구 신흥동의 안두희(김구 암살범)의 집에 찾아가 「정의봉」이라고 적힌 40cm 길이의 몽둥이로 때려 살해했다. 그는 범행 7시간 만에 경찰에 자수하고 「백범 선생을 존경했기에 안두희를 죽였다. 어려운 일이었지만 당당하다고 생각한다」고 말한 바 있다. 그가 살해한 안두희는 1949년 6월 26일 서울 서대문 인근 경교장(현 강북삼성병원 자리)에서 권총으로 김구를 암살한 인물이다. 안두희는 이후 종신형을 선고받고 육군형무소에 갇혔다가 감형됐고, 1951년 2월 풀려나 사면까지 받은 뒤 포병장교로 복귀했다. 당시 안두희 살해 혐의로 박기서 씨가 구속되자 전국적으로 사면 운동이 벌어지기도 했으나, 1997년 11월 대법원 상고심에서 징역 3년이 확정되며 수감됐다. 그러다 1998년 3월 김대중 정부 때 사면되면서 1년 4개월 만에 석방됐다. 고인은 이후 소신여객 버스기사로 일하다가 2002년 개인택시 면허 취득 후에는 택시기사로 일했다. 특히 2018년에는 서울 용산구 식민지역사박물관에 정의봉을 기증하기도 했다.

🟣 노무라 모토유키(野村基之)

반평생 한국에 대한 봉사에 힘쓰며 「청계천 빈민의 성자」로 불린 일본의 사회운동가로, 7월 26일 별세했다. 향년 94세.

1931년 일본 교토에서 태어났으며, 1958년 처음 한국에 온 뒤 일제 식민지배 잔재와 6·25전쟁의 상처를 목격했다. 이후 1973년 다시 한국을 찾은 그는 청계천 빈민가를 방문한 뒤 충격을 받았고, 이때부터 본격적으로 빈민 구호에 나섰다. 그는 이 과정에서 일본과 독일, 뉴질랜드 등에서 모은 기금에 더해 도쿄 자택까지 팔며 탁아시설 건립 등을 지원했다. 그가 한국을 60여 차례 방문하며 청계천 빈민을 위해 전달한 돈은 7500만 엔(약 8억 원)에 달한다. 고인은 구호 활동과 함께 당시 우리나라의 모습을 사진으로 기록하는 작업도 했는데, 2006년에는 청계천과 동대문시장 등을 다니며 남긴 사진자료 약 2만 점을 서울역사박물관에 기증했다. 이에 2013년 그 공로를 인정받아 서울시 명예시민으로 선정되기도 했다. 그는 2009년부터는 푸르메재단을 매년 방문해 장애어린이와 그 가족을 만났으며, 생활비를 아껴 모은 돈을 넥슨어린이재활병원 건립을 위해 기부했다. 고인은 2012년 2월에는 주한 일본대사관 앞 평화의 소녀상을 찾아 일본의 과거사에 대해 속죄하기도 했는데, 이로 인해 일본 우익 세력으로부터 여러 번 살해 협박까지 받은 것으로 알려졌다.

🟣 박인수(朴忍洙)

1947~2025. 〈봄비〉를 비롯해 다수의 히트곡을 남긴 한국 최초의 솔(Soul) 가수로, 8월 18일 별세했다. 향년 78세.

1947년 9월 3일 평안북도 길주에서 태어났으며, 한국전쟁 당시 피란길에 올랐다가 어머니와 헤어지게 됐다. 이후 고아원을 전전하던 그는 미군 선교사의 도움을 받았고, 12살 때 미국으로 입양됐다. 그러나 외로움과 향수 등으로 뉴욕 할렘가를 전전하다가 귀국했고, 귀국 후에는 할렘가에서 접한 솔 창법을 앞세워 미8군 클럽에서 활동했다. 그러던 중 1960년대 말 그룹 「퀘션스」의 객원보컬로 참여하며 신중현 사단에 합류했다. 그는 1970년 신중현이 작사·작곡한 〈봄비〉로 유명세를 얻었고, 이후 〈나팔바지〉, 〈핑크 브로드웨이〉 등을 발표하며 대중적인 인기를 구가했다. 그는 이후 2013년 〈준비된 만남〉에 이르기까지 총 20여 장의 음반을 발표했다. 특히 고인의 대표곡 가운데 하나인 〈당신은 별을 보고 울어보셨나요〉는 한국전쟁 당시 헤어진 어머니를 그리워하는 노래로 화제를 모았고, 특히 이 노래가 인기를 끌면서 1983년에는 어머니와 극적으로 재회하기도 했다. 하지만 고인은 1970년대 중반 대마초 사건에 연루됐고, 1990년대 중반부터는 저혈당과 파킨슨병 등으로 건강이 악화되면서 무대를 떠났다. 그는 공백기 때인 2002년 췌장에 생긴 인슐린 종양 제거 수술을 받았고, 저혈당 쇼크로 생긴 단기기억 상실증세로 큰 어려움을 겪었다. 이에 그의 사연을 접한 동료 가수들이 치료비를 마련하기 위해 2002년 7월 「리멤버 박인수」라는 모금 공연을 열기도 했다. 이후 한동안 잊혀졌던 고인은 2012년 4월 KBS 1TV 〈인간극장〉을 통해 근황과 투병 사실을 전하면서 다시 주목을 받게 됐다. 당시 상당 부분 건강을 회복한 그는 그해 6월 대중음악계 선후배들의 도움을 받아 서울 마포구 한 재즈클럽에서 복귀 공연을 가졌고, 이후 전국 각지에서 여러 차례 공연을 이어갔다. 2013년 12월에는 〈준비된 만남〉이라는 곡을 발표했는데, 재즈 보컬리스트 겸 작곡가 김준이 쓴 이 노래는 고인이 생전 녹음한 마지막 곡이다.

오지 오스본(Ozzy Osbourne)

1948~2025. 「헤비메탈의 제왕」으로 불린 영국 출신의 록스타로, 7월 22일 별세했다. 향년 77세. 1948년 12월 3일 영국 버밍엄에서 태어났으며, 난독증으로 15세 때 학교를 중퇴했다. 1969년 헤비메탈 밴드인 「블랙 사바스(Black Sabbath)」를 결성해 보컬로 활동하면서 강렬한 퍼포먼스로 큰 인기를 얻었다. 이후 독립해 자신의 밴드를 이끌기 시작한 그는 1980년대 헤비메탈의 원형을 제시한 보컬리스트라는 평가를 받았다. 1995년 이후에는 메탈 페스티벌 「오즈페스트(Ozzfest)」를 주창, 헤비메탈계를 활성화시키며 왕성한 공연활동을 펼쳤다. 이 오즈페스트는 그의 매니저이자 부인인 샤론 오스본(Sharon Osbourne)이 기획·개최하고 있다. 그는 1993년과 1999년에 그래미 어워드에서 최우수 메탈 퍼포먼스 부문을 수상했으며, 2005년과 2006년에는 블랙 사바스 멤버 자격으로 각각 「영국 음악 명예의 전당」과 미국 「로큰롤 명예의 전당」에 이름을 올렸다. 또 2024년에는 솔로 가수로서 명예의 전당에 입성했다.

허영호(許永浩)

1954~2025. 세계 최초 7대륙 최고봉 등정, 3극점 도달 등의 기록을 세운 산악인으로 담도암 판정을 받고 투병하다 7월 29일 별세했다. 향년 71세.
1954년 4월 16일 충북 제천에서 태어났으며, 제천고와 청주대(체육학과)를 졸업하고 고려대 자연자원대학원에서 수학했다. 제천산악회에서 등반 활동을 시작한 그는 1982년 히말라야 마칼루(8481m) 등정에 성공했다. 1987년 한국인으로는 처음으로 겨울철에 에베레스트(8848m) 등반에 성공했으며, 이후 ▷남미 아콩카과(6959m) ▷북미 매킨리(6194m) ▷아프리카 킬리만자로(5895m) ▷오세아니아 칼스텐츠(4884m) ▷유럽 엘브루스(5642m) ▷남극 빈슨 매시프(4892m)를 등정하면서 세계 최초로 7대륙 최고봉 등정 기록을 세웠다. 또한 세계 최초로 3극점(에베레스트 1987년, 남극점 1994년, 북극점 1995년) 등정에도 성공하면서 어드벤처 그랜드슬램도 달성했다. 그리고 2017년 5월에는 63세의 나이로 국내 최고령 에베레스트 등정, 국내 최다 에베레스트 등정(6회) 기록을 세웠다. 정부는 허 대장의 이러한 공로를 인정해 체육훈장 기린장(1982), 거상장(1988), 맹호장(1991), 청룡장(1996)을 수여했다.
한편, 허 대장은 1998년 초경량 항공기 조종면허증을 취득했으며, 2008년 4월에는 초경량 항공기를 타고 경기 여주에서 제주까지 1000km 단독 비행에 성공했다. 2011년에는 독도, 마라도, 가거도를 거쳐 제천 비행장으로 돌아오는 1800km 거리의 비행에도 성공한 바 있다.

연덕춘(延德春)

1916~2004. 한국 1호 프로골퍼로, 일제강점기 때인 1941년 일본오픈에서 우승했지만 정치적 이유로 일본인 노부하라(延原德春)로 기록됐다. 이에 한국프로골프협회(KPGA)와 대한골프협회(KGA)는 일본골프협회(JGA)에 연덕춘의 국적과 이름 정정을 요청했으며, 4월 받아들여졌다. 이를 기념해 KPGA는 8월 12일 「대한민국 1호 프로골프선수 고(故) 연덕춘 역사와 전설을 복원하다」 행사를 열고 한국전쟁 때 유실된 연덕춘의 일본오픈 우승 트로피를 복원해 공개했다.
1916년 2월 14일 서울에서 태어났으며, 한국 최초의 골프장인 경성골프클럽에서 캐디로 일하던 친척을 통해 골프를 접했다. 제1호 조선인 프로 후보로 뽑혀 1934년 일본으로 골프 유학을 떠났으며, 1935년 한국인 최초로 일본 프로 자격을 따면서 선수 생활을 시작했다. 처음 출전한 일본오픈에서는 컷오프됐으나 1941년 대회에서 최종 합계 2오버파 290타로 우승, 한국인 최초로 국제대회 우승컵을 들어 올렸다. 이후 1956년 필리핀 극동오픈 6위, 영국 골프월드컵 24위를 기록한 바 있으며 1958년 한국 최초의 프로골프 대회인 KPGA 선수권대회에서 초대 우승을 차지했다. 1963년에는 KPGA의 모태가 되는 프로골프회를 창립했고, 1968년에는 KPGA 결성을 주도한 데 이어 회장, 고문직을 맡기도 했다. KPGA는 연 전 고문의 업적을 기리기 위해 덕춘상(최저타수상)을 만들어 1980년부터 시상하고 있다.

🟣 남승룡(南昇龍)

1912~2001. 1936년 베를린 올림픽 남자 마라톤 동메달리스트로, 국제올림픽위원회(IOC)가 홈페이지 선수 약력에서 일본식(NAN Shoryu)으로 표기돼 있던 남승룡의 이름에 「Nam Sung-Yong」을 병기하고, 「당시 한국이 일본의 지배를 받고 있어 일본 이름으로 기록됐다」는 설명을 더한 것으로 확인됐다.

1912년 11월 23일 전라남도 순천에서 태어나 일본 아사부(麻布) 상업학교, 메이지(明治) 대학을 졸업했다. 보통학교 학생 시절에 마라톤을 접한 후 6학년 때인 1924년 전남 대표로 조선신궁대회 마라톤에서 2위에 입상했다. 이후 1932년 제8회 조선신궁대회 마라톤 우승, 1933년 일본 육상경기선수권 마라톤 대회 2위, 1934년 미일 대항 경기대회 5000m 우승 등을 기록했다. 1936년에는 손기정(1912~2002)과 함께 베를린 올림픽 대표로 선발돼 일장기를 달고 달려 2시간 31분 42초의 기록으로 동메달을 목에 걸었다. 1947년에는 36세의 나이로 보스턴 마라톤 대회에 참가해 서윤복 선수의 페이스메이커로 뛰며 12위를 기록하기도 했다. 1947~1963년 대한육상경기연맹 이사를 역임했고, 1948년 런던올림픽 마라톤 코치를 비롯해 1964년 도쿄올림픽 마라톤 국가대표 감독을 맡으며 한국 육상의 발전에 기여했다. 이러한 업적이 인정돼 1970년 국민훈장 모란장을 받았으며, 2023년에는 대한체육회가 선정한 스포츠 영웅으로 헌액됐다. 특히 순천시에서는 남승룡을 기리며 순천남승룡마라톤대회를 개최하고 있다.

🟣 스즈키 이치로(鈴木一朗)

전 일본 프로야구 선수(52). 7월 28일 미국 뉴욕주 쿠퍼스타운에서 열린 메이저리그(MLB) 명예의 전당 입회 행사에 참석, 아시아 출신 선수 최초로 MLB 명예의 전당에 입성했다. 이치로는 지난 1월 발표된 미국야구기자협회(BBWAA) 투표 결과 394표 중 393표를 얻어 득표율 99.7%를 기록한 바 있다.

1973년 10월 22일 일본 아이치현에서 태어났으며, 1991년 일본 신인 드래프트에서 4순위로 일본 프로야구 오릭스 블루웨이브에 입단했다. 그는 1994년부터 독특한 타법으로 두각을 나타내기 시작, 그해 시즌 최다 안타 신기록(210개)을 기록했다. 특히 1996년에는 오릭스를 19년 만에 일본 시리즈 우승으로 이끌었다. 그는 2001년 자유계약(FA)선수가 되자 메이저리그로 진출해 시애틀 매리너스에 입단했다. 2001시즌에서 타격왕과 도루왕을 동시에 거머쥔 데 이어, 신인 최다 안타 신기록(242개)을 세운 그는 득점권 타율도 4할4푼9리로 메이저리그 전체 1위에 올랐다. 이러한 활약으로 2001 외야수 부문 골든글러브와 실버 슬러거상을 수상했으며, 아메리칸리그 신인왕과 MVP를 동시 석권했다. 또 2001~2003년 3년 연속 아메리칸리그 골든글러브상(외야수 부문)을 받기도 했다. 2012년 뉴욕 양키스로 이적한 뒤인 2013년에는 미일 통산 4000안타를 달성했고 2015년 마이애미 말린스로 이적해 활약했다. 특히 그는 2016년 8월 열린 2016 메이저리그(MLB) 콜로라도 로키스와의 경기에서 동양인 최초로 메이저리그 3000안타를 달성했다. 그는 메이저리그에서 19시즌을 보내며 타율 0.331·3089안타·117홈런·780타점·1420득점·509도루의 성적을 기록했으며, 올스타 10회 선정, 골든글러브 10회 연속(2001~2010) 수상 등의 경력을 쌓았다. 특히 2004년에 기록한 262안타는 현재까지도 단일 시즌 최다 안타 기록으로 남아 있다. 여기에 일본 프로야구에서 기록한 1278안타를 더하면 프로 선수로는 가장 많은 안타 기록(4367개)을 갖고 있다.

> **MLB 명예의 전당(MLB Hall of Fame)** MLB 출신 선수와 감독, 심판, 해설자 등 야구 발전에 공헌한 인물을 기리기 위해 1936년 제정됐다. 10시즌 이상 경기를 뛰고 은퇴한 뒤 5시즌이 지나야 후보 자격이 부여되며, 미국야구기자협회(BBWAA) 소속 기자들로부터 75% 이상의 찬성표를 얻어야 입성할 수 있다.

매니 파키아오(Manny Pacquiao)

전설적인 필리핀의 복싱 영웅(47). 7월 20일 미국 네바다주 라스베이거스 MGM 그랜드가든 아레나에서 열린 현 챔피언 마리오바리오스(30·미국)와의 세계복싱평의회(WBC) 웰터급 타이틀 매치에서 무승부를 기록했다. 이는 파키아오가 2021년 은퇴한 지 약 4년 만이다.

1978년 필리핀 민다나오섬의 빈민촌에서 6남매 중 넷째로 태어났으며, 삼촌에게 처음 복싱을 배운 뒤 가족의 생계를 위해 12세 때 길거리 복서 생활을 시작했다. 1995년 프로 복서로 데뷔한 그는 이듬해에 세계복싱평의회(WBC) 플라이급 세계 챔피언으로 등극했다. 파키아오는 2008년 당시 프로복싱계 대세였던 오스카 델라 호야와의 시합에서 모두의 예상을 뒤엎고 8회 TKO승을 거뒀으며, 그해 아시아인 최초로 4체급 타이틀을 거머쥐었다. 이후에도 미구엘 코토와 쉐인 모슬리, 안토니오 마가리토 등 당대 최고 복서들을 잇달아 압도적인 기량 차이로 물리치며 승승장구했다. 파키아오는 플라이급과 슈퍼밴텀급, 슈퍼페더급 등 무려 8체급에서 세계 챔피언에 오르는 전대미문의 성과를 일궜으며, 2015년 말 공식 은퇴한 플로이드 메이웨더(39·미국)와 함께 21세기 프로복싱을 대표하는 아이콘으로 군림했다. 그러다 2021년 8월 세계복싱협회(WBA) 웰터급 타이틀 매치에서 요르데니스 우가스(쿠바)에 패한 후 전적 62승 2무 8패로 은퇴를 선언했다. 이후에는 필리핀 대통령 선거에 출마하고 상원의원으로 활동하는 등 정치에 입문했다가 4년 만에 다시 링으로 돌아왔다.

헐크 호건(Hulk Hogan)

1953~2025. 1980~90년대 프로레슬링의 황금기를 이끈 미국의 전설적인 프로레슬링 선수로, 7월 24일 심장마비로 별세했다. 향년 71세. 1953년 8월 11일 미국 조지아주 오거스타에서 태어났으며, 본명은 테리 볼리아(Terry Bollea)다. 1977년부터 레슬링을 시작한 그는 초기에는 일본에서 활동하다가 1979년 세계레슬링연맹(WWF, 현재의 WWE)에 입성한 뒤 헐크 호건이라는 예명을 사용하기 시작했다. 헐크라는 예명은 당시 인기 TV 프로그램이었던 〈인크레더블 헐크〉에서 따온 것이다. 그는 말굽형 모양의 콧수염과 빨간색·노란색의 화려한 의상, 스스로 24인치 비단뱀이라고 부른 거대한 팔뚝, 경기 중 옷을 찢는 등의 강렬한 퍼포먼스로 전 세계적인 프로레슬링 신드롬을 일으켰다. 특히 공중에서 쓰러진 상대 선수 위로 점프해 다리로 짓누르는 「레그 드롭」이라는 특유의 기술을 선보이며 큰 인기를 구가했다. 그는 1984년 아이언 시크를 누르고 처음으로 챔피언이 된 것을 시작으로 월드레슬링엔터테인먼트(WWF/WWE) 챔피언십에서 6번의 우승을 차지하며 WWE의 황금기를 이끌었다. 여기에 1985년에는 레슬매니아(WrestleMania) 창설을 주도했으며 레슬링을 가족 친화적 예능 스포츠로 변모시키며 헐크 마니아 시대를 열었다. 1994년에는 WWF와

경쟁 관계에 있던 월드챔피언십레슬링(WCW·현 WWE로 흡수)으로 이적해 다시 6번의 월드 헤비웨이트 챔피언십을 차지하는 활약을 펼쳤고, 2005년 명예의 전당에 헌액됐다. 그는 대중적인 인기로 레슬링계 밖에서도 다양한 활동을 펼쳤는데, 대표적으로 자신의 일상생활을 다룬 리얼리티쇼 〈호건 노즈 베스트〉를 비롯해 〈록키 3〉 등 다수의 영화와 TV 프로그램에 출연했다. 그는 2012년 공식 은퇴했는데, 그해 성관계 동영상 유출 문제로 논란이 되기도 했다. 또 2015년에는 인종차별 발언으로 WWE에서 퇴출됐다가 2018년 사과하면서 WWE 명예의 전당에 복귀하기도 했다.

짐 러벨(Jim Lovell)

1928~2025. 1970년 발사된 미국 우주선 「아폴로 13호」의 선장으로, 8월 7일 별세했다. 향년 97세.
1928년 3월 25일 미국 오하이오주에서 태어났으며, 미국 해군사관학교를 졸업한 뒤 해군 테스트 파일럿으로 복무했다. 1962년에는 미국항공우주국(NASA)의 우주비행사로 선발돼 1965년 「제미니 7호」의 파일럿, 1966년 「제미니 12호」의 선장으로 우주비행에 나섰다. 이어 1968년에는 「아폴로 8호」의 조종사로 탑승해 인류 최초로 달 궤도를 비행했다. 1970년에는 「아폴로 13호」의 선장으로 달 착륙 임무에 나섰으나, 비행 도중 산소탱크 폭발사고로 달 착륙은 무산됐다. 당시 러벨과 동료 2명은 달 착륙선을 임시 구명정으로 활용해 위기를 넘기고, 발사 6일 만에 지구로 무사 귀환하는 데 성공했다. 이 사건은 우주 사고에서 탑승자 전원이 생존하며 무사 귀환한 이례적 사례로, 이후 NASA의 우주선 설계와 안전 규정 개선에 영향을 미쳤다. 러벨은 NASA 역사상 최초로 4회 우주비행에 성공한 인물이 되었으며, 우주 체류시간 총 715시간 4분 57초로 당시 세계 최장 기록을 세웠다. 이러한 공로를 인정받아 1970년에는 리처드 닉슨 당시 미국 대통령의 자유훈장과, 1995년에는 미국 의회의 우주인 명예훈장을 받았다. 그는 1973년 3월 1일 NASA에서 은퇴했으며, 1994년에는 아폴로 13호의 귀환 과정을 담은 회고록 《잃어버린 달: 아폴로 13호의 위험한 항해》를 출간했다. 이 내용은 1995년 영화 〈아폴로 13〉으로 제작돼 큰 인기를 끌기도 했다.

윤무부(尹茂夫)

1941~2025. 「새 박사」로 유명했던 경희대 생물학과 명예교수로, 8월 15일 별세했다. 향년 84세.
1941년 경남 통영에서 태어난 고인은 경희대 생물학과를 졸업한 뒤 1995년 한국교원대에서 〈한국에 사는 휘파람새 Song의 지리적 변이〉 논문으로 생물학 박사 학위를 받았다. 이후 1979~2006년 경희대 생물학과에서 강의했고, 2006~2014년에는 경희대 생물학과 명예교수를 지냈다. 특히 고인은 KBS 〈퀴즈탐험 신비의 세계〉 등 여러 TV 프로그램에 출연해 새들의 세계를 쉽고 재밌게 전달하며 「새 박사」라는 애칭으로 유명세를 얻었다. 또 1994년에는 우리나라 동식물의 생태를 담아낸 자연 다큐멘터리 〈윤무부 교수의 자연탐사 비디오〉를 내기도 했다. 고인은 한국생태학회 및 한국동물학회 이사와 국립공원관리공단 자문위원, 유엔 평화홍보대사 등을 지냈으며, 저서로 《한국의 새》(1987), 《한국의 텃새》(1990), 《한국의 철새》(1990) 등을 남겼다. 아울러 생전 이러한 공로로 자랑스런서울시민상(1993), 환경우수상(1997), 자랑스러운 경희인상(2011) 등을 수상했다.

TEST ZONE

최신시사상식 235집

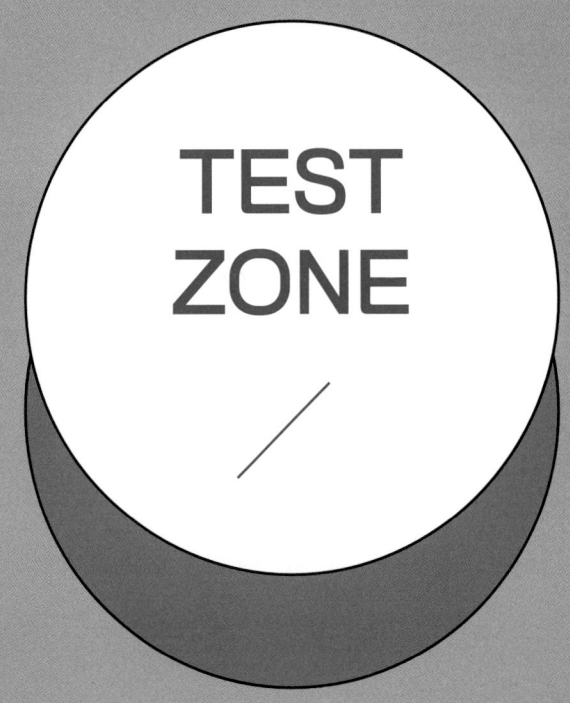

TEST ZONE

최신 기술문세(부산일보) / 실전테스트 100
한국사능력테스트 / 국어능력테스트

부산일보

2025. 5. 10.

● 다음 물음에 알맞은 답을 고르시오. (1~28)

01 다음 중 봉준호 감독의 작품이 아닌 것은?
① 헤어질 결심
② 기생충
③ 마더
④ 도쿄!
⑤ 플란다스의 개

02 부산시가 특별법 제정을 위해 시민 160만 명의 서명을 받은 사안을 고르면?
① 부울경 메가시티
② 글로벌 허브도시
③ 부산 해양수도 이전
④ 분산에너지 활성화
⑤ 산업은행 이전

03 대통령 임기와 국회의원 임기가 각각 바르게 짝지어진 것을 고르면?
① 4년-4년
② 4년-5년
③ 5년-3년
④ 5년-4년
⑤ 5년-5년

04 롯데 자이언츠의 KBO 한국시리즈 마지막 우승 연도는?
① 1992년　② 1998년
③ 2002년　④ 2006년
⑤ 2010년

05 다음 중 부산에 있는 시설이 아닌 것은?
① 국립공원　② 국립도서관
③ 국립박물관　④ 국회도서관
⑤ 국립국악원

06 1913년 개장한 우리나라 제1호 공립해수욕장은?
① 해운대해수욕장
② 광안리해수욕장
③ 송정해수욕장
④ 송도해수욕장
⑤ 다대포해수욕장

07 2024년 한국시리즈 우승팀은?
① 한화 이글스
② LG 트윈스
③ KIA 타이거즈
④ 삼성 라이온즈
⑤ 두산 베어스

08 대한민국 헌법에 규정된 헌법재판소 재판관의 정원은?

① 6명 ② 7명
③ 8명 ④ 9명
⑤ 10명

09 지반이 내려앉으면서 지면에 커다란 구멍이나 웅덩이가 생기는 현상을 무엇이라 하는가?

① 에어홀 ② 드레인홀
③ 버블홀 ④ 싱크홀
⑤ 맨홀

10 〈보기〉에 제시된 우리 현대사의 주요 사건을 먼저 일어난 것부터 차례로 나열하면?

보기
㉠ 부마민주항쟁
㉡ 6월 민주항쟁
㉢ 5·18 광주민주화운동
㉣ 4·19 혁명

① ㉠-㉣-㉡-㉢
② ㉡-㉢-㉠-㉣
③ ㉢-㉡-㉣-㉠
④ ㉣-㉢-㉠-㉡
⑤ ㉣-㉠-㉢-㉡

01 ① 영화 〈헤어질 결심〉은 박찬욱 감독의 작품으로, 박해일과 탕웨이 주연의 2022년 개봉작이다.

02 부산시는 2024년 8월 27일부터 11월 4일까지 온·오프라인으로 「글로벌 허브도시 특별법」 촉구 100만 서명운동을 추진했다. 그 결과 33일 만에 서명 참가자가 100만 명을 돌파했고 11월 4일 최종 집계 기준 160만 2422명을 달성한 바 있다.

04 ① 롯데 자이언츠는 1992년에 한국시리즈 정상을 차지했는데, 이후 우승을 차지하지 못해 현재까지 1992년이 마지막 우승 연도로 기록돼 있다. 1992년 당시 정규시즌 3위를 기록한 롯데는 준플레이오프에서 삼성 라이온즈를, 플레이오프에서 해태 타이거즈를 누른 뒤 한국시리즈에 진출했다. 그리고 빙그레 이글스와의 한국시리즈에서 4승1패를 기록하며 우승을 차지했다.

06 ④ 부산 서구 암남동에 위치한 해수욕장으로, 부산에서 제일 먼저(1913년) 개장한 해수욕장이다.

07 ③ 2024년 한국시리즈는 그해 10월 21일부터 28일까지 정규시즌 1위인 기아 타이거즈와 정규시즌 2위이자 플레이오프 승리팀인 삼성 라이온즈가 맞붙은 역대 42번째 KBO 챔피언 결정전이다. 경기 결과 기아가 시리즈 전적 4승1패를 거두며 한국시리즈 우승을 차지했다.

08 헌법재판소는 법관의 자격을 가진 9명의 재판관으로 구성된다. 이 중 3명은 국회에서 선출하는 사람을, 다른 3명은 대법원장이 지명하는 사람을 대통령이 임명하며, 나머지 3명은 대통령의 권한으로 지명한다.

09 ④ 땅이 원통 혹은 원뿔 모양으로 꺼지는 현상으로, 균열대(지층이 어긋나 균열이 생긴 지역)를 채우고 있던 지하수가 빠져나가면서 빈 공간이 생기거나 지반의 무게를 견디지 못해 땅이 주저앉으면서 생기는 것이다.

10 ㉠ 부마민주항쟁: 1979년 10월 경남 부산 및 마산 지역을 중심으로 박정희 정권의 유신 독재에 반대하며 벌어진 항쟁
㉡ 6월 민주항쟁: 1987년 6월 10~29일 전국에서 일어난 반독재, 민주화 시위
㉢ 5·18 광주민주화운동: 1980년 5월 18~27일 전남도민 및 광주시민들이 계엄령 철폐와 전두환 퇴진 등을 요구하며 벌인 민주화 운동
㉣ 4·19 혁명: 1960년 4월 19일 학생과 시민들이 중심이 돼 일으킨 반독재 민주주의 운동

1. ① 2. ② 3. ④ 4. ① 5. ① 6. ④ 7. ③ 8. ④ 9. ④ 10. ⑤

11 다음 중 2024년 노벨 경제학상 수상자로 바른 것은?

① 빅터 앰브로스, 게리 러브컨
② 존 홉필드, 제프리 힌튼
③ 데이비드 베이커, 데미스 하사비스, 존 M. 점퍼
④ 다론 아제모을루, 사이먼 존슨, 제임스 A. 로빈슨
⑤ 클라우디아 골딘

12 용어에 대한 설명이 바르지 못한 것은?

① 인플레이션: 화폐가치가 하락하여 물가가 전반적·지속적으로 상승하는 경제현상
② 더블딥: 경기침체 후 잠시 회복기를 보이다가 다시 침체에 빠지는 이중침체 현상
③ 소프트패치: 경기가 본격 침체 국면으로 돌아서는 것은 아니지만 일시적으로 성장세가 주춤해지며 어려움을 겪는 현상
④ 스테그플레이션: 경기 침체에도 오히려 물가가 오르는 현상
⑤ 모라토리엄: 기업이 이자 지급이나 원리금 상환을 계약대로 이행할 수 없게 되거나, 특정 국가가 외국에서 빌려온 차관을 계약된 상환기간 내에 갚지 못하는 것

13 다음 중 탄핵심판에 대한 설명으로 바르지 못한 것은?

① 대통령에 대한 탄핵소추는 국회의원 과반수의 발의 및 찬성이 있어야 한다.
② 탄핵심판은 국회 법제사법위원회의 위원장이 소추위원이 되어 소추의결서 정본을 헌법재판소에 제출하면서 개시된다.
③ 탄핵결정에 의해 파면된 사람은 결정 선고가 있은 날부터 5년이 지나지 않으면 공무원이 될 수 없다.
④ 헌법재판소는 재판관 6인 이상의 찬성으로 탄핵 결정을 내릴 수 있다.
⑤ 헌재는 의견서를 제출받은 뒤 전원재판부를 개최해 180일 안에 최종 결정을 내려야 하지만, 이는 임의 규정이어서 반드시 지켜져야 할 필요는 없다.

14 사고나 재난은 발생 전에 여러 차례의 징후가 나타나므로, 이에 대한 분석과 준비를 통해 미리 예방할 수 있다는 징후에 관한 법칙은?

① 파레토 법칙
② 도미노 이론
③ 3.5% 법칙
④ 하인리히 법칙
⑤ 파킨슨의 법칙

15. 교섭단체는 국회에 일정 수 이상의 의석을 가진 정당에 소속된 의원들로 구성되는 원내의 정당 또는 정파를 말한다. 현재 국회법에 따르면 (   )인 이상의 소속의원을 가진 정당은 하나의 교섭단체가 된다. (   ) 안에 들어갈 숫자는?

① 10 ② 15
③ 20 ④ 25
⑤ 30

16. 조선시대의 실학자로, 《경세유표》를 집필한 학자는?

① 정약용 ② 이익
③ 유형원 ④ 박지원
⑤ 박제가

17. 다음 중 주요 7개국(G7)에 해당하지 않는 국가는?

① 미국 ② 독일
③ 일본 ④ 중국
⑤ 영국

18. 장기목표로는 산업화 이전 대비 지구 평균 기온 상승을 2℃보다 상당히 낮은 수준으로 유지키로 하고, 1.5℃ 이하로 제한하기 위한 노력을 추구하기로 한 전 지구적 기후 합의는?

① 글래스고 기후합의
② 파리기후변화협약
③ 코펜하겐 협정
④ 기후변화에 관한 유엔 기본협약
⑤ 교토의정서

---

11   ① 2024년 노벨 생리의학상 ② 2024년 노벨 물리학상 ③ 2024년 노벨 화학상 ⑤ 2023년 노벨 경제학상
12   ⑤ 모라토리엄은 전쟁·천재·공황 등에 의해 경제계가 혼란하고 채무 이행이 어려워지게 된 경우 국가의 공권력에 의해서 일정 기간 채무의 이행을 연기 또는 유예하는 일을 말한다. 제시된 내용은 디폴트에 대한 설명이다.
13   ① 대통령에 대한 탄핵소추는 국회 재적의원 과반수의 발의와 재적의원 3분의 2 이상의 찬성이 있어야 한다.
14   ① 소득분포에 관한 통계적 법칙
     ② 한 나라의 정치체제가 붕괴되면 그 파급효과가 이웃나라에도 미친다는 이론
     ③ 전체 국민의 3.5%가 비폭력 시위를 지속할 경우 정권이 바뀐다는 법칙
     ⑤ 공무원 수는 일의 분량과 관계없이 증가함을 통계학적으로 증명한 법칙
16   ① 정약용(1762~1836)은 조선 후기에 《경세유표》, 《흠흠신서》, 《목민심서》 등을 저술한 유학자이자 실학자이다.
17   G7(Group7)은 주요 7개국 모임으로, 미국·영국·프랑스·독일·이탈리아·캐나다·일본 등 선진 7개 국가를 지칭한다.
18   ② 2020년 만료된 교토의정서를 대체해 2021년 1월부터 적용할 기후변화 대응을 담은 기후변화협약으로, 2016년 11월 발효됐다. 파리기후변화협약은 선진국에만 온실가스 감축 의무를 부여했던 교토의정서와 달리 195개 당사국 모두에게 구속력을 부여한 보편적 첫 기후합의라는 점에서 의의를 가진다.

11. ④ 12. ④ 13. ① 14. ④ 15. ③ 16. ① 17. ④ 18. ②

19 기업이 해외로 진출했다가 다시 본국으로 돌아오는 것을 뜻하는 용어는?

① 오프쇼어링 ② 리쇼어링
③ 니어쇼어링 ④ 프렌드쇼어링
⑤ 업쇼어링

20 다음 중 헌법재판소의 권한이 아닌 것은?

① 탄핵심판 ② 정당해산심판
③ 권한쟁의심판 ④ 헌법소원심판
⑤ 법률위반심판

21 범죄의 혐의가 인정돼 정식으로 입건된 사람을 (   )(이)라 하고, 형사 소송에서 공소가 제기된 사람을 (   )(이)라 한다. (   ) 안에 들어갈 용어가 바르게 나열된 것은?

① 피의자–원고
② 피의자–피고인
③ 용의자–원고
④ 용의자–피고인
⑤ 용의자–피해자

22 다음 중 인공지능 모델이 아닌 것은?

① GPT-4
② 제미나이
③ 클로드
④ 코파일럿
⑤ IMT-2000

23 경선이나 전당대회 등 정치적 이벤트 직후 해당 정당이나 정치인의 지지율이 상승하는 현상을 무엇이라 하는가?

① 언더독 효과
② 컨벤션 효과
③ 밴드왜건 효과
④ 디드로 효과
⑤ 파노플리 효과

24 광범위한 배출 경로를 통해 쓰레기나 동물의 배설물, 비료 성분 따위가 빗물에 씻겨 강이나 바다로 흘러 들어가 발생하는 오염을 무엇이라 하는가?

① 점오염 ② 비점오염
③ 복합오염 ④ 국지오염
⑤ 잔류오염

25 다음 중 「주의력결핍 과잉행동장애」를 이르는 용어는?

① NOS ② ODD
③ ASD ④ ADHD
⑤ SFTS

26 무이자로 할부 결제를 하는 방식으로, 「선구매 후결제」를 이르는 말은?

① B2B ② SNPL
③ P2P ④ ACS
⑤ BNPL

27 금융기관이 채무자의 소득 수준과 상환 능력을 고려하지 않고, 과도한 돈을 빌려주는 것을 비판하는 용어는?

① 리볼빙 대출
② 무담보 소액대출
③ 약탈적 대출
④ 대환대출
⑤ PF대출

28 다음 중 교육감 선거에 대한 설명으로 바르지 못한 것은?

① 교육감 선거는 지방선거와 병행해 치러진다.
② 교육감 후보는 정당 소속으로 나온다.
③ 교육감의 임기는 4년이며, 계속 재임은 3기에 한정한다.
④ 교육감 선거는 2007년부터 직선으로 이뤄지고 있다.
⑤ 교육감은 주민에 의해 소환될 수 있다.

19 ① 기업들이 경비를 절감하기 위해 생산, 용역, 일자리 등을 해외로 내보내는 현상
③ 기업의 생산이나 서비스 업무를 본국과 지리적으로 인접한 국가로 이전하는 전략
④ 우호국이나 동맹국들과 공급망을 구축하는 것

20 헌법재판소는 위헌법률심판, 탄핵심판, 정당해산심판, 권한쟁의심판, 헌법소원심판 등 5가지의 헌법재판 권한을 행사한다. 헌재는 이를 통해 헌법질서를 수호하고, 국민의 기본적 자유와 권리를 보호하는 역할을 한다.

22 ⑤ 위성을 이용하여 음성, 고속 데이터, 영상 등의 멀티미디어 서비스 및 글로벌 로밍을 제공하는 유무선 통합 차세대 통신서비스를 말한다.
① 인공지능(AI) 챗봇 챗GPT의 개발사인 오픈AI가 2023년 3월 공개한 AI 언어 모델
② 구글이 2023년 12월 공개한 차세대 거대언어모델(LLM) 기반 AI
③ 미국 인공지능(AI) 스타트업 앤트로픽이 개발한 AI 모델
④ 마이크로소프트(MS)가 개발한 AI

23 ① 경쟁에서 열세에 있는 약자를 더 응원하고 지지하는 심리 현상
③ 어떤 재화에 대한 수요가 많아지면 그 경향에 따라 다른 사람들도 이 재화에 대한 수요를 증가시키는 편승효과
④ 히니의 물건을 구입한 후 그 물건과 어울리는 다른 제품들을 계속 구매하는 현상
⑤ 상품을 소비함으로써 그것을 소비할 것으로 여겨지는 계층 및 집단과 동일시되는 현상

24 ① 오염물질이 특정 지점이나 배출구를 통해 수역(하천, 호수 등)으로 유입되는 오염 형태

25 ④ Attention Deficit Hyperactivity Disorder. ADHD는 충동적이며 한 가지 일에 주의력을 집중하지 못하고 과다하게 많이 움직이는 것을 특징으로 한다.

26 ⑤ Buy Now Pay Later
① Business-to-Business. 기업과 기업 사이의 거래를 기반으로 한 비즈니스 모델
② Save Now Pay Later. 선저축 후지출
③ Peer to Peer. 인터넷에서 개인과 개인이 직접 연결돼 파일을 공유하는 것

28 교육감 후보자가 되려는 사람은 해당 시·도지사의 피선거권이 있는 사람으로서 후보자등록 신청개시일부터 과거 1년 동안 정당의 당원이 아닌 사람이어야 하며, 후보자등록 신청개시일을 기준으로 특정한 교육경력 또는 교육행정경력이 3년 이상 있거나 합산하여 3년 이상 있는 사람이어야 한다.

19. ② 20. ⑤ 21. ② 22. ⑤ 23. ② 24. ① 25. ④ 26. ⑤ 27. ③ 28. ②

● 다음 물음에 알맞은 답을 쓰시오.(29~38)

29 부산은 광역시 중에 처음으로 초고령사회에 진입했다. 유엔(UN) 기준에 따르면 전체 인구에서 (　)세 이상이 차지하는 비율이 (　)% 이상이면 초고령 사회로 분류한다. (　) 안에 들어갈 숫자를 차례로 나열하면?

✎_____

30 항소심의 결과에 승복할 수 없을 때 대법원에 사건에 대한 법률관계를 명확히 판결해 주기를 신청하는 것을 (　)(이)라고 하며, 대법원이 원심판결을 파기한 경우 다시 심판하도록 고등법원으로 내려보내는 것을 (　)(이)라고 한다. (　) 안에 들어갈 용어를 차례로 나열하면?

✎_____

31 가격이 오르는 데도 일부 계층의 과시욕이나 허영심 등으로 인해 수요가 줄지 않고 오히려 늘어나는 현상을 무엇이라 하는가?

✎_____

32 부산 광안대교가 올 2월부터 시행 중인 제도로, 하이패스 없이도 번호판을 인식해 자동으로 결제되는 시스템을 말한다. 지방자치단체가 관리하는 유료도로 최초로 도입된 이 제도는?

✎_____

33 육상, 해상, 항공의 세 가지 주요 운송 수단을 종합적으로 활용하여 상품이나 물품을 이동시키는 복합물류체계를 이르는 용어는?

✎_____

34 지방자치단체에 기부하면 세제 혜택과 함께 지역특산품을 답례로 제공하는 제도로, 2023년 1월부터 시행됐다. 무엇인가?

✎_____

35 문화재청의 명칭은 2024년 5월 17일부터 (　)으로 바뀌었다. (　) 안에 들어갈 용어는?

✎_____

36 인공지능(AI) 기술을 이용해 제작된 가짜 동영상 또는 제작 프로세스 자체를 이르는 용어는?

✎_____

37 부산에서 설립을 추진 중인 전문법원으로, 해양 및 선박과 관련된 국제적인 해양 분쟁을 신속하고 전문적으로 해결할 수 있도록 지원하는 법원은?

✎_____

38. 맨발로 땅을 밟으며 걷는 행위로, 단순히 걷기에 초점을 맞춘 것이 아닌 지구와 우리 몸을 연결한다는 의미에서 붙은 명칭이다. 무엇인가?

※ 위 문제는 수험생들의 기억에 의해 재생된 것이므로, 실제 문제와 다소 다를 수 있습니다. 실제 시험에서는 총 40문항이 출제됐습니다.

29. 65, 20 30. 상고, 파기환송 31. 베블런 효과 32. 스마트톨링(무정차 요금징수시스템) 33. 트라이포트(Triport) 34. 고향사랑기부제 35. 국가유산청 36. 딥페이크(Deepfake) 37. 해사전문법원 38. 어싱(Earthing)

실전테스트 100

다음 물음에 알맞은 답을 고르시오. (1~70)

01 다음 ㉠~㉤에 들어갈 용어가 바르지 못한 것은?

> 도널드 트럼프 미국 대통령과 미성년자 성착취범 제프리 엡스타인(1953~2019)의 유착 의혹이 7월 17일 월스트리트저널(WSJ)의 보도로 공개되며 미국 사회에 큰 논란을 일으키고 있다. 해당 보도 이후 트럼프 대통령은 WSJ와 (㉠) 뉴스코프 명예회장 등을 상대로 100억 달러 규모의 손해배상 청구소송을 제기했다. 트럼프 대통령은 집권 2기를 시작하면서 뉴스코프 소유 매체인 (㉡)의 앵커이던 피트 헤그세스를 국방부 장관에 임명하는 등 이 회사의 인사를 대거 요직에 발탁한 바 있다. 한편, 트럼프는 지난해 대선 후보 시절 엡스타인의 사망 배후에 연방정부 내의 기득권 세력인 (㉢)가 있다고 주장하며 지지자들을 결집했으나, 재집권 후에는 정보 공개에 미온적인 태도를 보여 열성 지지층인 (㉣)의 거센 반발에 직면한 바 있다. 특히 (㉣) 세력의 핵심인 (㉤)에게 엡스타인 사건은 이들의 음모론이 사실임을 입증할 수 있는 가장 강력한 증거로 여겨져 왔는데, (㉤)은 2017년 미국에서 처음 조직된 극우 음모론 단체다.

① ㉠: 루퍼트 머독 ② ㉡: 폭스뉴스
③ ㉢: 딥스로트 ④ ㉣: 마가(MAGA)
⑤ ㉤: 큐어넌

02 트럼프 미국 대통령과 푸틴 러시아 대통령이 8월 15일 미국 알래스카에서 정상회담을 가졌다. 이번 회담에서 푸틴 대통령은 돈바스 지역을 우크라이나로부터 넘겨받는 것을 러우전쟁 종전의 핵심 조건으로 제시한 것으로 알려졌다. 이와 관련, 돈바스 지역을 〈보기〉에서 모두 고르면?

> **보기**
> ㉠ 도네츠크   ㉡ 자포리자
> ㉢ 오데사   ㉣ 루한스크
> ㉤ 헤르손   ㉥ 키이우

① ㉠, ㉡
② ㉠, ㉣
③ ㉡, ㉣, ㉤
④ ㉡, ㉢, ㉥
⑤ ㉠, ㉡, ㉢, ㉤

03 미 연방 항소법원이 7월 출생시민권을 금지하는 트럼프 대통령의 행정명령에 위헌 판결을 내렸다. 미국 영토에서 태어난 아기에게 부모의 시민권 보유 여부와 관계없이 시민권을 주는 「출생시민권」은 무엇에 근거한 것인가?

① 기국주의
② 보호주의
③ 속인주의
④ 속지주의
⑤ 연안국주의

04 트럼프 대통령이 6월 시리아에 가했던 각종 제재를 해제하는 행정명령에 서명하면서, 그 배경으로 독재정권 몰락 후 수립된 새 정부의 긍정적 조치 등을 들었다. 2000년부터 재임하며 2대에 걸쳐 독재정권을 이어갔던 시리아 전 대통령은 누구인가?

① 호스니 무바라크
② 알리 압둘라 살레
③ 벤 알리
④ 무아마르 카다피
⑤ 바샤르 알아사드

05 7월 실시된 일본 참의원 선거에서 여당이 과반 확보에 실패하며 참의원과 중의원 모두에서 여소야대 구도가 형성됐다. 이와 관련, 현재 자민당과 함께 연립여당을 구성하고 있는 정당은?

① 공명당 ② 입헌민주당
③ 일본유신회 ④ 일본공산당
⑤ 참정당

06 (가), (나)의 내용에 공통으로 해당하는 밑줄 친 「이 나라」는?

> (가) 영국과 이 나라가 7월 9일 사상 처음으로 양국의 핵전력 사용 조율에 합의했다. 또 2010년 양국이 합의한 「랭커스터 하우스」 방위 협정의 업그레이드 버전인 「랭커스터 하우스 2.0 선언」에도 서명했다.
> (나) 이 나라의 대통령이 7월 24일 팔레스타인을 독립 국가로 인정한다고 선언하며, 이를 오는 9월 유엔총회에서 발표할 것이라고 밝혔다. 이는 주요 7개국(G7) 가운데 팔레스타인 독립을 공개적으로 지지한 첫 사례로, 이 나라는 서유럽에서 가장 많은 유대인과 무슬림 인구를 보유하고 있다.

① 독일
② 프랑스
③ 네덜란드
④ 스페인
⑤ 이탈리아

01 ⓒ에 들어갈 용어는 「딥스테이트(Deep-State)」로, 이는 권위주의 국가에서 암약하는 군부 세력이나 정보기관 등 민주주의 제도 밖의 숨은 권력 집단을 뜻한다. 한편, 딥스로트(Deep Throat)는 조직의 내부자로서 그 조직의 불법행위나 비리를 내부 책임자 또는 외부에 고발하는 사람을 말한다.

02 돈바스는 우크라이나 최동부 루한스크주와 도네츠크주 일대를 가리키는 지명으로, 이 지역은 2022년 2월 우크라이나 전쟁 발발 이후 가장 격렬한 교전이 벌어진 곳이다. 현재 러시아가 돈바스 지역의 약 88%를 점령하고 있다.

03 출생시민권(Birthright Citizenship)은 미국 수정헌법 14조(속지주의)에 따라 부모의 국적에 상관없이 미국 영토에서 태어난 아이에게 자동적으로 시민권을 부여하는 제도를 말한다.

04 ⑤ 2000~2024년 재임했던 시리아 전 대통령으로, 아버지 하페즈 알아사드 전 대통령에 이어 2대에 걸쳐 독재를 시행한 인물이다. 그는 2011년 시리아의 민주화 시위를 강경 진압했는데, 이는 13년이 넘는 시리아 내전으로 이어졌다. 그러다 2024년 12월 8일 시리아 반군이 수도 다마스쿠스까지 점령하며 내전에서 승리하자 해외로 도피했으며, 이로써 53년 넘게 이어진 아사드 일가의 철권통치가 종식된 바 있다.

1. ③ 2. ② 3. ④ 4. ⑤ 5. ① 6. ②

07 2020년 9월 미국의 중재로 이스라엘이 아랍에미리트(UAE)·바레인과 정식 외교관계를 수립한 협정이다. 협정의 명칭은 유대교, 이슬람교, 기독교가 공통의 조상으로 여기는 이 인물의 이름에서 딴 것인데, 무엇인가?

① 모세 ② 이삭
③ 베드로 ④ 솔로몬
⑤ 아브라함

08 「완전하고 검증 가능하며 되돌릴 수 없는 비핵화」를 이르는 용어로, 7월 공개된 아세안지역안보포럼(ARF) 외교장관회의 의장성명에 명시된 표현이다. 조지 W 부시 미 행정부 1기 때 수립됐던 북핵 해결의 원칙은?

① CVIG ② CVIN
③ CVIP ④ CVID
⑤ CPD

09 다음 제시된 내용과 관련된 인물은?

- 도널드 트럼프 2기 행정부 출범 이후 정부효율부(DOGE) 수장으로 발탁
- 트럼프 대통령의 감세 정책을 담은 「하나의 크고 아름다운 법안(OBBBA)」에 대한 공개적 비판
- 7월 5일 아메리카당(가칭) 창당 공식화

① 피터 틸
② 일론 머스크
③ 로버트 F. 케네디 주니어
④ 마이크 펜스
⑤ JD 밴스

10 대한민국의 군사상 이익을 해하거나 적국에 군사상 이익을 공여하는 행위에 대해 성립되는 범죄로, 외환죄 중 하나다. 조은석 내란 특검팀이 7월 14일 압수수색 영장에 윤석열 전 대통령의 혐의로 이 죄를 적시했는데, 무엇인가?

① 일반이적죄
② 여적죄
③ 시설제공이적죄
④ 외환유치죄
⑤ 모병이적죄

11 대통령실이 7월 2일 대통령 친인척 등을 감찰하는 특별감찰관 임명을 지시했다고 밝혔다. 다음 중 특별감찰관에 대한 내용으로 바르지 못한 것은?

① 국회가 15년 이상 법조계에 있던 변호사 중에서 3명의 후보자를 추천하면 인사청문회를 거쳐 대통령이 임명한다.
② 특별감찰관은 대통령 소속으로 하되 직무에 관하여는 독립된 지위를 가진다.
③ 특별감찰의 대상은 대통령의 배우자 및 대통령의 4촌 이내의 친족, 대통령비서실 내 수석비서관 이상의 공무원이다.
④ 특별감찰관의 임기는 4년이며, 중임이 가능하다.
⑤ 특별감찰관은 감찰의 개시와 종료 즉시 그 결과를 대통령에게 보고해야 한다.

12 이재명 대통령이 수도권 집중 현상과 지방 소멸 위기에 대응하기 위해 국정 핵심 의제로 추진 방침을 밝힌 「5극 3특」에서 5극에 해당하지 않는 곳은?

① 수도권
② 충청권
③ 제주권
④ 동남권
⑤ 호남권

13 이재명 정부 출범 이후 시행된 다음의 대북 완화 조치들을 빠른 순서대로 나열하면?

> ㉠ 대북 확성기 방송 중단
> ㉡ 민간단체 대북전단 살포 중지 요청
> ㉢ 동·서해 표류 북한 주민 6명 해상 송환
> ㉣ 고정식 대북 확성기 전량 철거

① ㉠-㉣-㉡-㉢
② ㉡-㉠-㉢-㉣
③ ㉠-㉢-㉣-㉡
④ ㉡-㉣-㉢-㉠
⑤ ㉢-㉠-㉡-㉣

---

07 ⑤ 아브라함 협정은 2020년 9월 15일 미국의 중재로 이스라엘이 아랍에미리트(UAE)·바레인과 정식 외교관계를 수립한 협정을 말한다. 협정의 명칭은 유대교, 이슬람교, 기독교가 공통의 조상으로 여기는 「아브라함」의 이름에서 딴 것이다.

08 ④ Complete, Verifiable, Irreversible Dismantlement
① Complete, Verifiable, Irreversible Guarantee. 완전하고 검증 가능하며 되돌릴 수 없는 안전보장
② Complete, Verifiable, Irreversible Normalization. 북한과의 완전한 관계 정상화
③ Complete, Verifiable, Irreversible Peace. 완전하고 검증 가능하며 되돌릴 수 없는 평화
⑤ Complete and Permanent Dismantlement. 완전하고 영구적인 폐기

09 도널드 트럼프 미국 대통령의 최측근이었다가 최근 사이가 어긋난 일론 머스크 테슬라 최고경영자가 7월 5일 소셜미디어 X에 아메리카당(America Party) 창당을 공식화했다. 이처럼 세계 제일의 부자인 머스크가 사실상 반(反)트럼프 신당 창당에 돌입하면서 미 정계에 미칠 영향에 관심이 몰리고 있다.

10 ② 적국에 정보를 제공하거나 협력해 국가의 안전을 위협하는 범죄
③ 적국에 군사적 시설을 제공하는 행위에 성립하는 범죄
④ 외환을 유치해 국가에 해를 끼치는 행위에 성립하는 범죄
⑤ 적국을 위해 군인을 모집하거나 지원하는 행위에 성립하는 범죄

11 ④ 특별감찰관의 임기는 3년으로 하며 중임할 수 없다.

12 5극 3특은 현재 수도권 1극 체제에서 벗어나 전국을 수도권, 충청권(세종·대전), 동남권(부산·울산·경남), 대경권(대구·경북), 호남권(광주·전남)의 5극과 강원, 전북, 제주의 3개 특별자치도로 재편해 균형 발전을 추진하겠다는 전략이다.

13 ㉡ 6월 9일(민간단체 대북전단 살포 중지 요청) → ㉠ 6월 11일(대북 확성기 방송 전면 중지) → ㉢ 7월 9일(동서해 표류 북한 주민 6명 해상 송환) → ㉣ 8월 4일(고정식 대북 확성기 전량 철거)

7. ⑤ 8. ④ 9. ② 10. ① 11. ④ 12. ③ 13. ②

14 다음 중 올 하반기부터 달라진 제도에 대한 설명으로 바르지 못한 것은?

① 7월부터 수영장과 헬스장 이용료에 대한 소득공제가 시행됐다.
② 9월부터 예금 보호한도가 5000만 원에서 1억 원으로 상향되는데, 이는 일반 예금뿐만 아니라 퇴직연금, 연금저축, 사고보험금도 해당된다.
③ 7월부터 시행된 양육비 선지급제도는 3개월 이상 양육비를 받지 못한 중위소득 150% 이하의 양육자가 대상으로, 자녀 1인당 월 30만 원씩 만 18세까지 받을 수 있다.
④ 7월부터 지자체가 입양 필요 아동을 결정하고 입양이 완료될 때까지 후견인으로 보호하는 방안이 시행됐다.
⑤ 11월부터 배출권 거래 중개업이 도입돼, 배출권거래소(한국거래소) 외에도 배출권 거래 중개회사로 등록한 증권사에서도 배출권을 거래할 수 있게 된다.

15 다음 중 7월 3일 국회 본회의를 통과한 「상법 개정안」에 포함되지 않는 내용은?

① 이사 충실의무 대상에 주주 추가
② 일정 규모 이상 자산을 보유한 상장사에 전자주주총회 도입
③ 의결권 행사 제한 관련 3%룰 정비
④ 상장회사 사외이사를 독립이사로 변경
⑤ 자산 2조 원 이상 상장사에 집중투표제 의무화

16 한국과 미국이 7월 30일 한국에 대한 상호관세를 기존 25%에서 15%로 낮추는 관세협상을 체결했다. 이번 한미 관세협상의 내용으로 바르지 못한 것은?

① 3500억 달러 규모의 대미 투자 가운데 2000억 달러는 반도체와 원전, 이차전지, 바이오 등에 조성된다.
② 한국은 1000억 달러 규모의 액화천연가스(LNG) 등 미국산 에너지 제품을 구매하기로 합의했다.
③ 쌀과 소고기 시장에 대한 추가 개방은 하지 않기로 했다.
④ 한국산 자동차에 대한 미국의 관세는 10%로 낮추는 데 합의했다.
⑤ 3500억 달러 규모의 대미 투자 가운데 2000억 달러는 조선 분야에 조성된다.

17 다음 ( ) 안에 들어갈 국제기구의 약자는?

미국의 무역정책을 총괄하는 제이미슨 그리어 미국무역대표(USTR)가 8월 7일 뉴욕타임스(NYT) 기고를 통해 「미국의 새로운 무역협정은 새로운 글로벌 무역질서의 서막」이라며 ( ) 체제의 종식을 선언했다. 이 체제는 1995년 출범한 이후 현 다자무역체제의 근간을 이루며 30년을 이어왔으나, 도널드 트럼프 대통령의 상호관세 부과 등 새로운 보호무역 조치에 따라 막을 내리게 됐다는 평가다.

① GATT ② WTO
③ WB   ④ IMF
⑤ OECD

18 도널드 트럼프 미국 대통령이 7월 18일 공식 서명한 「지니어스법」에 대한 설명으로 바른 것은?

① 거대 플랫폼 사업자의 시장 지배력 남용 방지를 위해 사업자를 게이트키퍼로 지정해 규제하는 법
② 법인세율 및 소득세율 인하 등 만료 예정인 주요 감세 조항을 연장하는 법
③ 스테이블 코인의 발행 조건 및 절차, 준비자산 요건, 공시 의무 등을 규정한 법
④ 미국의 통상 안보를 해친다고 판단될 경우 고율 관세 부과 등을 취할 수 있도록 규정한 법
⑤ 미국 반도체 및 첨단기술 생태계 육성에 투자하는 내용을 핵심으로 한 법

19 경제성장 가능성이 커 주목받은 신흥경제국의 앞 글자를 딴 국제협력기구로, 7월 열린 정상회의에 이례적으로 시진핑 중국 국가주석이 불참하면서 논란이 됐다. 이 협력기구의 회원국을 모두 고르면?

┌─────────────────────────────┐
│ ㉠ 브라질   ㉡ 러시아   │
│ ㉢ 인도   ㉣ 대만   │
│ ㉤ 남아프리카공화국 ㉥ 한국 │
│ ㉦ 멕시코   │
└─────────────────────────────┘

① ㉠, ㉢, ㉤
② ㉡, ㉣, ㉥
③ ㉠, ㉡, ㉢, ㉤
④ ㉢, ㉣, ㉤, ㉥
⑤ ㉡, ㉢, ㉣, ㉤, ㉥

---

14 ③ 양육비 선지급제도는 자녀 1인당 월 20만 원씩 만 18세까지 받을 수 있다.
15 ⑤ 쟁점이 됐던 집중투표제, 감사위원 분리 선출 확대에 대한 내용은 제외됐다. 다만 자산 2조 원 이상의 상장회사에 집중투표제를 의무화하고 감사위원 분리 선출을 1명에서 2명 이상으로 확대하는 내용을 골자로 한 상법 개정안은 7월 28일 국회 법제사법위원회 법안심사소위원회를 통과했다.
16 ④ 이번 한미 관세협상에서는 상호관세뿐만 아니라 한국산 자동차에 대한 미국의 관세도 15%로 낮추는 합의도 이뤄졌다.
17 ② 세계무역기구(WTO · World Trade Organization)는 관세 및 무역에 관한 일반협정인 가트(GATT) 체제를 대신해 국제 무역질서를 바로 세우고 우루과이라운드(UR) 협정의 이행을 감시하는 국제기구로, 1995년 1월 1일 정식 출범했다.
 • 트럼프 라운드(Trump Round): 미국 중심의 보호무역주의로 재편된 새로운 세계무역질서로, 제이미슨 그리어 무역대표가 8월 뉴욕타임스 기고에서 처음 사용했다. 그는 지난 30년간 세계무역 질서를 주도해온 WTO 체제가 미국에는 적자만 안긴 실패한 체제이므로 폐기하고, 대신 미국 중심의 새로운 무역질서를 도널드 트럼프 대통령 주도로 만들 것을 선언했다. 이는 올해 전 세계를 대상으로 한 상호관세 협상이 대표적이다.
18 ③ 스테이블 코인 활성화를 위한 규제의 틀을 마련한 것으로, 사실상 제도권으로 스테이블 코인을 편입시키는 내용을 골자로 한다.
① 디지털시장법(DMA) ② 하나의 크고 아름다운 법(OBBBA) ④ 무역확장법 232조 ⑤ 칩스법(CHIPS Act)
19 지문은 브릭스(BRICS)에 대한 설명이다. 브릭스 회원국으로는 브라질, 러시아, 인도, 중국, 남아프리카공화국, 이란, 이집트, 에티오피아, 아랍에미리트(UAE), 인도네시아 등이 있다.

14. ③ 15. ⑤ 16. ④ 17. ② 18. ③ 19. ③

[20~22] 다음은 정부가 7월 발표한 세제개편안을 정리한 것이다. 내용을 읽고, 알맞은 답을 고르시오.

[2025년 세제개편안]
1. 법인세 과세표준 전 구간에 대해 세율을 1%씩 올려 최고세율을 (㉠)%로 인상
2. 주식 양도소득세 기준을 현행 종목별 보유 총액 50억 원에서 (㉡)억 원으로 하향
3. (㉢) 도입이 최종 무산됨에 따라 현재 유가증권시장 0%, 코스닥시장 0.15%인 증권거래세율을 각각 0.05%, 0.20%로 인상
4. (㉣)을/를 도입해 기존 6~45%의 소득세 기본 세율로 과세하던 것을 금융소득별로 분리과세

20 ㉠, ㉡에 들어갈 숫자를 모두 더하면?

① 20
② 25
③ 30
④ 35
⑤ 40

21 ㉢에 들어갈 용어로 바른 것은?

① 금융투자소득세
② 배당소득세
③ 종합소득세
④ 양도소득세
⑤ 누진소득세

22 ㉣에 대한 설명으로 바르지 못한 것은?

① 고배당 기업으로부터 받은 배당소득에 대해 낮은 세율을 적용하는 제도다.
② 고배당 기업에서 공모·사모펀드, 리츠, SPC 등은 제외된다.
③ 코리아 디스카운트 해소를 위한 것이다.
④ 부자 감세라는 반발이 있다.
⑤ 금융소득 3억 원 초과 투자자는 20%로 저율 과세한다.

23 뉴욕증시에서 7월 10일 종가 기준, 전 세계 최초로 시가총액 4조 달러를 넘어선 상장기업은?

① 마이크로소프트
② 엔비디아
③ 애플
④ 테슬라
⑤ 메타 플랫폼스

24 다음 중 「앵커링 효과」의 사례를 고르면?

① 보석이나 고급 자동차는 가격이 비쌀수록 더 잘 팔린다.
② 최고가 물품을 가격표가 보이게 진열하면 다른 상품이 비싸지 않다고 착각하게 된다.
③ 특정 브랜드 옷이 인기를 끌면 남은 사람들도 같은 제품을 구입하려고 한다.
④ 백화점 위층에 고객 유인 상품을 두면 고객이 내려가면서 다른 물건도 구매하게 된다.
⑤ 선물로 조명을 받은 후에 이와 어울리는 가구를 계속해서 구매한다.

25 다음 중 용어에 대한 설명이 바르지 못한 것은?

① 레귤레이션 S: 스타트업이 SEC 등록 없이 일반 투자자에게 소액공모를 할 수 있는 제도
② LTV: 은행들이 주택을 담보로 대출을 해줄 때 적용하는 담보가치 대비 최대 대출가능 한도
③ 갭투자: 시세차익을 목적으로 주택의 매매 가격과 전세금 간의 차액이 적은 집을 전세를 끼고 매입하는 방식
④ 히트플레이션: 폭염으로 식량 가격이 급등하는 현상
⑤ TDF: 투자자의 생애주기에 따라 자산운용사가 주식과 채권 투자 비중을 조정해 주는 금융상품

26 고용노동부가 8월 5일 고시한 내년도 최저임금은?

① 1만 10원   ② 1만 30원
③ 1만 280원   ④ 1만 320원
⑤ 1만 510원

27 다음 중 최저임금 결정기준에 해당하지 않는 것은?

① 근로자의 생계비
② 유사근로자 임금
③ 노동생산성
④ 물가상승률
⑤ 소득분배율

20 25 + 10 = 35
21 ① 금융투자와 관련해 발생한 일정 금액이 넘는 양도소득에 대해 20~25%의 비율로 과세하는 제도
    ② 법인 등이 영업활동을 하면서 당해 연도에 벌어들인 이익을 주주들에게 지분에 따라 배분하는 배당금에 적용되는 세금
    ③ 1년 동안 사업활동을 하면서 개인에게 귀속된 각종 소득을 종합해 과세하는 세금
    ④ 대통령령으로 정하는 재산의 소유권을 양도하면서 발생하는 소득에 부과하는 세금
    ⑤ 소득이 증가할수록 높은 세율을 적용하는 형태의 소득세
22 ⓔ에 들어갈 말은 배당소득 분리과세다.
    ⑤ 배당·이익 등 금융소득이 연 2000만 원 이하인 투자자는 기존대로 14%로 과세하고 2000만 원 초과 3억 원 이하 투자자는 20%, 3억 원 초과 투자자는 35%로 분리과세한다.
23 ② 미국 인공지능(AI) 반도체 회사인 엔비디아(NVIDIA)가 지난해 6월 시가총액 3조 달러 선을 돌파한 이후 13개월 만인 7월 10일에 4조 달러를 넘어섰다.
24 ② 앵커링 효과는 닻을 내린 배가 크게 움직이지 않듯 처음 접한 정보가 기준점이 돼 판단에 영향을 미치는 일종의 편향(왜곡) 현상을 말한다.
    ① 베블런 효과 ③ 양떼효과 ④ 샤워효과 ⑤ 디드로 효과
25 ① 레귤레이션 S는 미국 증권법에 규정돼 있는 해외 증권 발행 예외 규정으로, 해당 규정을 활용하면 미국 내국인 투자자에게는 주식을 팔 수 없지만, 미국 외의 지역 투자자에게는 SEC의 등록 없이(서류 제출 의무 면제) 자금을 모집할 수 있다. 설명은 레귤레이션 A+
26 고용노동부가 2026년도 적용 최저임금을 최저임금위원회가 정한 시간당 1만 320원으로 확정·고시했다고 8월 5일 밝혔다.
27 최저임금법은 「근로자의 생계비, 유사근로자 임금, 노동생산성 및 소득분배율을 반영」하라고 명시하고 있다.

20. ④ 21. ① 22. ⑤ 23. ② 24. ② 25. ① 26. ④ 27. ④

28 〈보기〉의 밑줄 친 「이 제도」는?

> 보기
> 대법원이 7월 16일 혈세 낭비 논란을 빚었던 용인경전철 사업에 대해 이를 추진한 지방자치단체장이 시민들에게 끼친 손해를 배상해야 한다는 판단을 내렸다. 해당 소송은 2005년 이 제도 도입 이후 대규모 민자사업을 대상으로 한 첫 사례로 주목받았다. 이 제도는 지자체의 위법한 재무회계행위나 예산 낭비를 주민이 직접 시정 요구할 수 있도록 한 것이다.

① 주민소환 ② 주민소송
③ 주민투표 ④ 주민감사청구
⑤ 주민참여예산

29 통계청이 최근 「2025년 인구주택총조사」의 표본조사 항목을 전 주기와 동일하게 총 55개로 확정했다고 밝혔다. 이와 관련, 인구주택총조사에 대한 설명으로 바르지 못한 것은?

① 일정한 주기로 전국의 인구와 거처를 동시(특정 조사시점을 기준) 개별적으로 각각 조사하는 총조사이다.
② 1970년 이후 5년마다 정기적으로 실시하고 있다.
③ 국민 전체를 대상으로 행정자료를 활용한 등록센서스 방식의 전수조사와, 국민 20%를 대상으로 하는 표본조사로 나뉜다.
④ 1960년에는 주택총조사가 처음으로 병행 실시됐다.
⑤ 문맹 여부 조사는 1930년 시작돼 현재까지도 이어지고 있다.

30 통계청이 펼치는 경제활동인구조사에서 조사기준일 직전 일주일간 가사·육아·학업·질병 등의 특정 사유 없이 일을 하지 않는다고 응답한 사람들을 일컫는 용어는?

① 쉬었음 인구
② 실업자
③ 구직자
④ 취업준비 인구
⑤ 구직단념자

31 ㉠에 들어갈 국제기구에 대한 설명으로 바르지 못한 것은?

> 유엔의 최고 사법기관인 (㉠)가 이 7월 23일 기후변화협약 당사국이 의무를 이행하지 않을 경우 국제법 위반에 해당할 수 있다고 판단했다. 또한 기후위기로 피해를 입은 국가가 다른 국가에 손해배상을 청구할 수 있다는 권고적 의견도 냈다. (㉠)이/가 기후위기에 관한 판단을 내놓은 것은 이번이 처음으로, (㉠)의 권고적 의견은 판결과 달리 법적 구속력은 없다. 그러나 각국 정부 정책과 법원 판결, 국제법 해석에 기준으로 작용할 수 있다.

① 1946년 프랑스 파리에서 발족했다.
② 유엔총회 및 안전보장이사회에서 선출된 15인의 재판관으로 구성된다.
③ 이 기구에서 내려지는 판결은 강제적 관할권이 없으나 구속력을 가진다.
④ 개인의 형사책임에 관한 사항에 대해서는 관할권이 없다.
⑤ 재판관들의 휴가 기간을 제외하고는 상시 개정한다.

32 통계청이 7월 발표한 「2024년 인구주택총조사」 결과에 따르면 지난해 11월 1일에 비해 수치가 증가한 항목이 아닌 것은?

① 고령인구
② 중위연령
③ 외국인 인구
④ 생산가능인구
⑤ 총인구

33 지상 5~7km 높이의 대기권 중상층에 발달한 고기압이 정체하거나 아주 서서히 움직이면서 뜨거운 공기를 지면에 가둬 더위가 심해지는 현상이다. 이는 올해 우리나라의 폭염이 유독 이른 시기에 시작된 원인 중 하나로 지목됐는데, 이 현상은?

① 엘니뇨
② 푄
③ 열돔
④ 열섬
⑤ 북극진동

---

28 ① 주민들이 지방자치단체의 행정처분이나 결정에 심각한 문제점이 있다고 판단할 경우, 단체장을 통제할 수 있는 제도
③ 지방자치단체의 중요한 정책사항 등을 주민이 직접 투표로 결정하는 제도
④ 위법부당한 행정처분이나 불합리한 행정제도로 인해 주민의 권익을 침해받은 경우 만 18세 이상인 일정한 수 이상의 주민에게 연대 서명을 받아 주민이 직접 감사를 청구할 수 있는 제도
⑤ 지방자치단체 예산편성에 주민이 직접 참여할 수 있도록 한 제도로, 지방재정법 개정으로 2011년 9월부터 의무화됐다.

29 ⑤ 1930년 시작됐던 문맹 여부 조사는 의무교육제 도입 등으로 문맹률이 낮아지면서 1970년을 끝으로 사라졌다.

30 쉬었음 인구는 일을 할 능력과 의사가 있으며 적극적으로 구직활동을 했으나 일자리를 구하지 못한 사람인 실업자와는 구분된다. 실업자는 경제활동인구로 분류되지만, 쉬었음 인구는 비경제활동인구에 포함된다.

31 국제사법재판소(ICJ·International Court of Justice)는 국가 간의 분쟁을 법적으로 해결하는 국제연합(UN)의 주요 사법기관으로, 1946년 네덜란드 헤이그에서 발족했다.

32 ④ 15~64세인 생산가능인구는 3626만 3000명으로 28만 3000명(0.8%)이 감소했다.
① 지난해 11월 1일 기준 65세 이상 고령인구는 전년보다 51만 3000명(5.3%) 증가한 1012만 2000명으로, 전체 인구 중 19.5%를 차지했다.
② 우리나라 중위연령은 46.2세로 전년보다 0.6세 증가했다.
③ 지난해 11월 기준 상주 외국인은 204만 3000명으로, 전년 대비 10만 8000명(5.6%) 증가했다.
⑤ 외국인 인구는 사상 최초로 200만 명을 넘어섰지만 내국인은 계속 줄면서 총인구는 1년 전보다 0.1% 늘어나는 데 그쳤다.

33 ① 남아메리카 페루 및 에콰도르의 서부 열대 해상의 수온이 평년보다 높아지는 현상
② 골짜기에 불어내리는 고온건조한 국지풍
④ 일반적인 다른 지역보다 도심지의 온도가 높게 나타나는 현상
⑤ 북반구에 존재하는 차가운 공기가 저위도 지역으로 주기적으로 남하하는 현상

28. ② 29. ⑤ 30. ① 31. ① 32. ④ 33. ③

34 폭염주의보는 ▷일 최고 체감온도 (　)℃ 이상인 상태가 2일 이상 지속될 것으로 예상될 때 ▷급격한 체감온도 상승 또는 폭염 장기화 등으로 중대한 피해발생이 예상될 때 중 어느 하나에 해당하는 경우 발령된다. (　) 안에 들어갈 숫자로 바른 것은?

① 31
② 32
③ 33
④ 34
⑤ 35

35 다음 ㉠, ㉡에 들어갈 말을 순서대로 나열한 것은?

> 국가유산청이 조선 후기 국가의 발전과 부흥을 위한 개혁과 개방의 방법론이 담긴 《(㉠) 고본 (㉡)》을/를 국가지정문화유산 보물로 지정 예고했다고 7월 1일 밝혔다. (㉡)은/는 조선시대 실학자인 (㉠)이/가 1778년 청나라에 다녀온 후 국가 제도와 정책 등 사회와 경제 전 분야에 대한 실천법을 제시한 지침서다.

① ㉠ 유형원, ㉡ 반계수록
② ㉠ 박제가, ㉡ 북학의
③ ㉠ 이익, ㉡ 성호사설
④ ㉠ 정약용, ㉡ 경세유표
⑤ ㉠ 박지원, ㉡ 열하일기

36 시집 《죽음의 자서전》으로 7월 국제문학상을 수상한 시인으로 아시아 작가 최초 수상, 시 작품 최초 수상의 기록을 쓴 이 인물은?

① 한강
② 송미순
③ 강정례
④ 김수열
⑤ 김혜순

37 국가유산청이 6월 보물에서 국보로 승격한다고 밝힌 「이 비」는 제방의 조영 및 수리와 관련된 내용이 새겨져 자연재해를 극복하는 국가 관리체계를 보여주는 문화유산이다. 신라시대 건축된 이 비의 명칭은?

① 진흥왕 순수비
② 천안 봉선홍경사 갈기비
③ 영천 청제비
④ 부여 보광사지 대보광선사비
⑤ 하동 쌍계사 진감선사탑비

38 다음은 최근 한국 문화의 활약상에 대한 설명이다. 바르지 못한 것은?

① 아비뇽 페스티벌은 2026년 공식 초청 언어로 한국어를 선정했다.
② 박찬욱 감독의 〈올드보이〉가 뉴욕타임스 「21세기 최고의 영화 100편」 1위에 선정됐다.
③ 〈케이팝 데몬 헌터스〉의 OST인 〈골든〉이 미국 빌보드 핫 100과 영국 오피셜 싱글차트 톱 100에서 1위에 올랐다.
④ 배우 이병헌이 제50회 토론토국제영화제 특별공로상 수상자로 선정됐다.
⑤ 뮤지컬 〈어쩌면 해피엔딩〉이 토니상 시상식에서 6관왕을 기록했다.

39 다음이 설명하는 골프대회는?

> 1860년 창설된 세계에서 가장 역사가 오래된 골프대회로, PGA 투어 「4대 메이저 대회」 중 하나로 꼽힌다. 우승자에게는 은제 주전자인 「클라레 저그」를 수여하는데, 올해는 미국의 스코티 셰플러가 이를 차지했다.

① 디 오픈 챔피언십
② 마스터스
③ US오픈
④ PGA 챔피언십
⑤ 다우 챔피언십

40 테니스 경기에서 두 세트 모두 6-0으로 승리하는 것을 뜻하는 말로, 7월 열린 윔블던 여자단식 결승전에서 이가 시비옹테크가 기록한 이것은?

① 더블 더블
② 더블 헤더
③ 더블 베이글
④ 더블 스쿼드
⑤ 더블 플레이

34 ⑤ 폭염경보는 ▷일 최고 체감온도 35℃ 이상인 상태가 2일 이상 지속될 것으로 예상될 때 ▷급격한 체감온도 상승 또는 폭염 장기화 등으로 광범위한 지역에서 중대한 피해발생이 예상될 때 중 어느 하나에 해당하는 경우 발령한다.

36 ⑤ 아시아 작가가 국제문학상 수상자로 선정된 것은 김혜순이 처음이며, 시 작품이 수상의 영예를 안은 것도 이 상이 제정된 이후 처음이다.
① 시인이자 소설가. 아시아 여성 작가 최초이자 한국인 최초의 노벨문학상 수상자
② 2024년 한석봉문학상 수상자
③ 제14회 황순원문학상(시인상) 수상자
④ 제7회 조태일문학상 수상자

37 ③ 신라 때 조성된 이래 현재까지 사용되고 있는 청못 옆에 세워진 2기의 비석으로, 저수지의 축조와 중수 과정과 관련한 내용이 기록돼 있다.

38 ② 봉준호 감독의 영화 〈기생충〉이 1위에 선정됐으며 〈올드보이〉는 43위를 기록했다.

39 ① 전 세계 골프규칙을 관장하는 영국왕립골프협회(R&A)가 주관하는 대회. 7월 열린 대회에서 스코티 셰플러(29·미국)가 최종 합계 17언더파 267타로 우승했다.
② 1934년부터 미국 오거스타 내셔널 골프클럽의 주관으로 열리는 경기
③ 1895년 처음 개최됨
④ 1916년 미국프로골프협회가 조직돼 시작된 경기
⑤ 미국여자프로골프(LPGA) 투어 유일한 2인 1조 경기

40 ③ 숫자 0이 베이글 모양이라고 해서 6-0 스코어를 「베이글」이라고 부른다.
① 농구 경기에서 득점, 리바운드, 어시스트, 숏블록, 가로채기 등 5개 부문 중 2개 부문에서 두 자릿수를 기록하는 것
② 야구 경기에서 게임이 무효, 취소됐을 경우 정규 시즌 일정 내에 게임을 마치기 위해 두 팀이 같은 날 같은 구장에서 연속해서 두 번 치르는 경기
④ 프로축구에서 한 팀을 두 팀으로 나눠, 같은 날 두 팀이 각각 다른 팀과 경기하는 것
⑤ 야구 경기에서 수비팀이 연속된 수비 동작으로 공격팀 선수 2명을 동시에 아웃시키는 것

34. ③ 35. ② 36. ⑤ 37. ③ 38. ② 39. ① 40. ③

41 8월 MLS의 LA FC로 이적한 손흥민은 이것을 적용받지 않는 지정선수로 등록됐다. 프로구단이 선수들에게 지불할 수 있는 연봉 총액의 상한선을 뜻하는 이것은?

① 웨이버공시
② 샐러리캡
③ FA
④ 재정적 페어플레이
⑤ 세이버메트릭스

42 다음 중 LA올림픽에 대한 설명으로 바르지 못한 것은?

① 애틀랜타올림픽 이후 32년 만에 미국에서 개최되는 하계올림픽이다.
② 라켓 종목 중 가장 많은 금메달이 걸린 종목은 탁구다.
③ 근대 5종은 승마를 장애물 경기로 대체한다.
④ 성전환 선수의 참가를 허용했다.
⑤ 컴파운드 양궁이 정식 종목으로 채택됐다.

43 원자력안전위원회가 6월 26일 부산 기장군 장안읍에 있는 국내 최초 상업용 원자력발전소의 해체를 최종 승인했다. 이에 국내 처음으로 해체 작업에 들어가게 된 이 원전은 무엇인가?

① 한빛 1호기
② 신고리 2호기
③ 한울 3호기
④ 고리 1호기
⑤ 월성 1호기

44 미국의 반도체 기업 엔비디아가 미국 정부의 대(對)중국 수출규제를 피하기 위해 지난해 출시한 저사양 인공지능(AI) 칩으로, 지난 4월 중국 수출이 제한됐다가 7월 15일 재판매 승인을 받은 AI 칩은?

① H20
② 블랙웰
③ MLU100
④ H100
⑤ 베라 루빈

45 ㉠, ㉡에 들어갈 유전자가위 기술의 명칭이 바르게 짝지어진 것은?

「유전자가위」는 세포의 유전체 중 특정 염기서열을 인식해 해당 DNA를 잘라내거나 다른 염기로 교체하는 유전자 교정 기술을 말한다. 유전자가위 기술은 현재 4세대까지 개발됐는데, 대표적으로 알려진 것은 최근 상용화 단계에 진입한 3세대 (㉠)와/과 상용화 연구가 이뤄지고 있는 4세대 (㉡)(이)다. (㉠)은/는 Cas9 단백질을 활용해 DNA의 두 가닥을 모두 절단하고, (㉡)은/는 nCas9 단백질을 이용해 DNA의 한 가닥만 절단하는 방식으로 변이 유전자를 교정한다.

	㉠	㉡
①	크리스퍼	탈렌
②	프라임 에디팅	탈렌
③	프라임 에디팅	크리스퍼
④	크리스퍼	프라임 에디팅
⑤	탈렌	징크핑거 뉴클레이즈

46 한국형 발사체 「누리호(KSLV-Ⅱ)」와 「차세대 발사체(KSLV-Ⅲ)」에 대한 설명으로 옳지 않은 것은?

① 누리호(KSLV-Ⅱ)는 일부 부품을 제외하면 국산화율이 95%에 달하는 순수 국내기술 기반 발사체다.
② 2022년 누리호 2차 발사 성공으로 우리나라는 1톤급 위성을 자국 기술로 우주에 쏘아 올릴 수 있는 세계 7번째 국가가 됐다.
③ 2025~2027년 예정된 누리호의 4~6차 발사도 발사체 개발을 주도한 한국항공우주연구원이 주관한다.
④ 차세대 발사체(KSLV-Ⅲ) 발사에 성공하면 최초의 한국형 달 착륙선으로 이름을 올리게 된다.
⑤ 차세대 발사체는 3단 발사체인 누리호와 달리 2단형 구조로 설계된다.

41 ① 시즌 중 소속 선수를 방출하기 위해 프로야구 구단이 밟는 절차
③ 일정 기간 자신이 소속된 팀에서 활동한 뒤에 다른 팀과 자유롭게 계약을 맺고 이적할 수 있는 제도
④ 유럽축구연맹(UEFA) 소속 구단이 수익의 일정 비율을 초과하는 과도한 지출을 할 수 없도록 제한하는 규정
⑤ 수학적·통계학적 방법론을 도입해 야구를 객관적인 수치로 분석하는 방식

42 ④ 미국 올림픽·패럴림픽 위원회(USOPC)가 7월 남성에서 여성으로 성전환한 트랜스젠더 선수는 미국 내 여성 대회에 출전할 수 없다고 밝혔다. 도널드 트럼프 미국 대통령도 8월 LA올림픽에서 여자부 출전 선수에 대한 강력한 유전자 검사 도입 가능성을 시사하면서 성전환 선수의 참여가 불투명해진 상태다.
② 탁구는 남녀단체전 폐지, 남녀복식 부활, 혼성단체전 신설로 총 6개 종목이 치러진다.
③ 근대 5종 승마의 경우 대회 기간 중 말을 추첨 방식으로 배당받아 선수가 경기력을 발휘할 수 없다는 비판에 따라 다양한 형태의 장애물을 통과하는 장애물 경기로 대체된다.
⑤ 컴파운드 양궁은 양 끝에 도르래가 장착된 활을 사용하는 양궁 경기다.

43 ④ 국내 최초의 상업용 원전이다. 고리 1호기는 이번 해체 승인에 따라 2037년 최종 해체 종료를 목표로 본격적인 해체 작업에 들어가게 됐다.

44 ① 미국은 국가 안보를 이유로 2022년부터 엔비디아 등 미국 기업의 고성능 AI 칩 중국 수출을 제한해 왔다. 이에 엔비디아는 대중국 수출규제를 피하기 위해 자사의 대표 AI 칩인 「H100」의 구조를 일부 활용한 「H20」을 출시, 딥시크 등의 중국 기업에 공급했다. 그러다 지난 4월 H20의 중국 수출이 금지됐으나, 7월 미국 정부의 재승인 결정을 받았다.

45 지금까지 개발된 유전자가위 기술로는 ▷1세대 징크핑거 뉴클레이즈 ▷2세대 탈렌 ▷3세대 크리스퍼 ▷4세대 프라임 에디팅이 있다. 3세대 크리스퍼 유전자가위가 DNA 이중나선의 두 가닥을 모두 잘라냈다면, 4세대 프라임 에디팅은 한 가닥만 절단해 정밀성과 안정성을 높였다.

46 ③ 7월 25일 한국항공우주연구원과 한화에어로스페이스의 기술 이전 계약이 체결됨에 따라 향후 누리호 4~6차 발사는 한화에어로스페이스가 주관하게 된다.

41. ② 42. ④ 43. ④ 44. ① 45. ④ 46. ③

47 〈보기〉의 밑줄 친 「이곳」은 어디인가?

> 보기
> SK그룹이 6월 20일 글로벌 클라우드 기업 아마존웹서비스(AWS)와 함께 이곳에 국내 최대 규모의 AI 데이터센터를 구축한다는 계획을 발표했다. 이에 따르면 SK그룹은 총 7조 원을 투자해 이곳에 103MW(메가와트) 규모의 AI 데이터센터를 조성할 방침이다. 이를 위해 오는 9월 착공에 돌입해 2027년까지 41MW, 2029년까지 103MW 규모로 구축을 완료하고 장기적으로는 1GW(기가와트)까지 확장할 것으로 알려졌다.

① 인천
② 울산
③ 부산
④ 광양
⑤ 광주

48 〈보기〉의 설명이 가리키는 법칙은?

> 보기
> 컴퓨터가 특정 연산을 수행하는 데 필요한 에너지의 양이 18개월마다 절반씩 줄어들고 있다는 법칙이다. 즉, 컴퓨팅 기술의 발전에 따라 더 적은 에너지로 더 많은 연산을 수행할 수 있게 됐으므로, 데이터센터에 대한 수요가 폭발적으로 증가하더라도 전력 소비가 그만큼 급격하게 늘어나지는 않는다는 것이다. 이 법칙은 동일한 연산을 더 적은 에너지로 처리해야 한다는 방향성을 제시해, 탄소중립이나 지속 가능한 IT 인프라 구축의 이론적 근거로도 주목받고 있다.

① 닐슨의 법칙
② 니시무라의 법칙
③ 쿠퍼의 법칙
④ 무어의 법칙
⑤ 쿠미의 법칙

49 ㉠~㉢에 들어갈 인공지능(AI) 기술의 명칭이 차례대로 바르게 배열된 것은?

> • 특정 산업이나 업무에 최적화돼, 범용 AI보다 더 높은 정확성을 제공하는 AI 기술 → (㉠) AI
> • 인식·생성형 AI 기술의 다음 단계로, 사용자의 명령이나 데이터 입력에 의존하지 않고 다양한 작업을 자동으로 수행·지원하는 AI 기술 → (㉡) AI
> • 단일 모델이 작업의 성격을 스스로 파악해 별도의 모델 전환 없이 동일한 흐름 속에서 작업을 이어갈 수 있는 AI 기술 → (㉢) AI

① 버티컬, 에이전틱, 통합형
② 호리젠탈, 에이전틱, 추론형
③ 버티컬, 멀티모달, 추론형
④ 호리젠탈, 멀티모달, 통합형
⑤ 버티컬, 멀티모달, 대화형

50 사이닝 보너스에 대한 설명으로 바른 것은?

① 새로 입사하는 직원에게 일회성으로 지불하는 인센티브 제도
② 자사 주식을 임직원에게 미리 정해진 가격에 따라 일정 기간 내 매수할 수 있는 권리를 주는 제도
③ 회사가 종업원에게 자사주의 보유를 권장하는 제도
④ 퇴직 근로자에게 전직, 창업 등 새로운 일자리를 찾도록 지원하는 제도
⑤ 일주일에 15시간 이상 일하는 근로자에게 일주일에 하루씩 유급휴일을 주는 제도

51 건강함과 감성적 라이프스타일을 추구하는 MZ세대의 취향을 아우르며 문화 트렌드가 된 것으로, 차광 재배한 찻잎을 수확한 뒤 줄기와 잎맥을 제거하고 가루로 만든 차이다. 음료뿐만 아니라 화장품 원료, 건강 기능성 식품 등에 다양하게 활용되고 있는 이것은?

① 흑차 ② 청차
③ 녹차 ④ 홍차
⑤ 말차

52 주가가 큰 폭으로 떨어지다가 잠깐 반등하는 상황을 비유할 때 쓰는 말은?

① 살찐 고양이 ② 산타랠리
③ 콘탱고 ④ 데드캣 바운스
⑤ 캣콜링

53 다음 중 99세를 뜻하는 한자어는?

① 而立 ② 白壽
③ 耳順 ④ 喜壽
⑤ 卒壽

---

47 SK그룹은 아마존웹서비스(AWS)와 협력해 울산 미포국가산업단지에 국내 최대 규모의 AI 데이터센터를 구축한다는 계획을 밝힌 바 있다.

48 ① 통신 네트워크의 대역폭이 매년 절반씩 증가한다는 법칙
② 42개월마다 동일 가격으로 구매할 수 있는 디스플레이의 크기가 2배씩 증가한다는 법칙
③ 30개월마다 주파수 이용 효율이 2배씩 증가한다는 법칙
④ 반도체 집적회로 내 트랜지스터 수가 18개월마다 2배씩 증가한다는 법칙

49 **호리젠탈 AI**: 특정 분야에 국한되지 않고 범용적으로 활용할 수 있는 AI 기술
멀티모달 AI: 텍스트나 이미지·음성·영상 등 다양한 형식의 데이터를 인식·생성할 수 있는 AI 기술
추론형 AI: 입력된 데이터를 바탕으로 문제해결·분석 등의 논리적 추론 작업을 수행하는 AI 기술
대화형 AI: 사람과 자연스러운 대화를 나눌 수 있는 AI 기술

50 **사이닝 보너스(Signing Bonus)**: 기업이 우수인재를 채용할 때 일정 기간 근무 조건으로 연봉 외 추가로 지급하는 일회성 인센티브를 뜻한다. 일종의 계약금 성격인데, 약정 기간 내에 퇴사할 경우 일부 또는 전부를 반환해야 할 수도 있다.
② 스톡옵션 ③ 우리사주제도(종업원지주제도) ④ 아웃 플레이스먼트 ⑤ 주휴수당

51 ⑤ 말차는 차광 재배한 찻잎을 수확한 뒤 줄기와 잎맥을 제거하고 가루로 만든 차로, 최근 그 인기에 힘입어 핵심·중심을 뜻하는 코어와 결합돼 말차코어라는 용어가 생겨나기도 했다.

52 ④「죽은 고양이도 아주 높은 곳에서 떨어지면 튀어 오른다」는 월가의 증시 격언에서 유래된 용어다.
① 배부른 자본가를 지칭하는 말
② 크리스마스를 전후한 연말과 신년 초에 주가가 강세를 보이는 현상
③ 선물가격이 현물가격보다 비싸지거나 결제월이 멀어질수록 선물가격이 높아지는 현상
⑤ 남성이 길거리를 지나가는 불특정 여성을 향해 휘파람 소리를 내거나 성희롱적인 발언을 하는 행위

53 ② 백수는 99세를 뜻한다.
① 이립(30세) ③ 이순(60세) ④ 희수(77세) ⑤ 졸수(90세)

47. ② 48. ⑤ 49. ① 50. ① 51. ⑤ 52. ④ 53. ②

54. 다음 용어의 ( ) 안에 공통으로 들어갈 과일은?

- ( )슈머: 한정 자원을 극대화하기 위해 최대한 알뜰하게 소비하는 전략적 소비자
- ( )피커: 제품 구매 실적은 좋지 않으면서 혜택을 챙기는 데만 관심을 두는 소비자

① 체리
② 레몬
③ 바나나
④ 포도
⑤ 오렌지

55. 다음 중 양궁 경기에 사용하는 과녁에 없는 색깔은?

① 검은색
② 노란색
③ 빨간색
④ 파란색
⑤ 초록색

56. 폴란드 아우슈비츠 수용소, 미국 그라운드 제로 등 비극적인 역사 현장이나 재난, 재해 현장을 방문하는 여행을 무엇이라고 하는가?

① 안티투어리즘
② 오버투어리즘
③ 다크투어리즘
④ 그린투어리즘
⑤ 볼런투어리즘

57. 「밤비노의 저주」는 1920년 보스턴 레드삭스가 이 타자를 뉴욕 양키스로 트레이드한 뒤 86년간 우승하지 못한 징크스를 말한다. 밤비노라는 애칭을 가지고 있던 이 타자는?

① 지미 팍스
② 조 크로닌
③ 베이브 루스
④ 레프티 그로브
⑤ 테드 윌리엄스

58. 다음 중 「와이어 투 와이어(Wire to Wire)」에 대한 설명으로 바른 것은?

① 골프경기에서 홀별로 상금을 걸고 그 홀에서 가장 적은 스코어를 기록하는 선수가 상금을 차지하는 것
② 골프경기에서 1~4라운드 내내 선두를 내주지 않고 우승하는 것
③ 테니스경기에서 1점도 얻지 못한 게임
④ 테니스경기에서 자신의 쇼트로 얻은 득점
⑤ 선수가 과장된 몸짓으로 다친 척을 해 심판의 파울콜을 유도하는 행위

59. 합의가 이뤄지지 않을 때 가해자 측이 적절한 금액을 법원에 맡겨 합의에 최선을 다했음을 증명해 보이기 위한 수단은?

① 가압류
② 상계
③ 가처분
④ 공탁
⑤ 보증

60 다음 ( ) 안에 공통으로 들어갈 동물은?

- 지출이 지속적으로 증가하며 국가 채무가 늘어나는 반면 국세 수입은 점차 줄어 하향곡선을 그리는 재정상황을 비유한 말 → ( ) 입 그래프
- 도널드 트럼프 행정부가 미국 플로리다주 남부 마이애미 인근에 있는 열대 습지인 에버글레이즈에 건설을 시작해 7월 개장한 불법 이민자 구금시설 → ( ) 앨커트래즈

① 사자
② 악어
③ 호랑이
④ 코끼리
⑤ 코브라

61 대한민국 국회의사당 건물은 민트색 돔을 갖고 있다. 본래 이 돔은 붉은색이었으나 오랜 시간 돔의 재질이 부식되면서 현재의 색으로 변하게 됐는데, 그 재질은?

① 은　　② 구리
③ 철　　④ 니켈
⑤ 알루미늄

62 다음 중 유엔에서 지정한 공식 언어에 해당하지 않는 것은?

① 독일어　　② 프랑스어
③ 러시아어　　④ 스페인어
⑤ 아랍어

---

55 양궁 과녁의 색깔은 중앙부가 노란색이고 노란색을 둘러싼 고리는 빨간색, 그 다음은 파란색, 마지막은 검은색으로 돼 있다.

56 ① 외국인 관광객을 기피하는 것으로, 관광객이 지나치게 몰려들면서 물가가 급등하고 현지 주민들의 삶이 침해당하면서 벌어지는 현상
② 수용 가능한 범위를 넘어서는 관광객이 관광지에 몰려들면서 관광객이 도시를 점령하고 주민들의 삶을 침범하는 현상
④ 농촌의 자연경관과 전통문화, 생활과 산업을 매개로 도시민과 농촌주민 간의 교류 형태로 추진되는 체류형 여가 활동
⑤ 휴가를 자원봉사할 수 있는 곳으로 가는 것

58 ① 스킨스게임(Skins Game) ③ 러브게임(Love Game) ④ 에이스(Ace) ⑤ 플라핑(Flopping)

59 ① 금전 또는 금전으로 환산할 수 있는 청구권을 그대로 두면 장래 강제집행이 불가능하게 되거나 곤란하게 되는 것을 막기 위해 미리 일반담보가 되는 채무자의 재산을 압류·확보하는 것이다.
② 채권자와 채무자가 서로 동종의 채권·채무를 가지는 경우에 당사자의 일방적 의사 표시에 의해 그 채권·채무를 대등액에서 소멸시키는 것을 말한다.
③ 돈 이외의 것을 받아야 할 때 취하는 행정 절차다. 즉 부동산을 가처분한 사람이 있을 경우 동의 없이 부동산을 매각하지 못하도록 만드는 법적 장치다.

61 우리나라 국회의사당의 원형 돔은 1975년 준공 때만 하더라도 붉은색이었는데, 이는 국회의사당 지붕이 동판으로 만들어졌기 때문이다. 현재의 푸른색은 오랜 시간 동판이 부식되면서 녹이 슬어 변한 데 따른 것이다.

62 유엔 공식 언어는 영어, 중국어, 스페인어, 프랑스어, 러시아어, 아랍어 등 총 6개 언어가 지정돼 있다. 이 언어들은 유엔문서의 작성, 회의, 공식 발표 등에 사용되며, 모든 공식 문서는 이 6개 언어로 번역돼야 한다.

54. ①　55. ⑤　56. ③　57. ③　58. ②　59. ④　60. ②　61. ②　62. ①

63 다음 중 사원의 책임에 따른 회사 분류에 속하지 않는 것은?

① 합명회사
② 주식회사
③ 유한회사
④ 상사회사
⑤ 합자회사

64 대통령, 국회의원, 지방자치단체장 등의 선거를 치르고 난 뒤 후보자가 법정선거비용 범위 내에서 사용한 비용 중 일부를 지원받기 위해서는 유효득표수의 몇% 이상을 얻어야 하는가?

① 5%
② 10%
③ 12%
④ 15%
⑤ 20%

65 다음 중 신라에서 군주를 칭할 때 사용한 용어가 아닌 것은?

① 거서간(居西干)
② 차차웅(次次雄)
③ 건길지(鞬吉支)
④ 마립간(麻立干)
⑤ 이사금(尼斯今)

66 〈보기〉의 스포츠 종목을 한 팀당 선수가 많은 순으로 배열한 것은?

보기

농구, 아이스하키, 컬링, 핸드볼

① 핸드볼-아이스하키-농구-컬링
② 아이스하키-핸드볼-농구-컬링
③ 핸드볼-아이스하키-컬링-농구
④ 아이스하키-핸드볼-컬링-농구
⑤ 아이스하키-농구-컬링-핸드볼

67 원하는 곳에서 업무와 휴가를 동시에 할 수 있는 근무제도를 이르는 용어는?

① 워라벨
② 소프트 잡
③ 워케이션
④ 워킹던트
⑤ 하비프러너

68 고사는 집안에 산다고 여겨지던 신들에게 지냈던 의식으로 조선시대부터 시작됐다. 이와 관련, 공간과 그 공간의 신을 바르게 연결하지 못한 것은?

① 대들보-성주신
② 안방-삼신할머니
③ 창고-터주신
④ 부엌-조왕신
⑤ 장독-칠성신

69 사회 구성원이 계약 등 법률관계를 맺을 때는 상대방의 정당한 이익을 고려하고 신뢰를 저버리지 않아야 하며 형평에 어긋나서는 안 된다는 원칙을 무엇이라 하는가?

① 권리남용금지의 원칙
② 사정변경의 원칙
③ 실효의 원칙
④ 신의성실의 원칙
⑤ 금반언의 원칙

70 다음 중 영동 지방이 아닌 곳은?

① 원주
② 강릉
③ 속초
④ 동해
⑤ 태백

63 **사원의 책임에 따른 분류**: 합명회사, 합자회사, 주식회사, 유한회사/ **영업목적상에 따른 분류**: 상사회사, 민사회사/ **사회학적 형태상의 분류**: 인적회사, 물적회사

64 선거비용 보전제도는 국가가 선거 뒤에 일정 비율 이상을 득표한 후보에게 홍보물 제작비, 방송 광고·연설비 등 선거운동에 들어간 비용을 대신 갚아 주는 제도를 말한다. 선거를 치른 뒤 유효득표수의 10% 이상을 얻은 후보자는 선거비용의 50%, 유효득표수 15% 이상을 얻은 후보자는 100%를 선거비용 제한액 범위 내에서 보전받는다.

65 《삼국사기》에 따르면 신라는 군주를 칭할 때 거서간(居西干)→차차웅(次次雄)→이사금(尼斯今)→마립간(麻立干)을 사용하다가 서기 503년 지증왕 때부터 「왕(王)」이라는 칭호를 쓰기 시작했다.

66 핸드볼 7명, 아이스하키 6명, 농구 5명, 컬링 4명

67 ③ 일(Work)과 휴가(Vacation)의 합성어로, 휴가지에서의 업무를 인정하는 것이다.
① 「일과 삶의 균형」이라는 의미인 「Work-life balance」의 준말이다.
② 진입장벽이 낮고 고용 창출 효과가 높은 서비스업 직종을 가리킨다.
④ 일과 학업을 병행하는 청년을 일컫는 용어로, 학교를 다니며 일하는 15~29세 청년층을 일컫는다.
⑤ 자신이 좋아하는 취미를 전문적인 일로 기획해 사업으로 확장·발전시켜 나가는 사람들을 이르는 말이다.

68 ③ 터줏대감으로 불리기도 하는 터주신은 말 그대로 집터를 관장하는 신이다. 창고에는 집안의 재산을 지키는 업신이 산다고 여겼다.

69 ① 권리는 사회공동생활의 향상 발전을 위해 인정되는 것이므로 그 행사는 신의성실에 좇아서 행해져야 하고, 그렇지 않을 경우에는 불법한 것으로서 금지돼야 한다는 원칙이다.
② 계약은 본래의 계약대로 준수돼야 하지만, 법률행위 성립 당시에 당사자가 예견치 못한 중대한 사정 변화가 발생한 경우에는 계약대로 이행하는 것이 당사자에게 불공정하고 부당하게 된다. 이러한 경우 신의성실 원칙상 당사자가 그 내용을 변경할 것을 상대방에게 청구하거나 해제할 수 있다는 원칙을 말한다.
③ 권리자가 그의 권리를 장기간 행사하지 않기 때문에 상대방이 이제는 그 권리를 행사하지 않을 것으로 믿을 만한 정당한 사유가 있게 된 경우 새삼스러운 권리의 행사는 권리남용으로서 허용되지 않는다는 원칙이다.
⑤ 행위자가 일단 특정한 표시를 한 이상 나중에 그 표시를 부정하는 주장을 해서는 안 된다는 원칙이다.

70 ① 원주는 영서 지방에 속한다. 강원특별자치도는 태백산맥을 중심으로 서쪽은 영서, 동쪽은 영동으로 나뉜다. 이 가운데 영서 지방에는 춘천, 화천, 홍천, 정선 등의 행정구역이 속해 있다.

63. ④ 64. ② 65. ③ 66. ① 67. ③ 68. ③ 69. ④ 70. ①

● 다음 물음에 알맞은 답을 쓰시오. (71~100)

71 1961년 설립됐던 미국 정부의 대표적인 해외 원조 및 개발지원 기구이다. 그러나 트럼프 대통령의 재집권 이후 가장 먼저 청산 대상으로 지목된 데 이어 7월 1일 국무부 산하로 통합되며 사라진 이 기구는?

72 대한민국 육군의 차기 주력전차로 일명 「흑표 전차」로 불린다. 2008년 튀르키예에 기술 수출된 데 이어 2022년에는 폴란드가 완성품 180대를 도입하기로 한 이 전차는?

73 극우 민족주의 세력과 일부 종교적 시온주의자들이 주장하는 이스라엘의 영토 확장 구상으로, 성경 창세기의 「애굽강에서 유프라테스까지」를 근거로 한다. 무엇인가?

74 2개 이상의 국가가 상호방위조약을 통해 하나의 군사동맹을 구성하고, 어느 한 회원국이 공격받으면 전체 회원국에 대한 공격으로 간주하고 공동으로 대응하는 체제를 말한다. 이는 국제법상 합법적 무력 사용의 근거로 인정되는데, 무엇인가?

75 우리 정부가 7월 30일 미국과 타결한 관세협상에서 승부수로 제시한 것으로, 수십조 원 규모의 조선업 협력 프로젝트이다. 트럼프 대통령의 핵심 구호인 「마가(MAGA)」에서 따온 이 프로젝트의 명칭은?

76 한국 기업의 주가가 비슷한 수준의 동종업계 외국 기업의 주가에 비해 절대적으로 낮게 형성되는 현상을 설명하는 데 사용되는 용어는?

77 미국의 무역정책을 총괄하는 제이미슨 그리어 미국무역대표(USTR)가 8월 7일 트럼프 대통령이 만든 새로운 경제 질서를 지칭하며 사용한 용어. 이는 7월 27일 미국과 EU가 무역 합의를 체결한 스코틀랜드의 장소에서 비롯된 것인데, 이 용어는?

78 타인의 사무를 처리하는 자가 그 임무에 위배되는 행위로 재산상의 이익을 취득하거나 제3자로 하여금 이를 취득하게 해 본인에게 손해를 가함으로써 성립하는 범죄는?

79 고액자산가들이 본국의 엄격한 세제를 피해 세금 혜택을 받을 수 있고 더 나은 생활을 할 수 있는 다른 나라로 이동하는 것을 뜻하는 용어는?

80 특정 종목의 주가가 하락할 것으로 예상되면 해당 주식을 보유하고 있지 않은 상태에서 주식을 빌려 매도 주문을 내는 투자 전략으로, 전면 금지됐다가 3월 재개된 것은?

81 기업이 사용하는 전력량의 100%를 2050년까지 풍력·태양광 등 재생에너지 전력으로 충당하겠다는 목표의 국제 캠페인은?

82 기업 가치가 10억 달러를 넘는 비상장 스타트업을 유니콘이라고 하는데, 기업 가치가 100억 달러 이상인 스타트업은 무엇이라고 하는가?

83 도심의 거대 상권이 아닌 동네에서 소비생활이 이뤄지는 현상을 뜻하는 말은?

84 2023년 상반기 뉴욕 증시에서 강세를 기록한 7종목을 일컬어 (   )(이)라고 하며, 이에 대항하는 중국 IT 10개 기업을 묶어 (   )(이)라고 한다. (   ) 안에 들어갈 말을 순서대로 쓰면?

85 일상생활에서 사용하는 기온에 더해 습도까지 고려한 온도로, 젖은 천으로 감싼 온도계로 측정한다. 습도가 높아질수록 올라가며, 습도가 100%일 경우 기온과 같아지는 이 온도는?

86 지진으로 인해 형성된 해일을 뜻하는 말로, 최근 캄차카 강진으로 일본·하와이·에콰도르 등 태평양 연안 지역에 7월 30일 발령된 주의보는?

71. 국제개발처(USAID·United States Agency for International Development) 72. K2 전차(K2 Tank) 73. 다윗의 회랑(David's Corridor) 74. 집단방위(Collective Defense) 75. 마스가(MASGA·Make American Shipbuilding Great Again) 76. 코리아 디스카운트(Korea Discount) 77. 턴베리 체제 78. 배임죄(背任罪) 79. 웩시트(Wexit) 80. 공매도(Short Stock Selling) 81. RE100(Renewable Electricity 100) 82. 데카콘(Decacorn) 83. 로코노미(Loconomy) 84. 매그니피센트7(M7·Magnificent7), 테리픽10(T10·Terrific10) 85. 습구온도(濕球溫度, Wet-bulb temperature) 86. 쓰나미(Tsunami)

87 대형 사고나 자연재해 등으로 피해를 입은 지역의 긴급한 복구 지원을 위해 대통령이 선포하는 지역을 무엇이라 하는가?

88 1936년 일제강점기 시절 강원도 삼척에 개광한 탄광으로, 최근까지 대한민국의 마지막 국영 탄광으로 남아 있던 곳이다. 6월 30일 운영을 공식 종료한 이 탄광은?

89 임종 단계에서 무의미한 연명치료를 거부하거나 호스피스를 선택하는 법적 문서로, 19세 이상의 사람은 누구나 이를 작성할 수 있다. 8월 10일 국립연명의료관리기관에 따르면 이 문서를 등록한 사람이 지난 9일 기준 300만 명을 넘어섰는데, 무엇인가?

90 세계적인 인기를 얻고 있는 넷플릭스 애니메이션 〈케이팝 데몬 헌터스〉에는 우리나라 민화 「작호도」를 모티프로 한 캐릭터가 등장한다. 작호도에 그려진 동물을 모두 쓰면?

91 조선 후기 왕실 사당 양식을 지닌 목조 건축물로, 국가유산청과 이를 소유하고 있던 일본 사찰 간 약정을 통해 6월에 관련 부재가 국내로 이송됐다. 해외에 있는 한국 건물 전체가 돌아온 첫 사례가 된 이 건축물은?

92 7월 프랑스 파리에서 열린 제47차 유네스코 세계유산위원회 회의에서 최종 등재된 남북 세계유산을 각각 쓰면?

93 영화사의 한 해 현금 흐름의 지지대 역할을 하는 핵심적인 상업 영화를 뜻하는 말은?

94 미국골프협회(USGA)의 15번째 내셔널 타이틀 챔피언십으로, USGA가 2022년 공식적으로 처음 개최한 장애인 골프대회는?

95 역대 윔블던 테니스대회 남자단식에서 통산 100승을 달성한 선수를 모두 쓰면?

96 「아무것도 신뢰하지 않는다」를 전제로 한 사이버 보안 모델로, 기본적으로 모든 접속 주체를 신뢰하지 않고 철저한 검증을 거치는 이 보안 모델의 명칭은?

97 LED(발광 다이오드) 전구에서 나오는 빛을 매개로 정보를 송수신하는 가시광 무선 통신 기술로, 유무선 공유기를 따로 설치하지 않아도 초고속 데이터 전달이 가능하다. 무엇인가?

98 식물 멸종에 대비해 전 세계에서 식물종자를 기탁받아 영구 보존하는 시설로, 전 세계에서 한국과 노르웨이 두 곳만 운영하고 있다. 이 시설은 무엇인가?

99 이동통신사와 대리점이 이동통신 단말기별로 보조금을 공개해야 한다는 내용의 법률이다. 휴대폰 구매 시 보조금 지급에 차이가 생기는 것을 막기 위해 2014년부터 시행됐다가, 오히려 소비자의 구매 부담만 키웠다는 지적에 따라 7월 22일 공식 폐지된 법은?

100 소비자의 코 높이나 눈과 눈 사이의 거리 등 얼굴 정보를 인식해 본인 인증 및 결제를 진행하는 생체 결제기술의 명칭은?

87. 특별재난지역(特別災難地域) 88. 도계광업소 89. 사전연명의료의향서 90. 까치, 호랑이 91. 관월당(觀月堂) 92. 남한: 반구천의 암각화, 북한: 금강산 93. 텐트폴 영화(Tentpole Movie) 94. US 어댑티브 오픈(US Adaptive Open) 95. 로저 페더러, 노박 조코비치 96. 제로 트러스트(Zero Trust) 97. 라이파이(Li-Fi·Light Fidelity) 98. 시드볼트(Seed Vault) 99. 단말기 유통구조 개선법(약칭 단통법) 100. 페이스 페이(Face Pay)

한국사능력테스트

01 다음 유물을 만들었던 시기의 사회 모습으로 옳은 것은?

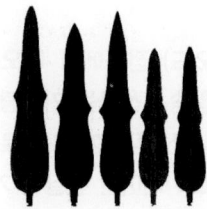

① 강가에 막집을 짓고 살았다.
② 청동제 농기구 사용으로 농업이 본격적으로 발달하였다.
③ 유력한 족장을 왕으로 추대하여 연맹왕국을 형성하였다.
④ 농경이 시작되면서 정착 생활과 더불어 가축을 사육하게 되었다.
⑤ 사유재산의 등장과 함께 정복활동이 시작되었고, 지배자와 피지배자의 분화가 나타났다.

💡 제시된 유물은 반달돌칼과 비파형 동검으로, 이는 모두 청동기 시대의 유물이다.
　② 청동기는 농기구로 사용하기에는 너무 비싸고 약하기 때문에 청동제 농기구는 존재하지 않는다. 청동기 시대 때 농기구는 주로 간석기를 이용했다.
　① 구석기 시대 ③ 초기 철기시대 ④ 신석기 시대에 관한 설명이다.

02 다음은 중국 사서의 기록이다. 밑줄 친 ㉠, ㉡에 대한 설명으로 옳지 않은 것은?

> 시조가 죽자 그 아들 ㉠ 무예가 왕위에 올라 영토를 크게 개척하였다. 동북의 오랑캐들이 두려워하여 그에 복종하였다. 사사로이 연호를 인안이라고 하였다. … 무예가 죽자 그 아들 ㉡ 흠무가 왕위에 올라 연호를 대흥으로 고치니, 당 현종이 그에게 아비의 직위를 이으라는 조서를 내렸다.

① ㉠과 ㉡은 각각 발해의 무왕과 문왕의 이름이다.
② ㉠의 재위 시기에 일본에 국서를 보냈다.
③ ㉠의 재위 시기에 당의 산둥 지방을 공격하였다.
④ ㉡의 재위 시기에 요동 지방을 확보하였다.
⑤ ㉡의 재위 시기에 상경과 동경으로 천도하였다.

💡 대무예는 발해 2대 왕 무왕의 이름이고, 대흠무는 발해 3대 왕 문왕의 이름이다.
　④ 요동을 확보하여 최대 영토를 이룬 국왕은 10대 왕인 선왕(대인수)이다.

03 다음은 어느 시기의 상황을 말해 주는 자료이다. 이 시기에 일어난 사실이 아닌 것은?

> - 국내 여러 주군(州郡)이 공부(貢賦)를 납부하지 않으므로 국고가 고갈되어 국용(國用)이 궁핍해졌다. 이에 왕이 사자를 보내어 독촉하니 도적들이 들고 일어났다. 이때 원종과 애노 등이 사벌주를 근거로 하여 반란을 일으켰다. - 『삼국사기』
> - 지금 군읍(郡邑)은 모두 도적의 소굴이 되었고 산천은 모두 전장(戰場)이 되었으니, 어찌 하늘의 재앙이 우리 해동에만 흘러드는 것입니까! - 『동문선』

① 과중한 수취로 몰락한 농민들이 난을 일으켰다.
② 최치원이 당에서 귀국하여 시무책 10여 조를 올렸다.
③ 궁예가 군대를 일으켜 강원도와 경기도 일대를 차지하였다.
④ 진골 귀족들이 무열왕 직계의 전제 왕권에 대항하여 반란을 일으켰다.
⑤ 지방에서 성주 또는 장군이라 자칭한 호족 세력이 일어나 신라에 저항하였다.

💡 제시된 자료는 9세기 신라 말기의 혼란한 상황을 나타내고 있다.
　④ 신라 중대 일어난 「김흠돌의 난」에 관한 설명이다. 김흠돌은 신라 중대의 귀족으로 고구려 정벌에 큰 공을 세운 인물이다. 그러나 681년(신문왕 원년)에 파진찬 흥원(興元), 대아찬 진공(眞功) 등과 함께 반란을 일으켰다가 실패하여 죽임을 당하였으며 그의 딸인 신문왕의 비도 폐출되었다.

04 다음은 당 태종이 신라 사신에게 한 답변의 일부이다. 이후에 신라에서 벌어질 상황으로 옳은 것은?

> "그대 나라는 여자를 임금으로 삼았기에 이웃나라의 업신여김을 받는다. 내가 친척 한 사람을 보내 그대 나라의 임금으로 삼되 혼자 가서 왕 노릇하기가 어려울 터이니 군사를 보내 호위하게 하고, 그대 나라가 안정될 때를 기다려 그대늘 스스로 지키게 하려 한다. 어떤가?"

① 건원이라는 독자적 연호를 사용하였다.
② 왕의 칭호를 마립간에서 왕으로 바꾸었다.
③ 상대등 비담이 명활성을 근거지로 반란을 일으켰다.
④ 원종과 애노의 난을 시작으로 전국적으로 민란이 발생하였다.
⑤ 96각간의 난을 분수령으로 하여 내물왕계 진골 출신이 왕위를 차지하였다.

💡 7세기 선덕여왕 때 백제 의자왕의 공격으로 위기에 빠진 신라는 당에 구원을 요청하였으나, 당 태종은 위의 지문과 같은 반응을 보이며 냉대하였다.
　③ 비담의 난은 선덕여왕 때인 647년 1월 초 상대등 비담과 염종 등이 일으킨 반란이다. 이는 반란 도중 선덕여왕이 붕어하면서 진덕여왕 때에 김유신에게 진압되었다.

🎯 1. ⑤　2. ④　3. ④　4. ③

05 다음 지도의 (가)~(마)에 관련된 설명으로 옳지 않은 것은?

① (가)는 당나라의 장안을 본떠 건설되었으며, 상업이 번성하였다.
② (나)를 거치는 교통로를 통해 모피, 말 등 발해의 특산물이 당나라로 수출되었다.
③ (다)를 거쳐 동해안을 따라 가는 교통로를 통해 발해와 일본 사이에 외교 및 무역이 이뤄졌다.
④ (라) 부근에 있던 촌락의 경제 상황을 집계한 문서가 남아 있다.
⑤ (마)에서는 이슬람 상인이 왕래하며 무역을 벌이기도 하였다.

💡 ③ 발해에서 일본으로 가는 무역로는 남경이 아니라 동경을 통해서 동해로 진출하였다.
  ① 문왕 때 당나라 장안을 본떠 상경을 건설하였는데, 특히 주작대로가 유명하다.
  ② 당나라로의 수출은 상경에서 서경을 거쳐 압록강을 이용하였다.
  ④ 서원경(청주) 부근 4개 촌락의 경제 상황을 집계한 민정문서가 일본에서 발견되었다.
  ⑤ 울산은 통일신라의 국제무역항으로서 이슬람 상인이 왕래한 곳이다.

06 다음에 소개된 고려시대 사상사의 주요 사건들을 발생 순으로 바르게 나열한 것은?

┌───┐
│ ㉠ 의천은 교종을 중심으로 선종을 통합하기 위하여 천태종을 창시하였다. │
│ ㉡ 지눌은 독경과 선 수행, 노동에 힘쓰자는 개혁 운동인 수선사 결사를 제창하였다. │
│ ㉢ 최승로는 유교사상을 치국의 근본으로 삼아 사회개혁을 추진하였다. │
│ ㉣ 안향은 고려에 성리학을 처음으로 소개하였다. │
└───┘

① ㉠-㉡-㉢-㉣   ② ㉢-㉠-㉡-㉣
③ ㉡-㉢-㉣-㉠   ④ ㉢-㉡-㉠-㉣
⑤ ㉠-㉢-㉣-㉡

💡 ㉠ 숙종 ㉡ 최씨 무신정권 ㉢ 성종 ㉣ 충렬왕 때이다.

07 다음 사료의 밑줄 친 백제왕에 대한 설명으로 옳은 것은?

> 진흥왕 15년, 백제왕 명농이 가량과 함께 와서 관산성을 공격하였다. 비장인 삼년산군의 고간 도도가 재빨리 공격하여 백제왕을 죽였다. 이때 모든 군사들이 승세를 타고 싸워 대승하였다.
> – 『삼국사기』

① 지방에 22담로를 설치하고 왕족을 파견하였다.
② 불교를 공인하여 중앙집권체제를 사상적으로 뒷받침하였다.
③ 수도를 사비로 천도하고 국호를 남부여로 바꾸면서 중흥을 꾀하였다.
④ 즉위 후 유교 정치 이념을 신봉하여 「해동증자(海東曾子)」로 불리기도 했다.
⑤ 익산에 미륵사를 건립하였으며, 왕권 강화를 위해 익산으로 수도를 옮기려 했다.

💡 밑줄 친 「백제왕 명농」은 6세기 백제의 중흥을 이끌었던 성왕이다. 성왕은 신라 진흥왕과 연합하여 한때 한강 유역을 회복했으나, 신라의 배신으로 그 땅을 탈취당했다. 이에 분개한 성왕은 가야 및 일본과 합세해 신라를 공격하지만, 관산성(충북 옥천) 전투에서 매복에 걸려 전사했다(554).
① 6세기 무령왕 ② 4세기 침류왕 ④ 7세기 의자왕 ⑤ 7세기 무왕에 관한 설명이다.

08 다음과 같은 업무를 수행한 고려의 정치 기구에 대한 설명으로 옳은 것은?

> • 국자감의 학부별 입학 자격, 교육 과정, 수업 연한 및 학생 정원 등을 규정한 학칙을 상세하게 제정하였다.
> • 첨사부*에 지급할 공해전의 규모, 소속 관원을 보조할 수행원의 정원 배정 등 첨사부 운영에 필요한 여러 가지 시행 규정을 정하였다.
> * 첨사부: 동궁 사무를 관장한 관청

① 상서성에 소속된 관청의 하나였다.
② 송의 관제를 받아들여 설치한 관청이다.
③ 무신 집권기에는 최고의 권력 기구로 발전하였다.
④ 재신과 추밀이 함께 모여 국가의 중요한 일을 결정하던 곳이다.
⑤ 관리의 임명과 법령의 개폐 등에 동의하는 서경권을 행사하였다.

💡 첫 번째 지문에서는 국자감의 학칙을 제정하는 역할이고 두 번째 지문에서는 첨사부의 시행 규정을 정하는 역할을 담당했음을 알 수 있다. 이처럼 「학칙 제정」과 「시행 규정 제정」을 통해 법제와 격식을 다루는 「식목도감」임을 파악할 수 있다.

🎯 5. ③ 6. ② 7. ③ 8. ④

09 다음의 밑줄 친 「새로운 군대」의 활약으로 나타난 사실은?

> "신이 오랑캐에게 패한 것은 그들은 기병인데 우리는 보병이라 대적할 수 없었기 때문이었습니다." 이에 왕에게 건의하여 새로운 군대를 편성하였다. 문무 산관, 이서, 상인, 농민들 가운데 말을 가진 자를 신기군으로 삼았고, 과거에 합격하지 못한 20살 이상 남자들 중 말이 없는 자를 모두 신보군에 속하게 하였다. 또 승려를 뽑아서 항마군으로 삼아 다시 군사를 일으키려 하였다.
> — 「고려사절요」

① 여진족을 물리치고 동북 지방에 9성을 쌓았다.
② 처인성에서 몽골군의 공격을 잘 막아내었다.
③ 개경까지 침입했던 홍건적을 격퇴하였다.
④ 귀주에서 거란족의 침입을 격퇴하였다.
⑤ 화포를 이용하여 진포대첩에서 승리하였다.

💡 밑줄 친 「새로운 군대」는 신기군, 신보군, 항마군으로 구성된 별무반을 의미한다. 별무반(別武班)은 고려 숙종 때 윤관의 건의에 따라 특별히 세워진 임시 전투부대로, 오직 여진족의 침략에 대비하기 위해 창설되었다.

10 밑줄 친 「호장」에 대한 옳은 설명을 〈보기〉에서 모두 고르면?

> • 신라 말 힘 있는 집안의 후예들이 앞을 다투어 무력을 써서 군현(郡縣)을 장악하였다. 고려가 삼국을 통일할 즈음에 좀처럼 귀순하지 않는 자들이 있어 이를 진압할 수 없음을 근심하다가, 마침내 강제로 억압하여 호장으로 삼았다.
> • 삼별초가 나주를 공격하려고 하자, 고을 호장이 말하기를 "진실로 성을 고수하지 못한다면 차라리 산속으로 들어가 피할 것이거늘, 내가 어찌 삼별초를 추종하리오."라고 하였다.

보기
㉠ 직역 수행에 상응하는 토지를 국가로부터 받았다.
㉡ 이들의 자제는 과거의 제술업에 응시할 수 없었다.
㉢ 남반, 잡류 등과 함께 중류층으로 분류되는 신분이었다.
㉣ 조세 징수나 노역 징발과 같은 지방 행정의 실무를 총괄하였다.

① ㉠, ㉢
② ㉡, ㉣
③ ㉠, ㉡, ㉣
④ ㉠, ㉢, ㉣
⑤ ㉡, ㉢, ㉣

💡 고려시대 향리는 9등급으로 편성되었는데, 그중 1등급이 호장이었고 2등급이 부호장으로, 이들이 향리의 최상층이었다. 호장과 부호장은 호족 출신 향리가 역임했으며 이들이 지방을 실질 지배했다. 향리 9등급 중 2등급인 부호장 이상은 손자까지, 5등급 이상은 자식까지 문과(제술업과 명경업) 응시가 가능했다.

11 다음 자료와 관련된 고려시대 상속의 일반적 원칙과 거리가 먼 것은?

> 어머니가 일찍이 재산을 나누어 줄 때 나익희에게는 따로 노비 40구를 남겨 주었다. 나익희는 "제가 6남매 중에 외아들이라고 해서 어찌 사소한 것을 더 차지하여 여러 자녀들과 화목하게 살게 하려 한 어머니의 거룩한 뜻을 더럽히겠습니까?" 하고 사양하자, 어머니가 옳게 여기고 그 말을 따랐다.
> - 「고려사」

① 재산은 남녀 차별 없이 균등하게 상속하였다.
② 상속자는 피상속자에게 별도로 상속할 수 있었다.
③ 전토와 마찬가지로 노비도 상속되는 중요한 재산이었다.
④ 적장자는 다른 자녀에 비해 2배가량을 추가로 상속받았다.
⑤ 토지와 노비의 상속은 상속자와 피상속자가 참여하여 문계(文契)를 작성하였다.

💡 고려시대에는 여성의 사회 진출에는 제한이 있었지만, 가정생활이나 경제 운영에 있어서는 남성과 거의 대등한 위치에 있는 등 여성의 지위가 비교적 높았다. 특히 재산 상속에 있어 자녀 균분상속이 일반적이었으며, 남편의 사후에는 부인이 재산분배권을 행사했다. 상속의 대상이 된 재산은 토지 뿐만 아니라 노비와 곡물도 있었다.

12 다음 중앙군의 군사조직을 시기순으로 바르게 나열한 것은?

> ㉠ 궁궐과 서울을 수비하는 5위
> ㉡ 국왕의 친위 부대인 2군과 수도 경비와 국경 방어를 담당하는 6위
> ㉢ 말갈족까지 포함하여 민족 융합을 꾀한 9서당
> ㉣ 훈련도감, 어영청, 총융청, 수어청, 금위영의 5군영

① ㉠-㉡-㉢-㉣
② ㉡-㉠-㉢-㉣
③ ㉡-㉢-㉣-㉠
④ ㉢-㉠-㉡-㉣
⑤ ㉢-㉡-㉠-㉣

💡 ㉠ 조선 전기 ㉡ 고려시대 ㉢ 통일신라 ㉣ 조선 후기

🎯 9. ① 10. ④ 11. ④ 12. ⑤

13 밑줄 친 「그」와 관련된 설명으로 옳은 것은?

> 내가 비록 부덕하더라도 일국의 국모 노릇을 한 지 여러 해가 되었다. 그는 선왕의 아들이니 나를 어미로 여기지 않을 수 없는데도 내 부모를 죽이고 품속의 어린 자식을 빼앗아 죽였으며, 나를 유폐하여 곤욕을 치르게 했다. 어디 그뿐인가. 중국이 우리나라를 다시 일으켜 준 은혜를 저버리고, 속으로 다른 뜻을 품고 오랑캐에게 성의를 베풀었다.

① 두 차례 사화를 일으켜 많은 영남 사림들을 탄압하였다.
② 외척 간의 권력 다툼을 막지 못해 왕권 약화를 초래하였다.
③ 양전을 비롯하여 전쟁의 뒷수습을 위한 정책을 실시하였다.
④ 편당적인 인사 관리로 환국이 일어나는 빌미를 제공하였다.
⑤ 공론의 주재자로 인식되던 산림의 존재를 인정하지 않았다.

💡 밑줄 친 「그」는 광해군을 의미한다. 인목대비의 아들인 영창대군을 왕으로 옹립하려는 움직임이 있자 이에 위협을 느낀 광해군은 인목대비를 폐위시키고 영창대군을 살해하였다(계축옥사). 광해군은 또한 명나라의 원군 요청에 대해 적극적으로 응하지 않고 후금과 명 사이에서 중립외교를 펼쳤다. 그러자 서인은 이 두 가지를 문제 삼아 인조반정을 일으켜 광해군을 축출하게 되었다.
① 연산군 ④ 숙종 ⑤ 영조에 관한 설명이다.

14 다음 자료에 나타난 대외 인식에 대한 설명으로 옳지 않은 것은?

> 화의(和議)로 백성과 나라를 망치기가 … 오늘날과 같이 심한 적이 없습니다. 중국은 우리나라의 부모요, 오랑캐는 부모의 원수입니다. 신하된 자로서 부모의 원수와 형제가 되어 부모를 저버리겠습니까? 하물며 임란의 일은 터럭만한 것도 황제의 힘이어서 우리나라가 살아 숨쉬는 한 은혜를 잊기 어렵습니다. … 차라리 나라가 없어질지라도 의리는 저버릴 수 없습니다.

① 효종 시기 북벌운동의 배경이 되었다.
② 청나라에 대한 적개심을 표현하고 있다.
③ 국제관계를 가족 관계의 연장선에서 파악하고 있다.
④ 광해군 시기의 대외정책을 계승하는 입장에 서 있다.
⑤ 주로 이이의 학통을 이어받은 붕당에서 이 견해를 지지하였다.

💡 제시된 자료는 병자호란 당시 윤집이 주장했던 척화론(斥和論)이다. 청이 군신관계를 요구해 오자 조정은 주화론과 척화론(주전론)으로 갈렸는데, 결국 대세가 척화론으로 기울어지면서 병자호란이 발발하게 되었다.
④ 광해군 시기에는 대의명분보다는 실리를 추구하는 중립외교를 추진했다.
⑤ 이이의 학통을 이어받은 붕당은 서인이었다. 서인은 인조반정을 일으켜 광해군과 북인정권을 무너뜨리고 친명배금 정책을 추진하여 병자호란의 원인을 제공하였다.

15 다음은 조선시대 노비문서의 일부이다. 노비 신분과 관련하여 유추할 수 없는 것은?

> 저 윤점이는 부모가 염병으로 다 죽고 어린 나이에 홀로 남아 굶주림과 추위로 거의 죽을 지경이었으나, 남생원댁 아씨가 불쌍히 여겨 구해 주셨습니다. 저는 이를 고맙게 여겨 아씨 곁에 붙어 종이 되어 생계를 유지하게 되었습니다. 20세에 이르러 같은 동네 평민 점삼의 꼬임에 넘어가 도망하여 함께 살았습니다. 그러나 흉년으로 남편이 죽고 자식 셋과 먹고 살 길이 막연하여, 다시 주인 집에 들어와 저와 자식 셋을 영영 주인 집 노비로 드리니 뒷날 다른 말 하거든 이 문서를 가지고 관가에 가 바로잡을 일입니다.

① 윤점은 솔거 노비가 되었다.
② 윤점의 자식 세 명의 신분은 노비이다.
③ 점삼은 윤점과 결혼함으로써 노비가 되었다.
④ 평민이 어려운 생활 형편으로 인해 노비가 되기도 하였다.
⑤ 윤점은 노비의 처지를 벗어나는 방법으로 도망을 택하였다.

💡 ③ 평민이 노비와 결혼한다고 해서 노비가 되는 것은 아니었다.

16 다음의 밑줄 친 「왕」이 실시한 정책으로 옳은 것은?

> 왕은 행차 때면 길에 나온 백성들을 불러 직접 의견을 들었다. 또한 척신 세력을 제거하여 정치의 기강을 바로잡았고, 당색을 가리지 않고 어진 이들을 모아 학문을 장려하였다. 침전에는 「탕탕평평실(蕩蕩平平室)」이라는 편액을 달았으며, 「하나의 달빛이 땅 위의 모든 강물에 비치니 강물은 세상 사람들이요, 달은 태극이며 그 태극은 바로 나다」라고 하였다.

① 병권 장악을 위해 금위영을 설치하였다.
② 왕권 강화를 위해 여러 붕당을 번갈아 등용하였다.
③ 능력 있는 신하들을 뽑아 스승의 입장에서 재교육시켰다.
④ 의정부의 권한을 강화하고 현명한 재상에게 정치를 맡겼다.
⑤ 백성이 억울한 사정을 호소할 수 있도록 신문고를 설치하였다.

💡 정조는 스스로를 「만천명월주인옹(萬川明月主人翁)」이라 자처하였는데, 이는 「만 갈래의 하천을 밝게 비추는 달 같은 존재」라는 뜻이다. 이는 모든 백성들에게 직접 닿는 지고지순한 왕정이 자신이 추구하는 목표임을 명확히 나타낸 것이다.
③ 정조의 초계문신제에 관한 설명이다.
① 금위영은 숙종 때 만들어진 5군영 중 하나다. 정조는 장용영을 설치하였다.
② 숙종에 관한 설명이다.
⑤ 신문고는 태종 때 설치되었다가 연산군 때 폐지되었고, 영조 때 부활하였다.

🎯 13. ③ 14. ④ 15. ③ 16. ③

17 다음과 같은 조치가 이루어진 시기의 경제 상황을 〈보기〉에서 고르면?

> 호조판서 서영보가 아뢰길, 「전국 각 도에 금을 몰래 채취하는 무리가 없는 곳이 없으니, 지금 비록 엄히 막고 있으나 영원히 막을 수는 없습니다. 여러 도의 금이 생산되는 곳에는 금점(金店) 설치를 허락하고 은점(銀店)의 예에 따라 호조에서 관리하여 세금을 거두면 편리할 것입니다」라고 하니, 왕이 대신의 의견을 들은 후 허락하였다.

보기
㉠ 덕대가 물주의 자본으로 노동자를 고용하여 광물을 채굴하고 제련하였다.
㉡ 각 지방의 상업 중심지를 연결하면서 물품을 교역하는 사상(私商)의 활동이 두드러졌다.
㉢ 정부는 경제 활동을 장악하기 위해 삼한통보, 해동통보 등의 동전을 유통시키려 하였다.
㉣ 왕실과 관청에 물품을 공급하는 시전의 종류가 늘어나고 이들의 독점 판매권이 강화되었다.

① ㉠, ㉡
② ㉠, ㉢
③ ㉡, ㉢
④ ㉡, ㉣
⑤ ㉢, ㉣

💡 자료는 조선 후기에 실시된 「설점수세제(設店收稅制)」의 배경이다. ㉢ 고려 숙종, ㉣ 조선 전기에 관한 설명이다.

18 다음 가사가 등장하게 된 배경으로 적절하지 않은 것은?

> 괘씸하다 서양되놈
> 무군무부(無君無父) 천주학을 네 나라나 할 것이지
> 단군기자 동방국의 충효윤리 받았는데
> 어이 감히 열어보자 흥병가해(興兵加海) 나왔다가
> 방수성* 불에 타고 정족산성 총에 죽고
> 남은 목숨 도생하여 바삐바삐 도망한다.
> *방수성: 평양에 있는 성
>
> – 「신재효 판소리 전집」

① 이양선이 출몰하여 통상을 요구하였다.
② 프랑스 군대가 외규장각 문서를 강탈해갔다.
③ 제너럴 셔먼호 선원들이 민가를 약탈하였다.
④ 운요호가 초지진에서 무력 도발을 감행하였다.
⑤ 서양 신부의 활동으로 천주교의 교세가 확장되었다.

💡 서양 되놈(오랑캐)이 평양성과 강화도 정족산성에서 격퇴되었다는 구절을 통해 제너럴 셔먼호 사건, 병인양요와 관련된 자료임을 알 수 있다.
  ④ 강화도 조약 체결의 계기가 된 일본의 도발이다.
  ⑤ 자료의 천주학에 대한 비판을 통해 천주교 교세가 확대되고 있음을 추정할 수 있다.

19 다음과 같은 활동을 한 단체에 관한 설명으로 옳은 것을 〈보기〉에서 모두 고르면?

애국지사	연도	내용	애국지사	연도	내용
박재혁	1920	부산 경찰서 투탄	김상옥	1923	종로 경찰서 투탄
최수봉	1920	밀양 경찰서 투탄	김지섭	1924	일본 도쿄 궁성 투탄
김익상	1921	조선총독부 투탄	나석주	1926	동양척식회사 투탄

보기
㉠ 1919년 만주 지린(길림)성에서 설립되었다.
㉡ 침체된 대한민국 임시정부를 살리기 위해 설립되었다.
㉢ 이후 독립전쟁 체제로 전환하기 위해 황포군관학교에 입학하였다.
㉣ 이들의 강령에서 무정부주의의 영향을 받았음을 알 수 있다.

① ㉠, ㉡
② ㉠, ㉡, ㉢
③ ㉡, ㉢, ㉣
④ ㉠, ㉢, ㉣
⑤ ㉠, ㉡, ㉢, ㉣

💡 제시된 표는 1919년 만주 지린성에서 김원봉이 설립한 의열단과 관련된 내용이다.
㉡ 김구가 설립한 한인애국단에 관한 설명이다.

20 다음 회고록에 나타난 시기에 추진된 일제의 정책으로 옳은 것은?

> 4월 중순 나는 충북 지역 조선인을 대상으로 한 징병 신체검사를 받았다. 7월 20일에 면사무소 직원으로부터 소집 영장을 받았는데, 8월 1일까지 함경북도에 주둔한 일본군 제19사단에 입대하라는 내용이었다. 7월 30일「무운장구(武運長久)」라고 쓰인 어깨띠를 두르고 신사에 참배한 후, 수백 명의 환송객과 학생들이 부르는 노래를 뒤로 하고 순사와 함께 배를 타고 고향을 떠났다.

① 일본식 성명 사용을 강요하였다.
② 농촌 진흥운동을 활발히 추진하였다.
③ 헌병 경찰이 치안을 담당하도록 하였다.
④ 일진회 등 정치·사회단체를 해산하였다.
⑤ 조선일보와 동아일보의 창간을 허용하였다.

💡 징병제가 실시된 것은 1940년대이다. ② 1930년대. ③④ 1910년대. ⑤ 1920년대이다.
① 조선총독부는 1940년 2월 11일부터 개정 조선민사령을 시행하면서 조선의 관습에 없었던 씨(氏)를 일본풍으로 만들고 신고할 것을 의무로 규정하였고, 이름도 개명하도록 하였다.

🎯 17. ① 18. ④ 19. ④ 20. ①

국어능력테스트

01 〈보기〉를 참고할 때, 단어의 형성 방식이 나머지와 다른 것은?

> **보기**
> '여닫이'는 합성어 '여닫(열+닫)'에 접미사 '-이'가 붙어 다시 새로운 파생어를 형성한다.

① 안갚음
② 다달이
③ 팽이치기
④ 되돌아가다
⑤ 병마개

💡 ① '(안+갚-)+-음' ③ '(팽이+-치)+-기' ④ '되-+(돌아-+-가다)'는 합성 동사에 접사가 결합해 다시 파생어가 된 경우이다.
② '(다+달)+-이'는 반복 합성어에 접사가 결합해 다시 파생어가 된 경우이다.
⑤ '병마개'는 파생어 '마개(막-+-애)' 앞에 '병'이 붙어 합성어가 된 경우이다.

02 밑줄 친 부분의 뜻풀이가 바르지 않은 것은?

① 어머니는 우리 형제를 키우시느라 허리가 휘도록 일을 하셨다.
  → 어려운 생활 형편이나 지나친 노동으로 힘겨워하다.
② 자신의 죄가 밝혀지자 그는 코가 땅에 닿도록 빌고 또 빌었다.
  → 존경이나 사죄의 뜻으로 머리를 깊이 숙이다.
③ 지은이는 작은 일에도 허파에 바람이 든 것처럼 웃는다.
  → 실없이 행동하거나 지나치게 웃다.
④ 나는 학창 시절에 수학이라면 거의 학을 뗐다.
  → 괴롭거나 어려운 상황을 벗어나느라 진땀을 빼거나, 그것에 거의 질려 버리다.
⑤ 그는 회사의 고위층에 선을 대서 취직을 했다.
  → 다른 것과 구별되는 일정한 한계를 가지다.

💡 ⑤ '선을 대다'는 '어떤 인물이나 단체와 관계를 가지다.'의 의미를 가진 관용어이며, '다른 것과 구별되는 일정한 한계를 가지다.'를 의미하는 관용어는 '선을 긋다'이다.

03 단어를 알맞은 꼴로 고쳐 문장을 만들고자 할 때, 다음 ( ) 안에 들어갈 수 없는 것은?

> ㉠ 밤새 추위와 두려움에 떨면서 먼동이 ( ) 기다렸다.
> ㉡ 가지 많은 나무에 바람 잘 ( ) 없다더니, 자식이 많은 사람도 마찬가지다.
> ㉢ 하루의 일이 끝나자, 그 사람은 잠시 허리를 펴고 노을이 ( ) 서쪽 하늘을 바라보았다.
> ㉣ 달이 ( ) 아이가 나올 때까지는 잘 먹고 잘 쉬어야 한다.

① 긋다
② 지다
③ 차다
④ 트다
⑤ 날다

💡 ㉠ 밤새 추위와 두려움에 떨면서 먼동이 (트기를) 기다렸다. / ㉡ 가지 많은 나무에 바람 잘 (날) 없다더니 자식이 많은 사람도 마찬가지다. / ㉢ 하루의 일이 끝나자, 그 사람은 잠시 허리를 펴고 노을이 (지는) 서쪽 하늘을 바라보았다. / ㉣ 달이 (차서) 아이가 나올 때까지는 잘 먹고 잘 쉬어야 한다.

04 〈보기〉를 참고할 때 제시된 단어의 발음이 적절하지 않은 것은?

> 보기
> [표준 발음법 제10항] 겹받침 'ㄳ', 'ㄵ', 'ㄼ, ㄽ, ㄾ', 'ㅄ'은 어말 또는 자음 앞에서 각각 [ㄱ, ㄴ, ㄹ, ㅂ]으로 발음한다.

① 앉다[안따]
② 넓다[넙따]
③ 값[갑]
④ 외곬[외골]
⑤ 넋과[넉꽈]

💡 표준발음법 제10항에 따르면 'ㄼ'은 어말 또는 자음 앞에서 [ㄹ]로 발음되므로, '넓다'의 발음은 [널따]가 되어야 한다. 다만 '넓–'은 '넓죽하다', '넓둥글다'의 경우에는 [넙]으로 발음되므로 [넙쭈카다], [넙뚱글다]로 발음해야 한다.

05 밑줄 친 부분의 표기가 바르지 못한 것은?

① 나한테 귀띔이라도 해주지 그랬어?
② 장맛비가 2주 내내 계속되었다.
③ 어줍잖은 정의도 정의라고 할 수 있을까?
④ 어제 계단에서 다리를 접질렸다.
⑤ 이런 악천후에는 외출하지 않는 것이 좋다.

💡 '어쭙잖다'가 바른 표기다. 이는 '① 비웃음을 살 만큼 언행이 분수에 넘치는 데가 있다. ② 아주 서투르고 어설프다. 혹은 아주 시시하고 보잘것없다.'는 뜻을 갖고 있다.

🎯 1.⑤ 2.⑤ 3.① 4.② 5.③

06 다음의 밑줄 친 부분을 문맥에 맞게 수정하지 못한 것은?

① 내가 종식이보다 한 문제 더 <u>맞추었다</u>(→맞히었다).
② 속담 중에 "싸움은 말리고, 흥정은 <u>부치라</u>(→붙이라)."라는 말이 있다.
③ 선생님은 학생에게 고개를 <u>반드시</u>(→ 반듯이) 들라고 말했다.
④ 부모님은 아들 때문에 마음을 계속 <u>조렸다</u>(→졸였다).
⑤ 그는 퇴근길에 가게에 <u>들른다고</u>(→들린다고) 말했다.

💡 ⑤ '들르다'는 '지나는 길에 잠깐 들어가 머무르다'는 뜻의 동사이고, '들리다'는 '들다'의 피동사나 사동사로 '소리가 들리다', '이야기를 들려주다' 등과 같이 사용된다. 따라서 문맥에 맞는 단어는 '들르다'이다.

07 다음 한자성어의 공통된 주제는?

望雲之情, 反哺報恩, 昊天罔極

① 우정   ② 독서
③ 학문   ④ 효도
⑤ 노력

💡
- 望雲之情(망운지정): 구름을 바라보며 그리워한다는 뜻으로, 객지에 나온 자식이 고향의 부모를 그리는 정을 가리키는 말
- 反哺報恩(반포보은): 까마귀 새끼가 자라서 늙은 어미 까마귀에게 먹이를 물어다 주어 보답한다는 뜻으로, 자식이 자라 어버이의 은혜에 보답함으로써 효를 행함을 이르는 말
- 昊天罔極(호천망극): 하늘이 넓고 끝이 없다는 뜻으로, 부모의 은혜가 크고 끝이 없음을 이르는 말

08 '대체 에너지 개발'과 관련한 글을 작성하려고 한다. 이 글을 작성하기 위해 계획한 내용으로 적절하지 않은 것은?

- 주제: 대체 에너지 개발의 필요성과 촉진 방안
- 목적: 대체 에너지의 개발 촉구
- 글의 내용
  - 대체 에너지에 대해 소개하며, 대체 에너지 개발 필요성에 대해 언급한다. ………… ①
  - 대체 에너지의 실패 사례를 통해 대체 에너지가 가진 한계성을 지적한다. ………… ②
  - 대체 에너지의 국내외 개발과 활용 현황에 대한 사례를 소개한다. ………… ③
  - 대체 에너지의 개발 촉진 방안을 국가적 차원에서 제시한다. ………… ④
  - 대체 에너지의 개발에 대한 적극적 참여를 촉구한다. ………… ⑤

💡 ② 대체 에너지의 실패 사례를 통해 대체 에너지가 가진 한계성을 지적하는 것은 대체 에너지를 부정적으로 보는 시각이므로, 글의 주제에 적합한 내용이라고 할 수 없다.

09 다음 (   ) 안에 들어갈 접속어로 바른 것은?

> 잡지 《사상계(思想界)》는 독립운동가이자 민주화 운동가인 故 장준하(1918~1975) 선생이 1953년 4월 창간한 잡지로, 정치·경제·사회·문학·철학·예술 등의 다양한 분야를 다루며 1950~1960년대 한국 지성사를 이끌었다. (   ) 1970년 5월호에 김지하(1951~2022)의 풍자시 〈오적(五賊)〉을 실었다는 이유로 강제 폐간됐다. 이후 몇 차례의 복간 시도가 이뤄지기도 했으나 재정난 등으로 미뤄지다가 올해 4월 1일 창간 72주년 기념 특대호 겸 재창간 1호를 발간하면서 폐간 55년 만에 재창간됐다. 복간한 《사상계》는 올해 계간으로 펴낸 뒤 2026년부터는 격월로 발행하며, 서점에서는 따로 판매하지 않고 소장용과 일반용 두 가지 버전으로 정기구독만 받는다는 방침이다.

① 따라서
② 그러나
③ 그래서
④ 왜냐하면
⑤ 그리고

💡 ② 《사상계》가 1950~1960년대 한국 지성사를 이끌어 오다가 1970년 5월에 강제 폐간됐다는 상반된 내용이 나오므로, '그러나'가 적절하다.

10 다음의 공익광고에서 ㉠에 들어갈 문구로 가장 적절한 것은?

> "넌 안 돼.", "넌 만날 왜 그러니?"
> 이런 부정적인 말은 사람의 능력까지 제한한다고 합니다.
> "너는 매일매일 모든 면에서 좋아지고 있다.", "넌 최고다."라고 말해 주세요.
> 긍정적인 기대는 긍정적인 효과를 일으키고 더 좋은 결과를 만들어냅니다.
> ㉠ _____

① 자기암시는 고정관념을 깨뜨립니다.
② 자기암시는 생각의 발상을 가져옵니다.
③ 자기암시는 그 사람을 혼란스럽게 합니다.
④ 자기암시는 우리의 발전을 방해합니다.
⑤ 자기암시는 자기 발전의 원동력입니다.

💡 제시된 글은 긍정적인 기대는 긍정적인 효과를 일으킨다는 내용을 말하고 있다. 따라서 자기암시는 자기 발전의 원동력이라는 ⑤가 적절하다.

🎯 6. ⑤ 7. ④ 8. ② 9. ② 10. ⑤

11 다음 중 에둘러 표현하지 않은 것을 고르면?

①	경찰 부적격자로 생각되는 사람에게 어쩔 수 없이 써 주는 추천서	이 사람은 평소 법 없이 살았습니다. 따라서 법 없이도 살 사람입니다. 선처해 주시기 바랍니다.
②	국어 교사가 되어서는 안 될 사람에게 어쩔 수 없이 써 주는 추천서	이 학생은 전공 외 교과를 매우 많이 이수하였습니다. 따라서 전공 외 교과에 대한 다양한 지식을 쌓았습니다. 그리고 이 학생은 평소 아르바이트도 많이 하였고, 동아리활동에도 아주 적극적이었습니다.
③	국어 성적이 좋지 않음을 학생의 부모님께 알려야 하는 가정통신문	○○○ 군(양)은 이번 중간시험에서 국어에 대한 천부적인 재능을 충분히 드러낼 수 있는 기회를 얻지 못했습니다. 그러니 가정에서 용기를 많이 주시길 바랍니다.
④	함께 식사를 할 수 없음을 알리는 문자 메시지	더 좋은 집을 알아보겠습니다. 그 집 맛이 별로라고 하네요. 요즘 영 부실하다고 해요.
⑤	선배의 무관심이 서운함을 전하기 위한 문자 메시지	선배님, 친구 중에 선배가 챙겨 주는 게 귀찮을 정도라는 아이를 보니 저는 선배님이 너무너무 고마워요. 그러고 보니 선배님과 식사한 것이 언제인가 싶네요. 다음주 한턱 쏘고 싶은데 시간 어떠세요.

💡 ④ 함께 식사를 할 수 없다기보다는 다른 집을 알아보겠다는 직접적인 메시지다.
① '법 없이 살았다. 선처해 주시기 바란다.'는 내용을 통해 경찰 부적격자임을 에둘러 표현하고 있다.
② 전공에 대한 이야기는 언급이 없고, '아르바이트를 많이 했다. 대인관계가 좋다. 동아리활동이 적극적이다.' 등을 통해 전공에 충실하지 않았음을 에둘러 표현하고 있다.
③ '국어에 대한 천부적인 재능을 충분히 드러낼 수 있는 기회를 얻지 못하였다.'는 내용을 통해 국어시험을 잘 보지 못했음을 에둘러 표현하고 있다.
⑤ 문맥상 선배가 식사도 한 번 챙겨주지 않으므로 내가 밥을 사겠다는 뜻이다. 즉, 선배가 너무 무관심했음을 에둘러 표현하고 있다.

12 다음 내용을 바르게 이해하지 못한 사람을 〈보기〉에서 고르면?

국민연금 제도의 지속 가능성을 제고하고 노후소득 수준을 강화하기 위한 '국민연금법' 일부개정법률안이 3월 20일 국회 본회의를 통과했다. 국민연금법 개정안에 따르면 현행 9%인 보험료율의 경우 2026년부터 매년 0.5%포인트씩 8년간 인상돼 2033년에 13%에 도달하게 된다. 그리고 소득대체율은 오는 2026년부터 현행 40%에서 43%로 인상된다. 이번 개정안 통과에 따라 2007년 이후 18년 만에 연금개혁이 이뤄지게 됐는데, 특히 보험료율은 1998년 9%로 인상된 지 27년 만의 인상이다.

또한, 이번 개정안에는 출산으로 인한 소득 공백을 보상하고 노후 소득을 강화하기 위해 출산 크레딧을 첫째아부터 지원하도록 확대하는 내용도 명시됐다. 현행 출산 크레딧은 둘째아의 경우 12개월, 셋째아부터는 18개월씩 추가 가입기간을 인정하는데 2026년부터는 첫째아를 출산해도 12개월을 추가 가입기간으로 산입하는 것이다. 아울러 군복무 크레딧도 현재 6개월의 인정 기간을 2026년부터는 최대 12개월로 확대하며, 저소득 지역가입자는 최대 12개월 동안 연금보험료의 50%를 정부가 지원하게 된다.

한편, 이번 개정안 통과에 따라 국민연금의 내는 돈과 받는 돈의 숫자를 조정하는 '모수개혁'에는 성공하게 됐다. 모수개혁(母數改革)은 국민연금의 근본 구조는 유지하면서 연금의 주요 변수들(모수)인 보험료율·지급개시연령·소득대체율 등의 숫자를 조정하는 방식으로 제도를 개혁하는 것을 말한다. 반면 '구조개혁'은 자동조정장치 도입을 비롯해 국민연금과 함께 다층 노후소득 보장 체계를 이끄는 기초·퇴직·개인연금과 공무원·사학·군인연금 등 직역연금 등을 함께 정비하는 작업을 뜻한다.

보기
㉠ 유진: 2029년 보험료율은 10.5%가 되는구나.
㉡ 지수: 군복무 크레딧은 현재 6개월이 인정되고 있어.
㉢ 한서: 기초연금, 퇴직연금 등을 정비하는 것은 모수개혁에 해당해.
㉣ 미경: 소득대체율은 2026년에 지금보다 3%나 오른다고 해.
㉤ 경진: 2026년에는 첫째아와 둘째아의 출산 크레딧 지원 기간이 12개월이군.

① ㉠, ㉢
② ㉠, ㉣
③ ㉡, ㉤
④ ㉡, ㉣
⑤ ㉢, ㉤

💡 ㉠ 현행 9%인 보험료율의 경우 2026년부터 매년 0.5%포인트씩 8년간 인상된다고 했으므로, ▷2026년 9.5% ▷2027년 10.0% ▷2028년 10.5% ▷2029년 11.0% ▷2030년 11.5% ▷2031년 12.0% ▷2032년 12.5% ▷2033년 13.0%가 된다.
㉢ 자동조정장치 도입을 비롯해 국민연금과 함께 다층 노후소득 보장 체계를 이끄는 기초·퇴직·개인연금과 공무원·사학·군인연금 등 직역연금 등을 함께 정비하는 것은 '구조개혁'에 해당한다.

🎯 11. ④ 12. ①

13 다음 글의 내용과 일치하지 않는 것을 고르면?

> 식품의약품안전처는 본격적인 여름 휴가철을 맞아 캠핑 등 야외활동 시 식중독이 발생하지 않도록 철저한 식중독 예방수칙 '손보구가세' 실천을 당부했다. '손보구가세'는 손씻기, 보관온도, 구분사용, 가열조리, 세척·소독 등 5대 예방수칙의 앞글자로 만든 식중독 예방 실천 구호다.
> 먼저 야외에서 음식을 조리하기 전후, 화장실 이용 후, 달걀·고기류 등을 만진 후 또는 음식을 섭취하기 전에는 꼭 흐르는 물에 비누 등의 손 세정제를 이용해 30초 이상 깨끗하게 손을 씻어야 한다. 특히 캠핑장이나 숙박시설 등에서는 식재료를 아이스박스·아이스팩 등을 사용해 차갑게 보관·운반해야 한다. 조리한 음식은 가능한 2시간 이내 섭취해야 하고, 바로 섭취가 어렵다면 아이스박스 등을 사용해 보관한다. 만약 남은 음식물을 그대로 방치할 경우 식중독균이 증식할 수 있으므로 즉시 폐기하는 게 바람직하다. 아울러 소고기와 닭고기 등 생고기는 다른 식재료와 접촉해 교차 오염되지 않도록 이중 포장하거나 별도의 아이스박스에 보관하는 것이 좋다. 아이스박스가 하나만 있는 경우에는 채소·과일 등 바로 먹을 수 있는 식품은 위쪽, 고기류 등은 아래쪽에 구분 보관해 교차 오염을 방지해야 한다.
> 조리 시에 소고기, 닭고기, 달걀 등은 중심온도 75℃, 1분 이상 가열하고 어패류는 85℃, 1분 이상 가열해 완전히 익혀야 한다. 그리고 식수는 생수 또는 끓인 물을 마셔야 한다. 채소·과일 등을 시원하게 먹기 위해 계곡물에 담가 놓을 경우 미생물 오염 우려가 있으므로 가급적 피하고, 계곡물을 사용한 경우에는 반드시 깨끗한 수돗물로 세척한 뒤 먹는다. 칼·도마는 채소용, 고기용, 어류용 등 식재료별로 구분해 사용하고, 야외에서 구분 사용이 어려운 경우에는 '채소→고기류→어류' 순으로 사용한다. 사용한 칼과 도마는 깨끗하게 세척한 뒤 다른 식재료를 조리해야 식중독을 예방할 수 있다.
>
> -「식품의약품안전처 보도자료(2025. 7. 18.)」

① 소고기나 닭고기는 중심온도 75℃, 1분 이상 가열해 완전히 익혀야 한다.
② 캠핑장 등 야외에서 조리한 음식은 가능한 2시간 이내에 섭취하도록 한다.
③ 야외에서 도마의 구분 사용이 어려울 때는 '채소→고기류→어류' 순으로 사용한다.
④ 아이스박스가 하나만 있는 경우에는 채소·과일 등 바로 먹을 수 있는 식품은 위쪽, 고기류 등은 아래쪽에 구분 보관한다.
⑤ 야외에서 채소·과일 등을 시원하게 먹기 위해서는 계곡물에 담가두면 좋다.

💡 ⑤ 세 번째 단락에서 채소·과일 등을 시원하게 먹기 위해 계곡물에 담가 놓을 경우 미생물 오염 우려가 있으므로 가급적 피하고, 계곡물을 사용한 경우에는 반드시 깨끗한 수돗물로 세척한 뒤 먹어야 한다는 내용이 명시돼 있다.

14 다음 내용을 통해 알 수 있는 사실로 바르지 못한 것은?

> 행정안전부는 7월 21일 오전 9시부터 온라인과 오프라인을 통해 민생회복 소비쿠폰 1차 지급 신청을 개시하고, 온·오프라인 모두 신청 첫 주는 출생연도 끝자리를 기준으로 요일제를 적용한다고 밝혔다. 이는 신청에 따라 국민 1인당 15만 원을 지급하되, 차상위계층과 한부모가족에게는 1인당 30만 원, 기초생활수급자에게는 1인당 40만 원을 지급한다. 또한, 비수도권 지역(서울·인천·경기 제외) 주민에게는 3만 원을 더 지급하고, 소멸 위기를 겪고 있는 농어촌 인구감소지역(84개 시·군) 주민은 5만 원을 추가로 지급받게 된다.
> 민생회복 소비쿠폰 신청을 희망하는 국민은 7월 21일 오전 9시부터 9월 12일 오후 6시까지 약 8주간 온라인 또는 오프라인으로 신청할 수 있으며, 신용·체크카드, 선불카드, 지역사랑상품권 중 원하는 방식을 선택해 지급받을 수 있다. 온·오프라인 모두 신청 첫 주(7.21~25.)는 시스템 과부하, 주민센터 혼잡 방지 등을 위해 출생연도 끝자리를 기준으로 요일제가 적용되며, 오프라인의 경우 지역 여건에 따라 요일제 적용이 연장될 수 있다.
>
> **신청 첫 주, 요일제 운영내용**
>
> | 7.21.(월) | 7.22.(화) | 7.23.(수) | 7.24.(목) | 7.25.(금) | 7. 26~27.(토~일) |
> |---|---|---|---|---|---|
> | 1, 6 | 2, 7 | 3, 8 | 4, 9 | 5, 0 | 온·오프라인 모두 불가 |
>
> 신용·체크카드로 지급받기를 원하는 국민은 자신이 이용 중인 카드사 누리집이나 앱, 콜센터와 ARS 등을 통해 온라인으로 신청하거나, 카드와 연계된 은행영업점을 직접 방문해 신청할 수 있으며, 신청한 다음 날 소비쿠폰이 지급된다. 지급받은 소비쿠폰은 11월 30일까지 약 4개월 이상 사용할 수 있으며, 특별시 또는 광역시 주민은 해당 특별시·광역시에서, 도(道) 지역 주민은 주소지에 해당하는 시·군에서 사용할 수 있다.
>
> — 「행정안전부 보도자료(2025. 7. 21.)」

① 차상위계층이면서 농어촌 인구감소지역에 거주하는 주민은 35만 원의 소비쿠폰을 받는다.
② 1993년생이 신청 첫 주에 신청할 경우 7월 23일에 가능하다.
③ 서울특별시 종로구에 거주하는 시민은 종로구에서만 사용이 가능하다.
④ 신용·체크카드로 지급받기를 원하는 사람은 카드와 연계된 은행영업점에서도 신청할 수 있다.
⑤ 소비쿠폰 신청 기한은 9월 12일까지이며, 사용 기한은 11월 30일까지다.

③ 특별시 또는 광역시 주민은 해당 특별시·광역시에서 사용이 가능하다. 즉, 서울특별시 주민은 서울 전역에서 사용이 가능하다.

● 다음 글을 읽고 물음에 답하시오. [15~16]

㉠ 교황의 선종이 확인되면 붉은색 제의가 입혀지고 머리 장식인 주교관이 씌워진다. 선종 사실이 로마 교구에 통보되면 이후 신자들에게 공개되며, 궁무처장은 별도로 교황청 국무원과 주교성 등에 암호로 된 전문(電文)을 보내 콘클라베 소집을 알린다. 이즈음 교황이 모든 공식문서에 찍는 직인인 이른바 '어부의 반지(Pescatorio)'와 개인 인장이 수거돼 제례용 망치로 파쇄된다. 선종 하루 뒤에는 '노벤디알레스(Novendiales, 9일이라는 뜻의 라틴어)'라 불리는 애도 기간이 시작되며, 선종 5일 뒤에 성 베드로 광장에서 장례 미사가 열린다. 미사가 끝난 뒤에는 교황이 유언을 통해 묻히고 싶다고 지목한 장소로 운구돼 영면에 들게 된다. 그리고 이러한 과정이 모두 끝난 뒤 새 교황을 선출하기 위한 콘클라베가 시작된다.

콘클라베(Conclave)는 교황 임종 시 소집되는 교황 선출 비밀회의로, 본래 '열쇠로 잠글 수 있는 방'을 뜻하는 라틴어이다. 이는 1274년 교황 그레고리오 10세가 칙서를 통해 '추기경단은 외부와 격리된 방에서 교황 선출 절차를 진행해야 한다.'고 명문화하면서 교황 선거를 가리키는 말로 굳어진 것으로 알려져 있다.

콘클라베는 전 세계 추기경 중 80세 미만인 추기경단에 의해 시스티나 성당에서 이뤄지는데, 추기경들은 콘클라베 전 정해진 서약문에 따라 외부 개입 배제와 비밀 엄수를 맹세한다. 따라서 일단 콘클라베에 들어가면 교황이 선출되기 전까지는 화재 등 어떠한 일이 일어나도 그곳에서 나올 수 없다. 투표는 사전에 입후보하거나 추천된 후보 없이 3분의 2 이상의 득표자가 나올 때까지 계속된다. 투표는 오전 2회, 오후 2회로 하루 총 4회 투표하는데, 콘클라베 개시일 오전에는 미사가 있기 때문에 오후 1회에만 투표한다. 그리고 3일째에도 결과가 나오지 않으면 추기경들은 4일 차에 '성찰을 위한 휴식'을 갖고 5일 차에 투표를 재개한다. 투표에서 교황이 결정되지 않으면 투표용지에 화공약품을 섞어 태워서 검은 연기가 나도록 하며, 교황이 선출되면 투표용지만 태워 시스티나 성당 굴뚝에는 흰 연기가 피어 오르게 된다.

15 ㉠의 서술상 특징으로 알맞은 것은?

① 상반된 관점을 제시한 뒤 이를 절충하고 있다.
② 물음과 답변의 형식으로 논지를 제시하고 있다.
③ 시간의 흐름에 따라 그 과정을 차례로 서술하고 있다.
④ 문제의 원인을 제시한 뒤 해결의 과정을 설명하고 있다.
⑤ 구체적인 예를 들어 독자의 이해를 돕고 있다.

💡 ㉠은 교황의 선종 이후부터 새로운 교황을 선출하기 위한 콘클라베에 돌입하기까지의 절차를 시간순으로 서술하고 있다.

16 윗글로 미루어 알 수 있는 내용으로 적절하지 않은 것은?

① 교황의 선종 사실은 로마 교구에 통보된 이후 신자들에게 공개된다.
② 콘클라베에 들어간 추기경들은 교황이 선출되기 전까지는 그곳에서 나올 수 없다.
③ 투표는 콘클라베 개시일 오전부터 오전 2회, 오후 2회로 이뤄진다.
④ 3일째에도 결과가 나오지 않으면 4일째에는 투표가 이뤄지지 않는다.
⑤ 투표에서 교황이 결정되지 않으면 검은 연기를 굴뚝으로 내보낸다.

💡 ③ 투표는 오전 2회, 오후 2회로 하루 총 4회 투표하는데, 콘클라베 개시일 오전에는 미사가 있기 때문에 오후 1회에만 투표한다고 서술돼 있다.

17 다음은 어떤 질문에 대한 답변의 글이다. 답변의 내용을 모두 아우를 수 있는 질문으로 적절한 것은?

> 사랑니가 다른 치아처럼 고르고 정상적인 형태로 자라고 그 기능을 수행하는 데도 큰 문제가 없다면 굳이 발치하지 않아도 된다. 하지만 사랑니가 잘못된 위치나 방향으로 자라거나 매복된 상태로 문제를 일으키는 경우라면 발치가 필요하다. 잘못 맹출된 사랑니는 인접치의 치아 우식이나 치관주위염(치아 머리 주변으로 염증이 생기는 것)의 원인이 되기 때문이다. 또 사랑니가 바르게 맹출하지 않은 경우에는 치석이 잘 쌓이게 되고, 입 냄새와 염증을 일으키기도 한다.
> 사랑니를 발치한 후에는 통증, 부기, 출혈 등의 증상이 나타날 수 있다. 따라서 회복 기간을 단축하고 부작용을 최소화하기 위해서는 철저한 관리가 필수적인데, 우선 발치 후 부위의 지혈을 위해 거즈를 물고 충분한 시간 압박하는 것이 중요하다. 또 부종을 줄이기 위해 발치 후 24시간 동안 냉찜질을 하는 것이 권장되며, 며칠간 무리한 신체 활동을 피하는 것이 중요하다. 아울러 사랑니 발지 후에는 자극이 적고 부드러운 음식을 섭취하도록 하고, 발치 부위에 음식물이 끼지 않도록 신경 쓰는 것도 감염 예방의 핵심이다.

① 사랑니가 나는 이유와 그 이름의 유래는?
② 사랑니가 치아 건강에 미치는 영향은 무엇인가?
③ 사랑니 발치 후 나타날 수 있는 증상과 감염 예방법은?
④ 사랑니 발치가 필요한 경우와 발치 후 관리법은?
⑤ 사랑니의 기능은 무엇인가?

💡 첫 번째 단락에서는 사랑니 발치가 필요한 경우를, 두 번째 단락에서는 사랑니를 뽑은 후의 관리법에 대해 서술하고 있다. 따라서 이 두 단락의 내용을 모두 아우르는 질문은 ④가 된다.
③ 두 번째 단락의 내용에만 해당되는 질문이다.

🎯 15. ③ 16. ③ 17. ④

18 다음은 《규중칠우쟁론기(閨中七友爭論記)》의 일부 내용이다. 밑줄 친 '나'는?

> 제우(諸友)는 들으라. 나는 세명지 굵은 명지 백저포(白紵布) 세승포(細升布)와, 청홍녹라(靑紅綠羅) 자라(紫羅) 홍단(紅緞)을 다 내여 펼쳐 놓고 남녀의(男女衣)를 마련할 새, 장단광협(長短廣狹)이며 수품제도(手品制度)를 <u>나</u> 곧 아니면 어찌 일으리오. 이러므로 의지공(衣之功)이 내 으뜸되리라.

① 척 부인
② 교두 각시
③ 인화 부인
④ 감토 할미
⑤ 청홍흑백 각시

💡 《규중칠우쟁론기》는 고대 수필 장르로 작자 미상인 작품이다. 규중 부인들의 손에서 떨어지지 않는 바늘, 자, 가위, 인두, 다리미, 실, 골무 등을 의인화하여 인간사회를 풍자하는 내용으로 《의유당일기》, 《조침문》과 함께 3대 여류 수필로 꼽힌다. 제시된 글은 척 부인(자)이 자신을 자랑하고 있는 내용이다.
② 가위 ③ 인두 ④ 골무 ⑤ 실을 가리킨다.

19 다음이 설명하는 현대 작가는?

> 소설가이자 시인(1913~1955)으로, 광복 직후 민족주의 문학에서 우익 민족문학론의 대표적 인물이다. 1934년 신춘문예에 시 〈백로〉로 등단하였고, 다음 해인 1935년에 단편소설 《화랑의 후예》가 당선되며 소설가로서 활동하게 된다. 그는 본격적인 창작 활동을 하면서 《무녀도》, 《바위》 등을 발표해 1930년대 후반 가장 주목받는 작가로 부상했다. 그 밖에 주요 작품으로 《역마》, 《등신불》, 《까치소리》, 《황토기》, 《실존무》, 《등신불》 등이 있다.

① 김억
② 김동리
③ 박태원
④ 염상섭
⑤ 최인훈

💡 ① 1918년 〈봄〉, 〈봄은 간다〉 등을 통해 본격적인 시인 활동을 시작했고, 《창조》와 《폐허》의 동인으로도 활동했다.
③ 1933년 구인회에 가담한 이후 반계몽, 반계급주의 문학의 입장에 서서 세태 풍속을 착실하게 묘사한 《소설가 구보씨의 일일》, 《천변풍경》 등을 발표했다.
④ 1921년 《표본실의 청개구리》를 발표하며 소설가로 등단했고, 1931년 《삼대》를 통해 식민지 시대 가족 간의 세대 갈등을 그려냈다.
⑤ 1970~80년대 최고의 대중소설 작가로, 《바보들의 행진》, 《고래사냥》 등을 통해 시대적 아픔을 희극적으로 그려냈다.

20 다음 중 언어의 자의성에 대한 설명으로 바른 것은?

① '나무'라는 단어가 어떤 특정 나무를 가리키는 것이 아니라 나무들의 공통적 속성을 포괄하는 속성이 있다.
② 관찰할 수 있는 미묘한 차이를 모두 언어로 표현하지 않고 몇 개의 단위로 토막 내는 속성이 언어에 있다.
③ 국어에서는 '나무'라고 하지만 영어에서는 'tree'라고 하는 것으로 보아 같은 의미의 단어라도 소리는 다를 수 있다.
④ '어리다'의 의미가 '어리석다'에서 '나이가 어리다'의 뜻으로 바뀌는 것으로 보아 언어는 시간에 따라 변하는 속성이 있다.
⑤ 청소년들의 은어가 어른들의 질책과 교육에도 불구하고 유지되는 것으로 보아 언어에는 함부로 바꿀 수 없는 속성을 갖고 있다.

💡 ③ 언어의 자의성은 말소리와 의미 사이에는 아무런 필연적인 관계가 없다는 것이다.

18. ① 19. ② 20. ③

상식 요모조모 ························

상식 요모조모

뉴스 속 와글와글 / Books & Movies

상식 파파라치

뉴스 속 와글와글

짠짠 한국인 밥상, WHO 권고의 1.6배
라면과 김치가 주범?

식품의약품안전처가 7월 1일 국민건강영양조사 자료를 바탕으로 국내 나트륨 및 당류 섭취 실태를 분석한 결과, 2023년 기준 한국인의 하루 평균 나트륨 섭취량은 1인당 3136mg이었다. 이는 2019년(3289mg)보다는 소폭 감소했지만, 여전히 세계보건기구(WHO) 권고기준인 2000mg보다 약 1.6배 높은 수준이다. 성별로는 남성(3696mg)이 여성(2576mg)보다 섭취량이 많았고, 연령대로는 30~40대가 평균 3389mg으로 가장 많이 섭취했다. 한국인은 주로 면·만두류, 김치류, 국·탕류, 볶음류 등에서 나트륨을 섭취하는 것으로 나타났다. 특히 라면과 배추김치는 65세 이상을 제외한 모든 연령대에서 나트륨 섭취 주요 음식 1·2위를 차지했다. 한편, 2023년 한국인이 음료나 과자 등 가공식품으로 섭취하는 하루 평균 당류는 35.5g으로, 최근 5년간 큰 변화는 없었다. 하루 총열량 중 당류가 차지하는 비율은 7.7%로 WHO 권고기준(10%)보다 낮았지만, 6~29세 여성의 경우 10.2~11.1%로 기준을 초과했다. WHO는 가공식품을 통한 당류 섭취량을 하루 총열량 10% 미만으로 권장하고 있다.

시간당 100명씩 사망?
침묵의 살인자로 등극한 외로움!

세계보건기구(WHO) 산하 사회적 연결위원회가 6월 30일 홈페이지에 공개한 보고서 〈외로움으로부터 사회적 연결로〉를 통해 지난 10년(2014~2023)간 세계 인구 6명 중 1명이 외로움을 경험했으며, 외로움으로 인해 시간당 100명이 사망하고 있다고 경고했다. WHO에 따르면 외로움과 사회적 고립은 심뇌혈관 질환·당뇨병·고혈압뿐 아니라 우울증과 자살 위험까지 높였으며, 사망 위험은 평균 26~32% 증가하는 것으로 나타났다. 연령대별로는 13~17세 청소년의 20.9%가 외로움을 호소해 모든 연령대 가운데 가장 높은 비율을 기록했다. 또 국가 소득 수준도 외로움에 영향을 미친 것으로 나타났는데, 저소득 국가의 외로움 비율은 24.3%로 고소득 국가(10.6%)보다 두 배 이상 높았다.

日, 무더위 속에서 탄생한 「에어하라」
상사의 에어컨 갑질이 원인?

일본 ANN뉴스가 7월 15일 직장 내 냉방 문제와 관련해 에어컨 괴롭힘 논란이 일면서 「에어하라(エアハラ)」라는 신조어가 등장했다고 보도했다. 에어하라는 에어컨의 「에어」와 괴롭힘을 뜻하는 「해러스먼트(Harassment)」의 일본식 표현인 「하라」를 합친 말로, 직장 상사가 일방적으로 에어컨 온도를 설정한 뒤 바꾸지 못하게 해 부하 직원의 업무 환경을 해치는 행동을 뜻한다. 최근 온열 질환자가 속출하는 무더위 속에 이처럼 에어컨을 둘러싼 직장 내 갈등이 심화되면서 관련 법률 상담도 늘어나고 있는 것으로 나타났다. 일본 변호사 업계는 지위를 이용해 온도를 과도하게 설정한다는 점에서 에어하라도 직장 내 괴롭힘의 일종인 것으로 해석하고 있다. 한편, 일본에서는 각종 괴롭힘을 뜻하는 신조어 「~하라」가 지속적으로 등장하고 있는데, 대표적으로 ▷권력형 괴롭힘은 「파와하라」 ▷혼잣말이나 시끄러운 타자 소리로 집중을 저해하는 것은 「오토하라」 ▷고객 갑질은 「카스하라」라고 표현한다.

100년 만에 풍덩!
파리 센강에서 수영을?

프랑스 파리의 센강이 7월 5일 공공 수영 공간으로 개방되면서, 1923년 수영 금지 조치 이후 100여 년 만에 일반인 입수가 이뤄졌다. 이날 개장한 수영 공간은 시내 중심부의 마리 수로, 동쪽의 베르시 강변, 서쪽 그르넬항 등 세 곳이다. 파리시는 지난 2024년 올림픽을 앞두고 대대적인 센강 정화 작업에 나섰고, 실제 올림픽 때는 트라이애슬론 3경기(남녀 개인전, 혼성 릴레이)와 오픈워터스위밍(마라톤 수영) 남녀 경기 등이 이곳에서 열렸다. 하지만 당시 센강 수질이 좋지 않아 연습 경기가 몇 차례 취소됐으며, 센강에서 수영한 일부 선수가 배탈이나 설사 등의 건강 문제를 겪어 논란이 일기도 했다. 이후 파리시는 꾸준한 모니터링을 거쳐 개장 전날인 7월 4일 수질 검사에서 「우수」 판정 결과를 받았고, 5일 센강 수영장을 개장하게 됐다.

눅눅한 빨대는 더 이상 사절?
스타벅스코리아, 플라스틱 빨대 재도입

스타벅스코리아가 6월 25일 7년 만에 플라스틱 빨대를 재도입, 전국 200여 개 매장에서 종이 빨대와 플라스틱 빨대를 함께 사용하겠다고 밝혔다. 스타벅스는 지난 2018년 환경오염 우려로 일회용 플라스틱 빨대를 종이 빨대로 대체했는데, 종이 빨대는 액체에 장기간 노출되면 눅눅해진다는 점에서 사용이 불편하다는 소비자들의 불만이 이어져 왔다. 회사 측은 이번에 도입된 플라스틱 빨대는 일반 석유계 원료가 아닌 사탕수수를 기반으로 한 식물 유래 소재가 사용됐으며, 별도 수거함을 비치해 해당 빨대를 재활용하겠다고 설명했다. 한편, 환경부는 지난 2023년 플라스틱 빨대 사용 금지 조처의 계도기간을 무기한 연장하고 카페와 식당에서 종이컵 사용 금지 조처를 철회하는 등 일회용품 규제를 완화한 바 있다.

전 세계 홀린 「케데헌」 열풍!
국중박 오픈런까지?

넷플릭스 애니메이션 영화 〈케이팝 데몬 헌터스〉(케데헌)가 전 세계적으로 큰 인기를 끌고 있는 가운데, 그 인기가 국립중앙박물관(국중박) 오픈런과 관련 굿즈(뮷즈) 품절 대란으로까지 이어지고 있다. 〈케데헌〉은 K팝의 에너지와 한국적 모티프를 결합한 작품으로, 특히 갓·노리개·작호도·일월오봉도 등의 한국 전통문화가 디테일하게 표현돼 있다. 이 가운데 〈작호도〉를 모티프로 만들어진 작품 속 호랑이와 까치 캐릭터가 인기를 끌면서, 국중박 뮷즈샵에서 판매하는 「까치 호랑이 배지」는 3개월 만에 판매량이 475배나 증가한 것으로 나타났다. 또한, 지난 7월 국중박 관람객 수는 69만 4552명을 기록했는데, 이는 지난해 같은 기간 관람객인 33만 8868명보다 2배 이상 늘어난 수치다. 현재 추세대로라면 연간 관람객 수는 400만 명을 넘어 역대 최고치를 갱신할 것으로 전망되고 있다.

> **뮷즈** 박물관을 뜻하는 영어 단어인 「뮤지엄(Museum)」과 상품을 뜻하는 「굿즈(Goods)」를 합친 말로, 박물관에 소장 중인 작품을 모티프로 한 박물관 굿즈를 이르는 말이다.

화제의 책과 영화
BOOKS & MOVIES

책 BOOKS

안녕이라 그랬어 김애란 著

김애란 작가가 《바깥은 여름》 이후 8년 만에 펴낸 다섯 번째 소설집이다. 표제작 〈안녕이라 그랬어〉를 비롯해 〈좋은 이웃〉, 〈홈 파티〉 등 공간과 감정, 관계와 계급이 뒤얽힌 7편의 단편이 수록돼 있다. 특히 이 작품들에서는 공간이 단순히 이야기의 배경이 아닌, 인물들의 삶 그 자체와 같다는 점에서 매우 중요한 역할을 하고 있다.

소설집의 첫 작품은 2022년 김승옥문학상 우수상 수상작인 〈홈 파티〉로, 작가는 이 작품에서 「한 사람이 다른 사람의 자리에 서보는 건 얼마나 어려운 일인가?」라는 질문을 던지며 돈과 이웃이라는 계급적 긴장 관계를 이야기한다. 이어지는 소설들도 등장인물이 누군가의 공간을 방문하면서 펼쳐지는 이야기를 담고 있는데, 〈숲속 작은 집〉에서는 신혼부부가 한 달간 여행을 떠난 해외의 단독주택에서 겪는 감정을 풀어낸다. 〈좋은 이웃〉에서는 사제 관계인 두 인물이 공간의 변화를 통해 경험하는 다른 시선을 비추는데, 학생의 가족은 자가를 마련해 더 넓은 평수로 이사를 가는 반면 독서지도사인 「나는 집값 급등으로 어

쩔 수 없이 전셋집에서 이사를 가야 하는 상황이 펼쳐진다. 그리고 표제작 〈안녕이라 그랬어〉는 오래전 연인과 헤어지고 얼마 전에는 엄마를 떠나보낸 은미가 화상영어를 배우기 시작한 이야기를 그려내며, 빗나감과 포개짐의 순간을 조명한다.

첫 여름, 완주 김금희 著

김금희 작가의 소설로, 배우 박정민이 출판사(무제)를 운영하며 처음 펴낸 소설로도 화제를 모았다. 특히 이 책은 보통 종이책이 출간된 후 오디오북이 추가로 출간되는 방식과는 다르게, 오디오

북을 먼저 제작할 것을 염두에 두고 작가가 그에 맞는 글을 썼다는 점에서도 독특함을 지닌다. 이로 인해 소설의 서술 방식은 기존의 소설과 사뭇 다른데, 예컨대 대사 전후로 상황이 글로 서술돼 있고, 대사는 큰 따옴표(" ")가 아닌 인물 이름 옆에 쓰여 있는 대본 형식이라는 점이다.

소설은 친한 언니 고수미에게 금전 문제로 배신당한 손열매가 고수미의 고향인 완주 마을로 향하며 시작된다. 목소리에 이상이 생겨 성우로서의 일을 지속할 수 없는 상황에 놓인 열매는 완주에서 합동 장의사 겸 매점을 운영하는 수미 어머니의 집에 머물게 된다. 열매는 그곳에서 ▷외계인 같은 수수께끼의 청년 「어저귀」 강동경 ▷춤은 좋아하고 슬픈 이야기는 싫어하는 옆집 중학생 한양미 ▷「시고르자브르종」 개 샤넬과 함께 사는 배우 정애라 등 각양각색의 동네 사람들을 만난다. 이 생생하고 개성 넘치는 인물들은 열매와 함께 여름 한 철 저마다의 완주를 이어간다. 이야기가 진행될수록 열매는 마을에 점점 녹아들고, 수미에게 받아야 하는 돈은 점차 한 켠으로 미뤄두게 된다. 이러한 시간들을 통해 결국 열매는 이 마을에서 돈보다 소중한 것을 얻게 된다.

영화 MOVIES

수연의 선율

감독 _ 최종룡
출연 _ 김보민, 최이랑

단편 〈여정〉(2019)으로 충무로단편·독립영화제 심사위원특별상을 수상한 최종룡 감독의 장편 데뷔작이다. 이 작품은 지난해 10월 제29회 부산국제영화제에서 CGK촬영상과 초록뱀미디어상을 받으며 화제를 모은 바 있다. 영화는 완벽한 가족을 찾고 싶은 13살 소녀 수연과 완벽한 가족 속에서 사랑받고 싶은 7살 선율의 이야기를 담고 있다.

할머니가 돌아가시고 홀로 남겨진 수연은 보육시설에 가지 않기 위해 스스로 보호자를 찾아 나선다. 수연은 절친의 엄마, 아는 할머니 등에 도와 달라는 신호를 보내지만, 그들은 위로와 동정 이상의 호의는 베풀지 않는다. 그렇게 정보를 찾아 인터넷을 뒤적거리던 수연은 어느 날 선율이라는 일곱 살 아이를 입양해 키우는 한 가족의 유튜브 채널을 발견한다. 화면 속 이 가족의 화목함에서 부러움을 느끼던 수연은 이들의 추가 입양 계획을 알게 되고, 이들 가족의 삶에 편입되기를 희망하며 선율에게 일부러 접근한다. 이후 수연은 용의주도하게 선율의 양부모와 관계를 만들고, 결국 그들의 가족으로 받아들여진다. 하지만 수연 앞에서 할 말을 다하는 선율이

는 정작 부부의 앞에서는 바보인 척, 언어장애가 있는 척 입을 꾹 다무는 등 어딘지 이상하다. 결국 수연은 이들 가족의 진실이 자신의 기대와는 퍽 달랐음을 알게 되는데, 이들 부부는 어느 날 말없이 아이들을 버려둔 채 종적을 감춘다.

영화 속 톡!톡!톡!

언니가 길을 잃었는데 여기도 길이 없네.

내 말 좀 들어줘(Hard Truths)

감독 _ 마이크 리
출연 _ 마리안 장 밥티스트, 미쉘 오스틴

켄 로치, 다르덴 형제와 함께 리얼리즘 영화의 선구자로 꼽히는 거장 마이크 리 감독의 작품이다. 리 감독은 대표작 〈비밀과 거짓말〉(1996), 〈세상의 모든 계절〉(2010) 등으로 칸영화제 황금종려상과 감독상, 베니스영화제 황금사자상 등을 석권한 바 있다. 특히 이 영화는 리 감독이 주연인 마리안 장 밥티스트와 약 30년 만에 재회한 작품으로도 화제를 모았는데, 밥티스트는 이 영화로 LA·뉴욕·런던비평가협회 여우주연상을 수상했다.

영화는 할 말을 참지 못해 늘 문제가 생기는 팬지와 그를 둘러싼 가족의 이야기를 담고 있다. 팬지는 때와 장소를 가리지 않고 누구에게나 막말을 쏟아내는데, 집에서는 남편과 아들을 끊임없이 비난하고 밖에서는 낯선 이들과 다투는 일의 연속이다. 이에 그녀가 가는 곳마다 항상 트러블이 생기는데, 그러면서도 그녀는 남모를 불안과 외로움에 시달린다. 이러한 팬지에게 남편과 아들은 귀를 닫은 듯 무심할 뿐이지만, 여동생 샨텔만은 그녀를 유일하게 이해한다. 팬지와 성격이 정반대인 샨텔은 팬지에게 거듭 손을 내밀며 다가서고, 샨텔의 거듭된 제안으로 팬지는 가족들과 함께 동생의 집에서 식사를 하기로 한다. 그리고 식사 자리에서 팬지가 어떤 말과 행동을 할지 조마조마하던 가족은 그녀가 보인 뜻밖의 반응에 당황하게 된다. 영화는 이러한 팬지와 가족의 모습을 통해 현대인의 외로움과 불안함을 담담히 파고든다.

영화 속 톡!톡!톡!

이해는 못해도 사랑해.

상식 파파라치

상식 파파라치가 떴다!
궁금한 건 절대 못 참는 상식 파파라치가 우리의 일상 곳곳에 숨어있는 흥미로운 이야깃거리들을 캐내어 시원하게 알려드립니다.

우리나라 국회의사당의 돔이 민트색? 원래 색은 ○○색이었다!

서울시 영등포구 여의도동에 위치한 국회의사당은 대한민국 정치를 상징하는 대표적인 건축물 중 하나다. 특히 이곳은 지난해 12월 3일 윤석열 당시 대통령의 비상계엄 선포로 순식간에 대한민국 정치의 중심에 서기도 했다. 한편, 「국회의사당」하면 가장 먼저 떠오르는 것은 돔 형태의 민트색 지붕이라 해도 과언이 아닌데, 국회의사당의 지붕은 왜 민트색인 것일까?

▲ 국회의사당(출처: 위키피디아, clumsyforeigner, CC BY-SA 4.0)

국회 지붕, 처음에는 민트색이 아니었다?
국회의사당 건물은 지하 1층·지상 7층 규모로, 단일 의사당 건물로는 동양 최대라는 평가를 받고 있다. 또 총 대지면적 33만 579㎡(약 10만 평)에 건물 연면적이 8만 1443㎡(약 2만 4000평)에 달하는데, 이처럼 부지와 건물 면적이 큰 것은 의사당 건물이 통일을 대비(추후 부속건물 설립)해 지어졌기 때문이다. 특히 가장 상단인 민트색 돔의 밑지름은 64m, 무게만 1000t에 육박한다. 이 돔의 경우 당초 국회의사당이 계획될 때는 없었는데, 이후 권위가 없어 보인다는 지적 등에 따라 돔 구조물을 설치하기로 하면서 현재에 이르게 됐다. 이 원형의 돔은 국민들의 의견이 토론을 거쳐 하나로 모인다는 의미를 담고 있는데, 동판으로 만들어져 1975년 준공 때만 하더라도 붉은색을 띠고 있었다. 하지만 시간이 흐르면서 점차 동판이 부식되고 녹이 슬어 현재의 푸른색으로 변하게 됐다.

"국회 돔과 관련해서는 믿거나 말거나 재밌는 이야기가 전해지고 있지요. 바로 국회의사당에 로보트 태권브이를 보관하는 격납고가 있고, 우리나라가 위기에 빠지면 국회 돔이 촤악 열리면서 태권브이가 출동한다고. 사실인지 확인해보고 싶지만 그런 일이 생기면 안 되겠죠? 오늘도 태권브이는 국회의사당 격납고에서 무한 출동대기 중~"

국회 건축물이 담고 있는 상징
국회의사당의 돔은 회백색의 처마와 파라펫, 높직한 기단과 8각 기둥의 24개 각주가 떠받치고 있다. 여기서 24개의 각주는 24절기와 국민의 다양한 의견을 상징하며, 24절기 내내 국정에 전력을 다하라는 의미가 담겨 있다. 또 전면의 기둥 8개는 우리나라 전국 8도(道)를 나타내는 것으로, 이는 국회의원들이 전국 8도 국민들을 생각하라는 뜻으로 설계된 것이다. 그리고 국회의사당에서 가장 중요한 장소인 본회의장의 천장에는 365개의 조명이 달려 있는데, 이는 국회가 1년 365일 하루도 쉬지 않고 열심히 국민을 위해 봉사하고 일하라는 뜻이 담겨져 있다. 국회의사당 2층과 3층 사이로 가면 「로텐더홀」이라고 불리는 중앙홀이 나오는데, 이 로텐더홀 천장에는 다양한 뜻을 하나로 어우른다는 의미가 담긴 독특한 햇살 모양의 문양이 있다.

국회의사당 해태상 밑에 묻혀 있는 술?
국회 정문을 통과하면 가장 먼저 한 쌍의 해태상을 마주하게 된다. 이 해태상은 1975년 국회의사당 건립 당시 소설가 월탄 박종화 선생이 악귀를 물리치고 화기(火氣)를 막는 해태상을 세우자는 제안을 한 데 따른 것이다. 하지만 관련 예산이 없었는데, 해당 상황을 전해 들은 해태제과가 3000만 원을 들여 해태상 조형물을 기증했다. 해태제과는 이때 계열사였던 해태주조가 만든 노블와인 백포도주 72병을 양쪽에 36병씩 나눠 묻었는데, 이는 100년 뒤인 2075년에 봉인된 와인을 열겠다는 계획에 따른 것이다. 당시 해태상 기단 아래를 10m 정도 파고 그 안을 석회로 봉토한 후 특제 항아리를 넣어, 한 병씩 석회로 감싼 백포도주를 항아리에 넣고 봉한 것으로 알려졌다.

자외선을 차단하라!
선크림과 선글라스, 바르게 사용하려면?

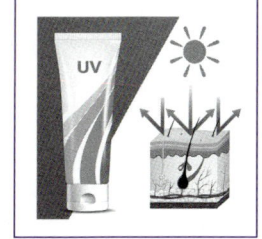

올해도 여지없이 뜨거운 여름이 찾아오면서 「역대 최고의 폭염」이라는 뉴스가 연일 보도됐다. 특히 최근 지구 온난화에 따른 기후 변화로 폭염 빈도가 잦아지면서 자외선 차단제(선크림)나 양산, 선글라스 등 자외선 차단을 위한 용품이 필수 소비재로 자리하게 됐다.

선크림의 바른 사용법은?
자외선은 크게 A·B·C 세 가지로 나뉘는데, 이 가운데 피부에 영향을 미치는 것은 자외선A와 B이며, 자외선C는 오존층에 완전히 흡수돼 사라진다. 이에 자외선A(UVA)와 자외선B(UVB)를 주목해야 하는데, ▷자외선A를 차단하기 위해서는 자외선A 차단등급(PA)을 ▷자외선B를 차단하기 위해서는 자외선차단지수(SPF·Sun Protection of Factor)를 살펴봐야 한다. 자외선 양이 1이라고 했을 때 SPF 지수가 10이라면 피부에 닿는 자외선 양이 10분의 1로 줄어든다는 뜻이며, PA(Protection of UVA)는 + 개수가 많을수록 차단력이 높아지는 것이다. 다만 SPF와 PA 모두 높다고 해서 항상 좋은 것만은 아니며, 상황에 맞게 사용할 필요가 있다. 일반적으로 장시간 야외활동이나 운동을 할 경우에는 SPF 30, PA++ 이상의 제품을 사용하는 것이 좋다.

선크림은 자외선에 노출되기 15~30분 전에 바르는 것이 좋으며, 특히 더운 여름에는 땀에 의해 선크림이 쉽게 지워지므로 필요한 경우 약 2~3시간 간격으로 덧발라 주는 것이 좋다. 아울러 선크림은 일반 세안만으로는 잘 지워지지 않으므로, 꼼꼼하게 지우는 것이 피부 건강을 위해 중요하다. 이 밖에 흐린 날에도 상당량의 자외선A가 지표면에 도달하면서 피부에 영향을 미치기 때문에, 마찬가지로 선크림을 사용해야 한다.

선글라스는 어떻게?
강한 햇볕은 자외선 양의 증가로 눈에도 악영향을 미치는데, 눈이 갑자기 많은 양의 자외선을 받게 되면 통증과 함께 눈부심, 눈물흘림 등을 일으키는 「광결각막염」이 발생할 수 있다. 따라서 자외선으로부터 눈을 보호하기 위해서는 선글라스를 착용하는 것이 좋은데, 이때 선글라스 렌즈의 색이 진하면 눈부심 방지 효과는 좋으나 오히려 동공이 열리면서 많은 양의 자외선을 흡수하므로 자제하는 것이 좋다. 또한 색상이 진한 선글라스 렌즈는 눈을 쉽게 피로하고 지치게 만든다는 단점이 있다. 선글라스 렌즈의 농도는 선글라스를 착용했을 때 눈이 희미하게 보이는 정도(약 80%)로 어두운 것이 적당하다. 아울러 선글라스 렌즈는 색상별로 용도가 다르기 때문에 자신의 용도에 맞게 선택하는 것이 좋다. 예컨대 갈색은 단파장의 자외선을 흡수 차단하므로 백내장 수술 후 눈 보호에 적합하고, 녹색은 자연색에 가까워 이질감과 피로감이 적으므로 운전자나 야외 활동이 많은 사람에게 적합하다. 회색은 눈에 부담이 가장 적어 장시간 착용해야 하는 사람에게 적합하고, 노란색은 눈의 피로 방지 및 야간 운전에 적합하다.

특집 SPECIAL

특별검사제도란 무엇인가

이재명 대통령이 지난 6월 10일 취임 이후 1호 법안으로 전임 윤석열 정부 시절 제기된 각종 의혹을 수사 대상으로 하는 「3대 특검법(내란, 김건희, 채 상병 특검)」을 재가했다. 이들 법안은 그동안 윤석열 정부가 2~4차례 재의요구권(거부권)을 행사해 「입법-국회 통과-거부권-폐기」를 반복해 왔다. 그러나 이재명 정부에서 이들 특검법의 공포 절차까지 마무리되면서 윤 전 대통령 재임 시기 발생한 주요 의혹들에 대한 본격적인 수사가 개시됐다. 특히 3개의 특검이 동시에 운영되는 것은 1999년 특별검사제도가 도입된 이후 처음이다.

한편, 특별검사(특검)는 고위 공직자의 비리나 위법 혐의가 드러났을 때 방증 자료 수집에서 기소까지 독자적인 수사를 할 수 있는 독립 수사기구를 말한다. 이는 고위 공직자의 비리혐의 조사 시 검찰의 중립적 수사가 어려운 점을 고려, 검찰이 아닌 독립적인 권한을 가진 특별검사를 임명해 수사 및 공소 유지를 담당하도록 하는 것이다.

▲ 특별검사제도의 유래

고위 공직자 비리 수사를 위한 특별검사제도는 19세기 후반 미국에서 유래됐다. 미국에서는 19세기 이래 정부 고위관리 관련 사건이 발생한 경우 법무장관이 외부인사를 특별검사로 임명해 수사 및 소추를 담당하도록 하는 관습법상의 특별검사제도가 존재했다. 그러다 1868년부터 8년간 재임한 제18대 율리시스 그랜트 대통령이 개인비서의 탈세 혐의 수사를 위해 특별검사를 임명하면서 첫 특검이 시행됐다. 이후에는 1920년 제29대 워런 하딩 대통령이 내무부 관리들의 의혹 수사를 위해 특검을 임명한 바 있다.

워터게이트 사건으로 본격 도입 미국에서 특검이 본격적으로 도입된 계기는 1972년 리처드 닉슨 대통령 때의 「워터게이트(Watergate) 사건」이었다. 워터게이트 사건은 1972년 6월 닉슨 대통령의 측근이 닉슨의 재선을 위해 워싱턴의 워터게이트 빌딩에 있는 민주당 본부에 침입해 도청 장치를 설치하려 했던, 미국 역사상 최대의 정치 스캔들을 말한다.

당시 닉슨 대통령은 성역 없는 수사를 약속했고, 1973년 5월 하버드대 로스쿨 교수 출신의 아치볼드 콕스가 특별검사로 임명됐다. 하지만 콕스가 사건 해결의 열쇠인 백악관회의 녹음 테이프

제출을 요구하자 닉슨은 콕스의 해임을 지시했으며, 이에 당시 엘리엇 리처드슨 법무장관은 대통령의 해임 요구를 거부하며 사임했다. 이어 법무차관까지 사임하면서 법무부 부차관이 콕스를 해임하자 여론이 악화됐고, 의회의 대통령 탄핵 절차가 가속화됐다. 이에 닉슨은 1974년 8월 8일 사임했고, 부통령이었던 제럴드 포드가 대통령직을 승계했다. 이 사건을 계기로 미국 의회는 1978년 특별검사제 운영규정을 포함한 「공직자윤리법(Ethics in Government Act)」을 통과시켰다. 이 법은 우선 특별검사가 법무장관이 아닌 대법원장이 임명한 3명의 연방판사로 구성된 패널에 의해 지명되고 상원의 인준을 받도록 했다. 그리고 일단 특별검사에 임명되면 건강상의 이유나 중대한 과실을 범하지 않는 한 해임할 수 없도록 하는 내용도 명시됐다.

특검제 폐지, 이후의 운영은? 공직자윤리법은 본래 5년 기한의 한시법이었지만, 세 차례 개정을 통해 기한이 연장되면서 1998년 초까지 총 19명의 특별검사가 임명됐다. 그중에서도 특검제도의 결정적 전환점이 된 사건은 1994년 빌 클린턴 대통령 부부의 부동산 거래 의혹이다. 이는 클린턴 대통령이 아칸소 주지사로 재직 중이던 시절 부인 힐러리의 친구 부부와 함께 설립한 화이트워터 부동산 개발회사의 지역 토지개발을 둘러싼 사기 의혹, 이른바 「화이트워터 게이트」와 관련한 것이었다. 당시 로버트 피스크에 이어 케네스 스타가 특검을 맡았으나, 수사는 지지부진하게 진행됐다. 그러다 1998년 르윈스키 스캔들(클린턴의 성추문 의혹)이 터지면서 「화이터워터 게이트」는 「지퍼 게이트」로 확산됐고, 이 과정에서 스타 특검의 월권과 과잉수사 문제가 논란이 됐다. 여기에 대부분의 특검 사건이 불기소나 무죄로 종결됐다는 점과 지나친 수사 비용 및 장기간·광범위한 수사 등도 많은 비판을 받으면서, 특검제는 1999년 6월 폐지되기에 이르렀다. 제도 폐지 이후 관련 절차는 법무부 내부 규정으로 이관, 법무부는 자체 규정(28 CFR Part 600)을 만들어 특별검사(Special Counsel) 제도를 운영하고 있다.

이에 따르면 연방 법무부 장관이 필요하다고 판단 시 특검이 임명되는데, 이 경우 특별검사는 법무부 소속이지만 수사·기소에서 상당한 독립성을 보장받는다. 이 규정에 따라 특검의 수사가 이뤄진 대표적 사례로는 도널드 트럼프 대통령의 1기 집권(2017~2019) 때 이뤄진 「러시아 게이트」 수사를 들 수 있다. 이는 2016년 미 대선에서 러시아 정부와 트럼프 대선 캠프 간의 공모가 있었다는 의혹과 관련한 것으로, 로버트 뮬러가 특별검사로 임명돼 수사가 이뤄졌다. 뮬러 특검팀은 2017년 5월부터 약 2년간 미국 대선 당시 트럼프 캠프와 러시아의 공모 의혹을 수사했으나, 2019년 3월 공모 사실을 규명하지 못했다는 결론을 내리며 별다른 성과를 내지 못했다.

미국의 특별검사제도 변천은?

구분	1973~1978년	독립검사법(1978~1999년)	법무부 내부규정(1999년~현재)
법적 근거	법무부 장관의 재량 임명	공직자윤리법(Ethics in Government Act)	법무부 규정(28 CFR Part 600)
임명 주체	법무부 장관	연방항소법원 특별위원회	법무부 장관(또는 대행)
소속	법무부 외부 변호사(임시 계약)	법무부 완전 독립	법무부 소속이지만 상당한 독립성
해임 권한	법무부 장관	법원이 임명, 해임 사유 엄격 제한	법무부 장관
수사 범위	임명 시 지정(필요 시 확대 가능)	법원이 승인한 범위(확대 시 절차 필요)	임명장에 명시, 장관 승인 시 확대
대표 사례	아치볼드 콕스(워터게이트 사건)	케네스 스타(르윈스키 스캔들)	로버트 뮬러(러시아 게이트)

▲ 우리나라의 특별검사제도

우리나라 헌정사에서 특별검사제와 비슷한 제도가 처음으로 등장한 것은 4·19혁명 직후 「부정선거 관련자 처벌법」에 따라 변호사와 현직 검사들로 구성된 특별검찰부가 설립됐을 때다. 또 성격은 상이하지만 5·16 군사쿠데타 이후 정치적 혼란기를 틈타 등장한 「혁명검찰부」도 특별검사제와 비슷하다고 할 수 있다. 이후 부천경찰서 성고문사건, 박종철 고문치사사건 등 1980년대 시국사건에서 간간이 특별검사제 도입이 논의됐지만, 탁상공론 수준을 벗어나지 못했다. 그러다 1995년 김영삼 대통령이 「5·18특별법」을 제정하며 역사 바로잡기에 나서면서 특검 법제화가 본격적으로 거론됐다.

특검제 도입에 이르기까지 1995년 김영삼 대통령이 「5·18특별법」 제정 방침을 밝히자 당시 야당인 국민회의와 민주당을 비롯한 재야에서는 12·12와 5·18사건을 불기소처분한 검찰에 다시 역사에 대한 재판을 맡길 수는 없다며 특별법 제정과 함께 특별검사제 도입을 강력히 주장했다. 하지만 당시 여당인 신한국당이 이를 강력히 반대하고 관련자들의 공소시효도 얼마 남지 않자, 야당은 특검제를 양보하고 특별법만 통과시켰다. 특검제는 이후에도 정치적 의혹이 제기될 때마다 도입이 논의됐으나 늘 지지부진했다. 그러다 김영삼 정부에서 김대중 정부로의 정권 교체 과정인 1998년 2월, 대통령직 인수위원회가 특별검사제 도입을 100대 과제 중 하나로 선정하면서 다시 주요 의제로 부상했다. 하지만 여당이었던 국민회의가 특별검사제 도입을 유보하면서 다시 멈췄다가, 1999년 10월 「한국조폐공사 노동조합 파업유도 사건」과 「검찰총장 부인 옷로비 사건」의 진상 규명을 위한 특검팀이 각각 구성되면서 특검 수사가 처음으로 실시되었다.

특검의 유형 특검은 그 기간에 따라 「개별 특검」과 「상설 특검」으로 나뉜다. 개별 특검은 고위 공직자 비리 사건 발생 시 여야 합의로 특검제 도입을 결정한 뒤 특별법을 제정하고 수사를 진행하는 방식이다. 반면 상설 특검은 특검을 상설 기구화해 사건 발생 시 국회의 의결만으로 특검을 투입하도록 하는 것으로, 개별 특검과 비교해 수사 대상이나 기간·인원이 제한적이다. 다만 특정 사건 발생 시 국회가 특별법을 제정해 운영하는 개별 특검과는 달리, 이미 제정된 법률을 근거로 운영하기 때문에 대통령이 거부권을 행사할 수 없다. 개별 특검의 경우 1999년부터 운용됐는데, 이 제도가 지닌 한계로 인해 상설 특검 도입을 요구하는 목소리가 높아졌다. 이에 박근혜 정부 때인 2014년 3월에 「상설특검법(특별검사의 임명 등에 관한 법률)」이 제정, 그해 6월부터 시행됐다. 다만 이 법에 따른 상설 특검은 2021년 세월호 참사 진상규명을 위한 특검이 유일할 정도로 거의 실시되지 않았다.

개별 특검 vs 상설 특검

구분	개별 특검	상설 특검
법적 근거	사건별로 제정된 특별법	상설특검법(특별검사의 임명 등에 관한 법률)
발동 방식	국회에서 개별특검법을 제정해 출범	법정 절차에 따라 추천 → 대통령 임명
수사기간	법률로 정함	준비 20일, 수사 60일(+대통령 승인 시 30일 연장)

「특별검사의 임명 등에 관한 법률」에 따른 특검 임명 및 권한

특별검사의 임명 특별검사의 수사가 결정된 경우 대통령은 특별검사후보추천위원회에 지체 없이 2명의 특별검사 후보자 추천을 의뢰해야 한다. 국회에 두는 추천위는 위원장 1명을 포함해 7명의 위원으로 구성된다. 추천위는 의뢰를 받은 날부터 5일 이내에 15년 이상 직에 있던 변호사 중에서 재적위원 과반수의 찬성으로 2명의 후보자를 서면으로 대통령에게 추천하고, 대통령은 이 중에서 1

명을 임명한다. 정식으로 임명된 특별검사는 특별검사보 및 특별수사관을 선정하고 별도의 사무실 등을 마련하게 되는데, 7년 이상 직에 있던 변호사 중에서 4명의 특별검사보 후보자를 선정해 대통령의 임명을 요청할 수 있다. 이 경우 대통령은 그 요청을 받은 날부터 3일 이내에 그 후보자 중에서 2명의 특별검사보를 임명해야 한다. 또 특별검사는 그 직무수행에 필요한 때에는 30명 이내의 특별수사관을 임명할 수 있는데, 이 경우 유관기관 근무 경력, 업무수행 능력과 자질 등을 고려해야 한다.

특별검사의 직무범위와 권한 특별검사는 ▷특별검사 임명 추천서에 기재된 사건에 관한 수사와 공소 제기 여부의 결정 및 공소유지 ▷특별검사보 및 특별수사관과 관계 기관으로부터 파견받은 공무원에 대한 지휘·감독 등을 담당한다. 특히 그 직무수행을 위해 필요한 때에는 대검찰청, 경찰청 등 관계 기관의 장에게 담당사건과 관련된 사건의 수사 기록 및 증거 등 자료의 제출, 수사활동의 지원 등 수사 협조를 요청할 수 있다. 또 소속 공무원의 파견 근무와 이에 관련되는 지원을 요청할 수 있다. 한편, 특별검사 등 수사팀은 직무상 알게된 비밀이나 공소제기 전 수사내용 또는 수사진행 상황을 누설·공표할 수 없으며, 이를 어길 경우 대통령은 특별검사를 해임할 수 있다.

▲ 역대 특검 수사는?

1999년 조폐공사 파업유도 사건과 옷로비 사건으로 출범한 특검을 시작으로 ▷이용호 게이트(2001) ▷대북송금 의혹(2003) ▷노무현 대통령 측근 비리 의혹(2004) ▷러시아 유전 개발사업(2005) ▷삼성 비자금(2008) ▷BBK 주가조작 의혹(2008) ▷스폰서 검사 의혹(2010) ▷디도스 의혹(2012) ▷내곡동 사저 의혹(2012) ▷박근혜-최순실 게이트(2016) ▷드루킹 여론조작 사건(2018) ▷세월호 참사(2021) ▷故 이예람 중사 사망사건(2022) ▷12·3 내란(2025) ▷김건희 씨 의혹(2025) ▷채 상병 사망사건(2025) 등에서 특검 수사가 진행됐다. 올해 출범한 내란 등의 3대 특검을 제외하면 제도 도입 이후 총 15차례의 특검이 실시된 것인데, 이 가운데 11건은 피의자가 무혐의, 무죄 혹은 집행유예로 사건이 종결됐다.

❶ **조폐공사 파업유도 사건(1999)** 1999년 9월 한국조폐공사 노동조합 파업유도 사건과 전(前) 검찰총장 부인에 대한 옷로비 의혹과 관련한 특검법이 국회를 통과하면서 우리나라 최초의 특검이 출범했다. 조폐공사 파업유도 특검은 진형구 당시 대검 공안부장이 기자들이 있는 술자리에서 「(1998년 11월) 조폐공사 파업은 우리(검찰)가 유도한 것」이라고 발언한 데서 시작됐다. 검찰은 진 검사장을 파업유도의 주범으로 보고 구속기소했지만, 특검팀은 강희복 전 조폐공사 사장이 경영권 행사에 위기를 느껴 파업을 유도했다며 단독 범행으로 결론짓고 강 전 사장을 구속하는 상반된 결론을 내렸다.

❷ **옷로비 의혹(1999)** 최순영 전 신동아그룹 회장 부인인 이형자 씨가 외화 밀반출 혐의로 검찰 수사를 받던 남편을 구명하기 위해 옷로비를 시도한 의혹에 대한 특검이다. 특검팀은 로비의 존재를 부정한 검찰 수사 결과와 달리 이 씨가 로비를 시도한 사실을 밝혀내긴 했지만, 로비 실패로 결론을 내리면서 그 실체를 규명하지는 못했다.

❸ **이용호 게이트(2001)** 이용호 G&G그룹 회장의 정·관계 로비 의혹으로, 이 회장은 2001년 계열사 전환사채 680억 원을 횡령하고 미공개 정보를 이용해 250억여 원의 시세차익을 챙긴 혐의로 구

속기소됐다. 이에 그해 11월 차정일 변호사를 특별검사로 하는 이용호 게이트 특검팀이 출범했으며, 특검팀은 신승남 당시 검찰총장의 동생 신승환 씨, 이형택 전 예금보험공사 전무 등 정치인과 검찰 간부들을 구속했다. 특검팀은 여기에 김대중 전 대통령의 아들 김홍업 씨의 비리 정황도 포착했는데, 이는 이 회장과는 관련 없는 개인 비리로 밝혀졌다.

❹ **대북송금 의혹(2003)** 2003년 2월 대북송금 의혹 규명을 위한 「남북정상회담 관련 대북 비밀송금 의혹사건 등의 진상 규명을 위한 특별검사 임명 등에 관한 법률안」이 국회를 통과했다. 이에 송두환 변호사가 특별검사로 임명되며 특검팀이 출범, 앞서 2000년 6월 15일 남북정상회담 성사 대가로 현대그룹 자금이 북한에 흘러 들어간 의혹을 수사했다. 특검은 수사 결과 현대 측에서 5억 달러를 불법 송금한 사실을 밝혀냈으며, 현대로부터 150억 원 상당의 양도성예금증서(CD)를 받은 혐의로 박지원 전 문화부장관을 구속기소했다.

❺ **노무현 대통령 측근 비리 의혹(2004)** 2003년 12월 「노무현 대통령의 측근 최도술·이광재·양길승 관련 권력형 비리 의혹사건 등의 진상 규명을 위한 특별검사의 임명 등에 관한 법률안」이 재의결 끝에 국회를 통과해 김진흥 변호사가 특검으로 임명됐다. 특검은 노 전 대통령의 핵심 측근인 최도술 전 총무비서관, 이광재 전 국정상황실장, 양길승 전 제1부속실장이 금품을 받은 혐의에 대해 수사했다. 그 결과 최 전 비서관이 4억여 원을 추가 수수한 혐의는 밝혀냈으나, 나머지 의혹은 모두 사실무근으로 결론 내렸다.

❻ **러시아 유전 개발사업 의혹(2005)** 2005년 철도공사의 사할린 유전 개발사업 추진 과정에서 정치적 외압이 있었는지의 여부를 가려내기 위해 출범한 특검이다. 특검은 90일의 수사기간 동안 240여 명을 소환조사했지만, 모든 의혹에 대해 「근거 없음」으로 결론 내리면서 특검 무용론 논란을 일으켰다.

❼ **삼성 비자금 의혹(2008)** 2008년 삼성그룹 법무팀장 출신인 김용철 변호사의 내부 고발로 시작된 특검이다. 특검은 삼성을 둘러싼 비자금 조성, 불법 경영권 승계, 정·관계 로비 등의 의혹에 대해 수사했다. 그 결과 4조 5000억 원에 달하는 이건희 회장의 차명재산을 찾아내 조세 포탈 혐의를 밝혀냈지만, 이 회장을 비롯한 삼성 핵심 간부들은 불구속 기소하며 형평성 논란을 일으켰다.

❽ **BBK 주가조작 의혹(2008)** 2007년 대선을 앞두고 이명박 당시 대통령 후보와 관련해 불거진 BBK 주가조작 공모 의혹, 도곡동 땅 및 다스 차명 보유 의혹 등을 수사하기 위해 출범한 특검이다. 특히 BBK 주가조작 사건의 주범인 김경준 전 BBK 회장이 이 대통령이 실소유자라고 증언하며 파장이 일기도 했으나, 특검이 해당 의혹 모두가 이 대통령과 무관하다는 결론을 내리면서 논란이 됐다. 이 사건은 이후 2017년 하반기에 다스 실소유주 논란이 불거지면서 다시 주목을 받은 바 있다.

❾ **스폰서 검사 의혹(2010)** 부산·경남 지역에서 근무한 검사 수십 명이 건설업자 정용재 씨로부터 불법 접대를 받은 의혹에 대한 수사이다. 당시 특검은 구체적 접대 정황과 검찰 고위 간부를 포함한 검사 수십 명의 실명이 담긴 리스트를 확보했음에도, 전·현직 검사 4명만을 구속(법원에서 무죄 판결)하고 고위 인사들에 대해서는 무혐의 처분을 내리는 데 그쳤다.

❿ **10·26 디도스 의혹(2012)** 2011년 10·26 서울시장 재·보선 당일 중앙선거관리위원회와 박원순 당시 서울시장 후보 홈페이지에 디도스(DDoS, 분산서비스거부) 테러가 발생한 사건에 대한 수사로, 특검 역사상 처음으로 사이버테러를 둘러싼 의혹에 대한 특검이었다. 이는 디도스 과정에서 청

와대 등 윗선의 지시나 개입이 있었는지의 여부가 핵심이었으나, 특검은 수사기밀을 누설한 김효재 전 청와대 정무수석 등 5명을 불구속 기소하는 선에서 수사를 마무리했다.

> **10·26 디도스 공격사건** 서울시장 보궐선거일이던 2011년 10월 26일 중앙선거관리위원회 홈페이지가 디도스(DDoS, 분산서비스거부) 공격을 받은 사건이다. 당시 시민들은 중앙선관위 홈페이지에서 투표소를 확인하려 했지만 오전 6시 15분부터 8시 32분까지 접속 장애가 일면서 혼란이 빚어졌고, 이 공격은 오전 9시 이후에 중단됐다. 이에 시민들은 소셜네트워크서비스(SNS)를 통해 지역별 투표소 정보를 공유하며 투표소를 찾아야 했고, 여기에 투표소 위치 변경으로 인한 혼선이 맞물리면서 해당 공격이 투표 방해 의도를 가진 것이 아니냐는 의혹이 제기됐다.

⑪ 내곡동 사저부지 매입 의혹(2012) 2011년 이명박 당시 대통령이 퇴임 후 거주할 목적으로 사들인 서울 서초구 내곡동 사저부지 매입 과정과 관련한 의혹이다. 이는 경호처가 사저부지와 경호처부지를 일괄 매입하는 과정에서 이 대통령 아들 이시형 씨가 부담해야 할 금액을 낮추고 경호처의 부담분을 높임으로써, 국고에 6억~8억 원의 손실을 끼쳤다는 배임 의혹이 불거진 데 따른 것이다. 이후 2012년 9월 「이명박 대통령의 내곡동 사저부지 매입 의혹 특검법」이 국무회의를 통과하면서 역대 11번째 특검팀이 출범했다. 특검 수사 결과 김인종 전 청와대 경호처장, 김태환 경호처 행정관, 심형보 경호처 시설관리부장 등 3명이 특정경제범죄가중처벌법상 배임, 공문서 변조 등의 혐의로 불구속 기소됐다. 그러나 이 전 대통령과 부인 김윤옥 여사, 이시형 씨 등 주요 관련자에 대해서는 무혐의 처분이 내려지며 논란이 됐다.

⑫ 박근혜-최순실 게이트(2016) 2016년 9월 박근혜 당시 대통령의 비선실세인 최순실 씨가 대통령의 연설문 작성에 개입했다는 의혹에서 시작된 「박근혜-최순실 게이트」 수사를 위해 출범한 특검이다. 여야가 그해 11월 「박근혜 정부의 최순실 등 민간인에 의한 국정농단 의혹 사건 규명을 위한 특별검사의 임명 등에 관한 법률」을 통과시키고, 박영수 전 서울고검장이 특검에 임명되면서 헌정사상 처음으로 현직 대통령을 수사하는 특검팀이 출범했다. 당시 특검팀은 90일의 수사기간 동안 ▷삼성그룹과 국민연금이 연루된 삼성물산-제일모직 합병과 뇌물공여 ▷문화계 블랙리스트 ▷최순실 씨의 딸 정유라 씨의 이화여대 입시·학사 비리 ▷최 씨의 국정 이권 개입 ▷청와대 비선진료 등 15개 혐의에 대한 광범위한 수사를 진행했다. 그 결과 최 씨를 비롯해 안종범 전 국정조정수석과 정호성 전 부속비서관, 김기춘 전 대통령 비서실장 등의 청와대 인사들, 조윤선 전 문화체육관광부 장관과 문형표 전 보건복지부 장관 등 30명의 정부 인사들이 대거 구속·기소됐다.

> **박근혜-최순실 게이트** 2016년 10월 박근혜 당시 대통령의 비선실세인 최순실 씨가 국정에 개입했다는 의혹이 보도되면서 시작돼 박근혜 전 대통령의 탄핵과 구속으로까지 이어진 사건이다. 이 사건으로 국회에서 박 대통령 탄핵소추안이 가결됐고, 헌법재판소는 2017년 3월 10일 재판관 8명의 전원일치 의견으로 박 대통령 파면 결정을 내렸다. 이로써 대한민국 헌정사 최초의 현직 대통령 파면이 이뤄졌다.

⑬ 드루킹 댓글조작 의혹(2018) 드루킹 특검은 「드루킹(Druking)」이라는 필명을 사용하는 김동원 씨 등이 매크로 프로그램을 이용, 포털사이트 뉴스 기사에 정부 비판 성격의 댓글을 추천해 여론을 조작하려 한 혐의(업무방해) 등으로 2018년 4월 구속기소되면서 시작됐다. 특히 이 사건은 김 씨가 2017년 대선 국면에서 김경수 전 의원(당시 경남도지사)과 연락을 주고받았다는 일부 언론의 보도가 나오고, 야당에서 이를 정치 쟁점화하면서 또다른 방향으로 확산됐다. 이에 국회가 2018년 5월 드루킹 특검 법안을 통과시키고, 그해 6월 특검이 임명되면서 수사가 시작됐다. 특검은 2018년 8월

27일 김 지사와 드루킹 김 씨 등 12명을 재판에 넘기는 내용의 수사 결과를 발표하면서 60일의 수사를 마무리했는데, 당시 역대 특검 중 특검 스스로 수사기간 연장을 포기한 경우는 드루킹 특검이 처음이었다. 여기에 특검은 수사 과정 중 김 지사의 해당 사건 연루에 대해 드루킹의 진술에만 의존하는 등 구체적 물증을 내놓지 못했다. 아울러 드루킹의 정치자금법 위반 혐의를 수사하던 중 노회찬 당시 의원(정의당)이 스스로 목숨을 끊는 사건이 벌어지면서, 성과를 위한 별건수사에 매몰됐다는 비판을 받기도 했다.

❹ **세월호 참사 의혹(2021)** 세월호 참사 진상규명을 위해 2021년 5월 출범한 특검으로, 2014년 상설 특검 시행 이후 현재까지 유일한 상설 특검 사례다. 세월호 특검은 출범 이후 CCTV 등 데이터 조작 의혹에 대해 90일간 수사했으나, 해당 의혹 모두에 「증거·혐의 없음」 처분을 내렸다.

> **세월호 참사** 2014년 4월 16일 인천에서 제주로 향하던 여객선 세월호가 진도 인근 해상에서 침몰하면서 승객 304명(전체 탑승자 476명)이 사망·실종된 대형 참사다. 그해 10월 검경합동수사본부는 세월호의 침몰 원인에 대해 ▷화물 과적, 고박 불량 ▷무리한 선체 증축 ▷조타수의 운전 미숙 등이라는 수사 결과를 발표했다.

❺ **공군 부사관 성추행 사망사건(2022)** 공군 제20전투비행단 소속 고(故) 이예람 중사가 성추행 피해로 사망한 사건을 수사하기 위해 출범한 특검이다. 이 중사는 2021년 3월 2일 선임 장모 중사에게 강제추행을 당한 뒤 여러 차례 피해 사실을 신고했으나 받아들여지지 않았다. 이후 같은 해 5월 18일 15특수임무비행단으로 부대를 옮긴 후에도 지속적으로 2차 가해 등에 시달리다 2021년 5월 극단적 선택으로 사망했다. 이 중사 사망 후 군 검찰 등 공군 지휘부는 사건 축소와 은폐를 시도했고, 이에 국방부가 재수사에 나섰으나 지휘부는 1명도 기소하지 않으면서 논란이 됐다. 이에 2022년 4월 15일 관련 특검이 국회를 통과, 그해 6월 특검이 출범해 군 재판에서는 기소되지 않았던 군 관계자와 군무원 등에 대한 집중 조사가 진행됐다. 특검은 2022년 9월 13일 전익수 공군본부 법무실장 등 8명을 기소하면서 100일간의 수사를 마무리했다.

❻ **12·3 내란 의혹(2025)** 2024년 12월 3일 윤석열 전 대통령의 비상계엄 사태와 관련된 내란·외환 행위, 군사 반란, 내란 목적 살인예비 음모 등 11개 혐의를 수사 대상으로 해 출범한 특검이다. 이는 지난 6월 5일 이재명 대통령 취임 이후 열린 국회 첫 본회의에서 통과된 데 이어 10일 국무회의에서 이 대통령의 재가를 거쳐 즉각 관보에 게재되며 공포가 이뤄졌다. 내란 특검팀은 조은석 전 서울고검장이 특검으로 임명되면서 출범했는데, 수사기간은 최장 170일(준비기간 20일, 수사기간 150일)이다.

> **12·3 비상계엄 사태** 2024년 12월 3일 오후 10시 27분경 당시 윤석열 대통령이 긴급담화를 통해 비상계엄을 선포하면서 시작돼 12월 4일 오전 4시 30분까지 이어진 계엄령이다. 이는 대한민국 정부 수립 이후 17번째의 계엄령 선포로, 1979년 10월 26일 이후로는 45년 만이자 1987년 민주화 이후로는 처음 있는 비상계엄 선포였다.

❼ **김건희 씨 의혹(2025)** 윤석열 전 대통령의 부인 김건희 씨와 관련한 각종 의혹을 수사하기 위한 특검으로, 6월 10일 국무회의에서 이재명 대통령의 재가를 거쳐 즉각 관보에 게재되며 공포가 이뤄졌다. 이후 이 대통령이 6월 12일 민중기 전 서울중앙지법원장을 특검으로 임명하면서 민중기 특검팀이 출범했다. 김건희 특검팀은 ▷도이치모터스 주가조작 의혹과 명품가방 수수 의혹 ▷대통령실 관저 이전 개입 의혹 ▷건진법사를 포함한 무속 관련 의혹 ▷정치 브로커 명태균 씨가 연루된 공천

개입·불법 여론조사 의혹 등 총 16가지 의혹을 수사 대상으로 하며, 수사기간은 최장 170일(준비기간 20일, 수사기간 150일)이다.

⑬ **채 상병 사망 의혹(2025)** 2023년 집중호우가 발생한 경북 예천군 내성천 일대에서 실종자 수색 중 숨진 채 상병 사건을 두고 윤석열 당시 대통령 등 용산 대통령실과 국방부의 수사 외압 의혹을 규명하기 위해 출범한 특검이다. 특별검사에는 이명현 전 국방부 검찰단 고등검찰부장이 임명됐다. 채 상병 특검은 ▷윤석열 전 대통령과 대통령실 등의 은폐·무마·회유 시도 ▷임성근 전 해병대 1사단장 구명 로비 의혹 ▷이종섭 전 국방부 장관의 주호주 대사 임명·출국·귀국·사임 과정의 불법행위 의혹 ▷수사 과정에서 인지된 관련 사건 등을 수사하게 된다.

역대 특검 사건은 무엇?

사건	연도	수사 대상
조폐공사 파업유도	1999년	1998년 한국조폐공사 노조 파업 당시 검찰 개입 의혹
옷로비 사건	1999년	최순영 전 신동아그룹 회장 부인 이형자 씨의 로비 의혹
이용호 게이트	2001년	이용호 전 G&G그룹 회장의 정·관계 로비 의혹
대북송금 의혹	2003년	현대상선의 대북지원 과정에서의 정권실세 개입 의혹
노무현 전 대통령 측근 비리	2004년	노 전 대통령 핵심 측근인 최도술 전 총무비서관 등의 금품 수수 의혹
러시아 유전 개발사업	2005년	철도공사의 사할린 유전 개발사업 추진 과정에서의 정치적 외압 의혹
삼성 비자금	2008년	삼성그룹의 검사 후원 및 비자금 조성 등의 의혹
BBK 의혹	2008년	이명박 당시 대통령 후보의 BBK 차명 소유 등의 의혹
스폰서 검사 의혹	2010년	부산 지역 건설업자 정용재 씨의 검사 후원 의혹
10·26 디도스 공격	2012년	2011년 10월 26일 서울시장 보궐선거 당일 선관위 홈페이지 등에 발생한 디도스 공격 의혹
내곡동 사저부지 의혹	2012년	이명박 당시 대통령의 퇴임 후 사용하기 위한 내곡동 사저부지 매입 의혹
박근혜-최순실 게이트	2016년	박근혜 정부의 최순실 등 민간인에 의한 국정농단 의혹
드루킹 의혹	2018년	김동원 씨 등이 매크로 프로그램을 이용, 포털사이트 여론을 조작하려 한 의혹
세월호 참사 의혹	2021년	4·16 세월호 참사 증거자료 조작 의혹(상설특검법에 따른 첫 특검)
故 이예람 중사 사망사건	2022년	공군 성폭력 피해자 故 이예람 중사의 사망 사건과 관련한 의혹
윤석열 전 대통령 내란	2025년	윤석열 전 대통령 등에 의한 내란, 위함 행위
김건희 씨 의혹		김건희와 명태균·건진법사 관련 국정농단 및 불법 선거 개입 의혹
채 상병 사망 사건		순직 해병 수사 방해 및 사건 은폐 의혹